Die liberale Illusion

W0178665

Die liberale Illusion

Warum wir einen linken Realismus brauchen

von Nils Heisterhagen

Bibliografische Information der Deutschen Nationalbibliothek

Die Deutsche Nationalbibliothek verzeichnet
diese Publikation in der Deutschen Nationalbibliografie;
detaillierte bibliografische Daten sind im Internet
über *http://dnb.dnb.de* abrufbar.

ISBN 978-3-8012-0531-7

Durchgesehene 2. Auflage 2018

Copyright © 2018 by
Verlag J.H.W. Dietz Nachf. GmbH
Dreizehnmorgenweg 24, 53175 Bonn

Umschlag: Hermann Brandner, Köln
Satz: Jens Marquardt, Bonn
Druck und Verarbeitung: CPI books, Leck

Besuchen Sie uns im Internet: www.dietz-verlag.de

»In unserem Denken ist kein Funke mehr vom Aufschwung der Begriffe und von den Ekstasen des Verstehens. Wir sind aufgeklärt, wir sind apathisch.« **(Peter Sloterdijk)**[1]

»Heute sieht es so aus, als seien die utopischen Energien aufgezehrt, als hätten sie sich vom geschichtlichen Denken zurückgezogen. Der Horizont der Zukunft hat sich zusammengezogen und den Zeitgeist wie die Politik gründlich verändert.« **(Jürgen Habermas)**[2]

»Aber die versprochene universelle Zivilisation – die für Harmonie sorgt durch eine Kombination aus universellem Wahlrecht, breiten Bildungschancen, stetigem Wirtschaftswachstum, individueller Initiative und persönlichem Fortkommen – ist nicht Wirklichkeit geworden.« **(Pankaj Mishra)**[3]

»In unserer Zeit schließlich bestimmt ein brutaler Kampf ums Dasein und um Anerkennung sowohl das *Individuum* als auch die geopolitischen Beziehungen in aller Welt. Milliarden der ärmsten Menschen der Erde sind in einem sozialdarwinistischen Albtraum gefangen. Aber selbst in fortgeschrittenen Demokratien haben eine dem Management gleichende Form der Politik und eine neoliberale Ökonomie den Sozialvertrag zerrissen. Die populäre Kultur und die staatliche Politik lassen beides normal erscheinen. Die gebildeten Mittelschichten, lange als Vermittler demokratischer Werte gepriesen, werden von der Angst verfolgt, sozial überflüssig zu werden. Ihre Ängste, die Wut der Enteigneten und Verlierer wie auch die an Verachtung grenzende Gleichgültigkeit der Plutokratie führen gemeinsam zu einer von Grausamkeit und Herzlosigkeit geprägten Alltagskultur.« **(Pankaj Mishra)**[4]

»Bill Clinton, Tony Blair und Gerhard Schröder haben darauf gesetzt, dass ein mehr oder weniger entfesseltes Wachstum auch ihren traditionellen Wählerinnen und Wählern zugutekommen würde. Diese Vermutung hat sich nicht bewahrheitet, und der Preis, den sie dafür zahlten, nämlich der Deregulierung der Finanzmärkte zuzustimmen, war extrem hoch. Nicht zuletzt damit hat sich der linke Liberalismus an den Neoliberalismus verkauft, was langfristig natürlich eine verheerende Wirkung auf die Linke im Westen hatte.« **(Bernd Ulrich)** [5]

»Die offene Gesellschaft hat sich selbst in die Schusslinie gebracht, weil sie allzu lange ihre Kollaboration mit dem Kapital ignoriert hat. Heute, wo die Globalisierung die Unterstützung durch die fortschrittlichen Kräfte immer weniger benötigt, da die Grenzen für das Kapital längst abgeschafft sind, erscheint der Liberalismus plötzlich wie der dumme Gehilfe, der seine Schuldigkeit getan hat und nun abtreten kann. So zeichnet sich der tatsächliche Frontverlauf langsam ab. Er liegt nicht mehr zwischen der offenen Gesellschaft und ihren Feinden, sondern er verläuft zwischen der globalen Macht des Kapitals und den Menschen.« **(Bernd Stegemann)** [6]

»Warum sind denn so viele Menschen nicht mehr weltoffen? Warum sind einige skeptisch gegenüber Minderheiten? Wer diese Fragen stellt, landet automatisch bei der sozialen Frage. Es gibt Leute in Deutschland, die klagen: Ich muss jedes Jahr für meine Kinder neue Winterschuhe beantragen oder um Beihilfe betteln, damit ich Schulbücher kaufen kann. Gleichzeitig werde ich durch die Gentrifizierung aus der Stadt gedrängt. Ein guter Freund von mir, der als Handwerker Messe-Stände aufbaut und alleinerziehender Vater von zwei Kindern ist, wur-

»Die Ideologie der Postmoderne, samt den dazugehörigen Pseudopolitiken, ist unrettbar bankrott. Sie ist als neoliberale Komplizin durchschaut und wird sich davon nicht mehr erholen.« **(Robert Pfaller)**[15]

»Es wird lange brauchen, bis die verweltbürgerlichte Linke die Ereignisse von 2016 verstanden haben wird.« **(Wolfgang Streeck)**[16]

»Die Linke braucht einen neuen Aufbruch, einen dritten Weg zwischen den falschen Alternativen der Renationalisierung und des humanitären Kosmopolitismus.« **(Oliver Nachtwey)**[17]

»Die Chance einer inklusiven Klassenpolitik liegt darin, Menschen ganz unterschiedlicher Identitäten zu vereinen, ohne das zu ignorieren, was sie voneinander unterscheidet. Die überwältigende Mehrheit der Menschen muss ihre Arbeitskraft verkaufen, um zu überleben. Das gilt nicht nur für rußverschmierte weiße Männer in Fabriken, sondern auch für Krankenpfleger und Paketzustellerinnen.« **(Sebastian Friedrich)**[18]

»Unsere Aufgabe besteht nicht darin, eine Koalition zwischen der radikalen Linken und der faschistischen Rechten zu bilden, sondern darin, den Schlauch zu durchtrennen, über den die neue Rechte die Arbeiterklasse mit Sauerstoff versorgt. Das kann aber nur gelingen, wenn sich die Demokraten nach links bewegen, und zwar mit einer klaren kritischen Botschaft. Wenn sie also genau das tun, was Sanders und Corbyn gemacht haben und was die Ursache von deren zumindest relativem Erfolg war.« **(Slavoj Žižek)**[19]

»Auch wenn wir uns in der Praxis oft mit kleinen Schritten der Gerechtigkeitspolitik begnügen müssen, dürfen wir doch im Denken nicht die Gerechtigkeit ihrer Radikalität berauben.« **(Rainer Forst)**[20]

»Wer keine Politik der Gleichheit verfolgt, sondern Ungleichheit erzeugt und dies durch *diversity* begünstigt, wird auch in Zukunft verlieren.« **(Robert Pfaller)**[21]

»Hätten wir von Anfang an realistisch auf die Flüchtlinge und den Arbeitsmarkt geschaut, wäre uns manche erhitzte Debatte und manche Enttäuschung erspart geblieben. Die vom Flüchtlingsidealismus geprägten Versuche, die Willkommenskultur zu verstärken oder zu erhalten, indem überzogene Hoffnungen und Erwartungen an den künftigen Beitrag der Flüchtlinge zum Wohlstand in Deutschland formuliert wurden, haben hingegen nur geschadet.« **(Boris Palmer)**[22]

»Obwohl in Deutschland substantielle Teile der Bevölkerung ökonomisch abgehängt sind und weitere Teile der Bevölkerung den Eindruck haben, sozial massiv unter Druck zu stehen oder zumindest erhebliche Ängste vor der weiteren wirtschaftlichen Entwicklung haben, gibt es keine politische Kraft, die die Vertretung dieser Menschen als ihre primäre Aufgabe ansieht.« **(Andreas Nölke)**[23]

»Es ist die Wahrheit, die uns, in Anerkennung der Pluralität der Perspektiven, gleichwohl in der Hoffnung auf Verständigung (unter Umständen sogar mit allen) leben lässt. Das ist eine aufgeklärte Sicht auf die Wahrheit, die jedem den Mut abverlangt, den eigenen Verstand zu gebrauchen. Dabei sollte niemand die Macht der Triebe und den Rang von Gefühlen unterschätzen: Aber ohne Wahrheitsanspruch lässt sich auch mit ihnen nicht einvernehmlich umgehen.« **(Volker Gerhardt)**[24]

»Denn mit der bloßen, als noch so echt empfundenen Leidenschaft ist es freilich nicht getan. Sie macht nicht zum Politiker, wenn sie nicht, als Dienst in einer ›Sache‹, auch die Verantwortlichkeit gegenüber ebendieser Sache zum entscheidenden Leitstern des Handelns macht. Und dazu bedarf es – und das ist die entscheidende psychologische Qualität des Politikers – des Augenmaßes, der Fähigkeit, die Realitäten mit innerer Sammlung und Ruhe auf sich wirken zu lassen« **(Max Weber)**[25]

»Der Einzelne kann nicht frei sein, wenn nicht alle frei sind, und alle können nicht frei sein, wenn nicht alle in Gemeinsamkeit frei sind.« **(Jürgen Habermas)**[26]

»Diese Hoffnung, daß Freiheit möglich ist, ist gegründet auf Wahrhaftigkeit. Sie kennt so wenig wie irgendeine andere Hoffnung die Sicherheit. Sie sieht sich ermutigt durch Menschen, die auf dem gleichen Wege gehen.« **(Karl Jaspers)**[27]

Inhalt

I.
Die liberale Illusion und ihre Probleme

30. Juni 2017. Konfetti im Bundestag. Partys am Brandenburger Tor. Twitter und Facebook im Rausch. Die Welt ein Regenbogen.

Was war passiert? Die »Ehe für alle« wurde beschlossen. So voller Leidenschaft und Enthusiasmus habe ich die liberale Elite des politischen Berlins noch nie erlebt. An diesem Tag hatte ich das Gefühl: Da glaubte ein Milieu gerade einen fundamentalen Sieg errungen zu haben.

Vielleicht ist das so falsch nicht. Die »Ehe für alle« ist ein Sieg: ein Sieg eines Freiheitskampfes. Sie ist in der Tat eine Großtat. Sie ist wichtig und sie ist absolut richtig. Da darf man sich auch freuen. Linke Politik ist auch immer *Emanzipationspolitik*. Und das ist auch gut so. Für viele Menschen ist die »Ehe für alle« etwa eine *existenzielle Befreiung*. Jetzt können sie heiraten und das ist auch gut so. Mit der *Ehe für alle* ist der *Freiheitskampf*, die *Emanzipationsbewegung*, mit einem neuen Sieg versehen worden. Aber die *Ehe für alle* ist noch nicht die große Vision. Sie ist eher so etwas wie der kleinste gemeinsame Nenner einer *liberalen Elite*.

Die Elite berauschte sich zuletzt an einer *liberal-postmodernen Gesellschaftspolitik*. Diese erzeugte bei ihr die letzten großen Leidenschaften nach dem angeblichen Ende aller großen Erzählungen. Ein neues *liberal-postmodernes* Grundgefühl eroberte die Meinungselite, welches sie in die Welt trug. Worin bestand das Gefühl? Man muss sich nicht mehr verstehen, denn Vielfalt und Differenzen seien gut und befreiten die Gesellschaft. Man müsse die Differenzen halt nur aushalten. Toleriert euch und alles wird gut, das ist das Schlachtmotto der Postmoderne. »Celebrate Diversity« hieß das Motto beim Eurovision Song Contest 2017.

Mehr Toleranz zu verbreiten und für eine neue liberale Gesellschaftspolitik zu werben, war nun also zum letzten Auftrag einer liberalen Elite geworden. Schließlich sind uns in der *Postmoderne* die Ziele abhandengekommen. Nach dem Zusammenbruch des *Sozialismus*, der mit der Sowjetunion und dem maoistischen China unterging, gab es keine Ziele mehr. Das »Ende der Geschichte« (Francis Fukuyama)[28] sei erreicht. Im Grunde gelte es nun zu warten, bis diese unsichtbare Kraft des Kapitalismus, diese unsichtbare Hand des Weltgeistes, die nun im Kapitalismus selbst zu agieren schien, alle wesentlichen Menschheitsprobleme löst – und bis dahin sollte man einfach nett zueinander sein und sich in positiver Stimmung tolerieren.

In dieser Politik äußerte sich eine *Life-is-good-Politik*. Das »Ende der Geschichte« wird politisch verwaltet. Kapitalismus und Demokratie hätten ja gesiegt. Der *linksliberale Kulturkampf* hinterließ daher den Eindruck: Die Welt ist schon ganz gut so.

Klar, es gebe noch Probleme, aber der liberale Fortschritt sei durch nichts aufzuhalten. Im Grunde sei man auf dem richtigen Weg. Für den Liberalismus gebe es keine echte Gefahr. Man müsse nur noch etwas Geduld haben. Am Ende werde der Liberalismus selbst den marxistischen Traum des »Reiches der Freiheit« verwirklichen und vollendete Gerechtigkeit schaffen. Dinge bräuchten eben ihre Zeit. Lehnt euch also zurück und seht dem Liberalismus beim Siegen zu. Traut dem Fortschritt. Habt den Mut, dem Kapitalismus zu vertrauen. Das tönte zuletzt aus den Rohren einer selbstzufriedenen liberalen Meinungselite von links bis rechts.

Wieso?

Der Westen fiel seit den 1980er-Jahren und dann nach 1989 vollends einem *neoliberalen Hegelianismus* zum Opfer, der besagt, dass es der Markt schon mit der Zeit richten werde und man nur Geduld haben müsse. Der Markt sei schließlich selbst so etwas wie das Instrument des Weltgeistes auf dem Weg zu seiner Vollendung.[29]

Man tat also so, als gebe es eine »Autobahn des Fortschritts« (Pankaj Mishra).[30] Nichts könne den liberalen Fortschritt aufhalten, nichts könne den Liberalismus noch widerlegen. Der Liberalismus sei das höchste menschliche Gesellschaftswissen. Dieser Liberalismus sei aus dem *Kalten Krieg* nun mal als *Sieger der Weltgeschichte* hervorgegangen. Er habe allumfassend gesiegt und sei die *letzte Wahrheit*, die *höchste Wahrheit*. Die *Vernunft* habe sich somit letztendlich durchgesetzt. Aus diesem *neuen Glauben* entstand eine *neoliberal-hegelianische Teleologie*, die besagt: Alles wird gut, habt nur Geduld und lehnt euch zurück: Der Markt macht das schon. So entstand die *neoliberale Postmoderne*, die unsere Zeit prägt. Es ist *Hegels Zeit.* Der Zeitgeist ist hegelianisch. Der Zeitgeist ist durch einen *Glauben* an die *Vernunft des Liberalismus* geprägt. Hegelianisch ist das, weil es von der Ankunft einer Vollendung kündet und von einer Verwirklichung der Vernunft ausgeht. Nur so kann es möglich sein, dass Menschen wie Emmanuel Macron als der neue »Weltgeist zu Pferde« behandelt werden.

Der Zeitgeist ist von einer neoliberal-hegelianischen Teleologie geprägt

Diese *neue liberale Story* war und ist sehr angenehm, denn sie »bot eine Geschichte von schmerzloser Verbesserung«, wie der Philosoph Pankaj Mishra treffend schreibt.[31]

Klassenkämpfe und *Weltanschauungskämpfe* wurden damit *ad acta* gelegt. *Ende der Geschichte* eben. Im Grunde tue der Markt nur Gutes. Er sei eine *Win-Win-Kraft* für alle. Er hinterlasse keine Verlierer. Er mache alle glücklich. Der Markt sei schließlich selbst so etwas wie der *Weltgeist* in Aktion: Vertraut also dem Weltgeist, vertraut dem Markt!

Dass die Konservativen und Liberalen diese neue *liberale Story* nach 1990 schnell übernahmen und sich leichtgläubig dem *neuen Liberalismus* und seinen segensreichen Wirkungen öffneten, verwundert nicht.

Doch dass *die Linke* nach dem Zusammenbruch des Sozialismus ihre *Systemkritik* aufgab, gerade das hat dem liberal-postmodernen Gefühl des nicht aufzuhaltenden liberalen Fortschritts erst so richtig zum Durchbruch verholfen.

Die Linken lockerten nach 1990 ihre Abwehrhaltung gegen einen schrankenlosen Kapitalismus und vergaßen, dass sie nach dem Zweiten Weltkrieg einst angetreten waren, um eine »neue Gesellschaft« zu schaffen. Die Linken haben seit den 1990er-Jahren – in Deutschland etwas später – einen »progressiven Neoliberalismus«, wie die Politikwissenschaftlerin Nancy Fraser es nennt[32], zu ihrer Agenda gemacht. Man sprach von »New Democrats«, »New Labour«, einem »Dritten Weg«, einer »neuen Mitte«, einem »postideologischen Zeitalter«. Diese linke Version neoliberaler Politik war kein *Reaganismus*, kein *Thatcherismus*, nicht die reine marktradikale Lehre. Aber man eignete sich doch den Freiheitsbegriff des Neoliberalismus teilweise an, deregulierte mit und war davon überzeugt, dass die Globalisierung in jedem Fall in der Summe alle Boote hebt.[33]

Man hoffte im Dritten Weg somit, dass Wirtschaftswachstum und der freie – deregulierte – Markt nicht nur alle irgendwie reicher macht und mehr Wohlstand erzeugt, sondern mit steigenden Steuereinnahmen durch Konsum (Mehrwertsteuer) und durch nachziehende Beschäftigung durch das Wachstum (und in der Folge auch mehr Einkommensteueraufkommen) selbst der Staat mehr Geld zur Verfügung hat, was er dann wieder ausgeben kann – auch für Soziales. Kurz: Da herrschte im Dritten Weg die naive Hoffnung vor, dass eine Übernahme neoliberaler Ideen am Ende nicht nur den Spielraum schaffe, den Sozialstaat unter verschärften globalen Wettbewerbsverhältnissen zu erhalten, sondern man glaubte einfach wirklich, dass mehr Deregulierung mehr Wachstum bringt – wobei man dieses Wachstum danach natürlich umverteilen wollte im Gegensatz zu den Neoliberalen. Ich glaube: Die Politik der »Neuen Mitte« wurde von vielen als Versuch gesehen, einen Rest des alten Sozialstaatsmodells in Zeiten eines neoliberalen Zeitgeistes zu retten, auch wenn man dafür den Neoliberalen entgegenkommen müsse. Wobei es natürlich auch solche Linken gab, die einfach Neoliberale wurden – siehe Wolfgang Clement, der sich der *Initiative*

Neue Soziale Marktwirtschaft (dem deutschen Lobbyverband des Neoliberalismus) angeschlossen hat und als neoliberaler Lobbyist unterwegs ist.

Das Problem ist nur: Indem man dem Neoliberalismus entgegenkam, hat man ihm erst vollkommen die Hegemonie gesichert und ihm die volle Legitimation gegeben. Die Neue-Mitte-Politiker des »Dritten Weges«, die sich eigentlich als Realisten einstuften, weil sie glaubten, dass nur durch ihre Politik zu retten war, was zu retten war, begangen so ihre erste Naivität, die darin bestand, der neoliberalen Story auf den Leim zu gehen. Sie ließen sich Angst machen und biederten sich dem Zeitgeist an, anstatt mit stolzer Brust *Nein* zu sagen und Gegenargumente aufzufahren. Sie knickten ein und verkauften das dann als höhere Einsicht und als Realismus. Das war ihre erste *Naivität*.

Seitdem ist aber noch etwas passiert.

Der »Dritte Weg« hat sich mittlerweile in einen *ideologischen Linksliberalismus* gewandelt, der sagt, dass die Welt gut geworden ist. Eigentlich, so darf man sagen, ist die Neue-Mitte-Politik, die Realismus sein wollte, mittlerweile fast verschwunden und wurde durch einen *postmodernen Liberalismus* ergänzt, wenn nicht sogar ersetzt. Dieser postmoderne Liberalismus ist aber im Grunde – nur – Gesellschaftspolitik. Der *Neoliberalismus light* des »Dritten Weges« wurde klaglos übernommen und aufgehoben. Der postmoderne Liberalismus ergänzte das neue liberale Spiel nur noch weiter. So entstand eine liberale Elite – auch in den Mitte-Links-Parteien, aber auch zum Teil im Journalismus vieler Mainstream-Medien –, die erst den Neoliberalismus (oder seine Light-Versionen) als *Ultima Ratio* des Weltgeistes hinnahm und spätestens seit den 2000er-Jahren (in den USA etwas früher als in Europa) einen *postmodernen Liberalismus* übernahm, der als Gesellschaftspolitik nicht mehr tat, als nach Weltoffenheit, Toleranz und dem Ertragen aller Differenzen zu rufen, und gleichsam signalisierte, dass man doch nach dem erfolgten Ende der Geschichte nun endlich das Leben genießen solle. So erodierten der *Universalismus der Moderne* und die Suche nach Wahrheit und sie wurden in einer fröhlichen Feier eines relativistischen *anything goes* verabschiedet. Der Dissens wurde zum neuen Konsens und das wurde nicht als Problem begriffen, sondern als Befreiung. Jeder solle und dürfe jetzt er selbst sein, müsse sich nicht mehr einreihen, nicht mehr fügen, nicht mehr unter Normierungsdruck leiden. Das »Andere« würde nun von dem Druck des Allgemeinen nicht mehr unterdrückt und ausgeschlossen. Celebrate Diversity! Endlich Freiheit. Und bitte immer mehr Liberalisierung. Denn Liberalisierung mache doch frei. Diese beiden Spielarten des Liberalismus (Neoliberalismus und postmoderner Liberalismus) übernahm eine *kosmopolitische Klasse* spätestens seit den 2000er-Jahren in Europa, in den USA schon etwas früher. Und nach der Übernahme der Regierungsmacht durch die Merkel-Regierung ging dann in Deutschland die liberale Party richtig los. Und Angela Merkel wurde so allmählich zum neuen Oberhaupt eines *neuen Sonnenscheinliberalismus*, der Ausdruck eines neuen Denkens einer liberalen Elite – von Mitte-Links bis Mitte-Rechts – ist. Da stehen wir nun anno 2018 und die liberale Elite tickt im Grunde sehr gleich. Sie macht *Sonnenscheinliberalismus*.

Eine *Life-is-good-Politik* ist Ausdruck dieser Weltsicht. Das gilt auch und gerade für die Mitte-Links-Partei SPD – allerdings wesentlich mehr für die Grünen. Kurzum: Das linksliberalistische Motiv, welches den »Dritten Weg«, der von links und rechts nichts mehr wissen wollte, bestimmte, hat sich nach einer anfänglichen Wende in der Steuer- und Sozialpolitik so erweitert, dass man im Prinzip alle hässlichen Probleme, die selbst Volkswirtschaften wie Deutschland noch haben, eher ignorieren möchte. Im Blick des Sonnenscheins ist alles schön. Das ist die neue – politische – Ästhetik. Das ist der neue postmoderne Geist. Man sieht weg oder sieht nicht mehr richtig hin, was in der Realität vor sich geht – man konstruiert sich lieber eine neue schöne Welt.

Bestes Beispiel dafür ist die *Flüchtlings- und Migrationspolitik* und die *Politik offener Grenzen*. Wer zuletzt nur den Anschein erweckte, er wolle differenziert die Probleme der Zu- und Einwanderung, die Problematik offener Grenzen und des freien Kapitalverkehrs hinterfragen, der wurde leicht als »enfant terrible« aus der Kommune der *neuen liberalen Moralisten* ausgeschlossen. Wer zuletzt über die Auswirkungen des weltweiten grenzenlosen Kapitalverkehrs – etwa auf den Immobilienmarkt – über innere Sicherheit, über No-Go-Areas, über Probleme mit bestimmten Migrantengruppen, über die sehr schwierige Frage der Arbeitsmarktintegration von Flüchtlingen, über Leitkultur – was doch nichts anders ist als ein *Grundwertekonsens* – sprechen wollte und sich damit einen *realistischen Blick* auf die Welt bewahren wollte, der wurde zwar zur Kenntnis genommen, aber doch aus dem inneren Zirkel der Weisheitsträger des »progressiven Neoliberalismus«[34] exkommuniziert.

Man bekommt als Kritiker des *liberalen Moralismus*, als Kritiker der Ansicht, dass im Grunde doch sehr vieles sehr gut ist, unweigerlich eine *Cassandra-Rolle* zugeschrieben. Unweigerlich bekommt man in dieser *Diskurshegemonie des liberalen Moralismus* das Etikett der *Schwarzmalerei* verpasst, wenn man kritisch sein will, und muss mit dem Vorwurf leben, an dem so hart erkämpften Haus der Freiheit zu sägen und letztlich nur ein – unbewusster – Helfer der Populisten zu sein, da man deren Positionen eine demokratische Legitimation verleihe.

Ein kurzes subjektives Beispiel: Im Frühjahr 2017 schrieb ich im sozialdemokratischen *vorwärts,* der Parteizeitung der SPD, Folgendes über den Umgang mit dem Rechtspopulismus, die Gründe für den Aufstieg des Rechtspopulismus, den liberalen Moralismus und den Umgang mit den Fragen der Flüchtlingsherausforderung:

> »Man muss daher sagen, dass es ein Fehler der liberalen Meinungselite ist, dass dieser selbstgerechte Diskurs bislang nicht dekonstruiert wurde, sondern vielmehr noch der Eindruck einer geschlossenen Kaste entstand, die zwar Moralismus predigt, aber nicht erkennen kann oder will, dass einer der wesentlichen Gründe für die Ansprechbereitschaft der Arbeiterschaft und der ›Unterschicht‹ durch Rechtspopulisten darin liegt, dass im Hintergrund ein verdrängter Klassenkonflikt wütet.«[35]

Ich erhielt einige Antworten auf diesen Text. Im Grunde hieß es aus Richtung der diffusen Linksliberalen des neuen postmodernen Liberalismus: »Du sprichst ja vieles Richtiges an, aber das kannst du doch in der Härte nicht sagen.« Warum kann ich das nicht sagen? Oder vielmehr, warum soll ich das nicht sagen? *Erstens* würde ja der Unterschied zwischen uns – den guten Linksliberalen – und den Rechtspopulisten verschwimmen. *Zweitens* bereite man denen den Boden. *Drittens*: Wir brauchen keine Kritik, sondern Optimismus und Zuversicht, damit wir das mit der Integration der Flüchtlinge und allen anderen Problemen schaffen.

Das Dritte finde ich besonders bezeichnend. Da hat sich eine *positive Psychologie* unter den *neuen Liberalen* etabliert.

So einer *positiven Psychologie*, die sich quasi nur selbstreferenziell Motivation einredet und im Grunde ein dauerhaftes *»Wir schaffen alles«-Rufen* und eine *Auto-Suggestion* ist, mag ich mich aber nicht anschließen. Denn sie führt nur zu Verblendungs- und Ausblendungseffekten. Und genau das ist passiert: Man kann von einer *liberalen Verblendung* reden, die eine überparteiliche Fraktion aus dem liberalen Flügel der SPD, der Grünen, der CDU und der FDP sowieso ereilt hat.

Aber wer diese neue positive Psychologie des »Wir schaffen das«, wer diese neue Rhetorik eines nahezu ideologischen Optimismus nicht zu seinem neuen Glaubensbekenntnis, nicht zu seiner Agenda machte, der war auf einmal nicht mehr »progressiv«. Das galt vor allem für Teile der »Linkspartei«, die aus dem Bund der Fortschrittlichen und Vorwärts-Laufenden ausgeschlossen wurden. Man tat so, als sei die Linkspartei nur ein Sammelbecken von Nostalgikern und Reaktionären. Gewiss, in der Linkspartei gibt es eine »crazy left«, die, von ihrem Hass auf die Sozialdemokratie getrieben, nur eine blinde »wahre Lehre« forciert, die notwendig an der Realität zerschellen muss. Aber es war auch die – aus Sicht großer Teile der SPD-Funktionäre – Wortführerin dieser »crazy left«, Sahra Wagenknecht, die unentwegt für einen realistischen Kurs in der Integrationspolitik warb.

Aber die Realisten konnten und können tun, was sie wollten, sie wurden und werden als entrückt empfunden. Das traf ausgerechnet auch den ehemaligen Fraktionsvorsitzenden der SPD im Bundestag, Thomas Oppermann, der als einer der Wenigen seit 2015 einen realistischen Kurs in der Integrationspolitik anmahnte. Sigmar Gabriel traf es auch, der in seiner Antrittsrede als SPD-Parteivorsitzender noch dafür warb, dort hinzugehen, wo es brodelt, riecht und stinkt. Gewiss, Sigmar Gabriel ist des Öfteren immanenten Widersprüchen erlegen, die ihn zuweilen erratisch haben wirken lassen. Im Grunde gehört er aber zu den Realisten der deutschen Sozialdemokratie, die einen wachen Blick für die stinkenden Probleme in der Welt haben und die sich dem unangenehmen Geruch nicht entziehen wollen. Ja, Sigmar Gabriel wollte auch immer ein Sozialliberaler sein. Und dieser *Mitte-Sozialliberalismus* war und ist das Problem der SPD. Aber Sigmar Gabriel ist kein liberaler, naiver Moralist. Er ist nicht identisch mit Macron und er ist kein Trudeau. Wäre er mehr wie Sahra Wagenknecht gewesen und hätte er sich nicht so oft von seinen eigenen Widersprüchen und einer gewissen diffusen Dialektik und Spontanität übermannen lassen und wäre er mit einem *linken Realismus* konsequent gewesen, den seine erste Rede als Parteivorsitzender zumindest angedeutet hatte, dann wäre er erfolgreich gewesen. Sein im Dezember 2017 veröffentlichter Gastbeitrag für den »SPIEGEL«, »Sehnsucht nach Heimat«,[36] in dem er die Postmoderne kritisierte und zugleich die Rückkehr zu seiner »Wo-es-brodelt-riecht-und-stinkt-Rede« andeutete, zeigt an, dass jemand wie Gabriel mit einem linken Realismus immer noch eine Chance hätte.

Gabriels Chance lag immer in seiner kritischen Haltung gegenüber der liberalen Blase in Berlin. Und sein Problem war immer sein immer wiederkehrender Sozialliberalismus – inklusive seiner europapolitischen Blüten. Skurril ist, dass niemandem wirklich auffiel, dass Gabriel in seinem klugen SPIEGEL-Essay so schizophren war, zunächst nach mehr Heimat und Leitkultur und am Ende des Essays nach mehr Europa zu rufen. Gabriel weiß genau, was er da tut. Er weiß, dass es einen publizistischen Mainstream gibt, der ihn belohnt, wenn er den deutschen Macron gibt. Und nun wollte er noch mit Heimatfolklore die Vergessenen abholen. Das muss man nicht verstehen. Aber sein

Essay war klug genug, um eine Zäsur zu markieren. Für die Heimatfolklore wurde er zwar – folgerichtig – von jenen publizistisch abgestraft, die ihn in Europafragen belohnen – etwa von Bernd Ulrich in der ZEIT.[37] Gabriel weiß hier genau, dass die ZEIT und die SZ ihn umso mehr publizistisch bestrafen, je näher er an Sahra Wagenknecht heranrückt und Europakritik macht. Darum bleibt er ein deutscher Macronist.

Jürgen Habermas und Co. mögen Sigmar Gabriel für diesen Europa-Sozialliberalismus publizistisch belohnen,[38] aber dadurch wird dieses sozialliberale Programm in der momentanen politischen Konstellation noch nicht erfolgversprechend. Im Gegenteil: Weniger Sozialliberalismus und mehr *linker Realismus* wären wichtig und richtig.

Linker Realismus ist das, was die SPD mehr denn je braucht.

Das Problem der SPD und der moderaten Linken als solche war und ist nämlich, dass ein naiver Mitte-Sozialliberalismus alles überdeckte. Das Problem war zuletzt ein *liberaler Moralismus*. Liberaler Moralismus klingt so negativ. Ich kritisiere ihn in der Tat auch scharf. Sicher ist vieles daran gut gemeint, vielleicht sogar von edlen Zielen motiviert. Aber ich darf sagen, dass ich mich daran sehr störe. Ich darf sagen, dass es sich hier um Naivität handelt. Ich will niemanden abwerten. Niemanden diskreditieren. Vielleicht ist besser von einem *liberalen Enthusiasmus* zu sprechen. Nichtsdestotrotz beobachte ich einen *Moralismus*. Und diesen halte ich für gefährlich. Denn wer die Realität ausblendet und nur noch in einem Weltbilderdiskurs spricht, der wird niemals die Probleme beheben können, noch nicht mal präzise benennen können, die die Realität erzeugt.

In einem anderen Buch sprach ich einmal von »Liebe zur Welt«[39], sogar von dem Menschen als *liebendes Wesen*. Wer von Liebe spricht, darf doch keinen Moralismus kritisieren? Er muss doch das Gute betonen, oder? Doch, er darf Moralismus kritisieren. Denn *Liebe zur Welt* bedeutet *Verantwortung*, Verantwortung für die Welt.

Wenn diese Welt noch nicht gut ist, darf man sie nicht als gut verteidigen. Und deswegen muss man auch jene kritisieren, die unablässig die Schönheit dieser Welt hervorheben. Das sind die liberalen Moralisten. Sie sind konservativ. Derjenige, der aus Liebe zur Welt handelt, ist progressiv. Er hat noch was vor. Er will noch vorankommen. Deswegen kritisiert er. Er kritisiert nicht aus rechter Ideologie. Nein, er kritisiert aus Liebe. Aus Liebe zur Welt. Er denkt auch an die, die im Denken eines »progressiven Neoliberalismus« ausgeschlossen sind. Er denkt an die Ausgebeuteten und die Abgehängten. Gerade für sie will er vorankommen. Das ist Liebe. Solidarität. Und genau deswegen muss der liberale Moralismus auch kritisiert werden. Gerade jener, wie er sich in der Flüchtlingspolitik offenbarte.

In der Flüchtlingspolitik war es etwa so: Der *Chor der Postmodernen* übertönte die Realisten Oppermann, Gabriel und Wagenknecht. So kam aus dem politischen Berlin die Botschaft: »Deutschland, du musst nur glauben. Denn wir schaffen das. Aber nur, wenn wir daran glauben.« Und Angela Merkel, die Pfarrerstochter aus der Uckermark, war und ist eine der Priesterinnen dieser neuen liberalen Philosophie.

Wenn nicht zur Idealfigur, so ist sie doch zur Wortführerin einer Philosophie geworden, die man *liberalen Hegelianismus* nennen kann. Diese Philosophie meint: Der Weltgeist hätte es eben nun bis zu der höheren Einsicht der Bedeutung des *neuen Liberalismus* geschafft, der eben den Höhepunkt menschlichen Gesellschaftswissens darstelle. Alles ist gut geworden. Ende der Geschichte. Anti-Thesen zum Liberalismus sind nicht mehr möglich, und wenn doch die Gefahr besteht, wird sich die *Fraktion* der *liberalen Moralisten* schon zu wehren wissen. Im Grunde ist damit ein tiefes Gefühl der *Sicherheit* verbunden: »Wir sind die Hüter dieser liberalen Welt und nichts soll diese gefährden, und im Grunde wird auch nichts diese liberale Welt gefährden.«

Ich will nicht so weit gehen, von einer neuen *liberalen Religion* zu sprechen, aber das hat Züge einer atheistischen Religion, was sich da entwickelt hat. Und zuletzt strömten die *Missionare* dieser Art *liberalen Religion* aus, um von dem Segen der neuen Weisheit zu überzeugen.

Ich halte das »Bekenntnis« für zentral auch für die Politik. Ohne Bekenntnis kann man sich nicht mit etwas verbinden – und das meint Religion aus meiner Sicht: sich zu etwas bekennen. Zu einer Wahrheit kann man nicht kommen, wenn man sie für sich nicht annimmt. Und das geht eben nur über das Bekenntnis.[40] Aber diese Art *liberale Religion* ist *selbstgerecht*. Sie ist zu einer Wahrheit einer liberalen Elite geworden, die mit dieser Form der Überzeugung *Realitätsverweigerung* betreibt. Sie redet sich mit einem *neuen Moralismus* in einen *Bewusstseinszustand*, der davon ausgeht, dass der liberale Fortschritt durch nichts aufzuhalten ist und im Grunde die Welt nicht sehr viel besser werden kann. Die restlichen Probleme, die es noch gibt, werden schon alsbald verschwunden sein. Man müsse nur abwarten. »Geduld« und »Vertrauen« in den Fortschritt und natürlich »Toleranz« füreinander sind so zu den Kerntugenden und moralischen Geboten dieser Art *liberalen Religion* geworden. Diese liberale Religion ist der neue – und letzte – Glaube in der Postmoderne. Ein Paradox im »anything goes«, aber so ist es.

Nun mag man sagen, diese Beschreibung, die ich vollziehe, mag lediglich mein subjektiver Eindruck sein, als jemand, der spätestens seit dem *Brexit* eine Wende hin zu einem *neuen Realismus* und zugleich *neuen Idealismus* vollzog. Man mag sagen: Ich habe mich verlaufen und würde die Weisheit der neuen liberalen Religion schlicht nicht einsehen wollen. Man mag sagen: Ich habe mich von lediglich singulären Ereignissen, wie dem Brexit oder der Wahl Donald Trumps, fehlleiten lassen. Diese Ereignisse seien aber nicht mehr als ein Kratzer an dem Projekt der liberalen Religion, die im Grunde von solchen Ausreißern nicht aufzuhalten ist. Man mag sogar sagen, dass dieser *liberale Moralismus*, von dem ich rede, nichts weiter ist als mein subjektiver Fehleindruck. Denn die liberale Elite sei gar nicht in einer Blase, sei gar nicht in einem *selbstreferenziellen Diskurs* gefangen. Das stimme einfach nicht. Ich müsse mich also irren.

Dieser *liberale Moralismus* ist aber nicht meine Konstruktion. Ihn gibt es wirklich. *Political Correctness* ist dabei nur eine *Chiffre* unter vielen für diesen liberalen Moralismus. Aber auch ein zentraler Ausdruck. Die Political Correctness »ist zum politischen Entwurf geworden, der Gesellschaft und Staat umkrempeln soll – realer geht's nicht« schreibt der ZEIT-Herausgeber Josef Joffe in einem Essay für seine ZEIT und über unsere Zeit.[41] In seiner Zeitgeist-Kolumne schreibt er sogar: »Verabscheute Redner auszuladen oder niederzubrüllen ist inzwischen die neue Normalität in den besten US-Universitäten« und berichtet damit zusammenhängend von einer aus dem Ruder gelaufenen Podiumsdiskussion am Elite-College Middlebury, wo Political Correctness als »weltliches« und »pseudoreligiöses« »Austreibungsritual« fungiert habe.[42] »Exorzismus« heißt die Überschrift dieser Kolumne. Sprachlich zu hart gewählt? Übertrieben? Vielleicht. Selbst ein Affront gegen die Political Correctness? Wahrscheinlich. In der Sache aber nicht falsch.

Aber gibt es so was auch im »rationalen« Deutschland? Klar!

Ein schönes Beispiel für den *liberalen Moralismus* hierzulande ist Folgendes. Es beginnt mit den Worten »Marius Radtke raus aus Weißensee. Keinen Raum der AfD.« Marius Radtke ist in der AfD und Zahnarzt in Weißensee, Berlin. Zuletzt hatte er sogar Demonstrationen vor seiner Praxis, und zwar weil er in der AfD ist. Man fordert ihn auf, aus Weißensee zu verschwinden. Die Reportage des Tagesspiegels, der diese Geschichte über Marius Radtke erzählt, ist überschrieben mit »Kampf gegen rechts: Die Intoleranz der Toleranten«.[43] Ich kenne Marius Radtke nicht. Vielleicht ist er ein Wolf im Schafspelz, vielleicht ein Radikaler in Tarnung eines Biedermeiers. Vielleicht ist er aber auch nur ein normaler, konservativer Zahnarzt, der findet, dass manches zuletzt – etwa bei der Flüchtlingspolitik – zu leichtfertig in der Politik ablief, und der Kontrollverlust nicht mag. Vielleicht ist er ein *Biedermeier*, dem die CDU nicht mehr biedermeierisch genug war und der in dem *Altherren-Tweed-Sakko-Konservatismus* mancher AfD-Kreise eine politische Heimat wiedergefunden hat. Das sollte man als Linker nicht gut finden, aber das kann man tolerieren. Ich will mir kein Urteil über Herrn Radtke erlauben. Ich kenne ihn nicht. Ich weiß nicht, wie er tickt. Aber über die Demonstrationen vor seiner Zahnarztpraxis

kann ich mir schon ein Urteil erlauben: Ich halte das für über-
dreht und hochgradig übertrieben. Kurzum: Ich halte das für
einen *überschießenden Moralismus*, eine Überreaktion einer
falsch verstandenen Toleranz. Aber ich halte es auch für logisch:
Die *postmodernen Identitätspolitiker* haben Maß und Mitte ihres
Urteilens verloren. Sie sind nur noch *emotional Getriebene*, die
ihren liberalen Moralismus rational nicht mehr für erklärungs-
bedürftig halten. Ich sehe hier ein *Selbstbild* am Werk, welches
eine Hochform eines *Subjektivismus* widerspiegelt, den ein
postmoderner Relativismus und Pluralismus ermöglicht hat.

Was bedeutet postmoderner Relativismus und Pluralismus?[44]

Im Sinne eines postmodernen Pluralismus werden Werte als
inkommensurabel und daher im Widerstreit angesehen. Werte
würden grundsätzlich in Sprachspielen erzeugt. Sie könnten
damit gar nicht im Gespräch sein, sondern müssten widerstrei-
ten, da sie eingebettet seien in Sprachspiele, die als konstitutiv
heterogen angenommen werden. Jedes Sprachspiel – einer bestimmten gesellschaftlichen Gruppe – sei ein genealogisches. Es
sei gewachsen und rechtfertige sich selbst durch seine Genealogie. Die postmoderne Gesellschaft spreche so mehrere Sprachen,
mehrere Diskurse stünden nebeneinander. Da es keine Sprache
an sich gebe, blieben die Diskurse unübersetzbar. Es fehle eine
universale Urteilsregel auf ungleichartige Diskurse. Die Diskurse
blieben so inkommensurabel. In keiner Weise sei damit ein
Konsens zu erwarten. Konsens, vor allem in der Politik, sei nicht
zu erwarten. Totalitätsdenken und Gesamtlösungen werden an-
gestrebt damit zu überwinden. Nach dem französischen Post-
moderne-Theoretiker Jean Francois Lyotard[45] komme es nun darauf an, das Inkommensurable zu ertragen und Feingefühl für
die Differenzen zu entwickeln. Das Nebeneinanderbestehen
dieser Diskurse wird hier vor allem als Befreiung gefeiert. Man
müsse es halt nur aushalten, dass eine Vielheit von verschie-

densten Perspektiven unauflösbar nebeneinander bestehen. Toleranz wird hier so zur demokratischen Kerntugend erklärt.[46]

Auf eine diffuse und keineswegs idealtypische Art ist dieses *idealpostmoderne* Denken Realität geworden. Kurzum: Es ist eine diffuse *Realpostmoderne* entstanden.

Nun ist es aber so gekommen, dass der postmoderne Relativismus sich in ein Extrem bewegt hat. Und spätestens seit der Denkfigur der »*Dialektik der Aufklärung*«[47] wissen wir, dass etwas, was in sein Extrem gebracht wird, auch in sein Gegenteil umschlagen kann.

Was bedeutet das?

Führen wir uns die Bedeutung von Relativismus zunächst vor Augen: Relativismus heißt, dass es keine Meinung gibt, die behaupten kann, gerechtfertigter zu sein als eine andere Meinung. Keine Position könne »die Wahrheit« für sich behaupten, beziehungsweise keine Position könne eine höhere Legitimität oder Richtigkeit beanspruchen als eine andere. Relativismus heißt schlicht: Keine Position ist besser oder richtiger als eine andere Position.[48]

Wenn dieser Relativismus nun in sein Extrem gebracht wird, können Menschen selbst irre Verschwörungstheorien und Lügen als ihre Wahrheit annehmen, wenn sie auf Fakten und auf die Meinung des anderen keinen Wert mehr legen, sondern nur noch ihr Weltbild sehen und das grundsätzlich als legitim erachten können – egal wie sehr ein anderer dies kritisieren mag. Ihr *Subjektivismus* übernimmt also bei ihnen die Führung. Sie wollen nur noch das Eigene gegen das Andere durchdrücken. Wahrheit ist nur noch die ihre, und diese wollen sie gegen die Unwahrheit der anderen durchsetzen.

Die Stichworte des »postfaktischen Zeitalters« und der »Posttruth-Zeit« sprechen diesen Umstand schon länger aus. Das ist ein großes Problem. Und Donald Trump wird bislang als *das* Negativbeispiel diskutiert, quasi die *Personifizierung* dieser Entwicklung, weil er »alternative Fakten« bietet, ständig lügt, seine eigene Weltsicht, in der alles »great« ist, konstruiert und die die »anderen Meinungen« nur noch als »Fake News« und einfach falsch betrachten kann. Aber die *postmodernen Identitätspolitiker von links*, die sogenannten Toleranten, die vor der Tür von Marius Radtke demonstrierten, die sind ähnlich wie Donald Trump. Sie sind genauso intolerant und daher auch ein Negativbeispiel des »postfaktischen Zeitalters«.

Man darf sagen: Da ist etwas mit dem *Relativismus* aus dem Ruder gelaufen. Und man darf sagen: Mit dem postmodernen Denken hat das alles angefangen. Und man darf auch sagen: Die *postmoderne Linke* hat dieses Problem geschaffen.[49] Trump selbst ist eigentlich nur der Emporkömmling einer New Yorker postmodernen Blase. Er ist im Grunde schlicht der Meisterschüler des *anything goes*. Seine Lehrer waren Linke. Vielleicht merken diese es ja noch.

Denn mit ihrem *Kulturrelativismus*, mit ihrem *Sozialkonstruktivismus*, der nun paradoxerweise selbst in einen überschießenden postmodernen Moralismus gemündet ist, hat die Intoleranz angefangen. Da ist *jenes neue anything goes* auch umgeschlagen. Auf einmal ging alles und war alles relativ. Nur auf die Perspektive sollte es ankommen. So gab es aber auch nichts universell Bedeutendes mehr. Jede große Erzählung wurde dekonstruiert, zerlegt und schlecht gemacht. Übrig kann dabei nur eine diffuse Selbstbefriedigung an einem Alles-geht-Liberalismus bleiben. Denn man zerredet sich ja alles Große. Man kann nicht mehr glauben. Nicht mehr an das Große glauben, nicht mehr an das glauben, was nicht etwas Subjektives ist. Man kann weder an Gott, noch an das marxistische »Reich der Freiheit« glauben. Jede Eschatologie ist dekonstruiert, jedes Menschheitsziel schlechtgemacht, jede Geschichtsphilosophie tabuisiert. Die Zukunft ist egal geworden. Es zählt nur noch die Gegenwart. Und in dieser Gegenwart feiert das Individuum sich selbst und strebt danach, jemand zu sein und »es selbst« zu sein – was auch immer das heißt.

Der einzige Glaube, der in dieser postmodernen Gegenwart bleibt, ist der Glaube an einen *postmodernen Liberalismus* und seine angeblich tiefere Einsicht in die Unüberwindbarkeit von Dissens. Der einzige Schluss bleibt so: Wir müssen einfach nur die Differenzen ertragen. Toleranz ist das Einzige, was die Gesellschaft zusammenhält. Celebrate Diversity!

Aber dieses Denken ist gefährlich:

>»Relativismus nimmt uns eines der mächtigsten Motive, uns mit der Meinung des Anderen eingehend zu befassen, nämlich die Vorstellung, dass dieser womöglich recht hat und wir falschliegen.«[50]

Der Relativismus verhindert nicht nur ernsthafte Debatten – nicht nur, dass man sich noch gegenseitig ernstnimmt, nicht nur Empathie und Verständnis füreinander –, nein, er hat auch eine »neue Unübersichtlichkeit« (Jürgen Habermas) geschaffen.[51] Genau diese Unübersichtlichkeit ist der *state of the art* und das Problem. »Anything goes« eben. Das schafft Unordnung und Kontrollverlust. Das »anything goes« kann man nicht regieren. Da macht jeder, was er will. Wie soll man eine softe Form der Anarchie regieren? »Anything goes« heißt, dass alles in Parzellen zerfällt und dass dies kein Problem sei, sondern sogar zu begrüßen sei. Eine *neue Übersichtlichkeit* wäre hingegen gut. Nur so kann Politik als Gemeinwohl funktionieren – wenn nicht alles relativ ist und man Gemeinsames auch zulässt, anstatt es zu dekonstruieren und schlechtzumachen. Aber das »anything goes« ist nicht nur für die Politik ein fundamentales Problem, sondern vor allem auch für die Kultur. Denn alles ist erlaubt, wofür also sich noch miteinander beschäftigen? Der Kulturphilosoph Robert Pfaller schreibt dazu pointiert:

>»Vom öffentlichen Raum haben die Individuen gefälligst nichts mehr zu erwarten, was sie nicht ganz allein selbst aufbringen können. Und das Beste, was sie füreinander tun können, ist, einander nicht zu belästigen.«[52]

Wir leben heute in einer *negativen Kultur*. Fast alles wird zerredet und schlecht gemacht. Es gibt kaum noch *Konstruktion*, eher sehr viel *Dekonstruktion*. Und wir leben auch in einer *Nichtbelästigungskultur*. Die Postmodernen deuten das über ihre Vokabel der Toleranz ins Positive um, aber im Grunde ist es eine

Gleichgültigkeitsgesellschaft. Doch zugleich gibt es in dieser so-genannten toleranten postmodernen Kultur eine *postmoderne Pädagogik*, die die freie Gesellschaft im Namen der postmodernen Befreiung untergräbt und fast nur miese Stimmung verbreitet. Dieses postmoderne Denken ist gefährlich.

Das ist der *postmoderne Irrtum*. Er zeigt sich an vielen Beispielen. Eines dieser Beispiele in Deutschland ist der sogenannte Münkler-Watchblog[53], der viel über diese neue postmoderne Philosophie verrät und ein Zeichen dafür ist, dass diese Philosophie so gar nicht der *zivilisatorische Avantgardismus* ist, der sie gern sein möchte.

In diesem Blog suchte eine anonyme Gruppe von Studierenden der Berliner Humboldt-Universität Verfehlungen des Politikwissenschaftlers Herfried Münkler – etwa in seinen Vorlesungen. Gegen Kritik konnte und kann Professor Münkler nichts haben, aber da der Blog recht offensichtlich unter dem Zeichen »Rassismus, Sexismus, Militarismus?« stand, ist von vorneherein klar, was der Münkler-Blog für ein Ziel hatte: nämlich den Professor öffentlich anzuklagen und ihn in eine rechte Ecke zu stellen. Er sollte als Rassist und Sexist verunglimpft werden. Der Blog erhob keine Kritik, sondern Vorwürfe. Er klagte an. Man stilisierte Münkler zu einem »Extremisten der Mitte« hoch.

Das Schwert der »Political Correctness« traf hier also einen mehr oder weniger Seeheimer-Sozialdemokraten – das sind die Konservativen in der SPD. Münkler war als junger Mann bei den Jusos gewesen – und damals waren die Jusos noch richtig links. Zugegeben, heute könnte man ihn eben auch einen Konservativen nennen. Bei Fragen der deutschen Sicherheits- und Militärpolitik vertritt er eher Positionen, die Mainstream in der CDU sind. Das mag ihn, wie Nils Markwardt für ZEIT ONLINE[54] richtig bemerkt hat, zu einer »Reizfigur« in »linken Kreisen« gemacht haben. Aber dadurch ist er noch kein Rechter. Er hat zusammen mit seiner Frau Marina Münkler mit dem Buch *Die neuen Deutschen*[55] sogar ein *linksliberales Manifest* in der Flüchtlingskrise verfasst. Münkler ist im republikanischen Sinne ein guter Bürger. Er ist streitbar, aber was er ganz sicher nicht ist, ist ein rechter Ideologe.

»Das Recht gehört den Beleidigten«, kommentiert Gerald Wagner von der FAZ die Causa treffend. Die »Missionare der Diversitäts-Romantik« hielten schon viele Dozenten der Sozialwissenschaft für weltfremd. »Das Schlimmste an der ›Diversitäts-Romantik – frühe Enthusiasmus-Phase‹ sei, dass sie mit ihrem Fokus in kulturelle Unterschiede die real wachsende soziale Ungleichheit nicht nur der deutschen Gesellschaft schlicht ausblende.« Kurzum: Diese jungen Linken verlieren den Bezug zur »sozialen Frage«. Das sieht der Politikwissenschaftler Wolfgang Merkel vom Wissenschaftszentrum Berlin auch so. Da sei eine junge Kulturlinke entstanden, die den Bezug zur »Unterschicht« – an sich ein abwertendes Wort – verloren habe, sagt er in einem Interview mit ZEIT ONLINE:

> »Die Frage danach, wie sich gesellschaftlicher Wohlstand gerecht verteilen lässt, war ja seit jeher der Wesenskern linker Politik. Und der ist unter jungen Linken heute fast gänzlich in den Hintergrund getreten. Stattdessen dominieren kulturelle und identitätspolitische Themen, über die sich junges Linkssein heute definiert. Das zentrale progressive Anliegen ist mittlerweile die unbedingte Gleichstellung von Minderheiten. Das können ethnische, religiöse oder sexuelle Minderheiten sein.«[56]

Ich habe diesen Fokus auf eine *postmoderne Identitätspolitik* gerade auch in Hinblick auf den Ausblendungseffekt der »sozialen Frage« ebenfalls bereits kritisiert. Zusammen mit Professor Dirk Jörke von der TU Darmstadt argumentierte ich mit Blick auf den Aufstieg des Rechtspopulismus und die Wahl Donald Trumps Anfang 2017 in der FAZ:

> »An die Stelle des Kampfes gegen ökonomische Ausbeutung ist der Kampf gegen kulturelle Diskriminierungen getreten. Multikulturalismus wurde zum linksliberalen Hauptmotiv. Daneben hatte nicht mehr viel Platz. Antidiskriminierungspolitik, Vielfaltseuphorie und politisch korrekte Sprache wurden zum politischen Fokus einer von Akademikern geprägten Linken, die glaubt, eine zivilisatorische Avantgarde zu bilden. Doch ihre Anliegen vertragen sich wunderbar mit dem Neoliberalismus, insofern die Rechte des Marktes und

die Rechte des Individuums sich ergänzen. So sind die Linken, ohne es zu begreifen, in die Falle der Identitätspolitik gelaufen.«[57]

Gewissermaßen erlebten Jörke und ich etwas Ähnliches wie Münkler. Als Reaktion auf unseren Text entwickelte sich in der taz eine Debatte über den Rechtspopulismus[58], in deren Verlauf uns einige Beiträge nahezu offensichtlich in die *rechte Ecke* stellen wollten. Wir wurden wie Münkler aus dem neuen *linksliberalen Mainstream* exkommuniziert. Gerade weil wir den Rechtspopulismus nicht nur als Reaktion auf einen *liberalen Moralismus* deuteten und das »*Dialektik der Moralisierung*« nannten, sondern vielleicht auch deswegen, weil wir den neuen *postmodernen Linken* eigentlich vorwarfen, keine Linken mehr zu sein, sondern eigentlich *postmoderne Liberale*, die den Bezug zu traditionell linkem Denken verloren haben. Das konnten viele nicht verwinden. Dabei wollten wir nur darauf hinweisen (wie schon Didier Eribon in seinem Buch »Rückkehr nach Reims«, der »die Zustimmung zum Front National zumindest teilweise als eine Art politische Notwehr der unteren Schichten«[59] interpretierte), dass rechtspopulistische Parteien zunehmend in einem traditionell sozialdemokratischen Wählermilieu wildern, weil die linken Parteien eben durch ihren zentralen Fokus auf *postmoderne Identitätspolitik* und ihre Vernachlässigung der *sozialen Frage* den Bezug zu diesen Wählern zum Teil verloren hätten.

Und es verwundert ja auch nicht sonderlich, dass viel von der Zurückhaltung in der Arbeiterschaft und in der »Unterschicht« gegenüber der postmodernen Identitätspolitik schlicht und einfach damit zusammenhängt, dass viele von ihnen das Gerede von der Toleranz als substanzloses Geschwafel und reine Rhetorik wahrnehmen, die manchen Leuten nur ein besseres Gefühl geben soll, ihr eigenes Leben aber in keiner Weise verbessert.[60] Kurzum: Eine liberale Elite redet über Dinge, die sie vor allem selbst sehr stark interessiert, aber noch lange nicht das Leben der Menschen verbessern muss, die die »Linken« in dieser Elite eigentlich repräsentieren sollten. Gewiss, die Anti-Diskriminierungspolitik befreit von traditionalistischen Irrtümern, von festgefahrenen Rollenmustern der Vergangenheit und sie ebnet Minderheiten den Weg für eine gesellschaftliche Akzeptanz und fördert ihr Selbstbewusstsein. Aber das ist *Gesellschaftspolitik*. Von Gesellschaftspolitik kann man aber noch nicht die Miete, noch nicht den Urlaub, noch nicht das Spielzeug für die Kinder bezahlen. Geld mag für die neuen Liberalen unwichtig geworden sein, weil sie bereits genug davon haben. Aber für große Teile der Bevölkerung reicht es nicht. Nur Gesellschaftspolitik reicht also nicht.

Die *neuen Linken*, aber eigentlich neuen *Liberalen*, wollen mit ihrem meist nur mosaikhaften Verständnis von Judith Butler und anderen Diversity-Philosophen und ihrer diffusen Idee der Diversity-Politik die Welt verändern. Sie wollen, dass man anders redet, um dadurch die Welt zu verändern. Denn Sprache würde die Welt strukturieren und wenn man die Sprache verändere, verändere man auch die Welt. Kurzum: Ändert eure Worte, und euer Bewusstsein wird sich ändern. Die Sprache bestimme eben das Bewusstsein.

Klar, manche der *neuen Linken* sind auch *Aktivisten*, sie machen nicht nur Rhetorik. Sie stürmen Podiumsdiskussionen, organisieren Veranstaltungen zu Diversity-Politik, sie werden »Diversity-Manager« bei Großkonzernen oder in Verwaltungen, sie betreiben Infostände auf Queer-Veranstaltungen wie dem Christopher Street Day. Sie handeln auch. Ich will das alles auch nicht abwerten. Ich will nicht so tun, als seien hier nur verstrahlte Menschen am Werk, deren Treiben zu verurteilen wäre. So ist es nicht. Der *liberale Moralismus* ist oft gut gemeint. Aber er *schießt* über das Ziel hinaus und vor allem: Er *schließt* einfach sehr viel aus. Er betreibt auch *Exklusion*, und das meist ohne es zu merken. Der *liberale Moralist* vergisst in seinem *postmodernen Idealismus* einfach eine Menge.

Denn dass das unterprivilegierte »Dienstleistungsprekariat« und der prekär beschäftigte Arbeiter andere fundamentale Interessen haben, als die Diversity-Politik abzufeiern, ist mit so einem Fokus auf den postmodernen Idealismus eben noch nicht ins Bewusstsein geholfen. Anders gesagt: Die Lebenswelt im

Seminarraum des postmodernen linken – aber eigentlich liberalen – Akademikers ist eine andere als die des prekär Beschäftigten. Wer aber nur von seiner »Lebenswelt« ausgeht und sich
nicht mehr in die »andere Lebenswelt« einfühlen kann, der wird
den anderen nicht nur nicht verstehen, sondern vielleicht auch
irgendwann von oben herab behandeln. Und genau das ist passiert. Hillary Clinton nannte im Wahlkampf viele Trump-
Wähler einen »basket of deplorables« (Haufen von Erbärmlichen).[61]

Besser kann man die *moralische Überheblichkeit* und das
moralische Überlegensheitsgefühl, das eine neue *Kulturlinke* entwickelte, nicht wiedergeben. Als Reaktion auf Clintons *linslibe-
ralen Kulturkampf* vollzog sich so mit Donald Trump auch ein
Kulturkampf von rechts, der aber sehr wahrscheinlich nur eine
Chiffre für das Gefühl ökonomischer Vergessenheit und kultureller Abwertung war. Der Soziologe Wolfgang Streeck bringt
diese Problematik auf den Punkt:

> »Die so etablierte Lufthoheit über den Seminartischen dient heute
> als Operationsbasis in einem Kulturkampf besonderer Art, in dem
> die Moralisierung des global expandierenden Kapitalismus mit ei-
> ner Demoralisierung derjenigen einhergeht, die ihre Interessen von
> diesem verletzt finden.«[62]

Um noch mal zu den Studenten der Sozialwissenschaften an der
Humboldt-Universität zurückzukommen, die Münkler unter
Beobachtung hielten – fast so wie der Big Brother der Diversity.
In den Berliner hippen Stadtvierteln Kreuzkölln, Prenzlauer Berg,
Friedrichshain und Schöneberg, wo sich die Kulturlinke sam-
melt, um das Leben zu feiern – was man ihr gönnen darf –, sieht
die Welt einfach anders aus als im Essener Norden oder in man-
chen Stadtteilen in Gelsenkirchen.

Wer diese Lebensrealitäten dort aber ausblendet und Politik
von dem Grundgefühl aus macht, welches er selbst in seinem
Alltag erlebt, der wird nahezu folgerichtig dazu kommen, die
Welt falsch wahrzunehmen. Diesen neuen Lebensweltunter-
schied durfte man in Idealform Ende Februar 2018 in der Diskus-

sion um die Entscheidung der Essener Tafel, einen Aufnahmestopp für Ausländer in ihrer Tafel zu verhängen, beobachten. Von Katarina Barley, Sawsan Chebli bis Karl Lauterbach erzürnten sich die Sozialliberalen in der SPD schnell über diese Entscheidung und kritisierten sie aus moralischen Motiven – die Grünen und Teile der Linkspartei machten auch mit. Angela Merkel, das neue Oberhaupt des Sonnenscheinliberalismus, stimmte ebenfalls sofort in die moralische Ermahnung ein. »Wem spielen die politischen Tugenddarsteller wohl in die Hände?« fragte FAZ-Herausgeber Jürgen Kaube zu Recht in seinem Kommentar zur Causa.[63] Richtig. Der AfD.

Es stimmt hoffnungsvoll, dass »linke Realisten« wie der *Sozialdemokrat* (!) Karlheinz Endruschat in Essen ausharren und sich nicht in – einfache – Moralpolitik flüchten, sondern noch Kümmerer sein wollen, auch wenn sie sich damit mittlerweile gegen viele in der eigenen Partei stellen müssen.[64] Aber in diesem Fall der Essener Tafel wird doch das ganze Dilemma der Postmoderne und der neuen Moralpolitik bewusst: In Berlin leben viele Politiker mittlerweile offensichtlich in anderen Welten als Karlheinz Endruschat und Jörg Sartor (Chef der Essener Tafel) in Essen. In Berlin twittert man lieber kurz was und geht dann zurück in den Ausschuss, in dem man über Spiegelstriche streitet, um danach den Sieg im Spiegelstrichkrieg wieder bei Twitter zu verkünden. Nur interessiert das kaum noch jemanden. Selbst Lehrer, der doch vermeintlich ersten Zielgruppe für die neue Moralpolitik, wachsen die Verhältnisse an deutschen Schulen mittlerweile über Kopf, mit vielen Kindern, die kaum Deutsch können, und sich eben öfter nicht gut benehmen, plus die ganze Inklusion. Wer weiß, wie viele Lehrer heimlich AfD wählen? Dabei geht es um das gleiche Problem wie bei der Essener Tafel. Will man endlich über die Situation offen und klar reden und nach nachhaltigen Lösungen suchen? Oder will man aus dem Abgeordnetenbüro nur was twittern?

Man sieht an diesem Beispiel der Essener Tafel aus meiner Sicht jedenfalls exemplarisch, wie sehr die Bundespolitik mittlerweile in einer Blase hängt.

Diese subjektive Beeinflussung in der eigenen Lebenswelt ist etwas, was man ernst nehmen muss. Man kann noch so viele Statistiken darüber lesen, dass im Berliner Stadtteil Pankow die AfD bei den Wahlen zum Berliner Senat stark war oder eben in Gelsenkirchen oder im Essener Norden bei der Landtagswahl in Nordrhein-Westfalen. Man nimmt diese Statistiken zur Kenntnis. Aber man versteht es offenbar bislang nicht, daraus eine neue Politik zu entwickeln. Die subjektive Beeinflussung lässt einen die Welt in einem guten Licht sehen.

Von dieser subjektiven Beeinflussung muss man sich freimachen. Das ist nicht leicht. »Die Wiedergewinnung des Wirklichen«[65] ist daher gerade besonders für die Politikschaffenden eine sehr zentrale Aufgabe. Denn sie haben sich im Zeitalter des *postmodernen Konstruktivismus* so sehr in eine Welt der Konstruktionen geflüchtet, dass sie vieles nicht mehr wahrnehmen. Das mag auch einer virtuellen und beschleunigten *Aufmerksamkeitsökonomie* geschuldet sein, die durch technische Schwierigkeiten wie *Filterblasen* und *Echokammern* in den sozialen Medien wie Twitter und Facebook noch verstärkt wird. Aber dass sich Lebenswelten abgekoppelt haben, dies ist nicht nur eine Realität der *postmodernen Epoche*, die wir unsere Gegenwart nennen, sondern es war sogar von den postmodernen Denkern so gewollt. Das ist alles kein Zufall. Das hat nicht nur mit der neuen Technik zu tun, sondern das hat mit dem Denken zu tun, dass unsere Zeit prägt: dem *postmodernen Denken*.

Um aber die *Kopflastigkeit der wilden Konstruktion* der *Postmoderne* hinter sich zu lassen und wieder zu *klarer Urteilskraft* zu kommen, muss man sich öffnen. Man muss sich aus der eigenen Lebenswelt ziehen. Man darf das Subjektive nicht zum Maßstab seines Handelns machen. Das gilt insbesondere für die, die Politik gestalten. Ein *neuer Realismus* ist gefordert.

Neuer Realismus meint eben etwa das, was Sigmar Gabriel in seiner ersten Rede als Parteivorsitzender der SPD forderte: Man müsse dahin gehen, wo es *brodelt, riecht und stinkt*. Man braucht einen *realistischen Blick* für die Probleme, damit man sie auch beheben kann. Wer der Illusion verfällt, dass alles gut ist, der sieht einfach viele Sachen nicht mehr – und der will sie auch nicht mehr sehen. Dieser *neue Realismus* muss aber zugleich mit einem *neuen Idealismus* einhergehen.

Neuer Idealismus meint: Diese Welt ist nicht die beste aller Welten. Das »Ende der Geschichte« ist noch nicht erreicht. Es muss weiter gehen. Das Beste kommt erst noch und man muss es kommen lassen. *Die Freiheit liegt noch vor uns.* Es ist wieder Zeit für *Visionen.* Zeit für eine *konkrete Utopie,* Zeit für eine *neue Hoffnung,* wie man mit dem Philosophen Ernst Bloch sagen darf.[66] »Das Reich der Freiheit«, was nach Karl Marx letztlich die Idee für die Vollendung allen Strebens der Menschheit ist, ist nicht erreicht, sondern liegt noch vor uns.

Schluss also mit der *liberalen Selbstgefälligkeit.* Schluss mit der *liberalen Selbstzufriedenheit.* Diese *gesellschaftspolitische Liberalisierung,* zu einer Welt, in der jeder offen schwul sein kann und heiraten kann, wen er will, und das ohne Angst, diese Liberalisierung, die zuletzt zum letzten Ausdruck des seit der Aufklärung stattfindenden Freiheitskampfes erwuchs, ist noch nicht das allerletzte Ziel dieser Emanzipationsbewegung. Der *postmoderne Liberalismus* (Ehe für alle, Inklusion, Frauenquoten, Migrantenquoten, politisch korrekte Sprache, Multikulturalismus, Vielfaltseuphorie) ist schlicht und einfach noch nicht die Vollendung der Freiheit, einfach noch nicht der Endpunkt.

Wenn es noch Menschen auf dieser Welt gibt, die hungern, die keinen Zugang zu Bildung haben, dann ist die Welt noch nicht gut. Wenn Arbeiter auf den Baustellen der WM-Stadien in Katar als Lohnsklaven behandelt werden, wenn Armeen von Lohnsklaven dem afrikanischen Kontinent seine Rohstoffe entziehen, wenn Wanderarbeiter aus Osteuropa in Akkordarbeit in deutschen Schlachthöfen unter schlechten Werkvertragsverhältnissen Schweinehälften zerlegen und ihre geringe Freizeit nur erschöpft im Bett zubringen können, dann ist die Welt noch nicht gut. Wenn es Menschen gibt, die in dem reichen Deutschland zur Tafel gehen müssen, Flaschen in Parks sammeln müssen, die nach 40 Jahren Arbeit nur Grundsicherung als Rente bekommen, dann ist die Welt noch nicht gut.[67]

39

War es nicht einmal das Ziel der Menschen, die Welt von Armut, Ausbeutung, Gewalt, Kriminalität und Terror zu befreien? Wollten wir nicht eigentlich in einem *Paradies auf Erden* leben? War das nicht mal der *geschichtsphilosophische Auftrag,* den uns die Aufklärung hinterlassen hat, und für dessen Erfüllung seit Karl Marx und der Arbeiterbewegung die *politische Linke* gekämpft hat?[68]

Aber es scheint, dass kaum noch einer wirklich kämpft. Gerade *die Linke,* die eigentlich die *Mission* für diesen Kampf hat, die ist gespalten. Und genau das ist das Problem, was am Ende nur die *Hegemonie des Neoliberalismus* stützt und den Aufstieg der Rechtspopulisten begünstigt und sogar fördert.

Die *Kulturlinke* oder eben die *neuen postmodernen Linksliberalen* die man in Deutschland besonders bei den Grünen findet, aber auch in der SPD, der Merkel-CDU und Teilen der FDP, die in Frankreich Emmanuel Macron, in den USA Hillary Clinton und in Kanada Justin Trudeau repräsentiert, hält gemeinsam mit den Neoliberalen und konservativen Liberalen wie Angela Merkel, Jean-Claude Juncker und Theresa May, den Freiheitskampf im Grunde für erledigt. Sie glaubt, den *geschichtsphilosophischen Auftrag* im Grunde erfüllt zu haben, weil nun mal eine »freie« Gesellschaft erreicht sei, in der etwa Homosexuelle keine Angst mehr haben müssen oder Minderheiten nicht mehr systematisch ausgeschlossen werden. Sie halten die heutige *liberale, kapitalistische Gesellschaft* für eine vollkommen *freie Gesellschaft.* Der »normative Kern linken Denkens [sei] nicht die soziale Gerechtigkeit, sondern die Idee einer ›freien Gesellschaft‹ (Adorno)«, fasste der Politikwissenschaftler Christian Volk dieses Denken nahezu idealtypisch zusammen.[69]

Man hat es sich offensichtlich bequem gemacht.

Die *neue politische Elite* ist mittlerweile selbst zu jenem Milieu gereift, das man repräsentieren will: ein hippes, eher städtisches, postmaterialistisches Milieu, ein neues Bio-Bürgertum, das seine Werte und seinen Status durch eine Form von *kulturellen Kapital* ausdrückt. Man tickt gleich und gehört so zu einer *Avantgarde.* Die Soziologin Elizabeth Currid-Halkett nennt diese Avantgarde eine »aspirational class« und sagte im Interview mit der ZEIT über diese Klasse und zu denen, die dazugehören:

> »Zum Beispiel die, denen ich begegne, wenn ich in meiner Heimatstadt Los Angeles in einen Biomarkt gehe: Ärzte, Anwälte, Banker, Internetmillionäre – aber auch arbeitslose Drehbuchschreiber und Hipster. Sie definieren sich nicht durch ökonomisches, sondern vor allem durch kulturelles Kapital. Was sie als gesellschaftliche Klasse zusammenhält, ist nicht Geld, sondern eine gemeinsame Kultur, gemeinsame Konsumgewohnheiten, gemeinsame Werte.«[70]

Das ist zentral: *gemeinsame Werte.* Und das sind *linksliberale Werte* – aber in Form eines postmodernen Liberalismus. Das ist gerade kein Linksliberalismus, wie ihn einst Willy Brandt verstand und der für ihn synonym mit dem *Freiheitskampf* für den *demokratischen Sozialismus* war, sondern letztlich nur eine nettere Form des Neoliberalismus. Im Grunde wird von dieser neuen kosmopolitischen Klasse der *neoliberale Kapitalismus* akzeptiert und Gesellschaftspolitik in seinem Sinne forciert – diese Gesellschaftspolitik nennt sich nur anders und kommt als progressiv, irgendwie links daher.

Klar, nicht jeder, der viel Geld verdient, und so lebt, wie es Elizabeth Currid-Halkett beschreibt, findet die Privilegien gut, die er letztlich selbst genießt. Auch ein reicher Mensch kann schließlich Solidarität zeigen. Auch ein Bio-Bürger im Sinne der Definition von Elizabeth Currid-Halkett kann Solidarität beweisen. *Soziale Ungleichheit* kann im Prinzip jeder *verringern* wollen – egal ob er arm oder reich ist. Aber es gibt eine Tendenz in der *kosmopolitischen Klasse*: Die Welt ist gut – vor allem für mich – und das soll bitte alles so bleiben. Und da diese neue Klasse nun auch die politische Elite mittlerweile stark prägt, ist es zuletzt zu einem *postmodernen Wohlfühllinksliberalismus* gekommen, der im Prinzip nur eine schickere Form des Neoliberalismus ist, weil dieser Neoliberalismus immer so kalt und herzlos wirkte.

Aber dieser *neue Linksliberalismus*, der neue »progressive« Leidenschaften wie die Anti-Diskriminierung von Migranten und für Frauen oder einen neuen Menschenrechtsaktivismus beinhaltete, ist nun eben herzlicher und wärmer. Aber er ist trotzdem auch ein *Neoliberalismus light.*

Der *kalte Neoliberalismus* wurde mit einem neuen Liberalismus überwunden – und doch erhalten und damit aufgehoben. Wie das?

Chancen soll es offiziell für jeden geben. Das war schon das Motiv des Neoliberalismus: Der Markt diskriminiere grundsätzlich keinen. Er sei ja blind, was Herkunft, Ethnie oder Religion angehe. Am Ende komme es also auf Leistung, Glück und Geschick an, um Erfolg zu haben. Wer seine Chance aber nicht nutze, der sei aber auch selbst schuld. Der *neue Linksliberalismus* erweitert das aber um kulturelle Motive, die zunächst einmal sehr ehrenwert sind: Geniale Einzelne sollen ein neues Google gründen können, Kanzler werden können oder Siemens leiten, selbst wenn sie Mustafa heißen und aus schwierigen Verhältnissen kommen.

Bezeichnend für diesen *neuen Linksliberalismus* war für mich ein Besuch bei »Google Deutschland« im Sommer 2017. Ich hörte zusammen mit der SPD-Landtagsfraktion Rheinland-Pfalz mehrere Vorträge zu Projekten des Unternehmens. Interessant war aber besonders die Begrüßung. Bereits im fünften oder sechsten Satz jubelte die Konzernsprecherin über die tollen Diversity-Projekte von Google, als wolle sie den anwesenden Politikern demonstrieren, wie progressiv und politisch Google selbst sei. Als wolle sie demonstrieren: Google steht auf der guten Seite, Google steht auf der Seite des Fortschritts und der Emanzipation. Es wirkte so ein bisschen, als wollte man den Politikern deutlich machen, dass hier kein profitorientierter Konzern, sondern eine Bewegung aktiv wäre, die im Grunde nur das Beste für diese Welt wolle.

Bezeichnenderweise musste der Google-Mitarbeiter James Damore das Unternehmen verlassen, nachdem er ein Pamphlet über die Kultur und Diversity-Projekte in seinem Unternehmen verfasst hatte und dies einen öffentlichen Aufschrei verursacht hatte. Damore prangerte in seiner Abhandlung eine »linksliberale Voreingenommenheit« und eine »politisch korrekte Monokultur« bei Google an.[71] Roland Lindner und Sven Astheimer von der FAZ kommentierten die Causa treffend mit »Hauptsache Vielfalt«[72] und sprachen von einer Übertreibung. Genau das ist es.

Die neuen postmodernen Linksliberalen fühlten sich offensichtlich in ihrem missionarischen Anspruch verletzt – wie konnte nur jemand aus den eigenen Reihen einem so derart in die Parade fahren und in den Rücken fallen. Die kulturelle Gegenoffensive ließ nicht lange auf sich warten. Bei Twitter gab es unter dem Hashtag #fired4truth zahlreiche Unterstützung für Damore, der sich selbst zwischenzeitlich den Usernamen @fired4truth gegeben hat (mittlerweile @JamesADamore) und mit 119.000 Followern (Stand 20.3.2018) hohe mediale Aufmerksamkeit bekommt.[73] Google steht nun mitten im Wirbelsturm des Kulturkampfes, der mit der Wahl Donald Trumps die ganze USA erfasst hat: *Googleianer* gegen *Trumpisten*. Religion gegen Religion. Kultur gegen Kultur. Wir und Die. Das sind nicht mehr die »United« States of America, das ist ein Schützengraben. Es ist nicht nur ein *Kulturkampf*, es scheint bereits ein *Kulturkrieg* zu sein. Davon ist Europa – Gott sei Dank – noch etwas entfernt. Aber auch hier gibt es mittlerweile die »Wir-und-die-Logik«. Und es ist besonders traurig, dass gerade die postmodernen Linksliberalen, die diese *Wir-und-die-Logik* oft kritisieren, am Ende doch ein »Die« sehen. Denn eigentlich finden die postmodernen Linksliberalen, dass sie recht haben. Es ginge jetzt nur darum, die »Kommunikation« zu ändern, um das – eigentlich wahre – postmodern-liberale Weltbild nur besser zu erklären und verständlich zu machen. Am Ende wollen die Linksliberalen den Kulturkampf gerne einfach gewinnen. Und so sind sie auch nicht bereit, »ihr« Weltbild kritisch zu prüfen. Genau das bedeutet das Wort *Kritik* – das etymologisch aus dem Altgriechischen stammt – aber: Überprüfung und Untersuchung. Aber zu dieser Prüfung sind die postmodernen Linksliberalen kaum noch bereit. Denn sie haben »ihr« Weltbild. »Ihre Religion« muss man fast kritisch sagen. Kritik passt auch habituell nicht ins Bild des dauerhaft optimistischen, disruptiven Entrepreneurs. Man muss schließlich gut drauf sein – die schöne neue Digital-Welt liegt ja vor uns. *Glauben* muss man, nicht *zweifeln* und *kritisieren*. Das ist die Welt der Googleianer, und *digital happiness* ist ihre Tugend. Gewiss, die Digitalisierung kommt und muss gestaltet werden – sozial und ökonomisch. Aber die Digitalisierung wie eine Erlösung zu behandeln und jetzt schon mit einer linksliberalen Party zu beginnen, ist schlicht falsch. Es wird der Realität nicht gerecht. Wer es aber trotzdem tut, betreibt in meinen Augen Realitätsverweigerung.

Durch das Google-Beispiel wird deutlich: Es ist da eine Echokammer entstanden, die mit einem bestimmten neuen liberalen Weltbild einhergeht. Das Google-Beispiel ist hier aber nur ein Beispiel dieses neuen postmodern-liberalen Weltbildes. Ein anderes Beispiel dafür, dass diese Diversity-Philosophie sich weit über größere Teile der Politik, über Medien, Wissenschaft, über Nichtregierungsorganisationen und manche globalen Konzerne erstreckt, ist ein Tweet des deutschen Supermodels Toni Garrn bei Twitter. Am 8. Juli 2017 twitterte sie zum G20-Gipfel in Hamburg, ihrer Heimatstadt, Folgendes:

>>Thinking of Hamburg and hope the results of the G20 summit will continue advancing gender equality and climate issues for all countries! ♥ «.

Warum twitterte sie nicht:

>>Wann hört der Hunger endlich auf und wann verdienen Millarden Menschen mal mehr als zwei Dollar?«

Oder:

>>Wann bekommt ein Arbeiterkind aus Ohio endlich die gleichen Bildungschancen wie ein Kind aus Manhattan?«

Warum interessiert sie nicht Ungleichheit als solche, sondern die Gleichstellung von Frauen und der Klimawandel? Weil gerade Letztere die Themen der postmodernen und postmaterialistischen Liberalen sind. Diese Themen sind wichtig. Ohne Frage. Der Klimawandel existiert und verändert diese Erde. Die Aufhebung des »Gender-Pay-Gap« ist geboten. Alles richtig. Dass Toni Garrn politisch aktiv ist, ist auch erst mal lobenswert. Genauso lobenswert ist, dass Toni Garrn sich für Kinder in Afrika einsetzt – denn das tut sie. So ein Supermodel wie sie könnte sich auch nur mit shoppen und schön essen in New York beschäftigen und sich insofern nur für sich selbst interessieren. Insofern: Gut, dass sie sich überhaupt engagiert. Gut, dass sie sich für eine bessere Welt einsetzt.

Aber dass sie gerade dafür brennt, worüber sie in ihrem Tweet schreibt, ist bezeichnend. So ein Tweet macht eben deutlich: Da ist eine *ganze Klasse* entstanden, die gleich tickt. Man kann von einer *neoliberalen Schickeria* sprechen, die nur vermeintlich links geworden ist und deren *postmoderner Liberalismus* nahezu perfekt zu ihrem *ökonomischen Neoliberalismus* passt.

Es ist eine neue kosmopolitische, postmaterialistische Klasse entstanden, der es ökonomisch oft anständig geht, und die – etwa über so einen Tweet – auch kulturell oder politisch Einfluss nehmen kann, und die die Privilegien, die sie genießt, gar nicht mehr hinterfragt. Für die Angehörigen dieser Klasse ist der *Neoliberalismus* überhaupt nichts mehr, worüber sie sich Gedanken machen. Sie nehmen das hin.

Der Neoliberalismus wird akzeptiert, aber er soll wirklich Chancen für alle bieten. Und hier wird die *postmoderne Identitätspolitik* wieder relevant. Sie fungiert für viele Globalisierungsgewinner zumindest manchmal als eine Form von *moralischer Aufbauarbeit*. Sie fühlen sich etwas schlecht, dass es ihnen angesichts des noch vorhandenen offenkundigen Elends in der Welt so gut geht. Sie haben ein *schlechtes Gewissen*. Aber sie wollen auch kein radikal anderes System, in dem etwa Startchancen wirklich egalitarisiert werden. Ich will das die *Lebenschancenlüge* nennen – siehe dazu Kapitel 4.

Dass der Klimawandel auch so ein Herzensthema ist, verwundert ebenfalls nicht. Ein starkes Bekenntnis zu Umwelt-Themen kostet erst mal nichts. Wer auf Facebook die Rettung des Klimas fordert, kann sich gewiss sein, dass er viele *Likes* bekommt, und als guter Mensch wahrgenommen wird. Aber persönlich wird es ihn weder direkt etwas kosten, noch wird er sich von Freunden Zynismus vorwerfen lassen müssen, warum er angesichts eigener Privilegien die Ausbeutung in der Welt geißelt. Klimarettungspolitik lässt sich auch gut emotionalisieren. Das Herz ♥ im Tweet von Toni Garrn spricht dafür Bände. Klimarettungspolitik ist was Gutes. Die Grünen vergeben eher ♥ und die AfD eher Wut-Smileys. Mehr Wut, oder altgriechisch *Thymos*, wie es etwa der AfD-Hausphilosoph Marc Jongen fordert[74], ist gewiss keine Lösung. In der Tat ist *Eros*, also Liebe, eine viel stärkere und bessere Motivation für Wandel. Aber warum postet niemand »Für eine Solidarisierung mit den Ausgebeuteten und Hungernden ♥« oder »Für eine Finanztransaktionssteuer ♥«. Toni Garrn würde das nicht posten. Und das hat Gründe. Sie liegen darin, dass sich bei den Globalisierungsgewinnern ein *liberaler Moralismus* ausgebreitet hat: ökonomisch gesehen Neoliberalismus und kulturell ein postmoderner Linksliberalismus. In Frankreich sieht man diese Kombination momentan in Perfektion. Emmanuel Macron hat die Kabinettsposten für Umwelt etwa mit einem Linken besetzt und Finanzen und Wirtschaft mit einem Konservativen beziehungsweise Neoliberalen. Er fordert »Make our planet great again« oder setzt sich leidenschaftlich für Anti-Diskriminierungspolitik ein. Aber wie er damit über ein Drittel der Wütenden in der französischen Gesellschaft, die letztlich dann doch den *Front National* gewählt haben, jemals habituell, sprachlich und inhaltlich erreichen will, bleibt mir schleierhaft. Bereits jetzt büßt Macron in den Umfragen auch bei denen ein, die ihn erst gewählt haben.

In einer jungen Umfrage aus dem Frühjahr 2018 erhält Macron nur noch 44 Prozent Zustimmung.[75] Er lag allerdings auch schon mal noch weiter darunter. 44 Prozent Zustimmung ist für einen vermeintlich galaktischen Superstar ziemlich bescheiden. Die ganze Euphorie, die ihm aus linksliberalen Denk- und Schreibstuben entgegenkommt, scheint also eher Ausdruck einer Blase zu sein. Er ist der Präsident einer *kosmopolitischen*

Klasse, die nur ein Drittel, eher nur ein Viertel der Bevölkerung der westlichen Demokratien ausmacht. Er ist der Präsident einer liberalen Elite!

Bereits jetzt entpuppt er sich auch als *Präsident der Reichen*.[76] Er kränkt Arbeitslose und spielt sich als neuer Sonnenkönig auf.[77] Mitte November 2017 kam es dann sogar in seinen eigenen Reihen zu einem Massenaustritt aus seiner »En Marche Bewegung«. Die Ausgetretenen warfen ihm eine »Herrschaft der Eliten« und »Arroganz« vor.[78] Selbst im eigenen Team scheint man wohl an den selbst ernannten Messias nicht mehr richtig zu glauben.

Vor allem ein *Präsident der Mitte* ist er nicht. Er scheint eher der Präsident einer *Pariser Schickeria* zu sein. »From Paris with love«: So wirkt sein Liberalismus. Ein bisschen naiv und gar nicht so visionär, wie Macron es sich selbst wünscht. Ja, Macron ist gegen die *postmoderne Leere* und den *postmodernen Stillstand*, er ist kein reiner Pragmatiker wie Merkel, aber seine Vision ist nichts Neues, sondern nur ein beherzteres Werben für den progressiven Neoliberalismus mit jugendlichem Charme und Esprit.

Aber ob er angesichts des Umfragen-Sturzes seinen »progressiven Neoliberalismus« überdenkt, bleibt mehr als fraglich. Ich glaube ja, er wird es nicht. Denn er ist auch ein Gläubiger der liberalen Religion. Er betreibt auch Realitätsverweigerung. Man nimmt so die Wütenden nicht ernst – oder kanzelt sie gleich noch zusätzlich moralisch nach unten ab.

Genau das macht den *liberalen Moralismus* aus: Die ökonomischen Verlierer werden nicht ernst genommen. Der *liberale Moralismus* ist selbst eine Form von Entkopplung. Er ist *Produkt* einer *Lebenswelt*. Einen *Habitus*, um mit dem Soziologen Pierre Bourdieu[79] zu sprechen, – und in der Tendenz hat man in der *kosmopolitischen Klasse* einen ganz bestimmten Habitus –, den kann man gar nicht so leicht ablegen.

Der Habitus ist passiv bestimmt, in der Hinsicht, dass die Lebenswelt, in der ich mich befinde, mich (mit-)bestimmt. Das heißt, meine Lebenswelt produziert für mich ein bestimmtes Verhalten beziehungsweise gibt mir einen Handlungsplan vor.

Der Habitus erzeugt also auch praktische Handlung, das heißt, ich reproduziere durch mein Handeln den von mir internalisierten Habitus. Der Habitus beschreibt die Internalisierung einer Externalisierung, er beschreibt die Reproduktion einer sozialen Produktion.[80]

Der Habitus macht etwas aus einem, was man nicht so einfach löschen kann. Er codiert einen. Der *liberale Moralismus* ist so auch etwas, was der liberale Moralist nicht einfach löschen kann. Moralisch ist, wenn man moralisch ist, mag man hier in tautologischer Weise an den *Woyzeck* von Georg Büchner denken. Man kann einfach nicht so einfach aus seiner Haut. Der *Existenzialismus*, die *Unabhängigkeits-Philosophie* schlechthin, würde das bestreiten und das zu Recht. Aber der Habitus ist doch etwas sehr Festes. Ihn kann man nicht einfach so wegwerfen. In der Theorie kann man ihn leicht wegwerfen. Und der Existenzialismus ermuntert zu so einer permanenten Befreiung und Eigenständigkeit. Der Existenzialismus macht frei – und unabhängig. *Du kannst dein Leben ändern*, ist seine Grundphilosophie. Und gewiss, in der Theorie ist das alles möglich. Aber in der Praxis ist das alles nicht so leicht. Der Habitus sitzt tief.

Ein Habitus entsteht langsam, oft unbewusst, und setzt sich tief fest. Bei den Liberalen dieser Welt, die in Oxford oder Stanford ihr Auslandssemester machen, die mal hier im Ausland Praktika machen und mal da und die nach dem Studium schnell in globalen Konzernen ihren Platz finden oder als Mitarbeiter in Parteien oder in Ministerien, die haben diesen liberalen – auch zu Moralisierung neigenden – Habitus oft, auch wenn es ihnen manchmal gar nicht bewusst ist. Wie gesagt: Ein »Muss« gibt es für nichts. Man »muss« sich nicht nur noch für Identitätspolitik erwärmen können, wenn man selbst zu den Postmaterialisten gehört. Klar, für die Postmaterialisten ist *Selbstverwirklichung* zentral. Die *Identitätsfrage* ist für sie zentral geworden: »Wer bin ich – und wenn ja, wie viele«.[81] Darum geht es dem Postmaterialisten oft, aber es muss auch nicht so sein.

Beim Parteinachwuchs ist es nun anders, wie der *liberale Moralismus* entsteht. Die Konformität des liberalen Moralismus

ergibt sich beim Parteinachwuchs daraus, dass dieser – hauptsächlich akademisch – erstens sich im Grunde nur selbst bestätigt und die Mehrheitsgruppe Andersdenkende nicht integriert.
Zweitens sind die politischen Jugendorganisationen so derart zur
Karriere-Institutionen verkommen, dass es oft nur noch darum
geht, sich schon früh im Kampf um spätere gute Posten in der
Partei zu üben. Der Parteinachwuchs hat postdemokratisch schon
eingeübt, dass im Wesentlichen inhaltliche Weltanschauungskämpfe nicht mehr geführt werden, sondern dass es stattdessen
nur noch aufs »Netzwerken« und auf die eigene Beliebtheit unter
den Mitstreitern ankommt. Arbeit in der politischen Jugendorganisation wird zum Halbtagsjob, was zur Vernachlässigung des
Studiums führt oder für normal arbeitende Jugendliche kaum
noch in dieser Intensität leistbar ist. So setzen sich diejenigen
durch, die ihre ganze Jugend dieser Arbeit verschreiben und im
Grunde nur noch mit anderen politischen Jugendlichen Umgang pflegen. Auch so bestätigt sich ein liberaler Moralismus.
Denn der postmoderne und liberale Akademiker bestimmt den
Ton in den Jugendorganisationen der Mitte-Parteien – insbesondere Mitte-links. Und wenn man Andersdenkende ausgrenzt,
Debatten verhindert, wenn es stattdessen nur noch auf Organi-
sation und Steigerung der eigenen Bekanntheit ankommt, ja
dann wird der eigene Liberalismus, der bei allem der Maßstab ist,
gar nicht mehr reflektiert. Der Parteinachwuchs nimmt sich, wie
leider auch viele Parteifunktionäre, zu wenig Zeit zum Denken.
Derjenige mit der stärksten körperlichen Ausdauer und der
höchsten Aktivität setzt sich oft durch. Die Ochsentour beginnt
immer früher. Auch wenn man gerade beobachten kann, dass
die ganz Erfolgreichen in der Politik einen neuen Typus Politiker
darstellen, den man *den Intellektuellen* nennen kann – Macron,
Obama, Habeck –, so gilt doch für den Mainstream immer mehr:
Du musst dein Leben der Partei widmen und sehr früh anfangen.

Der Kampf um Wahrnehmung und Aufmerksamkeit ist in
der *postmodernen Aufmerksamkeitsökonomie* jedenfalls sehr logisch. Aber dieser *Kampf um Aufmerksamkeit* sorgt dafür, im
Grunde das eigene Weltbild nicht mehr zu hinterfragen. Und

das ist bei den allermeisten Mitte-Politikern ein *liberales Weltbild* – mit unterschiedlichen Akzentuierungen.

Der Jugendforscher Bernhard Heinzlmaier kommt im Interview mit dem Deutschlandfunk sogar zu einer sehr harten Kritik der Jugend – vor allem der politischen Jugend. Zu den jungen Politikern sagte er:

> »Ich nenne sie immer früh gealterte Junge, das heißt Leute, die eigentlich diese gesamte Parteikultur aufgenommen haben, absorbiert haben, und eigentlich nichts anderes im Sinn haben, als innerhalb dieser Parteikultur Karriere zu machen. Ich würde sagen, wenn man den Kevin Kühnert in eine Zeitmaschine setzen würde und nach 40 Jahren öffnet man die Tür, würde einem Martin Schulz entgegenkommen.«

Und er schob hinterher:

> »Ich würde sagen, seit 1968 erleben wir einen Domestizierungs- und Zivilisierungsprozess der jungen Menschen. Der postmoderne Individualismus ist nichts anderes wie eine Rebellion, die nur noch auf der ästhetischen Ebene stattfindet. Sonst handelt man eigentlich im großen Einverständnis mit dem Althergebrachten, mit dem, was sich kulturell und politisch jetzt gerade anbietet.«

Und fast schon wehklagend kulminierte er in der Aussage:

> »Ich muss jetzt wieder dieses Wort verwenden, das ein wenig abgeschmackt klingt, aber es hat schon etwas mit dieser neoliberalen Kultur zu tun, mit der Ökonomisierung, mit der Inwertsetzung aller menschlichen Beziehungen, und es geht in Wirklichkeit darum, dass sich das Individuum neoliberalistisch selbst managt. Das bedeutet, man achtet nur mehr auf den Vorteil. Es geht nicht mehr um die Sache selbst, sondern es geht letztendlich darum, einen Ertrag zu erwirtschaften. Das wäre jetzt in der Politik Aufmerksamkeitskapital, das man dann später mal in ökonomisches Kapital umtauschen kann. Diese ökonomische Logik, das ist eigentlich das, was das ganze System, das ganze politische System lähmt.«[82]

Das beschreibt die Tendenz zur Ökonomisierung des Selbst und zu einem damit einhergehenden »Subjektivierungsregime« (Ul-

rich Bröckling).[83] Kurz: Der junge Parteinachwuchs sucht nach
Möglichkeiten, für sich am Ende selbst das Beste herauszuholen
– was man niemandem grundsätzlich moralisch vorwerfen will,
was man aber feststellen muss und zu kritisieren hat. Heinzlmaier übertreibt vielleicht. Die Jugend soll man auch nicht kaputt reden. Vielleicht darf man etwa im Streit Groko vs. NoGroko auch einen *Generationenkonflikt* erkennen. Der Politikwissenschaftler Marc Saxer argumentierte in etwa so für den Tagesspiegel. Er schrieb:

>»Für die Älteren ist das unaufgeregte Prozedere der demokratischen
>Institutionen der beste Weg, um inkrementelle Verbesserungen
>zum Wohle aller umzusetzen. Für die Jüngeren steht gerade diese
>vermeintlich ›vernünftige Sachpolitik‹ für nichts weiter als techno-
>kratisches Durchwursteln. Für die Älteren erfordern die Großkri-
>sen in und um Europa eine Politik der ruhigen Hand. Die Jüngeren
>befürchten dagegen, die breite Koalition des Stillstandes sei beson-
>ders ungeeignet, um mit den dramatischen Herausforderungen des
>Klimawandels, der Digitalisierung und des sozialen Wandels Schritt
>zu halten. Während die einen also auf das Bewährte setzen, um Kri-
>sen Schritt für Schritt zu entschärfen, sehnen sich die anderen nach
>radikal neuen Ansätzen, um den großen Sprung aus der Defensive
>zu schaffen. Dem ›Keine Experimente‹ der Älteren schleudern die
>Jüngeren also ein ›Disruption Jetzt, bevor es zu spät ist!‹ entge-
>gen.«[84]

Da ist schon was dran. Die Jusos wollen den Spiegelstrich-Prag-
matismus der Alten nicht. Aber heißt das, dass Heinzlmaier gleich
komplett unrecht hat? Er sagt gewissermaßen, dass der postmoderne Individualismus und das »System« sie am Ende so ab-
schleifen werden, dass sie im Alter von 40 oder 50 Jahren das
Gleiche machen wie die Alten jetzt. Heinzlmaiers Kulturpessi-
mismus kulminiert also in der Vermutung, dass es hier ein größeres Problem im Hintergrund gibt, das zur Nivellierung des
Eigensinns und der Rebellion führt und letztlich einen neoliberalen Konformismus schafft. Vielmehr sagt er sogar: Der Aufstand der Jusos selbst kann nur im Lichte einer Ästhetisierung
betrachtet werden, die darauf verweist, dass es vielleicht einfach

Nebelkerzen sind, die kurz rebellisch leuchten, am Ende aber in einer Nivellierung verbrennen.

Der Aufstand ist dann nur ein Aufmerksamkeitsaufstand. Diese Argumentation sollte man ernst nehmen. Böse oder hart gesprochen, enden Juso-Vorsitzende eben wie Gerhard Schröder – okay, nicht alle. Kevin Kühnert will ich nichts unterstellen. Gewiss ist jedoch, dass die Debatte um die sogenannte Groko am Ende eine Stellvertreterdebatte war. Wenn man das ernst nimmt, muss es am Ende auch wirklich zu einem *Politikwechsel* kommen, und nicht bei den Nebelkerzen eines NoGroko-Aufstandes bleiben – an dessen Ende nur Kevin Kühnert gewinnt und sonst alles beim alten Kurs bleibt. Wenn dieser NoGroko-Aufstand am Ende nur ein ästhetischer Aufstand bleibt, eine rein ästhetische Rebellion bleibt, quasi ein leerer Signifikant des »Wandels«, dann wird Heinzlmaier recht behalten.

In der Tendenz teile ich die Kritik an der zu starken Anpassung der Jugend und ihrer Ökonomisierung des Selbst. Auch die Jusos betrifft das. Sie sind gerade kein Block des Widerstands gegen den neoliberalen Kapitalismus, sondern die Jugendabteilung einer linksliberalen Partei der »Mitte«, die genauso wie viele Ältere in der Partei versuchen, sich jeweils irgendwie durchzuwurschteln und durchzulavieren – und dabei nach Aufmerksamkeit für sich selbst suchen.

Ich muss die Jusos deutlich wegen ihrer eher klar linken Haltung in sozialen Fragen loben. Besonders deutlich wurde diese Form von »Linkssein« in der Debatte um die Groko, wo die Jusos das einzige Sprachrohr innerhalb der Partei waren, die anmahnten, dass man sich nicht noch mal in das Elend des Groko-Pragmatismus begeben dürfe, sondern endlich wieder eine *sozialdemokratische Vision* anbieten müsse. Damit wurden die Jusos zur Wortführerin der »Linken« – und somit zu den lange vermissten *neuen Utopisten* der deutschen Linken.

Aber in grundsätzlichen ökonomischen Fragen, mit benötigter volkswirtschaftlicher Kenntnis, wird bei den Jusos zu wenig fundiert argumentiert, und in Fragen der Migrations- und Innenpolitik wird bei den Jusos einfach zu oft eine Art liberaler

Moralismus betrieben. Zu oft bleibt der Eindruck, das keine Substanz hinter einer linken Kritik an den Älteren der Partei steckt. Der Kampf ist da eher symbolisch – Groko versus NoGroko. Aber will man wirklich was anderes als linksliberale Mitte-Politik? Weiß man eigentlich, wie das geht? Ich habe selten einen Juso getroffen, der sich in die Untiefen des Keynesianismus und der EZB-Geldpolitik vertiefte. Und zu oft habe ich Jusos getroffen, für die »Linkssein« einfach nur bedeutet: Nehmt bitte noch mehr Flüchtlinge auf. Das ist eine Form von linksliberaler Radikalität, in der sie den Linksliberalismus der Älteren nur noch übertrumpfen – auch quasi weil sie nur aus diesem Grund gegen die Groko sind, weil die SPD in ihren Augen zu viele Zugeständnisse an die Union bei Migration- und Integration machte. Nikolaus Busse von der FAZ kommentierte das klar und deutlich:

> »Jedem führenden Sozialdemokraten müsste bewusst sein, dass die SPD in der Flüchtlingspolitik eine Position vertritt, die bei ihrer einstigen Stammwählerschaft, den Arbeitern, nicht ankommt. Das hat das linksliberale Funktionärsestablishment nicht davon abgehalten, das Thema Familiennachzug zu einem Hauptstreitpunkt der Koalitionsverhandlungen zu machen.«[85]

Das ist ein zentrales Dilemma der SPD in zwei Sätzen. Das linksliberale Establishment macht Politik gegen den Willen vieler seiner – ehemaligen – Wähler und wundert sich dann, warum es nicht gewählt wird. Schlimmer noch: Im Willy-Brandt-Haus und in anderen linksliberalen Verwaltungsstuben der Partei denkt man sich teilweise, dass die ganze Kritik am Linksliberalismus und an der Identitätspolitik, die zurzeit vor allem aus konservativen Medien wie der FAZ kommt, ein Versuch des konservativen Feuilletons ist, die SPD zu zerstören. Die Antwort auf die *Krise des Linksliberalismus* ist dann noch *mehr Linksliberalismus* und eine *Jetzt-erst-recht-Haltung*. Wie ignorant das doch ist. Die Linksliberalen saugen so die SZ und DIE ZEIT auf, die nur ganz partiell die SPD auf Fehlentwicklungen hinweisen, sondern eher der SPD einen Kurs empfehlen, der auf Grüne 2.0 und auf ein

weiteres Sprachrohr postmoderner Gesellschaftspolitik hinausläuft. Moralpolitik wird hier journalistisch belohnt und eine Politik eines *linken Realismus* (mehr Sozialpolitik, mehr Keynesianismus, mehr Industriepolitik und mehr Realismus bei Integration und Innerer Sicherheit) kritisiert. Auch die SPD soll, wie die
deutsche postmoderne Partei Die Grünen, fest zu einem liberal-
postmodernen Weltbild stehen und für dieses hart werben. Es
ist doch alles gut, lasst uns nur noch mehr für Toleranz und
Weltoffenheit werben. Das ist das publizistisch-politische Programm der liberal-postmodernen Weltbildpolitik. Eben jene
Life-is-good-Politik.

Man spürt in den linksliberalen Medien dieser Republik
zwar deutlich, dass sich etwas verändert und dass es so eigentlich nicht weiter gehen kann, aber noch ist die Hemmung da, vor
allem der SPD mal einen deutlichen Politikwechsel zu empfehlen. Eher hofft man darauf, dass Schwarz-Grün doch bald kommen möge, unter einer Kanzlerin Annegret Kramp-Karrenbauer,
damit alles beim Alten bleibt. Der strahlende Held der Grünen,
Robert Habeck, dieser deutsche Macron, kritisiert doch auch den
postmodernen Kapitalismus – wie auf dem Parteitag der Grünen
im Januar. Wozu also noch der SPD etwas empfehlen, wenn die
Grünen doch sowieso bald der neue Juniorpartner sind, der
dann harmonisch mit der Union regieren und da dann das soziale Pseudogewissen spielen kann?

Was bedeutet das aber solange für die Strategieplanung der
SPD? Ich glaube: Solange die Linksliberalen der SPD in der ZEIT
und in der SZ weiterhin ihre alten Gewissheiten niedergeschrie-
ben verspüren, solange werden sie glauben, dass die FAZ versucht der SPD die falsche Strategie aufzuquatschen – um sie final
zu zerstören. Wie naiv das doch ist! Als ob die FAZ die SPD
vernichten will. Wer das wirklich glaubt, versteht die FAZ nicht.

Aber was macht die Partei-Jugend – die kann doch im Ideal-
fall ein Treiber der Partei-Erneuerung sein? Na ja welcher Juso
liest die FAZ? Liest man da überhaupt Print? Oder nur ZEIT
ONLINE und *bento* und *ze.tt*? Eher ja. Und da kriegt man tendenziell, vor allem bei *bento, Jetzt* und *ze.tt* (den jungen Portalen

von SPIEGEL ONLINE, SZ und ZEIT ONLINE), die volle linksliberale, postmoderne Dröhnung. Ist doch klar, dass die angesta-
chelt sind, die neuen linksliberalen Ideale durchzusetzen und so
auch etwa zu Realitätsverlust in der Migrations- und Integrationspolitik neigen.

Da ist mir zu wenig Realitätssinn und oft zu wenig Sach-
kenntnis in der politischen Jugend vorhanden – auch bei der
Jungen Union im Übrigen. Was den – fehlenden – Realitätssinn
betrifft: Der zeigte sich nicht nur darin, wie sehr die Jusos und
ihr neuer Vorsitzender Kevin Kühnert in der Gabriel-Debatte
um die Leitkultur gegen den Vorstoß Gabriels moralisierten. Gabriel mag in seinem »SPIEGEL«-Essay identitätspolitisch übertrieben haben und ernsthaft Heimatfolklore als eine Antwort zur
Rückgewinnung der Modernisierungsverlierer verstehen – was
sie nicht ist.[86] Aber eine substanzielle Auseinandersetzung mit
Gabriel kam von den Jusos nicht. Aus subjektiver Sicht darf ich
sagen: Die Jusos sind innerhalb der SPD diejenigen, die am lau-
testen für offene Grenzen und gegen jede Flüchtlingsbegren-
zungspolitik sprechen. Für sie ist das »links«. Also offene Grenzen und Willkommenskultur, das ist links für sie – zumeist. Es
kommen auch kaum Vorschläge von den Jusos, wie denn eigentlich die Integration derjenigen gelingen soll, die schon längst
hier sind. Die Jusos begreifen hier nicht, dass wesentliche Teile
der (früheren) Wählerschaft der SPD realistische Antworten
hören wollen. Diese Wähler wollen nicht lediglich die Haltung
und das Weltbild liberaler Studenten hören (aus denen die Jusos
sich heute fast ausschließlich rekrutieren). Die Identitätspolitik
liberaler Akademiker interessiert einfach sehr viele (frühere) SPD-
Wähler nicht. Sie wollen realistische Lösungen in der Migrations-
und Integrationspolitik hören. Auch diese realistischen Lösungen vorzuschlagen, kann »links« sein. Und zwar »linker Realismus«. Aber dagegen wird, aus meiner Sicht, von den Jusos hauptsächlich moralisiert. Sie führen nur eine Weltbilddiskussion.
Und die schadet der SPD mehr, als dass sie ihr hilft. Werte allein
machen noch keine Politik. Politik hat mit Handlung und Machen zu tun, damit, Probleme zu lösen, und damit, mit Gesetzen

Sorgen und Nöten der Menschen zu begegnen. Ja, in der Politik gibt es Wertestreits, Zielkonflikte, ja, Ideologie-Wettbewerb. Aber am Ende heißt Politik sehr zentral, Politik für Menschen zu machen – und nicht einfach auf Twitter (dem identitätspolitischen Medium schlechthin) in kleinen *sound bites* seine eigene Weltsicht zu präsentieren. Es geht in der Politik weder um die Funktionäre selbst, noch um irgendwelche Flügel-Arithmetik. Politik heißt, das Leben der – eigenen – Wähler zu verbessern. Und dafür muss man wissen, für wen man Politik macht, welche Interessen diese Menschen haben, wie sie denken und fühlen, argumentieren und leben. Und die Jusos, darunter viele der kommenden Funktionäre der Partei, genauso wie die heute verantwortlichen Funktionäre, müssen begreifen, dass ein Großteil der Wählerschaft der SPD nicht genau so lebt wie sie selbst.

Einen eigenen liberal-akademischen Lebenskosmos zum Maßstab des politischen Angebots zu machen, wird eine linke Partei wie die SPD mittelfristig zerstören. Viele vorhandene wie potenzielle Wähler der SPD erwarten von ihr Realismus in Fragen der Migrations- und Integrationspolitik. Den muss man ihnen auch anbieten, wenn man gewählt werden will. Aber dieser Realismus kommt zurzeit kaum vor – auch wegen einem übertriebenen Moralismus vieler Jusos.

Der heutige junge Parteinachwuchs und die vielleicht zukünftige Elite von morgen, sowie ihre kosmopolitischen Mitarbeiter ticken im Grunde oft gleich – vom liberalen Flügel der CDU bis zu den Grünen und der SPD. Im Grunde sind sie eine liberale Community. Sie laufen zu Veranstaltungen für junge Eliten, wo ihnen *Elder Statesmen* erzählen, wie sie früher mal die Welt gerettet haben, und wie toll dieses System doch ist, das die Alten den Jungen hier geschaffen haben. Die Jungen sind ganz brav und schlucken es, dass diese Welt, die die Alten geschaffen haben, total toll ist und das Beste, was man erreichen kann.

Und gerade weil das alles ein sich selbst nährendes *Ökosystem* ist, sitzt der liberale Moralismus auch einfach total tief bei den Menschen, die in diesem Ökosystem nach einer Karriere suchen. Sie reproduzieren im Sinne von Pierre Bourdieu den

Habitus, der innerhalb dieses Ökosystems Mainstream ist, und mit dem sie glauben, darin voranzukommen. Und irgendwann ist diese Denke so sehr in sie übergegangen, dass sie zu den Missionaren dieser liberalen Philosophie werden.

Der *liberaler Moralismus*, den große Teile der Meinungselite der politischen Hauptstädte in einer großen Monstranz vor sich hertragen, ist also etwas, das sie so schnell und so leicht gar nicht ablegen können, weil er aus ihrem *Habitus* entspringt. Der Politikwissenschaftler Armin Schäfer hat das im Herbst 2017 in der FAZ so ausgedrückt:

»Die zunehmende Homogenität der politischen Elite führt dazu, dass Meinungsunterschiede hinsichtlich gesellschaftspolitischer Fragen geringer sind als in der Bevölkerung. Die Abgeordneten teilen jene liberalen Einstellungen der gesellschaftlichen Gruppe, der sie in ihrer überwältigenden Mehrheit angehören. Die Parteien streiten dann zwar über den Grad an Veränderung oder über die Wahl der richtigen Mittel – das Ziel selbst steht nicht in Frage.«[87]

Aber das ist ein großes Problem. Denn aus dem *liberalen Habitus* einer *liberalen Elite* entspringt heute oft *liberaler Moralismus*.

Dieser *liberale Moralismus* wirkt manchmal so, als hätte jemand selbst Einsicht in das Treiben des Weltgeistes erhalten und dieser Weltgeist hätte sich schon zu einer Vollendung getrieben und müsse nun bewahrt und beschützt werden. Dieser liberale Moralismus wirkt zutiefst überheblich, entkoppelt und abgehoben. Und das ist er wahrscheinlich auch, weil er Produkt einer ganz eigenen Lebenswelt ist.

Bedeutend ist nun vor allem aber an diesem *liberalen Moralismus*: Der liberale Moralismus ist nicht mehr *progressiv*, sondern er ist vielmehr *konservativ*. Die liberalen Moralisten verteidigen den *Status quo*, und der ist eben nicht das Beste, was die Menschheit erreichen kann. *Die Freiheit liegt noch vor uns.*

Diese *Streitschrift für Freiheit* versucht genau das plausibel zu machen: *Die wahre Freiheit liegt noch vor uns.* Das ist noch nicht die beste aller Welten. Wir müssen als Menschheit noch vorankommen. Das *Ende der Geschichte* ist noch nicht erreicht.

Wir brauchen einen *neuen Idealismus*. Aber dieser neue Idealismus muss notwendig mit einem *neuen Realismus* einhergehen. Der liberale Moralismus bedeutet gerade, sich die Welt schönzureden und *de facto* in eine Art *Nichts-Tun* zu verfallen. Dieses Pamphlet betreibt so *einerseits* eine Reflexion über die Verblendungseffekte des liberalen Moralismus und fordert dazu auf, die Welt mit wachen Augen zu sehen. *Andererseits* fordert diese Streitschrift dazu auf, zu einer *neuen Einheit der Linken* zu kommen. Der *Stillstand des liberalen Moralismus* muss überwunden werden. Moralismus ist einfach zu wenig. Es ist richtig, für Freiheit zu kämpfen, wenn das heißt, einen auf Argumenten basierenden Diskurs zu verteidigen. Rassismus etwa, dem muss man entgegentreten – entschieden und klar. Nur *Haltung* allein reicht aber nicht. Wer glaubt, dass der Wähler einen schon wählt, weil man ein bestimmtes Weltbild hat, der irrt. Vor allem die linken Parteien brauchen hier mehr als die reine Botschaft: Wählt uns, denn wir sind die Guten, wir haben die richtige Moral. Große Teile der SPD, der Grünen, sogar der Kipping-Flügel der Linkspartei, bis hin zum Merkel-Flügel der CDU wollten zuletzt für ihre Sichtweise auf die Welt gewählt werden. Aber das ist doch wirklich einfach zu wenig. Und es ist auch eine Art *Moral-Konservatismus*.[88] Dabei kam rüber: Wir finden diese Welt schon ganz gut so. Vor allem für *die Linke* ist so ein Eindruck fatal. Sie muss der Vorläufer zum *goldenen Zeitalter* sein. Das war sie zuletzt nicht. Dahin muss sie aber wieder kommen. Und dafür braucht sie eine *neue Motivation*.

Im Schlusskapitel werde ich beschreiben, wie diese *Motivation* für das neue Vorlaufen aussehen kann.

Ich möchte das »*Populismus der Liebe*« nennen. Gewiss ist dies nicht die Liebe des liberalen Moralismus, sondern es ist diese Liebe, die aus dem entspringt, was die politische Theoretikerin Hannah Arendt einmal »amor mundi« (Liebe zur Welt) nannte.[89] Aus der *Liebe zur Welt* muss der Wille entspringen, die Welt selbst als *etwas Liebenswürdiges* zu ordnen. Und aus dieser Liebe zur Welt entspringt eben nicht nur ein Bekenntnis zu einer Klimarettungspolitik oder zu einer Anti-Diskriminierungspolitik, sondern es geht auch darum, die materialistischen Verhältnisse zu hinterfragen und zu verbessern. Aus dem »amor mundi« entspringt eine eigene *Praxis der Solidarität für die Gerechtigkeit.* Und folgt man Karl Marx, dann ist der Endpunkt der Gerechtigkeit das »Reich der Freiheit«. Darum kann man Freiheit nicht ohne Solidarität und Gerechtigkeit denken. Es geht darum, eine *Kultur* zu schaffen, in der es *Freiheit für alle* gibt – und das auch in einem materialistischen, handfesten, ökonomischen Sinne.

Aus dem »amor mundi« entsteht der Wille zu einer *Leitkultur des Humanismus und der Solidarität.*[90] Aus dem »amor mundi« entsteht eine Haltung, die mehr ist als nur Haltung, die vielmehr ein Aufruf an sich selbst zur Handlung ist. Haltung kann nur in Handlung vollzogen werden. So etwas nennen *Existenzialisten* den *selbstbewussten Entwurf.* Darum geht es: um einen entschlossenen *politischen Entwurf* für eine Welt, die man auch lieben kann.

Wenn jemand noch hungert, kann man diese Welt nicht lieben. Wenn man arm geboren wird, und arm bleibt, dann kann man die Welt nicht lieben. Wenn man nach 40 Jahren Arbeit nur Grundsicherung bekommt, kann man die Welt nicht lieben. Da liegt noch Arbeit vor uns. *Die Freiheit liegt noch vor uns.*

2

Die Rückkehr der sozialen Frage

Der große Arbeiterführer *August Bebel* hätte nie gedacht, dass in Frankreich einmal eine Rechtspopulistin zur Arbeiterführerin aufsteigt. Bebel hätte gelacht, wenn ihm jemand gesagt hätte, dass ein prahlerischer Milliardär vor allem aufgrund der Stimmen vieler Arbeiter zum US-amerikanischen Präsidenten gewählt wird.

Aber so ist es gekommen. Im ehemaligen »rust belt« in den USA, der lange als Bank für die Demokraten galt, hat Donald Trump seinen knappen Sieg gesichert. In Frankreich ist der Front National zu einer sozialdemokratischen Partei mit nationalistischer Agenda avanciert. Die Neue Zürcher Zeitung (NZZ) bezeichnete den Front National daher schon als »linksextrem, antikapitalistisch und marktfeindlich«[91] – und eben nicht als »rechtsextrem«.

In Österreich wählten bizarre 85 Prozent der Arbeiter[92] bei den Präsidentenwahlen den Rechtspopulisten Norbert Hofer (FPÖ). In Polen regiert die »rechtspopulistische« *PiS* auch mit »linker Sozialpolitik« – es kam zuletzt zu einer Erhöhung des Kindergeldes und zu einer Wiederabsenkung des Renteneintrittsalters. In Ungarn hat die »rechtspopulistische« Fidesz-Regierung die Verstaatlichung der Energiewirtschaft und des Rentensystems vorangetrieben und hat Ende 2016 dazu eine deutliche Erhöhung des Mindestlohnes angekündigt. In Dänemark hat sich die »rechtspopulistische« *Dänische Volkspartei* mittlerweile inhaltlich so sehr der dortigen Sozialdemokratie angenähert, dass einer Koalition mit ihr – zumindest inhaltlich – nicht mehr viel im Wege steht.

Und in Deutschland?

Dort stimmten laut Analysen der DGB-Zeitschrift »Einblick«[93] bei den Landtagswahlen in Baden-Württemberg, Rheinland-Pfalz und Sachsen-Anhalt Gewerkschaftsmitglieder überdurchschnittlich für die AfD. Gleiches gilt für die Wahlen in Berlin, Nordrhein-Westfalen, Mecklenburg-Vorpommern, im Saarland und in Niedersachsen. Nur in Schleswig-Holstein wählten weniger Gewerkschaftsmitglieder die AfD als der Durchschnitt der Wähler. Bei der Bundestagswahl im Herbst 2017 wählten dann 15 Prozent aller Gewerkschaftsmitglieder die AfD. Und damit lagen sie wieder deutlich über dem Durchschnitt aller Wähler. Bei den Männern waren es sogar 18 Prozent. Im Osten haben die Gewerkschaftsmitglieder sogar stärker für die AfD als für die SPD gestimmt (22 Prozent für die AfD und 18 Prozent für die SPD).[94] Die AfD hat laut einer Analyse von Infratest Dimap bei der Bundestagswahl mit großem Abstand am meisten bei den Arbeitern gepunktet (21 Prozent) und bei den Arbeitslosen (auch 21 Prozent).[95]

Rechtspopulistische Parteien sind offensichtlich zu neuen *systemkritischen Kräften* geworden. Viele Arbeiter, aber auch Arbeitslose, die ihre Unzufriedenheit ausdrücken wollten, fanden so nicht mehr – nur – bei den Linken, sondern nun bei den Rechtspopulisten die Chance, sich im politischen Raum Gehör zu verschaffen. »Rechte Leute von links« titelte bereits die FAZ angesichts einer Tagung in Jena zum Thema »Arbeiterbewegung von rechts«.[96] Der Spitzenkandidat der AfD in Sachsen-Anhalt für die Bundestagswahl 2017, Martin Reichardt, will seine Partei sogar zu einer *neuen Klassenkämpfer-Partei* machen. In einer Beschreibung der Wahlversammlung zur Bundestagswahl wird er von ZEIT ONLINE so wiedergegeben: »In seiner Vorstellungsrede sagte Reichardt, er wolle Stimme sein für jene, die durch die Agenda 2010 und Hartz IV an den Rand gedrängt worden seien. Über die ›soziale Frage‹ solle die AfD zur Volkspartei werden.«[97] Dazu passt, was die ZEIT-Journalistin Caterina Lobenstein in der ehemaligen Chemiehochburg Bitterfeld in Sachsen-Anhalt erlebte. Ihre Reportage ist überschrieben mit *Hier herrscht Klassenkampf*. Die Kurzbeschreibung des Textes wird sogar noch genauer: »In der Arbeiterstadt Bitterfeld ist die AfD stärkste Partei. Ihre Wähler haben nicht nur mit Flüchtlingen ein Problem, sondern auch mit dem Kapitalismus.«[98]

Eine neue Studie des *Deutschen Instituts für Wirtschaftsforschung* hat erhoben, dass im Jahr 2000 noch 44 Prozent der berufstätigen SPD-Anhänger zu den Arbeitern zählten, in 2016 der Anteil nun aber auf 17 Prozent zurückgegangen ist. Und gerade die AfD profitiert hier: 2016 zählten ganze 34 Prozent der AfD-Anhänger zu den Arbeitern, was den höchsten Anteil unter allen Parteien bedeutet. Prozentual hat die AfD auch mehr Gewerkschaftsmitglieder als Anhänger (24 Prozent) als die SPD (19 Prozent) – die einst als *Arbeiterpartei* gegründet wurde. Kurzum: Die SPD ist momentan nicht die »Partei der kleinen Leute«, sondern die AfD ist im Begriff, diese zu werden.[99]

Einer Studie im Auftrag der Hans-Böckler-Stiftung[100] hat ergeben, dass das Gefühl von Kontrollverlust und Ausgeliefertsein die Wahrscheinlichkeit erhöht, dass jemand mit diesem Gefühl die AfD wählt.

Kurzum: Wer sich Sorgen macht, wie es in der Zukunft aussieht, der neigt dazu die AfD zu wählen. Dabei muss derjenige noch gar nicht materiell »abgehängt« sein. Die Angst vor einem sozialen Abstieg wirkt dann ähnlich, wie diesen Abstieg tatsächlich zu erleben.

Die Studie zeigt, dass viele der potenziellen AfD-Wähler beim Netto-Einkommen gar nicht abgehängt sind, sie aber eben befürchten, dass sie in Zukunft unter die Räder kommen könnten.

Wodurch kann das begründet sein?

Es ist zum Beispiel diese Angst davor, dass ein Manager irgendwo auf der Welt einen selbst zum Abschuss freigibt und den Arbeitsplatz entweder verlagert oder gleich ganz streicht. In der Studie heißt es etwa, dass der Aussage »Über mein Leben wird irgendwo draußen in der Welt entschieden« mehr AfD-Wähler als andere Wähler zustimmen.

Genauso kann jemand, der nicht hochqualifiziert ist, Angst vor den arbeitspolitischen Konsequenzen der Digitalisierung haben. Oder einfach davor, dass die Chinesen mehr und mehr *Hidden-Champions* des deutschen Mittelstands übernehmen – wie der chinesische Midea-Konzern, der den deutschen Industrieroboterhersteller Kuka übernommen hat[101] – und nach ein paar Jahren ihre Standortgarantien vergessen und die Fabriken hierzulande dann dicht machen, um sie in China wieder hochzuziehen, um dem propagierten Nationalismus der Kommunistischen Partei Chinas gerecht zu werden und zudem Lohnkosten zu sparen.

»Take back Control« hieß die Kampagne der britischen Rechtspopulisten Ukip bereits im Brexit-Wahlkampf. Ich glaube, darin lag der zentrale Erfolg der Kampagne. Menschen stürzen sich nicht einfach komplett naiv und risikofreudig in die Zukunft, ohne zu wissen, was sie erwartet. Vielleicht können sich ein paar junge reiche Erben diese Risikofreudigkeit leisten und mit dem Spielgeld von den Eltern in jungen Jahren wild ein paar Start-ups gründen. Ihnen tut es nicht weh, wenn sie scheitern. Geld wird danach auch noch genug da sein.

Aber selbst der Start-up-Gründer, der nicht die finanzielle Sorglosigkeit im Rücken hat, wird nicht einfach naiv sich in eine Unternehmensgründung werfen, sondern mehrmals nachrechnen und seine Chancen genau kalkulieren. Wer etwas zu verlieren hat, überlegt sich alles dreimal genau. Das ist vernünftig und das ist rational. Sorgen ist vernünftig. Deswegen trifft man auch »Vorsorge«.

So ist es auch mit dem Arbeiter. Er wird nicht einfach jubeln, wenn man ihm sagt, dass Digitalisierung und Globalisierung total toll sind und er sich keine Sorgen machen muss. Er macht sich Sorgen. Er will wissen, was auf ihn zukommt, und wenn es etwas Negatives ist, will er einen Plan haben, wie man es verhindern kann.

Für viele ist dieser Plan, die AfD zu wählen. Hier liegt eine radikale Schwäche der linken Parteien. Sie müssten die Sorgen der der AfD zugeneigten Menschen aufnehmen und ihnen einen Plan offerieren. Sie müssen ihnen das Gefühl von *sozialer Sicherheit* zurückgeben. Das bedeutet auch, Teile von Hartz IV zu korrigieren. Das Arbeitslosengeld I – in Höhe von 65 Prozent des letztens Gehalts – sollte in jedem Fall mindestens drei Jahre lang bezahlt werden. Verbunden werden sollte es mit Qualifizierung

– genau das schafft neue berufliche Chancen in dem Transformationsprozess in eine *digitale Wirtschaft*. Die SPD hat dieses Konzept *Arbeitslosengeld Q* genannt. Das ist grundsätzlich der richtige Weg.

Die Bezugsdauer sollte aber auf jeden Fall und in jedem Fall drei Jahre betragen. Egal, ob man vorher drei Jahre oder 30 Jahre im Beruf war. Es geht hier um *Sicherheit im Wandel* für die Menschen. Und genau diese Sicherheit fehlt vielen Menschen heute. Man muss die Angst vor sozialem Abstieg abfedern und gleichsam neue Chancen eröffnen. Man darf Menschen nicht alleine lassen. Das ist die Pflicht des Sozialstaates.

Weil Qualifizierung wichtiger wird – siehe dazu auch das Kapitel über die Digitalisierung – sollte unter dem Dach der Bundesagentur für Arbeit eine *Bundesagentur für Weiterbildung* gegründet werden. Diese soll auch Anlaufstelle für Menschen sein, die noch einen Job haben, sich aber neu orientieren wollen. Es muss hier einen Weg geben, dass jemand, der in seine Qualifizierung investieren will und damit eher womöglich ein zukünftiger guter Steuerzahler sein wird, für den Zeitraum der Qualifizierung eine Steuererleichterung von 200 bis 400 Euro im Monat bekommt oder die Gesamtkosten der Weiterbildung steuerrechtlich anrechnen lassen kann. Weiterbildung muss verbindlich und klar steuerrechtlich anrechenbar oder gefördert werden. Es braucht nur den Willen. Der Staat muss Qualifizierung fördern – auch materiell.

Diese Sozialstaatsevolution ist ein Gebot der Demokratiestärkung. Wenn die liberalen Moralisten das aber nicht energisch verfolgen, müssen sie sich nicht wundern, wenn die Unzufriedenen und Wütenden sich an Parteien wie die AfD wenden.

Wer so tut, als sei unser Sozialstaat im Grunde gut aufgestellt, und wer unterschwellig im Prinzip nur Leistungsschwäche und mangelnde Leistungsbereitschaft der Besorgten unterstellt, der wird nur einen *fulminanten Reaktionismus* verursachen. Genau das passiert gerade: Im Zuge der *Alles-ist-gut-Rhetorik* der liberalen Elite nehmen viele Besorgte selbst die kleinen pragmatischen Versuche der Sozialstaatsevolution – wie das Arbeitslosengeld Q der SPD – nicht mehr richtig wahr. Denn die überwölbende Verwaltungspolitik des Endes der Geschichte verdrängt alles andere. Der selbstzufriedene und oft selbstgerechte Gestus der liberalen Elite dringt zu den Besorgten stärker durch als diese wirklich richtigen Vorschläge wie das Arbeitslosengeld Q. Es kommt bei den Besorgten eher nur noch der *Sonnenscheinliberalismus* der liberalen Elite an. Kurzum: Der tiefsitzende Habitus der liberalen Elite, die selbst von den ernsten Sorgen des Lebens entrückt zu sein scheint, wirkt als Katalysator des rechtspopulistischen Aufstiegs. Pragmatische Versuche, die größten Verwerfungen des neoliberalen Kapitalismus zu lindern, wirken wie eine verzweifelte *Heftpflastertherapie* der liberalen Elite, die im Grunde die Besorgten nur besorgter zurücklässt. Placebo-Politik macht die Lage eigentlich nur schlimmer, weil alle innerlich wissen, dass es Placebos sind und sie daher nicht das bewirken, was man sich von ihnen erhofft: nämlich Sicherheit zu geben.

Zeit also, zu erkennen, dass die AfD keineswegs nur eine Partei frustrierter Großbürgerlicher ist, die ein Problem mit Ausländern haben.

In Deutschland will man einfach noch nicht einsehen, dass die AfD auch zu einer Partei der »kleinen Leute« avanciert ist.

Diese Deutung der AfD als *Partei für die kleinen Leute* ist in Deutschland überhaupt nicht *en vogue*. Das ist ein Problem. Es ist realitätsverweigernd, die Statistiken zu ignorieren. Lieber liest man Studien, wie die des Leipziger Soziologen Holger Lengfeld, für den die AfD auch dediziert keine Partei der kleinen Leute ist. Gegenüber der ZEIT fasste er eine von ihm erstellte AfD-Studie so zusammen:

> »Es gibt unter AfD-Wählern sogar mehr Menschen mit überdurchschnittlichem Einkommen als bei mancher anderen Partei. Die potenziellen AfD-Wähler sind jedenfalls nicht allein das, was man gemeinhin ›kleine Leute‹ nennt. Die gibt es auch. Aber die AfD hat Unterstützer in der gesamten Bevölkerung: Arbeiter, Angestellte, Akademiker. Personen mit mittlerem Schulabschluss sind unter AfD-Wählern sogar etwas stärker vertreten als bei anderen Parteien.«[102]

Dazu passt, was Infratest Dimap in einer schon etwas älteren Umfrage herausfand: 56 Prozent der AfD-Anhänger stufen sich als Gewinner der gesellschaftlichen Entwicklung ein und nur 28 Prozent von ihnen fühlen sich als Modernisierungsverlierer.[103]

Man sieht in der AfD daher eher eine rechte Partei, die aus drei Flügeln besteht: erstens aus einem rechtskonservativen Flügel, der im Grunde die CDU der 1980er-Jahre zurückhaben möchte – dafür steht Alexander Gauland – auch wenn er sich schon längst rechtsradikalem Denken genähert hat. Zweitens aus einem klar rechtsradikalen Flügel – dafür steht etwa Björn Höcke. Und drittens aus einem wirtschaftsliberalen und nationalliberalen Flügel – dafür stehen Alice Weidel und die »Alternative Mitte«. Die AfD wird also eher als reaktionäre Partei rechts der CDU gesehen. Man blickt auf die AfD immer noch als diese Partei, aus der sie mal entstanden ist: die neoliberale Professorenpartei. Man will in ihr nur eine harte Wiederkehr von Franz Josef Strauß sehen. Eine Partei, Fleisch vom Fleische der Union. Eine Partei, die wie die »Republikaner« ist, vielleicht etwas weniger extrem oder eigentlich genau so weitgehend. Man stellt sich vor – als Liberaler oder Linker – gerne vor, dass der Adlige in seinem Schloss oder der konservative Manager sich beim Kaffee verschlucken, wenn sie in der »Welt« lesen müssen, was Angela Merkel an Naivität und Leichtfertigkeit in der Flüchtlingskrise gezeigt hat. Man stellt sich vor, dass die Merkel-Müden von rechts daher zur AfD gehen. Aber das ist ein völlig verzerrtes Bild.

Die AfD ist bislang ein Sonderfall in Europa. So gut wie alle rechtspopulistischen Parteien – vielleicht mit der weiteren Ausnahme der niederländischen *Partei der Freiheit* von Geert Wilders – haben eine etatistische und sozialpolitische Wende hinter sich. Sie haben alle irgendwann begriffen: Die Abgehängten und die, die befürchten, es zu werden, welche die moderaten Linken nicht mehr erreichen, die können sie erreichen, und zwar mit einem *sozial-nationalistischen Kurs*. Die AfD ist aber inhaltlich nicht da – auch wenn das Elektorat bereits stark das der »kleinen Leute« ist. Die realen, gefühlten und die potenziell *Abgehängten* und *Frustrierten* sind in Deutschland also nur von der »Linkspartei« momentan wirklich repräsentiert – und selbst in der Linkspartei sind sie auch eher nur durch den Flügel um Sahra Wagenknecht repräsentiert, weil der um Katja Kipping die Linke eher zu den *Grünen 2.0* machen möchte, indem die Linke, wie bei der Bundestagswahl sogar erfolgreich, vor allem in westdeutschen Großstädten ein kosmopolitisches Milieu anspricht, dass doch meistens nicht immer ökonomisch schlecht dasteht oder dem zumindest eine prekäre Situation mit 1500 Euro netto und WG-Leben mit 37 Jahren nicht sauer aufstößt, sondern das aus identitätspolitischen Gründen eben links wählt.[104] Das ist ein *Grundsatzkonflikt innerhalb der Linken*, der sich hier offenbart.[105]

Wenn die Linke die Abgehängten und Frustrierten aber nicht mehr repräsentieren *kann*, weil sie zu sehr in einer identitätspolitischen Wolke sitzt und weil manche auch gar nicht mehr so richtig die Wütenden und Frustrierten, ja auch die Armen, repräsentieren *wollen*, dann suchen sich eben viele ein anderes Sprachrohr. Und das waren eben in sehr vielen Ländern zuletzt die Rechtspopulisten – auch wenn diese zum Teil ganz offen eine anti-soziale Programmatik haben, wie die AfD. Wie gesagt: Die meisten rechtspopulistischen Parteien haben da eine soziale Wende hinter sich. Bei der AfD ist noch nicht entschieden, wo sie sich programmatisch hinbewegt. Aber zumindest die elektoralen Verschiebungen sollte man jetzt mal sehen.

Zudem gilt: Ohne die Linke, und dazu gehören auch die SPD und die Grünen, wird sich an der Situation der Abgehängten nur wenig ändern. Dazu müssten nun die Linksliberalen vor allem bei der SPD (und bei den Grünen), ihren Blick auf die Welt verändern und die fulminanten sozialen Probleme in Deutschland auch anerkennen – und damit in einem klaren Sinne wieder links werden, und zwar zu *linken Realisten*. Und der Kipping-Flügel der Linkspartei müsste sich eingestehen, dass Sahra Wagenknecht in vielem Recht hat – außer mit ihrem scheinbaren Plädoyer für die Wiederkehr des Sozialismus. Auch ihr Hardcore-Pazifismus ist für diese Welt gerade nicht so regierungstauglich. Rein begrifflich ist Wagenknecht für eine neue linke Politik nicht mehrheitsfähig. Aber in der Tendenz spricht sie die richtigen Konfliktlinien an. Das sollte man in der gesamten Linken zur Kenntnis nehmen und man sollte damit aufhören, Wagenknecht zu verteufeln. Es ist nun Zeit für einen *neuen linken Realismus.*

Es mag stimmen, dass die Arbeitsmarktsituation zurzeit sehr gut ist und die Wirtschaft brummt, vielleicht sogar schon heiß läuft. Im Mai 2017 war die Arbeitslosigkeit auf unter 2,5 Millionen gesunken – auf den besten Wert seit 1991.[106] Im September 2017 lag die Arbeitslosigkeit immer noch so tief.[107] Im Oktober 2017 ging das weiter: »Im Zuge des Herbstaufschwungs ist die Zahl der Arbeitslosen in Deutschland im Oktober auf 2,389 Millionen gesunken.«[108] Damit ist die Erwerbslosigkeit erstmals seit der Wiedervereinigung unter 2,4 Millionen gesunken.[109]

Beschäftigung wurde auch aufgebaut: »Die Zahl der sozialversicherungspflichtig Beschäftigten nahm in den vergangenen Jahren auch fast kontinuierlich auf knapp 32 Millionen zu. Und so sank auch die Zahl der ausschließlich geringfügig Beschäftigten auf zuletzt 4,9 Millionen.«[110] Im Wahlkampf 2017 frohlockte die CDU angesichts einer Steuerschätzung, die bis zum Jahr 2021 mit 54,1 Milliarden Euro mehr Steuereinnahmen rechnet.[111] Laut einer Konjunkturumfrage des Deutschen Industrie- und Handelskammertages rechnet der Verband mit 600.000 neuen Stellen für 2018.[112] Die *neuen Liberalen* jubeln angesichts dieser Zahlen. Es läuft doch! Das ist das Gefühl. Der *Neoliberalismus* funktioniert doch – auch das könnte die Schlussfolgerung sein. Zumindest Deutschland ist eine *Insel der Glückseligen.*

Man mag angesichts dieser Arbeitsmarkts- und Wirtschaftsdaten Deutschland nicht schlecht reden wollen. Wahrscheinlich stimmt es auch, dass es Deutschland im Wesentlichen besser geht als seinen europäischen Nachbarn. Die guten Konjunkturdaten und die guten Arbeitslosenzahlen kann man nicht einfach ignorieren. Deutschland boomt.

Das ist eine Betrachtung der Wirklichkeit. Deutschland, uns, geht es doch gut. Die Welt ist ein schöner Ort. Das ist das Gefühl dabei.

Aber dieses Bild, dass es Deutschland gut gehe und man so viel nicht mehr machen müsse, dem die *Neoliberalen* und auch die *neuen Linksliberalen* so verfallen sind, ist auf vielfache Weise sehr unpräzise. Nur ein paar Beispiele: Sozial ist aber eben noch lange nicht, was Arbeit schafft. Die Hartz-Reformen schafften Arbeit, aber nicht immer *gute Arbeit*. Leiharbeit ist auf einem Rekordstand – fast eine Million Leiharbeiter gab es 2015 in Deutschland.[113] Laut einer Analyse der Bundesagentur für Arbeit waren im Juni 2016 1,006 Millionen Leiharbeiter sozialversicherungspflichtig oder als haupterwerbliche Minijobber beschäftigt.[114] Mehr als eine Million Leiharbeiter also. Das ist Realität in Deutschland – und nicht nur deswegen ist auch nicht alles gut in Deutschland.

Die atypische Beschäftigung ist generell auf einem Höchststand. »Der Anteil der Teilzeitstellen, Leiharbeit und Minijobs an der Gesamtbeschäftigung ist 2016 erneut ein wenig gestiegen und befindet sich auf dem höchsten Stand seit 13 Jahren«, heißt es in einer Studie der Hans-Böckler-Stiftung. »Unterm Strich lag die Quote 2016 bei rund 39,6 Prozent, 2015 waren es 39,3 Prozent«. Mancherorts in Deutschland sind es aber auch über 50 Prozent.[115] Laut einer Antwort der Bundesregierung auf eine Anfrage der Grünen-Bundestagsfraktion haben 45 Prozent der neu eingestellten sozialversicherungspflichtig Beschäftigten in 2016 nur eine befristete Stelle erhalten. 2015 waren es 41 Prozent.[116]

Teilweise sind also 50 Prozent in atypischer Beschäftigung. Unsere Marktwirtschaft ist nicht mehr sozial. Das Bild, dass alles gut ist in Deutschland, stimmt also nicht – wenn die Hälfte keine *gute Arbeit* hat.

Das Beispiel Armut untermauert das umso mehr. »Im Jahr 2015 kletterte die Armutsquote nach Daten des Statistischen Bundesamtes auf 15,7 Prozent – und damit auf den höchsten Stand seit der Wiedervereinigung. Das bedeutet: Jeder Sechste lebt in relativer Armut«, heißt es in einer weiteren Untersuchung der Hans-Böckler-Stiftung.[117] Brisanter ist noch, was dort über die *soziale Mobilität* steht: »Wer einmal arm ist, hat es immer schwerer, aus der Armut herauszukommen. Zwischen 1991 und 1995 schafften es rund 47 Prozent der Armen, in die untere Mitte aufzusteigen. Von 2009 bis 2013 gelang dies nur noch 36 Prozent.« Laut dem Familienreport 2017 gelten zudem 2,8 Millionen Kinder und Jugendliche als armutsgefährdet.[118] Eine Studie der Bertelsmann-Stiftung hat ergeben, dass 21 Prozent aller Kinder in Deutschland in armen Lebensverhältnissen aufwächst. Jedes fünfte Kind lebt der Studie zufolge über fünf Jahre lang in armen Verhältnissen.[119] Gedeckt wird das mit Zahlen der Bundesagentur für Arbeit. Danach sind mehr Kinder in Dauer-Hartz-IV:

>>Zur Jahresmitte [2017, NH] bezogen demnach 526.000 unter 15-Jährige seit mindestens vier Jahren entsprechende Sozialleistungen. Das sind gut 14.000 mehr als zum gleichen Zeitpunkt des Vorjahrs. Dabei sei die Gesamtzahl der Dauer-Hartz-Bezieher um 4,2 Prozent gesunken: von 2,62 Millionen auf 2,52 Millionen. Besonders stark von Langzeitarbeitslosigkeit betroffen sind aber Alleinerziehende: Ihre Zahl stieg auf 649 000.«[120]

Arm bleibt arm, dieser Zustand verfestigt sich so oft bereits in der Kindheit. Das ist ein deutsches Armutszeugnis! Ich habe kein Verständnis für Experten wie Georg Cremer, die die soziale Lage schönzureden versuchen.[121] Cremer, der länger Generalsekretär des Deutschen Caritasverbandes war, ist natürlich kein Neoliberaler. Aber es hilft nicht, wenn man im Grunde sagt, dass vieles gut sei, und man nur hier und da umsteuern müsse. Cremer mag Recht damit haben, dass man das Bild auch nicht verzerren soll, aber aus Sicht vieler Neoliberaler und auch Sozialdemokraten ist das Bild eben verzerrt, und zwar auf die falsche Weise. Denn sie tun so, als sei mit dem deutschen Sozialstaat und der sozialen Lage in diesem Land sehr viel in Ordnung. Aber da ist viel festgefahren und läuft falsch.

Mit Blick auf den Arbeitsmarkt gilt diese Festgefahrenheit der Verhältnisse ebenso. So sind heute Hartz-IV-Empfänger länger arbeitslos. Die Dauer der Arbeitslosigkeit liege im Schnitt bei 629 Tagen, das seien 74 Tage oder 13,3 Prozent mehr als noch im Jahr 2011.[122] Dabei war der Anspruch von Hartz IV, die Menschen schneller wieder in Arbeit zu bringen. Laut einer Antwort der Bundesagentur für Arbeit auf eine Anfrage der Bundestagsfraktion der Linken hatten im März 2017 3,2 Millionen Menschen mehr als nur einen Job. Das bedeutet einen Anstieg um eine Million innerhalb von zehn Jahren – also seit Hartz IV.[123] Mittlerweile liegt die Gesamtzahl der geringfügig Beschäftigten bei rund 7,5 Millionen Menschen – es gibt zudem auch Menschen, die trotz sozialversicherungspflichtiger Arbeit zusätzlich noch einen Minijob haben.[124] Davon wird bei jeder achten geringfügigen Beschäftigung der Mindestlohn noch illegal unterschritten.[125] Eine andere Studie des *Wirtschafts- und Sozialwissenschaftlichen Instituts* (WSI) der gewerkschaftsnahen Hans-Böckler-Stiftung kommt zu dem Ergebnis, dass 2,7 Millionen Arbeitnehmer im Jahr 2016 für Gehälter unterhalb des Mindestlohns arbeiteten.[126]

Ein *soziales Deutschland* ist das nicht. Das sind Zahlen, die man anerkennen muss. Das Bild vom tollen Deutschland hat immense Risse. Es ist ein »gespaltenes Land«, wie der Journalist Alexander Hagelüken zu Recht meint.[127] Wir haben einen Zwei- bis Dreiklassenarbeitsmarkt in Deutschland.

Insbesondere die Armut trotz Arbeit, also die Problematik der »Working Poor«, ist immer ein Indikator dafür, ob es aufwärts geht oder nicht. Und auch hier ist die statistische Lage verheerend.

Fast zehn Prozent der Berufstätigen in Deutschland sind trotz regelmäßiger Arbeit als arm einzustufen. Das ist das Resultat einer Studie des WSI.[128] Besonders alarmierend ist: Die »Working Poor« haben sich seit 2004 verdoppelt. Und das, obwohl die deutsche Wirtschaft boomt und die Arbeitsmarktdaten hervorragend sind. Irgendwas scheint ja doch schiefzulaufen. Dazu passt, was das *Deutsche Institut für Wirtschaftsforschung* (DIW) in einer Langzeitbetrachtung herausgefunden hat. Diese Langzeitbetrachtung zeigt, dass zwischen den Jahren 2000 und 2012 die Einkommen der obersten zehn Prozent um mehr als 15 Prozent gestiegen sind, wohingegen bei den unteren 40 Prozent ein

Einkommensrückgang zu beklagen ist.[129] Durch die Einführung des Mindestlohns wird sich bei einer neueren Langzeitbetrachtung wohl eine marginale Verbesserung bei der Situation der unteren Lohngruppen ergeben, aber auch keine fundamentale Verbesserung. Korrespondierend dazu ist ein Rückgang der Tarifbindung zu beklagen: Die Branchentarifdeckung lag im Jahr 2000 im Westen bei 63 Prozent und im Osten bei 47 Prozent. Bis 2015 sanken diesen Quoten im Westen auf 51 Prozent und im Osten auf 37 Prozent.[130] Die irre Entwicklung der letzten neoliberalen Jahrzehnte lässt sich auch noch anders illustrieren: Zwischen dem Jahr 2000 und dem Jahr 2010 lag der Produktivitätszuwachs in Deutschland bei 11,3 Prozent. Das BIP pro Kopf ist um 10,4 Prozent gewachsen. Aber das Medianeinkommen ist dagegen um drei Prozent gesunken.[131] Werner Vontobel, der diese Untersuchung 2013 im Wirtschaftsmagazin »Brand Eins« präsentierte, kommt dann auch zu den Implikationen dieser Entwicklung:

»Bei der Differenz zwischen BIP und Medianeinkommen schneidet Deutschland von allen OECD-Ländern am schlechtesten ab: Hierzulande wurden pro Prozent zusätzlicher Produktion 0,3 Prozent an Wohlstand vernichtet. Wo ist die Differenz geblieben? Zunächst einmal wurden die Einkommen von unten und von der Mitte nach oben umverteilt. 1999 betrug der Anteil der unteren 50 Prozent am Markteinkommen noch 18,6 Prozent, zehn Jahre später nur noch 16,3 Prozent. Die reichsten zehn Prozent hingegen konnten ihren Anteil auf 31,7 Prozent erhöhen. Sie schneiden sich fast ein Drittel des Kuchens ab. Die realen Lohneinkommen der ärmeren Hälfte sind in diesem Zeitraum um 11,6 Prozent gesunken, viele sind auf staatliche Zuschüsse angewiesen. Wie sehr die reichen Haushalte von dieser Umverteilung profitierten, verdeutlichen die Nettofinanzierungssaldi des Haushaltssektors. Darunter versteht man die Sparüberschüsse nach allen Konsumausgaben inklusive Investitionen in Eigenheime. Dieser jährliche Überschuss hat sich zwischen 2000 und 2010 von 75 auf 150 Milliarden Euro jährlich verdoppelt. […]. Die Differenz zwischen 10,4 Prozent Pro-Kopf-Wachstum des BIP und drei Prozent weniger Medianeinkommen erklärt sich durch die Umverteilung zugunsten der Unternehmen und der reichen Haushalte.«[132]

Der Niedriglohnsektor – mit oftmals schwierigen Arbeitsverhältnissen – ist für viele Menschen Lebensrealität. Circa 20 Prozent aller Beschäftigten arbeiteten 2014 für Löhne von unter zehn Euro brutto pro Stunde. In Ostdeutschland sogar ein Drittel[133] – gerade da, wo die AfD zuletzt so stark war. In Deutschland entspricht der momentane Mindestlohn (8,84 Euro) auch nur 43 Prozent des Durchschnittslohns eines Vollzeitbeschäftigten. Doch selbst das europäische Parlament fordert, dass die Lohnuntergrenzen mindestens 60 Prozent eines nationalen Durchschnittslohns erreichen sollen.

Steigende Immobilienpreise sorgen dann dafür, dass vom wenigen noch weniger übrig bleibt. Eine von der Hans-Böckler-Stiftung geförderte Studie zeigt das eindrücklich: »Rund 40 Prozent der Haushalte in Deutschlands Großstädten müssen mehr als 30 Prozent ihres Nettoeinkommens ausgeben, um ihre Miete (bruttokalt) zu bezahlen. Das entspricht rund 5,6 Millionen Haushalten, in denen etwa 8,6 Millionen Menschen leben.« Außerdem identifizierte die Studie Folgendes: »Etwa 1,3 Millionen Großstadt-Haushalte haben nach Abzug der Mietzahlung nur noch ein Resteinkommen, das unterhalb der Hartz-IV-Regelsätze liegt«. Das heißt konkret: Viele Menschen müssen so viel für ihre Miete zahlen, dass sie mit dieser Belastung an den Rand der Armutsgrenze gelangen.

In Großstädten ist die Situation noch drastischer. Das bestätigt auch diese Studie: »Gut eine Million Haushalte (mit rund 1,6 Millionen Menschen) in den 77 deutschen Großstädten müssen sogar mehr als die Hälfte ihres Einkommens für die Miete aufwenden.«[134] Zu kleinen Löhnen und schlechter Reallohnentwicklung kommen dann noch hohe Mietpreise. Das passt natürlich nicht. Und selbst kleine Reallohnsteigerungen, wenn es sie überhaupt gibt, können dann mit den Mietpreisentwicklungen nicht mithalten. Die Folge: Verdrängung und meist schlechtere Wohnungen. Die »kleinen Leute« werden abgehängt und verdrängt. Laut der Bundesarbeitsgemeinschaft Wohnungslosenhilfe waren sogar im Jahr 2016 860.000 Menschen wohnungslos – sprich obdachlos. Seit 2014 hat sich die Zahl hier um 150 Prozent erhöht.[135] Mehr als 40 Prozent der Einwohner von Köln-Chor-weiler leben von Hartz IV.[136] Mit dieser Verdrängung und sozio-ökonomischen Segregation in gute und schlechte Stadtteile hängt dann noch zusammen, dass sich die Übergangsquoten von der Grundschule zum Gymnasium radikal unterscheiden.[137]

Recherchen des WDR haben ergeben, dass ab 2030 jedem zweiten Neurentner die Altersarmut droht.[138] Eine Studie der *Bertelsmann Stiftung* spricht hier zwar nur davon, dass 2036 je-der fünfte Neurentner von Altersarmut betroffen sein werde.[139] Vertraut man einer Befragung von Infratest Dimap im Auftrag der ARD, dann sind diese Zahlen der *Bertelsmann Stiftung* jetzt fast schon erreicht. Rein subjektiv natürlich gesehen. 15 Prozent der befragten Rentner und Pensionäre antworteten der Umfrage zufolge: »Ja, ich bin von Altersarmut betroffen.« Unter Nicht-Rentnern fürchten sich sogar 37 Prozent vor Armut im Alter.[140] Altersarmut ist also nicht nur eine Realität für viele Menschen, sondern eine sehr akute Drohkulisse für viele weitere Menschen.

Hier ist einfach etwas aus dem Lot geraten. Unten geht es nicht oder nur kaum voran und oben aber viel zu schnell. Das Bild einer zunehmend ungleichen Marktwirtschaft komplemen-tieren hier nämlich die »Working Rich«. Einer Studie der Hans-Böckler-Stiftung zufolge verdienen die Vorstände der 30 Dax-Unternehmen 57-mal so viel wie ihre Mitarbeiter. Bei Volkswa-gen sind es sogar 141-mal so viel wie ein durchschnittlicher Be-schäftigter – und dort verdient der Durchschnitt dank IG-Metall-Tarifverträgen bereits überdurchschnittlich gut.[141] Bei der Deut-schen Bank sind die Entwicklungen noch extremer: Denn ob-wohl sie in 2015 einen Rekordverlust von 6,8 Milliarden Euro verbuchte, zahlte die Bank mehr als 750 Mitarbeitern Millionen-gehälter aus, und insgesamt bekamen 2000 Top-Manager in 2015 mehr als zwei Milliarden Euro.[142] 2017 wurde die Boni-Perver-sion bei der Deutschen Bank noch krasser. Bei SPIEGEL ONLINE durfte man Mitte März 2018 lesen:

»Der Verlust für das Jahr 2017 falle noch etwas höher aus als noch vor einigen Wochen verkündet, teilte die Bank am Freitagmorgen mit. Statt 497 Millionen Euro liegt das Minus nun bei 735 Millionen Euro. Es ist der dritte Jahresverlust in Folge. Insgesamt rund neun Milliarden Euro hat Deutschlands immer noch größtes Geldhaus seit 2015 verbrannt. Zugleich vermeldete die Deutsche Bank in ihrem nun vorgelegten Geschäftsbericht, dass sich die Gehälter der Mitarbeiter wieder kräftig erhöht haben. So stiegen die Bonuszahlungen für 2017 auf 2,275 Milliarden Euro. Ein Jahr zuvor hatten sie noch bei 546 Millionen Euro gelegen - sie haben sich also mehr als vervierfacht.«[143]

Wenn man als Normalsterblicher so etwas liest, wer soll sich da nicht über diese Dekadenz und Abkopplung einer liberalen Elite aufregen?

Schaut man sich die *Steuerbelastung* der verschiedenen Einkommensgruppen an, dann muss die Formel »soziale Gerechtigkeit« bei vielen auch nur noch Hohn auslösen.

Eine Studie des *Deutschen Instituts für Wirtschaftsforschung* hat etwa zur Frage, wer in Deutschland die Steuerlast trägt, Folgendes herausgefunden:

»Eine umfassende mikrodatenbasierte Analyse zu den Verteilungswirkungen des deutschen Steuersystems im Jahr 2015 zeigt, dass die gesamte Steuerbelastung aus direkten und indirekten Steuern bei steigenden Einkommen nur moderat progressiv verläuft und in den unteren Dezilen regressiv wirkt. Zwar sind die Einkommen- und Unternehmensteuern stark progressiv. Sie belasten Haushalte mit niedrigen und mittleren Einkommen kaum, während die Durchschnittsbelastung bei höheren Einkommen deutlich steigt. Die indirekten Steuern, auf die knapp die Hälfte des Steueraufkommens entfällt, wirken dagegen deutlich regressiv, das heißt, sie belasten Haushalte mit niedrigen Einkommen in Relation zum Einkommen erheblich stärker als Haushalte mit hohen Einkommen. Sofern man die Sozialbeiträge teilweise dem Steuersystem zurechnet, ist die Gesamtsteuerbelastung der mittleren Einkommen nicht viel niedriger als bei den sehr Wohlhabenden, deren Unternehmens- und Kapitaleinkommen nicht progressiv mit Einkommensteuer belastet werden.«[144]

Das Problem für die unteren Einkommensgruppen sind also die *indirekten Steuern*, wie die Mehrwertsteuer oder die Energiesteuern.

Zu dem kommt aber nun, dass durch die Steuerreformen der *rot-grünen* Schröder-Regierung die direkten Steuern (also die Einkommenssteuer etwa) gesenkt worden sind, wovon vor allem die Spitzenverdiener profitiert haben. Heute muss man nur 42 Prozent Spitzensteuersatz zahlen, wo es früher noch 53 Prozent waren. Zwar müssen heute auch schon bereits einige aus der Mittelschicht den Spitzensteuersatz zahlen, weil er bereits beim etwa 1,8-fachen des Durchschnittseinkommens greift.[145] Momentan wird der Spitzensteuersatz von 42 Prozent ab einem zu versteuernden Jahreseinkommen von 54.058 Euro fällig, und daher ist es richtig, so wie es die SPD in ihrem Steuerkonzept zur Bundestagswahl vorgeschlagen hatte, den Spitzensteuersatz erst ab einem höheren Einkommen greifen zu lassen.[146] Das ist auch Gerechtigkeit. Gerechtigkeit für die Mittelschicht. *Kalte Progression* muss für die Mittelschicht reduziert werden, und der sogenannte *Mittelstandsbauch* muss für kleine und mittlere Einkommen reduziert werden. *Mehr Netto vom Brutto*, auch das kann Gerechtigkeit bedeuten. Sofern es sich auf kleine und mittlere Einkommen bezieht.

Eine Verschiebung der Zahl des Spitzensteuersatzes nach unten auf 42 Prozent bedeutet aber auch, dass jemand, der 120.000 Euro versteuern muss, dies auch nur mit 42 Prozent tun muss, und das ist ungerecht. Wer 120.000 Euro, wer 100.000 Euro verdient, der kann und sollte mehr als 42 Prozent Spitzensteuersatz zahlen. Aber er tut es zurzeit nicht. Und das seit der *rot-grünen* Schröder-Regierung. Und so verwundert es auch nicht, dass das DIW herausgefunden hat, dass die Steuerbelastung seit dem Jahr 1998 sich zuungunsten der unteren Einkommensgruppen und zugunsten der oberen Einkommensgruppen entwickelt hat. In ihrer Studie heißt es:

> »Wird der gesamte Zeitraum 1998–2015 betrachtet, erscheint vor allem die Verlagerung der Belastung von den direkten Steuern zu den

indirekten bemerkenswert. Die direkten Steuern sanken in diesem Zeitraum um durchschnittlich 2,3 Prozent, während die indirekten um 2,4 Prozent des Bruttoeinkommens 2015 stiegen. Die Einkommensteuerreformen waren im Gesamtzeitraum insbesondere im oberen Bereich der Einkommensverteilung mit deutlichen Entlastungen verbunden. Während im obersten Dezil der Verteilung die Einkommensteuerbelastung um 3,5 Prozent des Bruttohaushaltseinkommens reduziert wurde und für die Top 1% sogar über 5 Prozent, waren die Entlastungswirkungen in den unteren Dezilen vergleichsweise bescheidener. Die diversen Erhöhungen der indirekten Steuern wie der Mehrwertsteuer 1998 und 2007 oder der Energiesteuern seit 1998 führen wiederum zu [...] regressiven Belastungswirkungen. Die wichtigste Komponente bei der zunehmenden Belastung durch die indirekten Steuern war die höhere Mehrwertsteuer mit einer durchschnittlichen Belastung von 0,9 Prozent, gefolgt von den Energiesteuern mit 0,8 Prozent des Haushaltsbruttoeinkommens.«[147]

Kurzum: Auch die Steuerbelastung ist in Deutschland alles andere als gerecht und ausgewogen.

Dies alles, von der Steuerbelastung über befristete Verträge, Leiharbeit, Reallohnverlusten bis zur Armutsquote hat eine Wucht der Wut, eine tiefe Unzufriedenheit, ein fest verankertes Gefühl sozialer Ungerechtigkeit geschaffen.

Diese *neue Unverhältnismäßigkeit* schafft also Unmut.

Die Finanzkrise 2008 bildete dabei eine Zäsur. Die heute medial – fast schon abfällig – als *Abgehängte* bezeichneten Menschen, denen man lange eingeredet hatte, dass sie eigentlich selbst schuld seien, wenn sie sich auf dem Markt nicht durchsetzen, und dass sie sich für ihre prekäre Lage auch noch schämen sollten, die hörten langsam auf, sich selbst dafür zu beschuldigen, dass sie es nicht geschafft hatten, aufzusteigen oder sich eine solide und gut bezahlte Beschäftigung zu suchen. Sie begannen wütend darüber zu werden, dass sie in Leiharbeit abrutschten oder nur noch Anstellung im Niedriglohnsektor fanden. Sie begannen, dem System die Schuld für ihre prekäre Lage zu geben. Zugleich begannen sie sich über Banker zu empören, die trotz der Finanzkrise bald wieder Millionen-Boni kassierten, oder über Manager zu ärgern, die für einen kurzen Zeitraum als Vorstand eines Großkonzerns noch eine Millionenabfindung bekamen.

Ihr Gerechtigkeits*gefühl* ist seither gestört – und das nicht unbegründet. Die Finanzkrise war also eine Zäsur. Sie schaffte Unmut. Dann kamen aber noch die *Panama-Papers*[148] und die *Paradise-Papers*. Sie legten umso mehr offen, dass etwas aus dem Lot geraten ist: Die Reichen können machen, was sie wollen. Und die Mitte-Parteien der liberalen Demokratien wagten und wagen es nicht mehr, endlich einmal ernsthaft *Stopp* zu rufen. Über *moralische Empörung* ging ihre *postdemokratische Entrüstung* nicht hinaus. »Der Skandal wird aufgedeckt – und besteht fort. Weil die Macht inzwischen so verteilt ist, dass Korrekturen nicht mehr möglich sind«, kommentierte der SPIEGEL-ONLINE-Kolumnist Jakob Augstein die Paradise-Papers.[149] Das ist mir zwar noch zu pessimistisch und zu fatalistisch, weil es andeutet, dass ja eigentlich alles nicht mehr veränderbar ist, aber in der Tendenz hat Augstein recht. Es besteht eine *Übermacht* der Finanzelite. Und das macht viele Menschen sehr, sehr wütend. Die Elite kann gerade machen, was sie will. Augstein drückt es härter aus und hat trotzdem noch recht:

> »Das System ist zutiefst krank. Es ist unmoralisch und unanständig. Die Wut darauf wächst. Sie sucht sich nur die falschen Ziele. Der Hass der Betrogenen gilt eher dem Kriegs- als dem Steuerflüchtling. Unser Planet ist ein Paradies für Arschlöcher.«[150]

Widerstand wäre das Richtige gegen diese Ungerechtigkeit. Aber der kommt bislang nicht.

Empirisch ist zu sagen: Die Situation der »kleinen Leute« und auch von Teilen der Mittelschicht hat sich durch die Globalisierung nicht umfassend verbessert, so wie es ihnen nach 1990 versprochen wurde. Sie haben sogar zum Teil verloren. Da ist ein *neuer Niedriglohnsektor* entstanden – mit mehr Unsicherheit, weniger Tarifbindung, weniger Gehalt und zusätzlich mit einer *kulturellen Abwertung*.

Das neue »Dienstleistungsprekariat« und der ganze Niedriglohnsektor fingen aber auch an, den noch gut situierten Mittelschichten *Angst* zu bereiten. Sie machten sich nämlich fortan Sorgen, selbst abzusteigen. Die *Angst* vor der »Abstiegsgesellschaft« (Oliver Nachtwey)[151] geht um und macht die Gesellschaft so schleichend zu einer Angstgesellschaft.

Eine Umfrage des *Instituts für Demoskopie Allensbach* für den GDV-Verband[152] zeigt das. Laut der Umfrage sind zwar 75 Prozent der Deutschen zufrieden, aber haben auch Sorgen um ihre eigene Zukunft und die des Landes. Vor allem sinkt ihr *Zukunftsoptimismus* radikal und ihre Sorgen über die Möglichkeit des sozialen Abstiegs steigen. Zudem empfinden zwei Drittel der Deutschen die Einkommens- und Vermögensentwicklung als ungerecht und etwa genauso viele halten den gesellschaftlichen Zusammenhalt für schwach bis sehr schwach. Die Studie heißt »Generation Mitte«. Die Mitte ist inzwischen auch verunsichert. Die Menschen merken, dass sich viel verändert. Einer anderen Umfrage des Instituts für Demoskopie Allensbach zufolge, sagen 22 Prozent der Befragten, dass sich unsere Gesellschaft zurzeit sehr stark verändert, und 54 Prozent sagen, dass sie sich stark verändert.[153] Die Deutschen sind angesichts dieses Wandels noch nicht *per se* beunruhigt. Wandel *an sich* muss man ja noch nicht fürchten. So ist Gesellschaft immer gewesen. Stillstand gab es nie. Aber gerade diese Philosophie der guten Welt, diese Idealisierung des *Status quo*, gerade diese Verwaltungs- und Stillstandspolitik des *Endes der Geschichte*, welche die *liberale Elite* zurzeit im Grunde betreibt, gerade diese Ideologie kann doch genau deswegen klammheimlich nur verunsichern, wenn man doch überall sieht, wie rasant und wie radikal sich unsere Gesellschaft gerade verändert. Und die *positive Psychologie* der neuen Liberalen ist dann eher so etwas wie die Anmaßung einer *Hybris*. Denn wer im Grunde *Stillstandspolitik* betreibt und gleichzeitig eine »*Wir schaffen das*«-Rhetorik benutzt, der macht sich entweder bewusst über den Wähler lustig, oder ist einfach total in einer Blase. Letzteres ist der Fall. Die *positive Psychologie* der *neuen Liberalen* ist ein Zeichen für einen

Realitätsverlust und eine *fulminante Wahrnehmungsstörung.* Noch hat die *liberale Elite* zumindest hier in Deutschland die Mehrheit des Volkes mit ihrer »Alles ist gut«-Rhetorik scheinbar im Griff – auch weil die konstruktiven und ernst gemeinten Alternativlösungen noch fehlen. Die Verunsicherung wird aber mehr und mehr wachsen, wenn sich nichts oder nur kaum etwas verändert. Eigentlich ist die »Mitte« bereits jetzt besorgter als es die Funktionärseliten der Mitte-Parteien noch glauben. In ihrem *Wohlfühl-Linksliberalismus* nehmen größere Teile der Funktionäre (Mandatsträger, Mitarbeiter, Bürokraten) die zunehmenden Sorgen nicht wahr. Sie suggerieren der Bevölkerung vielmehr, dass alles gut ist und dies die beste aller Welten ist, die daher verteidigt werden müsse.

Wenn da aber ein Gefühl der Sorge tief sitzt, dann kann jede *Auto-Suggestion* einem dieses Gefühl nicht nehmen. Jedes »Wir schaffen das« ist in so einer Situation vielleicht nett gemeint, kann aber auch leicht in ein *Überforderungsgefühl* umkippen. Denn wenn das Gefühl der Unsicherheit da ist, dann wirken rhetorische Überdeckungsversuche nur so lange, wie die Rhetorik nicht wie ein Kartenhaus in sich zusammenfällt. Rhetorik gibt nicht grundlegend ein Gefühl der Sicherheit, sondern diese Rhetorik des »Wir schaffen das« muss auch mit politischem Programm, mit Handlung, hinterlegt und vollzogen werden. Es gilt der alte Satz von Willy Brandt auch heute: »Wer morgen sicher leben will, muss heute für Reformen kämpfen.« Aber genau das wollen die *neuen Liberalen* von rechts bis links nicht mehr – oder zumindest weniger. Sie halten die Welt ja für gut. Und an der Spitze steht mit Angela Merkel die, die genau das ausdrückt, und in ihrem Handeln spiegelt, nämlich in dem sie nur verwaltet und im Grunde nichts tut. Merkel hat einmal für Reformen gekämpft, und zwar im Zuge des durch und durch neoliberalen Leipziger-Programms der CDU. Aber seitdem sie und Paul Kirchhof, der Professor aus Heidelberg, beinahe 2005 mit diesem Reformismus noch das Kanzleramt verpasst hätten, ist Merkel zu der ängstlichsten Person des politischen Berlin mutiert. Sie hat nie wieder für Reformen gekämpft. Sie hat zwar gewaltige Agenda-Turns hingelegt, etwa bei der Frage der Atompolitik oder der Flüchtlingspolitik, und diese quasi aus dem Stand exekutivistisch durchgedrückt, ohne große Debatte im Bundestag, aber sie hat sich hier von Ereignissen leiten lassen. Sie hat hier nur *reagiert*. Aber *agiert* hat sie seit 2005 nicht mehr. Merkel steht so als *Grande Dame* dieses *neuen Liberalismus* da, als Oberhaupt der neuen *liberalen Community*. Sie mag zwar gegen die »Ehe für alle« gestimmt haben und sie mag nicht vollends eine »progressive Neoliberale« sein. Aber sie ermöglicht die Hegemonie dieses progressiven Neoliberalismus in Deutschland.

Auch wenn die *neuen Liberalen* es nicht hören wollen: Die Globalisierung und der intensive Wettbewerb schufen eine neue Angst vor Statusverlust und schufen zudem vor allem *Zukunftsangst*. Oft ist diese Angst nicht exakt und umfassend statistisch zu belegen. Aber am Gefühl, an der Angst selber, konnte das nichts ändern. Die Sorge war und ist einfach da. Im *Zeichen der Globalisierung* ist eine *neue Verunsicherung* entstanden. Das Verheißungsvolle der Globalisierung hat Risse bekommen. Niemand will deshalb schon die Globalisierung als solche infrage stellen, aber eine unkontrolliert wirkende, weder von Nationalstaat noch von der Weltgemeinschaft regulierte, zum Wohl aller gesteuerte Globalisierung, schafft anscheinend einfach mehr als Beunruhigung. Sie schafft Angst.

Die *neuen Linksliberalen* wollen im Verbund mit den Neoliberalen aber diese Angst nicht sehen. Sie wollen es nicht wahr haben, dass ihr Bild von der Welt starke Risse hat. Es ist ungefähr so: Man hat jahrelang an einem Haus gebaut. Man hat all sein Herzblut und seine Energie in den Bau gesteckt. Nun zeigen sich aber Baumängel und Risse. Das Haus ist noch nicht einsturzgefährdet. Aber man will die Risse trotzdem lieber nicht sehen. Man will sie verdrängen. Genau das passiert gerade. Die *neuen Liberalen* von rechts und links verdrängen die Risse. Sie wollen nicht hören, dass es viele Probleme gibt.

Insbesondere die Linke – und das heißt eigentlich die neuen Liberalen innerhalb der Linken – hat sich auf eine *liberal-post-*

moderne Identitätspolitik fokussiert, und das führte zu Ausblendungseffekten. Man hat vor allem die »soziale Frage« ausgeblendet. Dieses Kapitel sollte nun auch mithilfe von empirischen Daten nachweisen, wie akut und stark die soziale Frage gerade zurückdrängt. Die *Rückkehr der sozialen Frage* ist also empirisch begründbar.

Meine Kritik an dem *neuen postmodernen Linksliberalismus*, die ich im ersten Kapitel entwickelt habe, ist, dass dieser ein von einer neuen Akademikerklasse vorangetriebenes Selbstverwirklichungsdenken für Menschen widerspiegelt, welche aus den größten ökonomischen Nöten schon längst herausgewachsen sind, dass er also im Grunde Identitätspolitik für Postmaterialisten ist. Es entstand eine liberale *Alles-ist-doch-gut-Philosophie*, die suggeriert, dass es keine großen Probleme mehr gibt und man grundsätzlich auf dem richtigen Weg ist. Und das kritisiere ich, weil man die »kleinen Leute« und die Besorgten in der Mittelschicht dabei vergisst. Sie wurden mit ihren Sorgen und Nöten zuletzt kaum noch repräsentiert. Und viele gingen so – sei es nur aus Frust, Trotz und Enttäuschung – zu den Rechtspopulisten.

Dieses zweite, durch Zahlen untermauerte Kapitel sollte nun zeigen, wie groß die Verblendung sein muss, die ein neuer postmodern geprägter Liberalismus erzeugte, der sich weit über das linke Lager hinaus in einer liberalen Elite als solche verankerte. Denn die empirische Evidenz der Vernachlässigung der »sozialen Frage« ist schlagend. Diese empirische Evidenz zeigt umso mehr, dass die neuen Liberalen unter einer *Verblendung* leiden. Die Verbändelung von *ökonomischem Neoliberalismus* (vormals eigentlich eher Mitte-rechts, seit der »Neuen Mitte« und dem »Dritten Weg« aber auch ins linke Lager hineingeraten) mit einem kulturellen *postmodernen Liberalismus* (den eine akademische Linke entwickelte) wurde nicht nur spätestens seit den 2000er-Jahren von einer neuen *kosmopolitischen Klasse* vorangetrieben, in dem sie beide liberalen Spielarten übernahm. Sondern heute wird sie von einer *liberalen Elite* in den Parteien der »Mitte« und ja auch in Teilen des Journalismus als *Ultima Ratio* der Vernunft verteidigt und gepriesen – selbst wenn es nicht jeder innerhalb dieser liberalen Elite bewusst tut. So entstand für Außenstehende der Eindruck einer geschlossenen liberalen Meinungselite, die nur noch nach mehr Liberalisierung ruft und ansonsten alle großen Debatten für geführt und erledigt hält und sich ökonomisch und kulturell auf dem richtigen Weg zu befinden glaubt.

Aber meine Behauptung ist: Diese liberale Elite steckt in einer *Blase*. Sie hält die Welt für gut. Aber das ist sie nicht. Selbst in Deutschland lassen sich überall Risse sehen. Deutschland mag ein reiches, relativ sicheres und boomendes Land sein. Aber es gibt Risse in diesem Bild, sehr viele Risse, wie auch das nächste Kapitel zeigt.

3.
Die Zahlen lügen nicht:
Sehr hohe Ungleichheit bei Einkommen
und Vermögen

Die Hilfsorganisation *Oxfam* behauptet, dass die acht reichsten Menschen so viel besitzen wie die ärmere Hälfte der Weltbevölkerung zusammen.[154] Aber ist auch Deutschland ein ungleiches Land?

Die Hans-Böckler-Stiftung bejaht dies. In ihrer *Serie zu Ungleichheit in Deutschland* heißt es:

> »Die reichsten zehn Prozent der Haushalte in Deutschland verfügen über beinahe 60 Prozent des gesamten Nettohaushaltsvermögens. Dieser Wert liegt deutlich über dem OECD-Durchschnitt von 50 Prozent. Die unteren 20 Prozent in Deutschland besitzen gar kein Vermögen.«[155]

Das DIW schreibt sogar, dass 28 Prozent der erwachsenen Bevölkerung über kein oder sogar negatives Vermögen verfügen.[156] Mittlerweile gilt jeder zehnte Erwachsene in Deutschland als überschuldet. Dem *Schuldneratlas Deutschland* der Wirtschaftsauskunftei Creditreform zufolge »ist die Zahl der überschuldeten Personen in der Bundesrepublik in diesem Jahr um rund 65.000 auf mehr als 6,9 Millionen gestiegen.«[157] Und das ist somit so gut wie jeder zehnte Erwachsene. Man darf hier an das denken, was der Politikwissenschaftler Colin Crouch in seinem Buch »Das befremdliche Überleben des Neoliberalismus« einen »Keynesianismus der privaten Hand« genannt hat.[158] Damit meint er die Verschuldung der Privathaushalte, die nach dem Zusammenbruch des Staatskeynesianismus stattfand. Der Soziologe Wolfgang Streeck schrieb dazu treffend in seinem Buch »Gekaufte Zeit«: »Privatisierter Keynesianismus ersetzt die staatliche Verschuldung durch Privatverschuldung als Mechanismus der Erweiterung des Vorrats der politischen Ökonomie an verteilbaren Ressourcen.«[159] Die Privatverschuldung ist nach Streeck die dritte Stufe in einer »historischen Sequenz«[160] nach Inflation und Staatsverschuldung, die für ihn die globale Finanz- und Fiskalkrise von 2008 erklärbar macht und die auch erläutert, wie Wachstum zurückging und zugleich die Ungleichheit und die Gesamtverschuldung stiegen. Kurzum: Durch diese historische Sequenz und die Konsequenzen der drei Stufen wurde die Anziehungskraft des »demokratischen Kapitalismus« immer weiter beschädigt, seine Legitimität geschwächt und letztlich dem »demokratischen Kapitalismus« nur *Zeit gekauft*.

Und da die dritte Phase der Privatverschuldung nun selbst zu Ende zu gehen scheint, bedeutet das für die Demokratie nichts Gutes. Denn, so kann man folgern, wenn größere Schichten erst einmal realisieren, dass ihr auf Pump basierender Wohlstand einfach nur *simuliert*[161] war, aber eben nicht real war (so wie es viele US-Amerikaner bereits hart realisieren mussten, als sie ihre in der Hoch-Pump-Phase des Subprime-Marktes erworbenen Häuser nun seit der Finanzkrise verloren), dann wird das die Legitimität des demokratischen Kapitalismus weiter radikal schwächen. Streeck schreibt: »Wenn nicht noch ein Wachstumswunder geschieht, wird der Kapitalismus der Zukunft ohne die Friedensformel eines auf Pump finanzierten Konsumerismus auskommen müssen.«[162]

Folglich muss man sagen, dass es zu einer *neuen Verteilungspolitik* kommen muss, um die Legitimität des demokratischen Kapitalismus überhaupt noch erhalten zu können. Passiert das nicht, wird eine Art *Finanzoligarchie* an ihre Stelle treten, die die Demokratie maximal nur noch als leere Hülse erhalten wird, wobei Wahlen zu reinen Show-Veranstaltungen verkommen werden, in denen keine Wirksamkeit politischer Repräsentation mehr erzeugt werden kann. Die Folge ist: Die Reichen werden reicher und der Rest wird immer frustrierter – vor allem die Armen.

Oder kurz, um mit Colin Crouch zu sprechen, die westlichen Demokratien werden endgültig zu »Postdemokratien«[163], die dann auch aufhören, echte Demokratien zu sein. Wenn man sich ansieht, wo mittlerweile überall die Reichen selbst Wahlen gewinnen (Donald Trump in den USA, Andrej Babis in Tschechien, Silvio Berlusconi in Italien bereits), dann ist diese *Postdemokratisierung* ja auch schon längst im Gange. Selbst die Ära Merkel kann man in bereits als Zeit der »postdemokratischen Narkose« (Wolfgang Streeck) beschreiben[164] – gewiss aus eher demokratiepolitischen Gründen. Ökonomisch aber stimmt es auch hier, dass man der neoliberalen Alternativlosigkeit nicht nur rhetorisch, sondern auch ganz praktisch mit Politikverweigerung die Hegemonie gesichert hat. Diese Herangehensweise darf *konservativ* genannt werden, sorgt aber eben für die *Sicherung* des *neoliberalen Status quo*.

Kurzum: Es ist an der Zeit, über die *Verteilung des Wohlstandes* zu reden. Das gilt auch und gerade für Deutschland. Auch der OECD zufolge halten die unteren 60 Prozent der Bevölkerung lediglich sechs Prozent des gesamten Nettohaushaltsvermögens.[165] Und das führt alles dazu, dass Deutschland einen besonders schlechten Gini-Koeffizienten bei der Vermögensungleichheit hat. Dieses Maß für Ungleichheit beträgt in Deutschland 0,76.[166] Je näher der Wert an 1 liegt, desto ungleicher ist ein Land. Eine Studie des *Deutschen Instituts für Wirtschaftsforschung* hat sogar ergeben, dass die 45 reichsten Haushalte in Deutschland so viel wie die ärmere Hälfte der Bevölkerung besitzen. Beide Gruppen kamen im Jahr 2014, so die Studie, jeweils auf 214 Milliarden Euro.[167]

Bei den Einkommen sieht es ähnlich aus. Hier schneidet Deutschland mit einem Gini-Koeffizienten von 0,3 besser ab, liegt damit aber nur auf Höhe des EU-Durchschnitts.[168] Der Gini-Koeffizient ist aber seit dem Jahr 1991 deutlich angestiegen.[169]

In Deutschland ist also nicht alles gut. Das Bild von der deutschen *Insel der Glückseligen* hat Risse. *Die Zahlen lügen nicht.* Aber die *neuen Liberalen* wollen das nicht sehen. Sie wollen lieber die gute Konjunktur, die gute Steuerschätzung, die gute Arbeitsmarktstatistik loben. Sie wollen einfach nicht zugeben, dass nicht alles gut ist. Eigentlich müsste es hier heißen: MAKE THE MARKET SOCIAL AGAIN.[170] Eigentlich muss der Staat jetzt endlich wieder mehr Ordnung und mehr Ausgleich in den Kapitalismus bringen. Aber da die liberale Elite regiert und ihr Habitus so tief sitzt, will man das alles nicht wirklich sehen. Oder man sieht es und sagt sich: Das bisherige System ist trotzdem besser. Das ist aber eine *Realitätsverweigerung*. Diese Realitätsverweigerung zeigt sich auch bei der Frage der *Verteilung der Lebenschancen*. Und gerade die Lebenschancen sind eigentlich zu dem Thema der *neuen Liberalen* avanciert, weil sie gut in ihr *neues Weltbild* passen. Aber auch hier erliegen sie einer *Illusion* – der *liberalen Illusion*.

4.
Die Lebenschancenlüge:
Oder der linksliberale Selbstbetrug

2015 machte der DER SPIEGEL mit einer Geschichte auf, die mit »Die Chancenlüge« überschrieben war.[171] Man attestierte dort, dass das Versprechen auf sozialen Aufstieg zu einem leeren Versprechen geworden sei.

Dieser soziale Aufstieg war immer das zentrale Narrativ der deutschen Nachkriegsgesellschaft gewesen. Von den Liberalen bis zur SPD: *Aufstieg durch Bildung*, das war das *liberale Versprechen*, das die neue liberale Demokratie ihren Bürgern gab. So kam es spätestens in den 1960er-Jahren zu einer *Bildungsexpansion*.

Initialzündung der deutschen Debatte waren 1964 ein Buch des Bildungsexperten Georg Picht mit dem Titel *Die deutsche Bildungskatastrophe* und 1965 Ralf Dahrendorfs Plädoyer für *Bildung als Grundrecht*. Beide Arbeiten lösten ein großes Echo aus. In der Folge führte die doppelte Konnotation von Bildung als Grundrecht und als Humankapital zu einer intensiven Bildungsexpansion. So stieg der Gesamtanteil der öffentlichen Bildungsausgaben am Bruttoinlandsprodukt zwischen 1965 bis 1975 von 3,4 Prozent auf 5,5 Prozent.[172] Dabei ist es bis heute geblieben. In den 1980er-Jahren stoppte die Bildungsexpansion.[173]

Die OECD hat in ihrer Studie »Bildung auf einen Blick 2017« für Deutschland Folgendes ermittelt:

> »Die Ausgaben im Primar, Sekundar- und Tertiärbereich für eigentliche Bildungsdienstleistungen, zusätzliche Dienstleistungen und FuE belaufen sich in Deutschland auf 4,3% des Bruttoinlandsprodukts (BIP), was deutlich unter dem OECD-Durchschnitt von 5,2% liegt«.

Und sie legte dort noch nach:

> »Nach einer Erhöhung von 8,9% auf 9,7% im Zeitraum 2005-2011 sind die öffentlichen Bildungsausgaben in Prozent der Gesamtstaatsausgaben geringfügig auf 9,4% gesunken, womit sie niedriger sind als im OECD-Durchschnitt (11,3%).«[174]

Die OECD ermittelte für ihre Studie »Bildung auf einen Blick 2014« auch, dass in Deutschland lediglich 24 Prozent der erwachsenen Nicht-Studierenden und Nicht-Schüler über ein höheres Bildungsniveau als ihre Eltern verfügen.[175]

Um die *soziale Durchlässigkeit* steht es also nicht gut, wie auch Forscher des DIW festgestellt haben. Sie schreiben in einer Studie, dass nicht nur 40 Prozent der Ungleichheit im individuellen Arbeitseinkommen durch den Familienhintergrund zu erklären sei, sondern dass gerade beim Bildungserfolg der Erklärungsbeitrag der Herkunft bei sogar über 50 Prozent liege.[176]

In einer Studie des Bildungsforschers Klaus Klemm für den DGB sind die Versäumnisse der deutschen Bildungspolitik aber noch offensichtlicher. Dort[177] heißt es, dass nicht nur 2013 immer noch 5,7 Prozent der Jugendlichen die allgemeinbildenden Schulen ohne Abschluss verließen, sondern dass 2013 auch 1,4 Millionen junge Erwachsene im Alter von 20 bis 29 Jahren weder eine abgeschlossene Berufsausbildung hatten noch dabei waren, einen Berufsbildungsabschluss zu erwerben. Das bedeutet eine Quote von 13,8 Prozent in dieser Altersgruppe. Ähnliches hat die OECD ermittelt: »Während die Lebenschancen der Hochqualifizierten steigen, verschlechtern sich die Erwerbsaussichten der Geringqualifizierten. Auch in Deutschland verfügen 13 Prozent der 25- bis 34-Jährigen über keine berufliche Qualifikation oder Abitur. Das ist zwar weniger als im OECD-Schnitt, aber deutlich mehr als in anderen Ländern mit dualer Berufsbildung wie Österreich oder der Schweiz.«[178]

In einer immer komplexer werdenden Arbeitswelt, in der Bildung in der Tat eine deutlich zentralere Rolle spielt, sich zudem die deutsche Gesellschaft in eine Wissensgesellschaft wandelt und die Entwicklung der »wissenschaftlich-technischen

Zivilisation« (Helmut Schelsky) Bildung immer wichtiger macht, haben Jugendliche ohne Schul- oder Berufsabschluss fundamental geringe »Verwirklichungschancen« (Amartya Sen; englisch: »capabilities«) und damit auch weniger Chancen auf ein auskömmliches und sicheres Arbeitsverhältnis.

Allerdings wird generell – insbesondere durch die OECD – auch die tertiäre Bildung, also die Hochschulbildung überbewertet. Deutschland hat das *duale Ausbildungssystem*, in dem Wissen etwa für die industrielle Arbeit aufgebaut wird, und wodurch die deutsche Industrie sehr fachbezogene Fachkräfte rekrutieren kann. Hochschulbildung darf nicht der alleinige Messwert für Bildungserfolg in Deutschland sein. Denn dafür ist das duale Ausbildungssystem zu systemrelevant und es erzeugt fähige Fachkräfte. Wenn sich Facharbeiterkarrieren also vererben, muss das keineswegs ein Anzeichen dafür sein, dass Deutschland komplett bei der Bildungsmobilität versagt. Bildungsmobilität gibt es in diesem Fall dann natürlich statistisch weniger, wenn man die Hochschulbildung als Maßstab nimmt. So sind zumindest zum Teil die schlechten Daten bei der Bildungsmobilität in Deutschland zu erklären. Aber das Ausmaß der Bildungsimmobilität in Deutschland ist dadurch auch nicht erklärbar. Das liegt vor allem auch an der von der OECD ermittelten unterdurchschnittlichen Finanzierung des Bildungssystems. An dem Fakt, dass Herkunft in Deutschland über Bildungserfolg zentral mitentscheidet, gibt es kaum etwas zu rütteln. Das ist nicht zu verleugnen.[179]

Aber nicht nur, dass in Deutschland seit Jahren zu wenig in das Bildungssystem investiert wird, auch in der Arbeitsmarktpolitik sprechen die Zahlen eine deutliche Sprache: eine Sprache der Ungerechtigkeit. Der Hans-Böckler-Stiftung zufolge beginnen von den rund 1,3 Millionen ungelernten Arbeitslosen jährlich nur knapp 50.000 eine Fortbildung mit dem Ziel, einen beruflichen Abschluss zu erhalten. Und die Weiterbildungsausgaben für Hartz-IV-Bezieher sanken zwischen 2010 und 2015 sogar um 26 Prozent.[180]

Offensichtlich hatte DER SPIEGEL also recht. Sozialer Aufstieg – durch Bildung – ist zu einem *leeren Versprechen* geworden. Von einer Arbeitsmarktpolitik, die wirklich *fördert*, ist auch kaum etwas zu sehen. Offensichtlich ist hier auch nur das »*Fordern*« übrig geblieben.

Man kann Deutschland Züge einer *Neofeudalgesellschaft*[181] attestieren, in der Bildungserfolg stark von der Herkunft abhängt und in der es auch keine ernst gemeinte Kultur der »zweiten« und »dritten« Chance gibt. Insofern bräuchte es einen ernsthaften »Befähigungsstaat«[182], der sich um *Herkunftsausgleich* bemüht.

Aber was passiert?

Seit Jahren – nicht erst seit dem PISA-Schock, oder den großen Ankündigungen des Dresdner Bildungsgipfels aus dem Jahr 2008, dem zufolge aus Deutschland eine »Bildungsrepublik« werden soll – redet die *liberale Elite* von mehr Bildung und von mehr Lebenschancen.

Aber es passiert … kaum etwas. Schlimmer: Einer Studie zufolge, die die Kulturminister der Länder beim *Institut zur Qualitätsentwicklung im Bildungswesen* (IQB) in Auftrag gegeben haben, sind die Leistungen der Grundschüler, etwa in Mathe und Deutsch, schlechter geworden.[183] Das deutsche Bildungssystem ist nicht gut aufgestellt. Das ist weder eine gute Nachricht für den deutschen Wirtschaftsstandort noch eine für die Bildungsgerechtigkeit.

Bildung ist, so die Mitte-Politiker, das große Ding – für unsere Zukunft und für die Gerechtigkeit. Man darf die knapp 11 Milliarden Euro, die im Koalitionsvertrag der neuen Groko als Ausgaben für Bildung und Forschung vorgesehen sind, an dieser Stelle sicher mal loben. Aber dies Geld stopft nur Löcher – und noch nicht mal das.

Aber wie kann das sein, dass so viel von Lebenschancen geredet wird und doch nur so wenig passiert?

Kein Begriff hat in den Strategiepapieren der Mitte-Links-Parteien und auch bei den Modernisten der Konservativen in den letzten Jahren eine größere Karriere hinter sich als der Begriff *Lebenschancen*. Insbesondere Amartya Sen[184] wurde – freiwillig und unfreiwillig – der Leittheoretiker dieser neuen *Lebenschancen-Philosophie*. Wie sieht sie in etwa aus?

Es geht darum, Menschen zu befähigen, etwas tun zu können, wozu sie Gründe haben können. Ein Beispiel: Wenn ein Kind Arzt werden will, ihm aber die realen Möglichkeiten fehlen (weil es in einem schwierigen Stadtteil groß wird, weil seine Eltern Drogen-abhängige, oder Arbeitslose sind, die sich nicht für die Bildung und Erziehung ihres Kindes interessieren, weil die lokalen Schulen nicht in der Lage sind, dem Kind zusätzliche Förderung zu geben, die es benötigen würde, um die Defizite, die es aufgrund der Vernachlässigung durch die Eltern aufgebaut hat, zu reduzieren), dann muss man sich laut der neuen Lebenschancen-Philosophie die Frage stellen, wie man die öffentlichen Einrichtungen (und das heißt in diesem Fall die Schulen und Jugendhilfeorganisa-tionen vor Ort) so mit Steuermitteln unterstützen und aufbauen kann, damit das Kind eben doch annähernd gleiche Chancen er-hält, um dem Wunsch, Arzt zu werden, nachkommen zu können.

Das sei die Aufgabe der *Sozialpolitik*. Sozialpolitik soll die einzelnen Individuen, etwa das Kind aus schwierigen sozio-öko-nomischen Verhältnissen, befähigen, etwas aus seinem Leben machen zu können. Sozialpolitik habe die Aufgabe, für annähern-de Chancengleichheit zu sorgen. Sozialpolitik soll dafür sorgen, dass die »Verwirklichungschancen« fair verteilt sind. Das ist *egalitaristisch*, weil soziale Gerechtigkeit nur durch Annäherung an die Chancengleichheit erfüllbar ist. Mit anderen Worten: Die Schulen in den Berliner Stadtteilen Wilmersdorf, Charlotten-burg, Marzahn, Neukölln und Kreuzberg müssen auf dem glei-chen Niveau sein.

Es geht also hier um einen *positiven Freiheitbegriff*, bei dem der Staat die Freiheit eines Menschen sogar fördern und erwei-tern kann und nicht, wie die Neoliberalen immer gesagt haben, die Freiheit grundsätzlich einschränkt und behindert. Kurzum: Amartya Sen ist Sozialliberalismus *par excellence*. Sen wurde zur Idealfigur eines *individualistischen Linksliberalismus* erhoben.

Und dieser individualistische Linksliberalismus wurde zum *Mainstream*. Dass gerade eine Philosophie, die im Grunde *Sozial-liberalismus* ist, so eine Karriere unter den neuen Linksliberalen gemacht hat, verwundert nicht, denn sie sind ja Liberale.

Diese Gerechtigkeitstheorie wurde also immer wieder von den neuen Linksliberalen zum roten Faden in der Gerechtigkeitsdebatte gemacht. Aber sie wurde nie ernstgenommen. Was würde es nämlich bedeuten, wenn man sie ernst nehmen würde?

Angesichts der *Tatsache*, dass Lebenschancen sehr ungleich verteilt sind und dass wer arm geboren wird, einfach nicht die gleichen Chancen hat wie ein Kind aus reichem Elternhaus, müsste man das Bildungssystem radikal stärker finanzieren. Es bräuchte eine neue *Bildungsexpansion*. Bildungserfolg für alle hat nur dann eine Chance, wenn sehr viel mehr individuelle Förderung der Kinder möglich ist, und dafür braucht es sehr viel kleinere Klassen. Wenn man Sen ernst nimmt, müsste man sehr viele Milliarden Euro mehr in das Bildungssystem investieren und dafür auch über eine große Umverteilung reden, um das zu finanzieren.

Aber dazu waren und sind die *neuen Liberalen* nicht bereit. Und so merkte ich als jemand, der lange sehr stark von dieser *Lebenschancen-Philosophie* überzeugt war, dass es eine *neue Doppelmoral* und einen *neuen Zynismus* der liberalen Elite gibt. Ich glaube sogar, dass manche ganz aktiv *Missbrauch* an dieser Lebenschancen-Philosophie betreiben.

Aber dies alles passt perfekt zum neuen *liberalen Moralismus* der *liberalen Elite*:

Einige derer, die über Jahrzehnte von den Spitzenjobs in der Gesellschaft ausgegrenzt wurden – vor allem Frauen und Migranten –, wurden zuletzt in die Elite gehoben und die Medien berichteten pflichtschuldig über diese tollen Beispiele für Gender-Gerechtigkeit und Integration. Kurzum: Solange es immer einige wenige aus bisher benachteiligten Gruppen, etwa Migrantengruppen oder Frauen, die zu lange von Spitzenjobs ausgeschlossen wurden, aufgrund ihrer Herkunft oder ihres Geschlechts, in eben diese Spitzenjobs schafften, kann die Geschichte von der *durchlässigen Gesellschaft* erzählt werden. Das gilt besonders für den Bildungserfolg. Nichts freute die postmodernen Identitätspolitiker so sehr, als wenn es ein junger Mensch mit Migrationshintergrund aus Essen-Nord nach Harvard oder Yale schaffte. Einer aus Bremen hat es tatsächlich geschafft: Devrim Yilmaz, ein Arbeiterkind. Er hat dafür gleich eine ganze Reportage bei der ZEIT bekommen. Das Porträt beginnt mit den Worten: »Jetzt ist er angekommen in der Neuen Welt.«[185] Stimmt, in der neuen Welt der liberalen Elite. Man darf es Yilmaz von Herzen gönnen, dass er einen sozialen Aufstieg geschafft hat. Aber es ist bezeichnend, dass man gerade solche Geschichten erzählt. Denn sie seien doch der Beweis: Die Anti-Diskriminierungspolitik funktioniere und die soziale Mobilität sei gut. Dass Yilmaz allerdings ein krasser Sonderfall ist, wird einfach ausgeblendet.

Dass der *neue Linksliberalismus* am Ende nichts an der Ideologie des Neoliberalismus geändert hat, sie sogar gefestigt hat, wurde und wird nicht reflektiert.

Ein *neuer Linksliberalismus*, ein *linksliberaler Individualismus*, hat der Hegemonie des Neoliberalismus ein netteres Gesicht gegeben und so diese neoliberale Hegemonie verfestigt. Die *neue Anti-Diskriminierungspolitik* der *neuen Liberalen* spielt auch hier eine zentrale Rolle.

Dieser *linksliberale Individualismus* suggerierte, dass nun wirklich alle eine Chance haben, egal, wo sie herkommen, welches Geschlecht sie haben, welche sexuelle Orientierung, welche Religion. Dieser neue Linksliberalismus erzeugte somit gewissermaßen erst so richtig den Glauben an die faire Chance für jeden, den der Neoliberalismus verbreitete: Zeige Leistung, sei geschickt, und mit etwas Glück wirst du Erfolg haben. Und erst die Anti-Diskriminierungsphilosophie des postmodernen Linksliberalismus hat diesen Gedanken so richtig authentisch, so richtig glaubhaft gemacht. Es ist nichts falsch an Anti-Diskriminierung. Eine Frau hat das Recht, nicht benachteiligt zu werden, weil man eine Frau ist. Wer Mustafa heißt, darf nicht wegen seines Namens vom Bewerbungsstapel fliegen oder in der Schule benachteiligt werden. *Anti-Diskriminierungspolitik* ist sehr wichtig. Aber wenn sie letztlich dazu beiträgt, Ausreden zu entwickeln, um über die »soziale Frage« und damit über soziale Ungleichheit als solche nicht mehr zu reden, dann gibt es ein Problem, denn dann schlägt der Freiheitskampf in sein Gegenteil um: Privilegien werden manifestiert.

Nicht nur im Neoliberalismus, sondern auch bei diesem neuen *linksliberalen Individualismus* schwingt unterschwellig immer mit: Wenn du scheiterst, ist das dein Problem. Wenn du den Aufstieg nicht schaffst, hast du deine »Chancen« eben nicht genutzt. Mit anderen Worten: Die Lebenschancen-Philosophie kann auch als verdeckter Neoliberalismus fungieren und wird zurzeit auch oft so verwendet – auch wenn nicht immer bewusst. Die Lebenschancen-Philosophie ist dann ein Ausdruck dessen, was die Politikwissenschaftlerin Nancy Fraser »progressiven Neoliberalismus« nennt.

Das vergrößert den Unmut über die sozio-ökonomischen Verhältnisse aber nur noch. Auf die »Unterschicht« wirken Sätze wie »Kein Kind wird zurückgelassen« zynisch, wenn nicht sogar herablassend und unverschämt.

Und dass gerade die deutsche Sozialdemokratie und die Grünen gebetsmühlenartig dieses Mantra von den fairen Lebenschancen wiederholen, sie aber in den Bundesländern, in denen sie für Bildung zuständig sind, kaum etwas daran ändern, weil diese unter dem Diktat des Sparens liegen (die Schuldenbremse gilt bald für die Bundesländer) und eben nur sehr geringfügig neue Steuereinnahmen selbst generieren können, macht die Lebenschancenlüge somit vor allem zum Problem für die Mitte-Links-Parteien. Sie machen sich mit dieser Lüge am unglaubwürdigsten.

Wenn die »Unterschicht« also das Gefühl hat, dass, die in Berlin oder den Landeshauptstädten, nur im Wahlprogramm von mehr Lebenschancen reden oder davon, »kein Kind zurückzulassen«, dass aber der Bildungserfolg und Erfolg auf dem Arbeitsmarkt weiterhin sehr krass von der Herkunft abhängen, dann nehmen sie das Gerede über die Lebenschancen einfach nicht mehr ernst. Und sie werden darüber wütend, dass man ihnen erzählt, es werde besser, während sie schon seit sehr Langem sehen, dass es das nicht oder kaum wird – und dass es manchmal sogar schlechter wird. Das sorgt im schlechtesten Fall nur für

Trotzreaktionen, die in der Wahl von rechtspopulistischen Parteien enden.

Die *liberale Elite* betreibt aus meiner Sicht Selbstbetrug mit dem neuen individualistischen Linksliberalismus, den die Lebenschancen-Philosophie verkörpert. Die liberale Elite redet zwar immer von mehr Chancen, aber sie handelt nicht. Das ist entweder Selbstbetrug oder Doppelmoral. Da fehlt einfach die Konsequenz aus Worten Taten folgen zu lassen.

Wer Amartya Sen wirklich ernst nimmt, müsste für eine starke Umverteilung plädieren und selbst zu einem *Populisten der Lebenschancen* werden und insofern dem *Postmaterialismus* abschwören.

Dazu ist die *liberale Elite* aber nicht bereit. Denn sie will eigentlich am Bildungssystem nicht grundlegend etwas ändern. Vielleicht will sie unterschwellig – niemand würde es offen zugeben – sogar die Privilegien erhalten, die das momentane Bildungssystem erzeugt. Defizite des staatlichen Schulsystems lassen sich auch etwa privat durch Nachhilfe ausbügeln. Die *neue kosmopolitische Klasse* kann sich das leisten. Nachhilfe fördert die soziale Ungleichheit aber nur weiter.[186]

Die *kosmopolitische Klasse* will das aber alles nicht wahrhaben. Denn es fühlt sich gut an, mehr Lebenschancen zu fordern. Fordern kostet nichts und gibt einem ein gutes Gefühl. Das Gewissen ist erleichtert. Linksliberalismus ist einfach besser als Neoliberalismus. Mit dem *neuen Linksliberalismus* ist man auf der *guten Seite der Geschichte*. Ich nenne das *Doppelmoral* und *Selbstbetrug*, was die *neuen Liberalen* hier betreiben. Es ist auch Missbrauch an der Lebenschancen-Philosophie. Aber es passt ins Bild. Ins Bild des *liberalen Moralismus*.

5.
Warum der Neoliberalismus
sogar das Wachstum hemmt
und die Linksliberalen
das nicht einsehen wollen

Der *neue liberale Moralismus* ist aber sogar schlecht für das Wirtschaftswachstum.

Wir lassen durch ihn auch viel volkswirtschaftliches Potenzial liegen.

Der von Arbeitgeberverbänden beauftragte MINT-Frühjahrsreport 2017 des *Instituts der deutschen Wirtschaft Köln* beziffert die Arbeitskraftlücke in dem Berufsbereich von Technik, Naturwissenschaft und Informationswirtschaft auf 237.500 Personen.[187] Im Vergleich: 2016 lag die Arbeitskraftlücke noch bei 171.400 Personen.[188] Das Problem wird also größer.

Insgesamt waren im zweiten Quartal 2017 knapp 1,1 Millionen Stellen unbesetzt.[189] Im vierten Quartal 2017 waren dann sogar 1,2 Millionen Stellen unbesetzt.[190]

Jede nicht besetzte Stelle bedeutet betriebswirtschaftlichen Schaden und volkswirtschaftlichen Verlust. Kurzum: Durch ihre Realitätsverweigerung schaden sich die Arbeitgeber letztendlich sogar selbst. Peinlich ist das und dumm. Aber so ist unsere Zeit: Man hat es sich im »Weiter so« einfach bequem gemacht und ätzt gegen jede Veränderung hin zu mehr echter Sozialdemokratie. Dabei würde mehr Sozialdemokratie sogar gerade gut für die Wirtschaft sein. Aber in den Zimmern der Arbeitgeberbosse will man das nicht einsehen.

Das Problem mit dem *liberalen Moralismus* ist weit größer, dem auch die Arbeitgeberverbände verfallen sind, wenn dieser dafür sorgt, dass sich nichts an dem Ausmaß der sozio-ökonomischen Ungleichheit ändert. Und wenn sich nichts an dem

Ausmaß der sozio-ökonomischen Ungleichheit ändert, wird das dem Wirtschaftswachstum schaden.

Wie das?

Eine *zu hohe* sozio-ökonomische Ungleichheit – nicht Ungleichheit an sich – schadet dem Wirtschaftswachstum.

Dazu kommen nicht nur linkere Wirtschaftsforschungsinstitute wie das DIW, das *Institut für Makroökonomie und Konjunkturforschung* (IMK), linke Ökonomen wie Thomas Piketty und Paul Krugman, sondern mittlerweile auch die dem Linksradikalismus unverdächtigen internationalen Organisationen OECD[191] und IWF[192]. Der IWF fordert das scheinbar so perfekte Deutschland sogar auf, höhere Vermögensabgaben einzuführen.[193]

Die OECD rechnete etwa vor, dass das Wirtschaftswachstum in Deutschland und in den USA zwischen den Jahren 1990 und 2010 bei gleichbleibender Einkommensungleichheit um etwa ein Fünftel höher gewesen wäre.[194] Das DIW hat in einer neuen Studie Ähnliches herausgefunden:

»Das Wachstum der deutschen Wirtschaft wäre seit der Wiedervereinigung kumuliert um rund zwei Prozentpunkte höher gewesen, wenn die Einkommensungleichheit konstant geblieben wäre. Darauf weisen Simulationsrechnungen mit dem DIW Makromodell hin, die unter der Annahme durchgeführt wurden, dass die Entwicklung der Einkommensverteilung nicht umgekehrt von der wirtschaftlichen Entwicklung beeinflusst wurde. Das reale Bruttoinlandsprodukt hätte im Jahr 2015 gut 40 Milliarden Euro über seinem tatsächlichen Wert gelegen. Vor allem die private Konsumnachfrage, aber auch Investitionen und Exporte, wären stärker gestiegen, wenn die Ungleichheit – hier gemessen am Gini-Koeffizienten der Nettohaushaltseinkommen – auf ihrem Stand des Jahres 1991 geblieben wäre. Gleichzeitig hätte der Außenhandelssaldo nicht so stark zugenommen; er hat den Effekt der Ungleichheit auf das Bruttoinlandsprodukt abgemildert.«[195]

Woran liegt das?

Ein erstes – keynesianisches – Argument ist, dass die Sparquote der Reichen einfach sehr hoch ist und dadurch dem Wirtschaftskreislauf Geld entzogen wird. Das heißt, die Konsumnachfrage (und damit die gesamtwirtschaftliche Nachfrage) sinkt und dadurch sinkt das Wirtschaftswachstum. Kurzum: Was sollen die Reichen auch mit dem ganzen Geld machen? Sie können es gar nicht alles ausgeben. Auch ein Reicher braucht nur eine Waschmaschine. Das Geld arbeitet dann auf dem Konto vor sich hin, wird aber in der Regel nicht mehr investiert. Oder das Kapital sucht verzweifelt Anlagemöglichkeiten, die nicht immer sinnvoll für Volkswirtschaften sind. So sucht das globale Kapital vor allem in Immobilien zurzeit weltweit sichere Investments. Die Immobilienmärkte in europäischen Großstädten boomen. Aber nur weil jemand ein Haus oder eine Wohnung besitzt, muss er damit der betreffenden Volkswirtschaft noch kein Wachstum bescheren. Gerade weil das Angebot an Immobilien in Großstädten knapp ist, führt es sogar eher zu negativem Wachstum. Warum? Wenn die Reichen der Welt in London, Hamburg, München und Frankfurt den Immobilienmarkt leerkaufen, in der Regel aber meist nicht mehr als ein paar Tage oder Wochen in ihren neuen Häusern und Eigentumswohnungen verbringen, verknappen sie das Angebot für die Inländer. Wenn das Angebot aber sinkt, die Nachfrage aber konstant hoch ist, und das ist sie in Metropolregionen, dann steigen für alle anderen die Immobilienpreise. Der durchschnittliche Deutsche muss von seinem Haushaltseinkommen also immer mehr für Miete ausgeben – das ist das Problem mit dem bezahlbaren oder eben nicht mehr bezahlbaren Wohnraum. Dieses Geld für die Miete sind Fixkosten und somit steht dieses Geld nicht mehr zum Konsum zur Verfügung, wodurch der Binnenkonsum eher geschwächt wird. So schwächt also große Ungleichheit das Wachstum.

Aber das ist nicht das entscheidende Argument dafür, dass Umverteilung sogar das Wachstum beflügelt.

Die OECD argumentiert etwa in einer Studie, dass die Armen bei hoher Ungleichheit einfach weniger in Bildung investieren können, was am Ende zu volkswirtschaftlichen Verlusten führe und die Ungleichheiten zugleich einebne.[196]

Viel zentraler ist aber nicht nur das *Können*, sondern auch das *Wollen*. Wenn Menschen das Gefühl haben, dass sich Leistung nicht lohnt, strengen sie sich weniger an. Das gilt sowohl bei ihrem Einsatz im Job, wie auch bei der Frage, ob sie glauben, dass sich Bildung generell und Weiterbildung im Besonderen für sie am Ende auch ökonomisch lohnen.

Beobachtet etwa jemand, dass Arbeit sich für ihn kaum lohnt und mehr Leistung kaum honoriert wird und gleichsam die hohen Arbeitseinkommen, vor allem aber die Kapitaleinkommen, immer weiter steigen, dann strengt er sich zumeist auch weniger an. Das ist simple Verhaltensökonomie. Wenn man selbst auf der Stelle tritt und andere davoneilen und es kaum Zuversicht gibt, dass sich das ändern könnte, dann kann das auch für inneren Stillstand sorgen. Inneres Feuer reicht nicht durchgehend, um sich zu motivieren, sondern es braucht auch äußere Ziele, wie einen besseren Job, mehr Gehalt oder bessere Arbeitszeitbedingungen. Es bedarf also der sozialen Anerkennung des eigenen Geleisteten – und das bedeutet mehr als ein Schulterklopfen. Wenn zudem die soziale Durchlässigkeit massiv sinkt, verlieren viele Menschen den Glauben an eine faire Chance im Leben. So können ganze Familien den Eindruck haben, dass egal, was sie tun, sie doch sowieso immer arm bleiben. Als Folge werden sie auch ihre Kinder nicht dazu ermuntern, sich in der Schule anzustrengen. Ein Gefühl der sozialen Ausgeschlossenheit kann dazu führen, dass man diese Exklusion selbst reproduziert, indem man sich aufgibt und ein mangelndes Selbstbewusstsein entwickelt. Das führt in einen Teufelskreis, in dem man sich entweder der Alimentierung durch den Staat hingibt oder in seiner Arbeit unproduktiv wird, weil man das Gefühl bekommt, dass man nicht selbst, sondern dass andere maßgeblich von der eigenen Arbeit profitieren.[197]

Arbeit muss sich lohnen. Wer dieses Gefühl hat, der wird sich auch anstrengen. Wir sind eine *Leistungsgesellschaft.* Das muss man als Linker nicht sofort kritisieren. Was man aber kritisieren muss, ist, dass wenn Leistung sich kaum lohnt und sich eben kaum »auszahlt«, normative Forderungen nach mehr Leistung dann einfach ihre Berechtigung verlieren. Man muss als Linker auch kritisieren, wenn Unternehmen Personalkosten sparen wollen und dadurch die verbliebenen Mitarbeiter immer mehr leisten sollen. Man muss auch generell die Arbeitsverdichtung kritisieren, wenn diese immer weiter zunimmt. Immer mehr für das gleiche Geld und in der gleichen Zeit zu leisten, ist kein guter Deal. Das darf und das muss man als Linker kritisieren. Leistung muss sich lohnen und Mehrarbeit muss ausgeglichen werden. Dafür braucht es *Gegenmacht*[198] gegen die Arbeitgeber, die linke Parteien und Gewerkschaften ausüben müssen. Obwohl wir eine Leistungsgesellschaft sind, braucht es eine Gegenmacht, damit Menschen nicht ausgebeutet werden und zudem sensibel dafür werden, sich nicht selbst auszubeuten. Der Arbeitgeber darf nicht alles, er hat nicht immer recht und er darf auch nicht verlangen, dass man sich alles gefallen lässt. Man darf widersprechen und sollte es.

Leistungsgerechtigkeit ist also zu steigern.

So könnte man es zusammenfassen. Das beginnt als Kind und hört im Erwachsenenleben auf. Die große Ungleichheit bei den Chancen – siehe dazu Kapitel 4 – genauso wie die große Ungleichheit bei Einkommen und Vermögen, sind also ein *Anti-Leistungsanreiz*. Beides führt zu volkswirtschaftlichen Einbußen.

Diese »Leistungsgerechtigkeit« wird aber von den Neoliberalen immer wieder als Argument gerade gegen die Bekämpfung der Ungleichheit benutzt. Ungleichheit sei *per se* ein Anreiz. Und wenn die Ungleichheit sogar noch höher sei, dann sei der Anreiz umso stärker. Das ist das *Mantra der Neoliberalen*.

Sogar der ehemalige Chefökonom der Investmentbank *Morgan Stanley*, Stephen Roach, hat daran aber Zweifel. Es ginge nicht, sagte er schon vor Jahren beim Weltwirtschaftsforum in Davos, dass »aller Gewinn aus der Globalisierung an die Kapitalbesitzer geht, während die Einkommen der Arbeiter und Angestellten bestenfalls stagnieren.«[199] Schon vor Jahren war sich selbst die Davoser Elite bewusst (zumindest ein Teil von ihr), dass die zunehmende Ungleichheit so nicht weiter gehen könne, weil eine regressive Gegenbewegung entstehen könne.[200] Anno 2016 war es dann so weit – zumindest erlebten wir ein erstes gewaltiges Anzeichen so einer *Regression*. Gelernt hat man daraus aber immer noch nicht.

Die *kosmopolitische Klasse* will nicht lernen. Sie wird immer reicher und einflussreicher. Aber sie will nicht lernen, dass man große Teile der unteren und mittleren Schichten nicht so derart austrocknen kann, ohne eine Gegenbewegung zu provozieren. Manche reichen Familien sind sogar selbst schon zu politischen Aktivisten geworden – wie die Brüder David und Charles Koch oder Robert L. Mercer und seine Tochter Rebekah.[201] In Trump haben sie einen willfährigen Lakaien gefunden, der zwar davon redet, die Arbeiterschicht zu repräsentieren, und das, weil er nicht so ist wie die neuen progressiven Liberalen des kosmopolitischen Bio-Bürgertums, nämlich weil er pöbelhaft, fett, und ein Fast-Food-Junkie ist.

An seinem neoliberalen *Hardcore-Kapitalismus* ändert das aber trotzdem nichts. Die *Umverteilung nach oben* wird mit Trump noch einmal perverser. Aber wird sich der Teil der kosmopolitischen Klasse, der Trump für einen Rassisten, einen ungehobelten Narzissten, einen prahlerischen Hedonisten und einen moralisch für das Präsidentenamt unqualifizierten Präsidenten hält, wirklich gegen ihn erheben? Oder wird dieser Teil stillschweigend akzeptieren, dass ein Clown im Weißen Haus sitzt, aber im Zweifelsfall still und heimlich frohlocken, angesichts der steuerpolitischen Maßnahmen? Wird das Bio-Bürgertum also Widerstand zeigen?

Da Trumps Steuerpläne seit Anfang November 2017 in einem ersten Entwurf vorlagen[202] und sich bei Weitem überhaupt keine wirkliche breite gesellschaftliche Gegenwehr zu etablieren schien und die Reform dann letztlich im Dezember auch verabschiedet wurde, schien es also vielen »Progressiven« offensichtlich auch egal zu sein. In diesem Sinne kann man vielleicht sogar davon sprechen, dass manche unter den Progressiven offensichtlich heimlich schon frohlockt haben, oder ist es ihnen einfach nur egal? Widerstand haben sie gegen dieses trumpsche Steuerprogramm nicht gezeigt – obwohl es doch offensichtlich war und ist, dass Trumps Steuerpläne letztlich nur den wirklich sehr Reichen nützen werden. Die Progressiven scheinen zwar Trump für einen moralischen Totalausfall zu halten, *moralische Empörung* ist ja immer noch stark da. Aber mehr offensichtlich auch nicht.

Wo bleibt der Widerstand?

Gewiss, es hat bereits Widerstand gegeben. Der Marsch von Frauen gegen Trump machte das deutlich. Aber dieser Widerstand ist eher *moralischer Natur*. Man protestierte gegen die Person Trump als Ausdruck eines Rechtspopulismus, als einen, der die *Werte* des *neuen postmodernen Liberalismus* nicht so lebt wie man selbst. Die Progressiven hassen Trump dafür, dass er ein ungebildeter Pöbler ist, der lieber einen BigMac isst als Quinoa-Grütze und Bio-Bananen und der mit seinem Wohlstand prahlt, mit dem sie nicht prahlen würden. Trump widerspricht ihrer Lebenseinstellung.

Aber kann aus der *Frauenbewegung*, der *Schwulen- und Lesbenbewegung*, der *Umweltbewegung*, und der *Arbeiterbewegung* eine Einheit stehen, eine Front des Widerstands gegen den neoliberalen Kapitalismus? Das ist die Frage. Denn die Linke ist hier gespalten in die *Kulturlinke*, also in die postmodernen und postmaterialistischen Liberalen, und in die *sozio-ökonomische Linke*, die sich paradoxerweise zum Teil gerade auf die Seite von Donald Trump geschlagen hat (zumindest eben eigentlich linke Wähler), an die Seite desjenigen, der gerade nicht ihr Mann ist, sondern jemand, der die Ungleichheit noch vergrößern wird und damit eher der *Robin Hood der Reichen* ist.

Die progressiven Teile der kosmopolitischen Klasse wollen die sozialen Verwerfungen bislang nicht sehen. Sie wollen über das Klima reden, über Moral, Menschenrechte in Afrika und gesundes Essen. Sie wählten und wählen so auch einen *Lifestyle*. In Deutschland waren das lange die Grünen und sind es noch (heute aber auch paradoxerweise die Merkel-CDU), in den USA waren es Barack Obama und Hillary Clinton, in Frankreich ist es Macron, in Kanada ist es Trudeau. Diese *postmodernen Liberalen* haben einen sehr *dünnen Gerechtigkeitsbegriff*, der letztlich darauf hinausläuft, Menschenrechte mit Gerechtigkeit gleichzusetzen und liberale Werte als zentralen Bestandteil von einer guten Welt zu sehen, die unbedingt verteidigt und verbreitet werden müsse.

Das sorgt aber eher dafür, dass der *soziale Zusammenhalt* erodiert, weil Gerechtigkeit auf eine *moralische Ebene* verschoben und der *politischen Ebene* entzogen wurde. Das wollen die progressiven Neoliberalen der kosmopolitischen Klasse aber nicht sehen. Ihr Linksliberalismus verwehrt ihnen den Blick auf die Realität. *Moral* und *soziale Gerechtigkeit* sind beide wichtig. Beides geht nur zusammen.

Aber eine *ausgrenzende Moralisierung*, die letztlich sogar nur Verachtung für die von einem neoliberalen Kapitalismus ausgegrenzten unteren Schichten der westlichen Industriestaaten übrig hat, sorgt genau für das Gegenteil davon, was die Progressiven der kosmopolitischen Klasse wollen. Diese *Demoralisierung* ist falsch. Sie sorgt nämlich für eine Demoralisierung der Gesellschaft als solche. Oder anders gesagt: Wer sich *ökonomisch* und sogar *moralisch* nach unten gedrückt fühlt, der wird sich ein *Ventil* suchen, um dagegen zu protestieren. Und das war zuletzt der *Rechtspopulismus*.

Trump wurde vor allem wegen seiner eigenen Identitätspolitik gewählt. Klar, er versprach den Arbeitern auch Jobs zurückzubringen – und damit auch Selbstbewusstsein. Er hat mehr über Ökonomie gesprochen als Clinton, die völlig versagte, die sozio-ökonomisch gefärbte Sprache ihres Kontrahenten Bernie Sanders zu übernehmen. Aber Trump gewann auch und gerade, weil der politische Diskurs zuletzt auf Weltbildpolitik zentriert und Kulturkampf der zentrale Modus des politischen Diskurses war. Robert Pfaller hat diesen Punkt schön kommentiert, indem er deutlich machte, welche kulturellen Faktoren bei der Wahl Trumps eine Rolle spielten:

> »Dass sie Trumps Vulgaritäten akzeptierten oder sogar bejahten, liegt aber wohl auch daran, dass sie darin einen Protest erblickten – nämlich dagegen, von den immer privilegierteren Eliten ständig auch noch moralisch abqualifiziert zu werden. Der auffällig zartfühlende Sauberspeech der Gewinner brutaler Veränderungen zeigt in diesem Licht seine gesellschaftliche Funktion: Er stellt nämlich si-

cher, dass die begründeten Interessen der verarmenden Gesellschaftsgruppen keinen anderen als einen dumpfen und verächtlichen Ausdruck finden können.«[203]

Kurz: Durch einen postmodernen Liberalismus kam es nach der neoliberalen Wende schließlich dazu, dass eine neue kosmopolitische Klasse, die beide Spielarten der Liberalisierung übernahm und seitdem vorantreibt, fast alles diskreditiert, was nicht ihrem Habitus und ihrer Weltsicht entspricht. So drückt diese kosmopolitische Klasse eher alle andere nach unten, anstatt sie in ein positives Projekt gesellschaftlicher Emanzipation zu integrieren. Für Deutschland hat das *Guillaume Paoli* herausragend kommentiert, wenn er deutlich macht, dass der *postmoderne Liberalismus* so gar nicht der *zivilisatorische Avantgardismus* ist als der er gesehen werden will:

»Die kulturliberale Angleichung bedeutet aber nicht, dass die Tage der Klassenverachtung vorüber seien; diese hat sich nur umgepolt. Sie richtet sich fortan auf diejenigen, die sich in der globalen, offenen Welt nicht zurechtfinden. Menschen, die auf keiner Gästeliste stehen. ›Abgehängte‹ Frauen und Männer, die weder kreativ noch vernetzt sind. Proleten, die kein Englisch können, KZ-Hühnchen bei Aldi kaufen, *RTL2* schauen, sich am Stammtisch gegen die da oben echauffieren und sexistische Witze reißen. Konservativ sind nur noch die Unterschichten. Rückständige Muslime. Wutbürger. Versager. *White trash.* Gewiss wurde insbesondere in Deutschland immer gern nach oben gebuckelt und nach unten getreten. Doch noch nie wurde das mit so viel gutem Gewissen getan, ja in der Überzeugung, auf der richtigen Seite der gesellschaftlichen Entwicklung zu stehen, auf der Seite der Freiheit.«[204]

Man kann diese Interpretation der kulturellen Faktoren auch auf Deutschland konkret übertragen.

Warum war etwa Gerhard Schröder trotz der New-Labour-Politik gegen die Interessen der kleinen Leute auch zumindest bei ein paar mehr von ihnen erfolgreich, als dies heute bei der SPD der Fall ist? Die Antwort könnte dieses Zitat von Schröder geben: »Zum Regieren brauche ich BILD, BamS und Glotze.«[205]

Auf jene trumpsche kulturelle Art hat er also die »kleinen Leute« repräsentiert. Das war bei »Schmidt-Schnauze« vielleicht genauso. Diese direkte, ehrliche Art und Weise zu reden, Dinge zu benennen und Probleme nicht zu ignorieren, anstatt sich in einem postmodernen Wohlfühlsprech mit politisch korrekter Selbstzensur zu verlieren – diese Art und Weise des Sprechens kommt bei vielen Menschen, die nicht in Oxford und Yale waren, sehr gut an. Reallife-Speak kommt an, Elfenbeinturmsprache einer politischen Kommunikationsindustrie eher nicht – zumindest nicht in großen Teilen der Bevölkerung.

Die *neue liberale Elite* ist aber mittlerweile so habituell und kulturell entrückt, dass sie in ihrem Denken gar nicht mehr bemerkt, weswegen sie nicht mehr verstanden wird. Die Clintonisierung und das hypermoralische Sterilitätsbedürfnis in jenem »Saubersprech der Gewinner« (Robert Pfaller) entkoppelt die liberale Elite vom durchschnittlichen Bürger.

Dass Rechtspopulismus also ein Ventil der Abgehängten und der Frustrierten, der Vergessenen, der Abgewerteten und Unverstandenen ist, mit denen sie sich im politischen Raum Gehör zu schaffen versuchen, will aber einfach nicht in den Kopf der *neuen Liberalen*. Sie können in dem Aufstand der Frustrierten nur eine defizitäre Moral erblicken, einen Backlash des liberalen Fortschritts.

Sie können nur sehen: Die greifen liberale Werte an. Aber warum sie das tun? Und dass darin nicht *per se* eine moralische Degeneration zu sehen ist, das sehen die neuen Liberalen nicht. Noch mal: Moral ist wichtig. Wir sollen *gute Menschen* werden. Wir sollten uns zu den *Geboten des Humanismus* bekennen.[206] *Moralischer Fortschritt* ist wichtig. Ich will keinen Rassismus, Sexismus oder dergleichen rechtfertigen oder legitimieren. Man muss dem offenen nahezu rechtsradikalen Rassismus des rechten Rands der AfD vielmehr scharf entgegentreten, genauso wie dem – vermeintlich bürgerlichen – Salon-Rassismus eines Alexander Gauland. Aus meiner Perspektive hat die liberale Elite vielleicht zu oft moralisiert und die Wörter »Rassismus« oder auch »Sexismus« zu inflationär benutzt, wodurch sie zu leeren

Signifikanten, zu teilweise wirkungslosen Worthülsen verkommen sind. Eine Inflation der Moralkeule kann in »schlecht gelaunten Moralismus« umkippen.[207] Und das ist kontraproduktiv.

Aber manchmal ist Rassismus auch einfach Rassismus – wenn zum Beispiel Alexander Gauland die Integrationsbeauftragte der Bundesregierung Aydan Özoguz in »Anatolien entsorgen« will. Das ist Rassismus, das kann man nicht relativieren. Es ist auch kein liberaler Moralismus, wenn man dies Rassismus nennt. Sondern: Zur Wahrheit gehört auch, dass man manchmal einfach nichts mehr relativieren kann – wie im Fall Gauland. Und diese Wahrheit muss man benennen und verteidigen.

Aber der Aufstieg des Rechtspopulismus ist dennoch mehr als eine Anti-These gegen den Liberalismus. Er macht auch die *sozialen Verwerfungen* des *neoliberalen Kapitalismus* offensichtlich. Er holt sie ans Licht. Wer das nicht versteht, versteht den Populismus nicht und wird ihn auch nie erfolgreich bekämpfen können. Mit Heuchelei, selbstgerechter Attitüde und Moralpredigten werden »wir«, die »Fortschrittlichen« und »Progressiven«, das Problem des Rechtspopulismus nicht lösen, sondern sogar verschärfen.[208] Es stimmt, was Caspar Hirschi, Professor für Geschichte an der Universität St. Gallen, für die NZZ geschrieben hat.[209] Es stehen sich Hasser und Heuchler gegenüber. Die globalen Eliten sind für ihn die Heuchler. Als Lösung sieht er nur:

> »Um aus der Populismusfalle herauszukommen, brauchen westliche Staaten wieder politische Eliten, die es ernst meinen mit der Demokratie und bereit sind, soziale Integration nicht nur von Armuts-, sondern auch von Reichtumsmigranten einzufordern. Da es auf internationaler Ebene keine funktionierende Demokratie gibt, muss die Integration auf nationaler und regionaler Stufe erfolgen – im Bewusstsein, dass eine Vielfalt demokratischer Nationalstaaten allemal einer kosmopolitischen Oligarchie vorzuziehen ist.«[210]

Dieses Zitat führt mich zu der nächsten Illusion, der die neuen Liberalen anhängen: dem *Selbstbetrug mit der globalen Gerechtigkeit.*

6.
Der Selbstbetrug mit der globalen Gerechtigkeit

Ich will keine Zweifel aufkommen lassen. Ich bewundere das *europäische Projekt*. Ich hoffe, dass wir irgendwann in einer *Kosmopolis* leben – zumindest in einem losen Bund der Vaterländer. Die *Einheit der Menschheit* wird es irgendwann geben – auch in staatlicher Form. Nur jetzt ist noch nicht die Zeit reif dafür.

Und ein bisschen mehr, als reines Bekenntnis und moralisierenden kosmopolitischen Idealismus, brauchen wir schon. Nur *Haltung an sich* reicht grundsätzlich für gar nichts. Naiver Kosmopolitismus bringt niemanden weiter. Das sieht man diese Tage mehr als deutlich. Denn von der Globalisierung hat bislang im Grunde nur das Kapital wirklich profitiert. Und die »neuen Liberalen«, die »neuen Linken«, die helfen seit Jahren dem Kapital dabei, wirklich zu profitieren. Der Philosoph Luboš Blaha, drückt es so aus:

> »Der ultraliberale Teil der Linken wandelt sich allmählich in eine sozialere Version eines liberalen Globalismus und kämpft Seite an Seite mit rechtsgerichteten Neoliberalen für eine Welt ohne Grenzen. In so einer Welt regiert das transnationale Kapital, das die Menschen auf dem gesamten Planeten ausbeuten kann, ohne dass die Nationalstaaten Einschränkungen auferlegen können. Die sozialen Globalisten versuchen, dieses düstere neoliberale Bild mit dem Versprechen auf eine bessere Zukunft in Form eines globalen Wohlfahrtsstaates und transnationaler Regulierungsbehörden aufzuhellen.«[211]

Und er schickt noch etwas deutlicher hinterher:

> »Deshalb ist der liberale Kosmopolitismus nicht nur ein utopisches, sondern auch ein gefährliches Konzept. Er nützt einzig dem transnationalen Kapital, das die sozialen Schutzmaßnahmen der Nationalstaaten loswerden will.«[212]

Für ihn sind die politischen Konsequenzen eindeutig:

> »Die politischen Konsequenzen dieser Realität sind bitter. Letzten Endes wendet sich diese Art des globalisierten Linksliberalismus von der traditionellen Wählerschaft der Linken ab und spricht, wenn überhaupt, nur noch eine gebildete, einigermaßen betuchte, globalisierte und mobile Mittelschicht an. [...]. Die Vision einer globalen kosmopolitischen Gesellschaft ohne Grenzen, die in den Träumen der westlichen Linksliberalen einen immer größeren Raum einzunehmen scheint, ist vielleicht eine schöne Theorie, und wenn John Lennon noch am Leben wäre, würde er aus diesem Anlass vermutlich ein neues ›Imagine‹ komponieren. In Wahrheit war und ist der linke Liberalismus allerdings häufig nur eine Tarnung für Imperialismus und Verwestlichung. Die Menschen in der Peripherie fühlen sich häufig von der Globalisierung bedroht, und das gilt vor allem für die Arbeiterschicht in Ostmitteleuropa. Der Liberalismus hat kein Verständnis für diese Menschen.«[213]

Lassen wir noch mal diesen letzten Satz Revue passieren: »Der Liberalismus hat kein Verständnis für diese Menschen«. Genau das ist eine *Kernthese dieses Buches*. In der *neuen liberalen Vision* haben viele Menschen, vor allem das traditionelle Wählermilieu der Sozialdemokratie, nicht nur keinen Platz mehr, sondern sie werden auch noch von oben herab behandelt.

Der Politikwissenschaftler Wolfgang Merkel sieht daher einen neuen Bruch, eine neue Konfliktlinie zwischen »Kommunitaristen« und »Kosmopoliten«.[214]

Das Problem dieser Entwicklung ist nun: Gerade, weil die moderate Linke unter dem Bann des postmodernen Liberalismus steht, orientieren sich die Kommunitaristen nach rechts und werden hier von einem *ideologischen Nationalismus* gefangen genommen – Trump ist mit seinem »America first« das beste Beispiel.

Wie Blaha aber richtig bemerkt, sind sowohl neoliberaler Kosmopolitismus als auch rücksichtsloser Nationalismus in ihrer Extremform falsch.[215] Die Diagnose ist richtig, aber »Zurück zur Nation« ist auch nicht vollends die Antwort. Es stimmt, was Wolfgang Streeck schreibt: »Die Zeiten eines planmäßigen Abbaus nationaler Verteidigungslinien gegen den Rationalisierungsdruck internationaler Märkte sind zu Ende.«[216]

Aber daraus eine neue *Renationalisierungphantasie* zu entwickeln und nationalistische Gefühle zu erwärmen, ist genauso falsch wie blind einem liberalen Kosmopolitismus hinterherzulaufen. *Zurück zur Nation* kann nicht die neue Vision sein. Aber richtig ist es, darüber zu sprechen, *mehr im Nationalstaat* zu regeln, etwa auf dem Wohnungsmarkt.[217] Nichts spricht dagegen, bestimmten Ausländern, wie *reichen* Saudis und Chinesen (hier liegt die Betonung im Ökonomischen, deren Reichtum und gerade nicht in ihrer Ethnie oder Nationalität), zu verbieten in deutschen Großstädten massenhaft Immobilien zu kaufen. Dieses Aufkaufen nimmt weniger reichen Inländern den Wohnraum weg, verteuert Wohnraum und sorgt für weniger Wachstum, weil weniger Geld für Konsum bereit steht, da immer mehr Geld des verfügbaren Haushaltseinkommens in die Miete fließt. Es spricht auch nichts gegen höhere Erbschaftssteuern für Reiche. Das Droh-Argument der Reichen: »Dann gehen wir halt, wenn ihr uns so behandelt«, ist ein Bluff. Sie werden in der Regel nicht gehen. Sie wollen nur einfach das Geld nicht zahlen. Bei der Einkommenssteuer gilt es schon recht nicht. Der millionenschwere Manager des Dax-Konzerns wird nicht wegen höherer Reichensteuer sofort seinen Job kündigen. Den Mindestlohn kann man auf 12 Euro hochsetzen.[218] Das verkraftet die deutsche Wirtschaft.[219]

Diese neuen notwendigen *nationalen Verteidigungslinien* gegen den neoliberalen Kapitalismus werden ihn aber nicht einfach überwinden. Wer wirklich denkt, er könnte im Zeitalter der Globalisierung nur das Heil in nationalen Fantasien suchen, der wird scheitern. Was es am Ende wirklich braucht, ist einen neuen, geeinten Anlauf der *globalen Linken* für »globale Gerechtigkeit«. Dafür muss die Linke erst einmal wieder links werden. Die Kulturlinke muss entweder zurückkommen in »*die* Linke« oder sie ist der neue Gegner der alten und neuen Linken. Wollen die »postmodernen Liberalen« wirklich lieber an der Seite der Neoliberalen kämpfen? Diese Frage müssen sie sich nun stellen. Sie werden nicht mehr länger so tun können, dass sie eigentlich doch linke Weltverbesserer sind. Der Brexit und Trump haben sie entlarvt. Es geht jetzt darum, die Linke wieder *zu vereinen*. Nur dann haben wir eine Chance, die *Kosmopolis* einmal als etwas zu erleben, was man einen *gerechten Weltstaat* nennen kann. Die Vision kann nur »Vereinigte Staaten von Europa« und dann »Vereinigte Staaten der Welt« sein – ohne die nationalen Demokratien dabei abzuschaffen. Es geht also eher um die »Konföderierten Staaten von Europa« und die »Konföderierten Staaten der Welt«. Realismus ist bei diesen Zielen zentral. Der Nationalstaat wird noch eine lange Zukunft haben – leider wird wohl aber auch der Nationalismus noch eine lange Zukunft haben.

Aber ein »neues Deutschland«, ein »neues Frankreich«, eine »neue USA« können nicht mehr die Vision sein. Re-Nationalisierung kann und sollte nicht ein Ziel sein, sondern zurzeit sollte es das Ziel sein, Möglichkeiten, die der Nationalstaat bietet, auch zu nutzen, anstatt sich in einem Abgesang auf den Nationalstaat zu verlieren. Jedenfalls sollte *mehr Nationalstaat* nicht mehr Nationalismus bedeuten. Darin liegt der Unterschied einer verantwortbaren linken Position zum rechten Nationalismus.

Für diese linke Position gilt: Wer wirklich die EU zerbrechen lassen will, um auf den Trümmern etwas Neues aufzubauen, der hat den *Sinn von Vision* nicht verstanden. Aber naiver *Europäismus* ist auch nicht die Antwort. Ich habe in einem früheren Buch geschrieben, dass ich einen *europäischen Staat* bis 2050 für realistisch und sinnvoll halte.[220] Vielleicht war das zu naiv. Aber 2050 ist auch noch weit weg. Ein Ziel sollte man sich setzen. Es wird jedenfalls nicht für immer bei dieser Phase der EU bleiben. Eine supranationale Perspektive ist nicht verkehrt und zivilisatorisch sogar nachvollziehbar. Wer die *Einheit der Menschheit* sucht, der muss Kosmopolit sein. Kosmopolitismus ist doch auch – zumindest ein bisschen – ein zentraler politischer Auftrag aus der Aufklärung. Kosmopolitismus darf eben nicht naiv und ökonomisch ignorant sein. Kosmopolitismus muss ein Auftrag an höhere Ziele sein – höhere Menschheitsziele. *Kultureller Kosmopolitismus* darf aber keine Chiffre für die Abgehobenheit und

Ignoranz einer globalen neoliberalen Elite sein. Er darf kein Programm der Bourgeoisie sein, die ihre Leidenschaften und Interessen damit befriedigt. Den nationalen Sozialstaat kahl rasieren, Löhne drücken und dann etwa noch mehr Souveränitätstransfer fordern (inklusive Geld für andere Länder), wie es zurzeit durch die liberale Elite passiert, so funktioniert Kosmopolitismus nicht – so scheitert er. Immer nur zu sagen, der Nationalstaat kann im Zeitalter der Globalisierung nicht mehr so viel machen, ist naiv und falsch. Damit delegitimiert man das eigene parlamentarische Wirken. Und aus solchen Aussagen spricht ein Weltbild, und zwar das Weltbild eines kulturellen Kosmopolitismus.

So ein kultureller, großbürgerlicher Kosmopolitismus erzeugt nur Gegenreaktionen. Er erzeugt nur bei denen die Sehnsucht nach Aufgehobenheit und Geborgenheit im Nationalstaat, die ökonomisch nicht so richtig Kosmopoliten sein können und kulturell es entweder nicht wollen oder nicht können. Kosmopolitismus darf also kein Elitenprojekt sein. Dann scheitert der Kosmopolitismus. Und kulturelle Identität, Sympathie mit der eigenen Sprache, Heimatgefühle, Wunsch nach Verankerung und eben Heimat, regionale und lokale Traditionen, das wird auch kein Kosmopolitismus überwinden. Als theoretisches Konzept mag ein kosmopolitischer Liberalismus für viele attraktiv sein (weil er als so verheißungsvoll erscheint), in der Praxis wird er nie überall ankommen. Das Leben ist komplexer, als es in Positionspapieren und Manifesten jemals aufgeschrieben werden könnte. Kosmopolitisches, theoretisches, abstraktes *Wunschdenken* klimatisierter Seminarräume hält der Realität nicht Stand und wird es auch nicht. Die Identität einer Person wird nie so lose und ungebunden an Orte sein, wie sich dies ein kosmopolitischer Liberalismus wünscht. Wir mögen vielleicht irgendwann rechtlich Weltbürger werden, kulturell und gefühlt werden wir aber immer noch mehr sein als Bürger dieser Welt. Menschen sind keine *Nomaden* – nicht mehr. Das wird sich so schnell auch nicht ändern.

Die Nationalstaaten und auch die *nationalen Kulturen* (so etwas gibt es, zumindest in einer diffusen Form) werden sich dagegen wehren, aufgelöst zu werden. Kosmopolitismus als gelungenes *hegelianisches Projekt*, in dem alle nationalen Kulturen aufgehoben sein werden, ist nahezu unmöglich. Ein *kultureller Kosmopolitismus*, der alle nationalen Kulturen aufhebt und enthält, ist Unsinn. Der einzige Kosmopolitismus, der je möglich sein wird, ist ein staatlich-institutioneller. Es wird ein loser Bund möglich sein. Das kann man dann die »Vereinigten Staaten der Welt« nennen. Aber das wird nicht so etwas sein wie die USA, sondern sehr viel weniger. Es wird ein föderales Gebilde sein, in dem jede Nation weiterhin Souveränitätsrechte hat und weiterhin ihre Eigenheiten pflegen darf und kann. Insofern sollte man mit dem Kosmopolitismus als Ziel, als emotionales Weltbild und als Instrument vorsichtig und realistisch umgehen. Denn zuletzt ist etwas mit dem Kosmopolitismus aus dem Ruder gelaufen. Er wurde in einer gnadenlos naiven Form gepredigt und verteidigt, und zwar von einer liberalen Elite, die das so sieht und emotional und lebensweltlich kosmopolitisch ist, aber eben bei Weitem nicht die Mehrheit der liberalen Demokratien repräsentiert. Ihr *Wunschdenken* hat *erstens* der Realität nicht standgehalten und war *zweitens* auch realitätsverweigernd.

Nationalismus ist aber eben auch nicht die Antwort auf das momentane Scheitern eines falsch verstandenen Kosmopolitismus.

Man sieht gerade an den USA, dass ein *neuer Nationalismus* am Ende nur in die Perversion eines neoliberalen Nationalismus führt, der wiederum die Hegemonie des Neoliberalismus stützt. Trump will *sozialdarwinistisch* im Grunde nur eines: Die USA sollen im globalisierten Kapitalismus einfach besser abschneiden und mehr Gewinne machen. Trumps »America first« bedeutet doch nur: Er radikalisiert den Staatenwettbewerb, den es ohnehin schon gibt. Mit seinem *Rhetorikkurs in Nationalismus* setzt Trump den neoliberalen Kapitalismus nur fort und bringt ihn zur Vollendung in einem radikalisierten Staatenwettbewerb: *Möge der Härteste und Erbarmungsloseste gewinnen. Der Kampf sei eröffnet. Und nach mir die Sintflut.* Oder um es mit den Worten des Politikchefs der ZEIT, Bernd Ulrich, zu sagen:

»Doch ist das Kapital, um in linker Diktion zu sprechen, längst nicht mehr eindeutig für Globalisierung und Liberalisierung, nein, immer mehr ganz Reiche haben sich dazu entschlossen, die obszönen Ungerechtigkeiten, deren Profiteure sie sind, mit autoritären Mitteln zu verteidigen. Sie benutzen den Nationalismus, um ihren Kapitalismus zu bewahren.«[221]

Insofern: *Mehr Nationalismus* ist nicht die Lösung, sondern *linke Politik* ist die Lösung. Aber die darf eben nicht naiv sein. Eine einer *postmodernen Naivität* verfallende linke Politik, die im Grunde *postmoderner Liberalismus* ist, die ist *das Problem*, nicht *die Lösung*. Daher muss sich *linke Politik* neu erfinden. *Die Linke* muss mit sich selbst in *Klausur*. Sie hat keine Antworten auf die *neue Krise des Westens*. Sie ist gespalten, sie ist orientierungslos, sie ist verwirrt. Sie hat so keine Macht. Und wenn sie wieder eine neue Macht gewinnen will, dann muss sie sich jetzt neu erfinden, oder sie wird verschlungen werden von einem *neuen systemkritischen Populismus von rechts*. Die *Neuerfindung* wird nicht leicht. Ich bin nicht so optimistisch wie der Politikwissenschaftler Wolfgang Merkel, der glaubt, dass diese neue Konfliktlinie zwischen Kosmopolitismus und Kommunitarismus durch die repräsentativen Institutionen wieder gelöst werden wird. Denn diese repräsentativen Institutionen, so Merkel, würden die Kosmopoliten schon zwingen von ihrem hohen moralischen Ross wieder herunterzusteigen. Sie werden also mit dem arroganten Ausschluss der Rechtspopulisten aufhören.[222]

Ich bin mir da noch nicht so sicher. Denn der *liberale Moralismus* ist die *Kerneinstellung* derer, die momentan innerhalb der repräsentativen Institutionen die Hegemonie haben. Daran ändert etwa auch der Einzug der AfD in diese repräsentativen Institutionen erst einmal nichts. Vielleicht wird dadurch der *liberale Moralismus* erst noch einmal verstärkt – und wird im Bundestag und dessen Plenardebatten sichtbar. Vor allem die Grünen hatten zuletzt viele Gegenreden zur AfD im Plenum gehalten und die AfD als rechtsradikal beschrieben. Dies – auch wenn es in der Tendenz sogar stimmen mag, da sich die AfD seit der Bundestagswahl scheinbar noch mal radikalisiert hat – kann jedenfalls als Bestätigung der These gelten, dass im Plenum zunächst viel Weltbildpolitik stattfinden könnte.

Einen *Habitus* kann man einfach nicht so schnell ablegen. Die Beharrungskräfte der *neuen Liberalen* werden hart sein. Der Moralismus wird nicht einfach verschwinden. Selbst wenn man aus Strategie versucht, ihn abzulegen, ist er noch nicht aus den Köpfen und noch nicht aus dem Habitus. Der Habitus ist stärker. Denn das ist die Lebenseinstellung vieler Leute – gerade auch aus der politischen Elite. Man wird nicht von heute auf morgen ein anderer Mensch. Der *Existenzialismus* hat uns das immer suggeriert, man könne sein Leben ändern, man könne sein Denken ändern. Und, ja, die *liberalen Moralisten* sollten genau das tun. Aber sie werden es nicht von heute auf morgen tun.

Die Linke braucht jedenfalls jetzt eine *Realismuswende*. Das ist nicht leicht, aber diese Wende muss bald passieren. Denn es wird dauern, bis sich ein *neuer Habitus* durchsetzt. Sie muss jetzt ihre Augen für die Probleme in der Welt öffnen. *Zeit, aufzuwachen!* Nirgends gilt das mehr als in der Migrations- und Integrationspolitik.

7

Die Realitätsverweigerung der neuen Liberalen
und die Migrationsfrage

Ein paar Schlagzeilen aus deutschen Regionalzeitungen:

> »Massiven Sozialbetrug stellte das Interventionsteam EU-Ost am Donnerstag bei verschiedenen Objektüberprüfungen fest. Das IAG (Integrationscenter für Arbeit) hatte einen erheblichen Missbrauch von Leistungen bemerkt. Von 80 überprüften Kindern werden bei 23 die Zahlungen sofort eingestellt.«[223]

Und:

> »Gelsenkirchen.. ›No-Go-Area‹ sagt man nicht gern in Polizeikreisen. Der Begriff impliziere, dass sich die Einsatzkräfte in bestimmte Wohnviertel nicht hineintrauten, sagen zwei Insider in Gelsenkirchen. Was aber nicht der Fall sei. Sie reden von Problembezirken oder Brennpunkten. Seit Beginn der EU-Osterweiterung im Jahr 2004 sei die Zahl der angezeigten Straftaten durch Ausländer ›deutlich gestiegen‹.«[224]

Ich mag keine rhetorischen Fragen in Texten, aber wenn man sich diese Berichte durchliest, sollte man doch fragen: Ist in Deutschland alles in Ordnung? Klar, man kann sagen: Ausnahmen. Klar, kann man sagen, dass diese Stimmung gegen Rumänen und Bulgaren, die die CSU einst mit ihrem Slogan »*Wer betrügt, der fliegt*« ausdrückte, selbst *Rechtspopulismus* ist.

Aber diese Beispiele als statistische Ausreißer und nicht als beachtenswerte Probleme zu betrachten, ist nicht hilfreich. Den Sozialbetrug einen *Mythos* zu nennen, hilft schon gar nicht.[225] Denn das wirkt auf viele wie ein *Herunterreden*. Es geht doch eher um ein *Beheben* dieser Probleme – und seien sie noch so klein oder so groß.

Ein mir bekannter Polizist sagte mir mal im Vertrauen: »Du, die Ladendiebstähle, das sind bei uns fast nur Bulgaren und Rumänen. Die klauen wie die Raben. Das ist nicht in Ordnung. Sag deinen linken Freunden mal, dass das nicht so geht.« Man sollte das ernst nehmen. Laut der polizeilichen Kriminalstatistik sind 14.059 Taschendiebstähle im Jahr 2014 allein in Köln begannen worden. 7002 Taschendiebstähle waren es 2010.[226] Das ist eine Verdopplung in vier Jahren. Ohne mir den Zorn der *liberalen Moralisten* aufhalsen zu wollen – gut, mit diesem Buch mache ich ihnen ohnehin keine Freude – und ohne dafür einen statistischen Beleg zu haben, darf und will ich sagen: Mit großer Sicherheit haben wir es hier mit *organisierter Kriminalität* zu tun. Wahrscheinlich sind da Banden aktiv – und die kommen meist aus Osteuropa. Der durchschnittliche deutsche Hartz-IV-Empfänger wird sich nicht morgens überlegen: »Oh, heute beklaue ich mal Touristen am Kölner Dom.« Ausländer, aber natürlich nicht nur sie, begehen in Deutschland Verbrechen – und nicht gerade wenige. Das darf und das muss man sagen dürfen, ohne in die Ecke derer gestellt zu werden, die durch ihr »Das darf man ja wohl noch sagen dürfen« eigentlich gleich in die *rechte Ecke* gestellt werden.

Die *liberalen Moralisten* aber wollen es anders. Sie wollen *ausgrenzen* und Kritiker mit Kategorien versehen. Sie wollen nicht hören, dass es unangenehme Probleme gibt. Das passt nicht in ihr Weltbild. Das stört sie in ihrem Glauben an den *Multikulturalismus* und in ihrer *Vielfaltseuphorie*. Wolfgang Streeck sprach in der ZEIT in einem Essay zuletzt von einer »überschwänglichen Buntheitsrhetorik«.[227] Er hat recht. Aber wie sieht es bei den Flüchtlingen aus, dem Lieblingsthema der *neuen Liberalen?* Ist da alles auf einem guten Weg? Journalisten von ZEIT ONLINE haben sich die Mühe gemacht, die polizeiliche Kriminalstatistik für 2016 in Hinsicht auf die Kriminalität von Zuwanderern zu prüfen, und konnten sechs Trends ausmachen:[228]

1. Die Gewaltkriminalität nimmt wieder zu. Und das liegt vor allem an den Taten von Zuwanderern.

2. Die tatverdächtigen Gewalttäter sind hauptsächlich junge Männer.

3. Einige wenige junge Intensivtäter treiben die Statistik nach oben.

4. Syrer, Iraker und Afghanen werden im Vergleich zu anderen Nationalitäten seltener straffällig.

5. Die Mehrzahl der Körperverletzungen ereignet sich in Flüchtlingsunterkünften.

6. Die meisten Gewaltopfer von Zuwanderern sind selbst Zuwanderer.

Entscheidend ist dabei so ein Satz wie dieser: »14 von 16 Bundesländern haben der ZEIT übereinstimmend gemeldet: Ohne die Straftaten von tatverdächtigen Zuwanderern wäre die Gewaltkriminalität 2016 entweder weiter gesunken oder zumindest nicht gestiegen.«[229] Das darf man mal zur Kenntnis nehmen.

Genauso wie das Stimmungsbarometer zu Geflüchteten des *Deutschen Instituts für Wirtschaftsforschung* mit Bezug auf Daten des sozio-ökonomischen Panels:

> »Neuesten Zahlen des Sozio-oekonomischen Panels (SOEP) zufolge machten sich im vergangenen Jahr weitaus mehr Menschen in Deutschland Sorgen aufgrund von Zuwanderung sowie Ausländerfeindlichkeit und Fremdenhass als noch im Jahr 2013. Weitere repräsentative Ergebnisse eines eigens erhobenen Stimmungsbarometers zu Geflüchteten in Deutschland im Jahr 2016 und der aktuellen SOEP-Welle deuten darüber hinaus darauf hin, dass die Befragten in der Fluchtzuwanderung eher Risiken als Chancen sehen.«[230]

Das sind sozialwissenschaftlich erhobene Daten. Man muss sie zur Kenntnis nehmen.

»Ich halte mich immer noch für einen Linken, der seine Forschungsergebnisse präsentiert. Aber die meisten Menschen wollen unbequeme Fakten nicht hören«, sagt der Migrationsforscher Ruud Koopmans in einem FAZ-Interview. Die Fakten muss man sich aber anhören. Und das gilt nicht nur für die Frage der

Kriminalität von Zuwanderern, sondern für die Migrations- und Integrationspolitik im Allgemeinen.

Koopmans ist ein interessanter Mann. Früher glühender Multikulturalist, heute hält er Assimilation für besser als Multikulturalismus – ein Affront gegen den neuen Liberalismus:

>>Durch den Aufstieg des Multikulti-Begriffs seit den siebziger Jahren wurde Assimilation immer mehr zum Tabu. Dabei geht es nicht darum, dass die Migranten ihre eigene Sprache und Kultur aufgeben. Es geht darum, dass man in der Lage ist, die Sprache des neuen Wohnlandes zu sprechen, und nicht nur Kontakt innerhalb der eigenen Gruppe hat. Multikulti basiert auf dem Gedanken der Bikulturalität. Aber das hat bei vielen Muslimen nicht funktioniert. Fragen Sie mal in der türkischstämmigen Bevölkerung nach, was sie von Erdogans Bestrebungen halten, die freien Medien nun auch in Westeuropa mundtot zu machen. Die Identifikation mit der Türkei ist bei vielen weitaus stärker als mit Deutschland oder den Niederlanden. Das Problem der Multikulti-Debatte ist, dass die Schuld für diese Umstände immer bei der aufnehmenden Gesellschaft gesucht wird. [...]. In Deutschland gibt es jedoch einen starken Willen zu politischer Korrektheit, und es fehlt der Wille, die Bedeutung von kultureller Anpassung zu akzeptieren. Wenn ich in Vorträgen die Bedeutung der deutschen Sprache in den Migrantenfamilien betone, setzt es häufig Buhrufe. Die Leute glauben, man lerne erst richtig Deutsch, wenn man auch gut Türkisch könne. Aber das ist falsch. Wenn ein Kind in einer Familie aufwächst, in der nur Türkisch gesprochen wird, es vor allem mit türkischsprechenden Kindern spielt und die ganze Zeit türkisches Fernsehen läuft, dann braucht man sich nicht zu wundern, wenn das Kind auf einer deutschen Schule Probleme bekommt. Eltern wollen nur das Beste für ihre Kinder. Deshalb kommt es auf die Botschaft an. Statt ihnen ständig zu sagen, dass es richtig sei, wenn sie die Sprache und Kultur ihrer Heimat pflegen, muss man ihnen klarmachen, wie wichtig eine Anpassung an das Wohnland ist.<<[231]

Ruud Koopmans hat auch bereits Erfahrung mit den Studenten der Sozialwissenschaft der Humboldt-Universität gemacht, die auch Münkler schon kennenlernen durfte – Koopmans scheint selbst ein Affront gegen den neuen Liberalismus zu sein. >>Koopmans sei blind für die Diskriminierungserfahrungen von Migranten. Er behaupte, deren hohe Arbeitslosigkeit sei auf ›Selbstdiskriminierung durch fehlenden Integrationswillen‹ zurückzuführen. Das sei naiv, gefährlich und konzeptionell nationalistisch, so die Studenten«, berichtet die FAZ über die Kritik an Koopmans.[232] Gerald Wagner von der FAZ macht dabei deutlich, dass Koopmans nur ein anderes Konzept von Integration hat: nämlich nicht *Multikulturalismus*, sondern *Assimilation*. Das ist für ihn einfach erfolgreicher. Und sollte es in der Integrationsdebatte nicht um die Debatte um erfolgreiche Integration gehen?

Klar, dieses Integrationskonzept Koopmans entlastet die deutsche Mehrheitsgesellschaft auch von einer Verantwortung für das Gelingen für die Integration und schiebt tendenziell den Schuh zu den Migranten hin: Sie sollen sich doch einfach anpassen und anstrengen. Koopmans ist so eindimensional nicht, aber man könnte es ihm vorwerfen – was die Berliner Studenten auch taten.

Man darf auch kritisieren und soll es bitte. Integration zu individualisieren kann nicht das Erfolgsrezept sein. Aber dass man *Multikulturalismus* auch noch kritisieren darf, und dies vor allem in Hinsicht auf das Entstehen von Parallelwelten, das muss ein *realistischer Diskurs* leisten. Und genau darum geht es: Einen *realistischen Diskurs* über Erfolgsfaktoren für das Gelingen von Integration. Integrationsarbeit ist *Kärrnerarbeit* – von beiden Seiten. Migranten selbst und die deutsche Gesellschaft müssen große Anstrengungen unternehmen. Das läuft nicht nur dadurch, dass man einen Glauben hat und Glauben und Optimismus in Appellen einfordert. Integrationsarbeit ist *Schwerstarbeit*. Dafür braucht es *harten Realismus*. *Wunschdenken* ist die falsche Philosophie hier. Man muss die Realität gut analysieren und dann Maßnahmen ergreifen. Die Empirie ist ernst zu nehmen. Das will der *liberale Moralist* aber schon mal nicht wirklich. Er will eher appellieren. Er will die Realität nicht sehen. Aber das muss man, wenn man erfolgreich sein will. Mit normativer Rhetorik allein hat Integration noch nicht stattgefunden.

Sich also der Realität zu verweigern und normativ von den Seminartischen aus seine Diversity-Philosophie als eine Religion zu betreiben, das wird einen realistischen Diskurs und damit auch den Erfolg von Integration verhindern.

Eine *ernst gemeinte und erfolgreiche* Integrationspolitik haben wir in Deutschland dringend nötig. Je länger man aber nur über Theorie redet, desto mehr wächst einem die Praxis zwischenzeitlich über den Kopf, bis nur noch *harter Reaktionismus* möglich ist, und der wird im Zweifel nicht mehr von moderaten Kräften kommen, sondern eben von reaktionären Kräften, die wiederum nur ihre eigene Normativität zu bieten haben, aber eben eine, die das Gegenteil der Normativität der Diversitätsromantiker ist. Zu der Problemlösung tragen beide Ideologien nicht bei. Weder die Ideologen des *liberalen Moralismus* noch die des *Rechtspopulismus* wollen sich wirklich mit der Realität befassen. Sie wollen nur normativ recht bekommen. Dahin greifen, wo es brodelt, riecht und stinkt, das wollen sie beide nicht. Ihnen geht es um Diskurshoheit, um Meinungsmacht, aber die Probleme wollen sie beide nicht lösen. Insofern bräuchte es eine *Ideologie eines neuen Realismus*. Weder pragmatistischer Liberalismus ändert irgendetwas, weil er längst in eine *Ideologie des neuen Liberalismus* umgekippt ist, noch bewirkt eine *Ideologie eines regressiven Populismus* etwas. Sie sind beide von einem *Manichäismus* getrieben, durch eine Aufteilung in *Gut* und *Böse*. Das führt zu nichts, außer zu Konflikt und Spaltung. Vielmehr bräuchte man einen neuen »progressiven Populismus« (Nancy Fraser)[233], der eine neue *Ideologie* aus *neuem Idealismus* und *neuem Realismus* schmiedet. Die Linke braucht *Ideologie*, ihre pragmatistische Verirrung im »Dritten Weg« des »postideologischen Zeitalters« war ein Problem. Aber ihre neue Ideologie muss einen *klaren Realismus* miteinschließen. *Realismus* muss im neuen *Idealismus* aufgehoben sein. Im Prinzip ist das im Sinne des »dritten Weges«, der einmal für Realismus stand. So wird aus dem *dritten Weg* ein *vierter Weg*, ein *neuer Weg*. Realismus mit Vision, mit Idealismus – das ist der *vierte Weg*.

Einen *neuen Realismus* braucht die Linke also.

Das gilt vor allem mit Blick auf die Bewältigung der Flüchtlingsherausforderung. Wie geht man mit der Migration an sich und der Integration derer um, die zuletzt zu uns gekommen sind?

Die Debatte um die Migrationspolitik ist zuletzt von einer *politischen Ebene* auf eine *moralische Ebene* verschoben worden. Beispielgebend für diese Verlagerung in die Moral ist das Buch von Andreas Cassee »Globale Bewegungsfreiheit. *Ein philosophisches Plädoyer für offene Grenzen*«. Er vertritt in dem Buch die Ansicht, »dass alle Menschen ein moralisches Recht auf globale Bewegungs- und Niederlassungsfreiheit haben«, und will seine These mit einem »kosmopolitischen Kontraktualismus« näher begründen.[234]

Das ist der Punkt: Er will offene Grenzen *moralisch* begründen. Ein *Moralphilosoph* will Politik machen. Doch es gibt kein *philosophisches* Plädoyer für offene Grenzen, es gibt nur ein *politisches* Plädoyer für offene Grenzen. Das ist der Unterschied, den die *liberalen Moralisten* nicht mehr anerkennen wollen. Politik ist für sie in vielerlei Hinsicht eigentlich zu etwas *Moralischem* geworden. Aus ihrer Moral soll Politik werden. Wahrscheinlich kann man Moral – was ja auch nur als ein anderes Wort für »Ansicht« und »Einstellung« genutzt werden könnte – gar nicht von Politik trennen. Aber es gibt einen Unterschied: Ein moralisches Recht muss durch Politik erst zu einem politischen Recht umgeformt werden. Ein moralisches Recht ist in der Praxis nichts wert. Es gilt immer zunächst nur in der Theorie. Wer so ein moralisches Recht also umsetzen will, der muss darlegen, wie das realistisch möglich sein soll – und es dann umsetzen. Was passiert also, wenn man eine »erheblich offenere Einwanderungspolitik«[235], so wie es Andreas Cassee fordert, in der Realität wirklich durchsetzt?

Ich überspitze jetzt mal:

Was passiert also, wenn jetzt alle Menschen, die aus irgendwelchen Gründen auf der Flucht sind (man spricht von etwa 60 Millionen weltweit),[236] nach Deutschland kämen? Was passiert, wenn zu diesen Flüchtigen noch vier Millionen Australier kom men, weil es ihnen in Australien zu heiß ist, acht Millionen US-Amerikaner, weil sie Donald Trump nicht mögen, und acht Millionen Russen, weil es ihnen in Russland zu kalt ist und sie Wladimir Putin nicht mögen? Dann sind wir bei 80 Millionen, so vielen, wie Deutschland Einwohner hat.

Sie kämen also alle und sagen: »Ich habe ja jetzt ein Recht, hier zu sein. Ich darf mir das ja aussuchen. Das ist doch mein moralisches Recht.« Was machen wir dann? Nehmen wir die westlichen Bürger aus den USA und Australien auf, weil sie wahrscheinlich auch eher gut gebildet sind und sie unserer Wirtschaft helfen? Und schicken wir die von Dürre, Krieg und Gewalt Weggetriebenen wieder weg? Oder nehmen wir nur die politischen Flüchtlinge auf, die vor Krieg und Verfolgung fliehen? Ja, auch hier müssten wir *politische Entscheidungen* treffen, die auch *moralische Entscheidungen* sind. Wir müssen *moralischen Dezisionismus* betreiben.

Aber die *neuen Liberalen* wollen rhetorisch auf der *guten Seite* stehen. Ich glaube, dass das von der Motivation her betrachtet richtig ist. Ohne Enthusiasmus ist Bewegung unmöglich. Genau das brauchen wir tatsächlich: eine Bewegung zu einer Welt, die man auch *lieben* kann.

Aber was ist etwa mit den »Fluchtursachen«, die man laut den liberalen Moralisten doch auch schnellstmöglich bekämpfen muss? Der *liberale Moralist* ist auch ein bisschen Realist. Er ist zwar für *Willkommenskultur* und würde niemanden je wegschicken, der es bis zu uns schafft. Aber er weiß auch: Grenzenlos aufnahmefähig ist Deutschland nicht. Daher sollen die Fluchtursachen bekämpft werden.

Aber die Fluchtursache der Syrer zum Beispiel ist nun mal der Krieg, und der wird immer noch von und mit dem Diktator geführt, der diesen blutigen Krieg erst mitausgelöst hat – Baschar al-Assad. Und der Migrationsforscher Gunnar Heinsohn hat mit Blick auf Syrien recht, wenn er schreibt:

»Je mehr sunnitische Syrer tot oder vertrieben sind, desto sicherer erachtet das Regime die eigene Zukunft. Im Zweifelsfall werden immer irgendwo Schüsse fallen, sodass Syrien auf Jahrzehnte nicht als sicheres Herkunftsland eingestuft werden kann.«[237]

Kurzum: So schnell wird kein Syrer zurückkehren, solange das Assad-Regime noch irgendeinen Einfluss hat. Und schon gar nicht dann, wenn das Assad-Regime noch die Herrschaft hat. Genauso verhält es sich im Irak oder in nicht von Assad kontrollierten Gebieten Syriens, die entweder immer noch vom IS gehalten werden oder in denen niemand genau weiß, wie viele IS-Leute dort noch sind und wem man überhaupt vertrauen kann. Kein Flüchtling geht *freiwillig* in so ein Gebiet zurück, selbst dann nicht, wenn manche Regierungen bereits meinen, es sei wieder sicherer. Also Fluchtursache der Iraker und Syrer sind nun mal der IS, Assad, der Krieg, die Zerstörung, der Vertrauensverlust, die Unsicherheit.

Liberale Moralisten wollen keinen Krieg. Denn sie sind *Pazifisten*. Sie würden niemals bei Facebook Krieg in Syrien fordern. Sie würden nie einen Bodentruppen-Einsatz deutscher Soldaten unterstützen, sie würden ihn politisch vielmehr bekämpfen – und moralisch natürlich. Aber genau das bräuchte man, wenn Syrien wieder ein stabiles Land werden soll: einen – am besten UNO-mandatierten – Bodentruppeneinsatz der NATO. Mir fehlt einfach die Fantasie, wie man mit Diplomatie Assad aus dem Amt treiben soll. Solange Putin die Hand über ihn hält, passiert nichts. Und die Verbindungen zwischen Russland und Assad sind einfach historisch stark. Putin würde auch als schwach gelten, wenn er Assad fallen ließe. Und genau das will Putin gerade nicht. Er braucht das Image des starken Mannes.

Ja, Gewalt ist grundfalsch. Unserer Liebe sollte das Bewusstsein entspringen, dass Gewalt falsch ist. Unserer Liebe sollte die Einstellung entspringen, dass wir wohlgesinnt uns gegenüber einander verhalten. Ja, Liebe erzwingt eine *Moral*, die wir mit *Wohlgesinntheit* umschreiben können. Zu dieser *Moral* zu kommen, sie zu leben und sie gegen Gewalttäter zu verteidigen, ist richtig.[238]

Aber wenn man ernsthaft will, dass Syrien wieder ein polytheistischer Vielvölkerstaat mit Toleranz und Sicherheit wird, dann muss das Assad-Regime weg. Daran geht kein Weg vorbei. Sich das bewusst zu machen, bedeutet *Realismus*. Alle Assad-Gegner werden allein aus Angst vor seinem Regime nicht zurückgehen. Da braucht man sich keine Illusionen machen. Ein *neues Syrien* gibt es nur ohne Assad. Bleibt Assad, wird Assad noch lange über einen *failed state* mit dezimierter Bevölkerung herrschen. Und es wird für viele ein Leben in Angst sein.

Wenn aber alles so bleibt, wie es ist, hat Syrien keine Chance. Nicht heute. Nicht morgen. Nicht in zehn und nicht in 20 Jahren. Ohne Regimewechsel bleibt Syrien ein *failed-state*. Das kann und muss man so hart aussprechen. Assad sollte daher am besten zurücktreten und Platz machen für einen Neuanfang. Geschieht das nicht, gibt es außer einer Intervention gegen sein Regime keinen Neuanfang für das Land.

Krieg. Das ist also die eine Option. Will man diese Option nicht annehmen, will man also keinen Krieg gegen Syrien führen, dann muss man sich auf die dauerhafte Integration der syrischen Flüchtlinge hierzulande einrichten und auf die aus Afghanistan und dem Irak am besten auch. Doppelmoral bringt hier nichts und führt nur zur Ausblendung der Realität.

Option eins (Krieg) oder Option zwei (Integration).

Dazwischen muss man wählen. Durchwursteln, das Thema ignorieren oder rhetorisch um den heißen Brei herumreden ist einfach nicht richtig und macht das Problem nur schlimmer.

Ich bin mir relativ sicher, dass die Option eins für die deutsche Bevölkerung im Großen und Ganzen keine Option ist. Sie will das nicht. Mir fehlt die Fantasie, wie Merkel die deutsche Bundeswehr momentan in diesen Krieg führt – vor allem ist die Bundeswehr mit ihrem Material in einem derartigen Zustand, dass man sich fragt, ob sie überhaupt richtig wehrfähig für einen solchen Krieg wäre. Ich will diese Option im Übrigen auch nicht. Ich will keinen Krieg mit deutschen Bodentruppen. Diese Welt hat zu viele Kriege gesehen – vielleicht ist das selbst liberaler Moralismus, ich glaube aber, dass alle Demokraten genau das so sehen. Ein Krieg wäre nur die *Ultima Ratio*, wenn in Syrien weiterhin so gut wie nichts passiert, was man als Neuanfang und Wiederaufbau deuten darf.

Also Option zwei: Integration der Flüchtlinge: ernsthaft, ohne Ausreden, und ohne moralistischen Selbstbetrug.

Wenn man also Option zwei wählt, muss man diese Option mit aller Ernsthaftigkeit und aller Überzeugung angehen. Aber passiert das? Eben nicht. Ich habe Anfang 2016 – also mit etwas Abstand zu den Ereignissen des Septembers 2015 – einen Text über die Flüchtlingsfrage geschrieben. Darin sprach ich vom »German Dream« in Zusammenhang mit Flüchtlingen. Ich mahnte an:

> »Davon zu reden, es schaffen zu wollen, ist nicht das Gleiche wie es schaffen zu können. Angela Merkels mittlerweile berühmter Satz ›Wir schaffen das‹ wird zur leeren Worthülse verfallen, wenn keine Integrationsagenda, kein großer Flüchtlingsplan entworfen wird, den alle etablierten Parteien mittragen. Der Satz an sich hat zwar schon viel bewegt, er hat die Möglichkeit zu einem großen Konsens eröffnet, aber er muss auch politisch ausbuchstabiert werden. Diese Krise kann man nicht aussitzen. Es braucht einen ambitionierten Gesamtplan. Und mit diesem Plan könnte ein Konsens – oder zumindest ein breiter Kompromiss – in der Debatte geschaffen werden. Der Gesamtplan wiederum wird nicht ohne die Akzeptanz zu etablieren sein, dass Deutschland ein Integrationsland ist. Es braucht demnach nicht nur eine echte Integrationsinfrastruktur, die bislang nur rudimentär existiert, sondern Deutschland braucht die Offenheit und die Gewissheit als ein Integrationsland funktionieren zu können, dass nicht – etwa wie Frankreich – strukturelle Perspektivlosigkeit der Migranten produziert.«[239]

Kurzum: Ich habe darauf hingewiesen, dass diese moralische Kraft, die in der Entscheidung Angela Merkels lag, nur dann nicht umkippt, wenn man einen »realistischen« Plan hat, wie man die Herausforderung bewältigen will. Und diesen Plan sehe ich bislang nicht. Angela Merkel hat ihn nicht und Schäuble hätte ihn ohnehin verhindert, weil er in seinen Fetisch des Sparens nicht gepasst hat. Ich frage mich, ob das Etikett *German Dream* vielleicht zu naiv war, vielleicht zu hoffnungsvoll. Ich meine: Diesen *German Dream* kann es immer noch geben. Aber je länger man es verpasst, einen wirklichen Milliardenplan aus der Taufe zu heben, desto stärker wird dieser *Akt der Menschlichkeit* des Septembers 2015 verblassen und vielmehr werden Gegenreaktionen erfolgen. Wo bleibt der *New Integration Deal?* Wo der *Integrations-Soli?* Wo die ganzen Milliarden? Merkel ist doch naiv, wenn sie glaubt, dass das so funktioniert, wenn sie nur sagt: »Wird schon. Deutschland ist ein starkes Land.« Das ist doch *Realitätsverweigerung.* Genauso falsch war es, dass der Eindruck von *Kontrollverlust* entstand: erst durch die Massen, die auf einmal im Herbst 2015 kamen, und dann durch diese Handlungslosigkeit, die auch als Kontrollverlust gedeutet werden kann, weil einfach der große Plan für die Integration fehlt. Das hätte alles geordneter funktionieren können und müssen. Es entstand einfach der Eindruck: Die Elite lässt diese Leute hier rein und lässt uns mit denen jetzt alleine. Diese Mammutaufgabe wurde fiskalisch einfach – noch nicht – als solche behandelt.

Klar, es sind Milliarden eingeplant. Bund und Länder geben auch bereits Geld aus.

Aber es reicht bei Weitem nicht. Wie man angesichts dieser Herausforderung der Integration überhaupt an das Einhalten der Schuldenbremse denken kann, oder wie man sich hier der höheren Besteuerung von Reichen entziehen will, ist mir schleierhaft. Qualifizierung von Flüchtlingen kostet nicht nur ein paar Milliarden, sondern sehr viele. Laut Statistischem Bundesamt leben 1,6 Millionen schutzsuchende Menschen in Deutschland.[240] Mit einer Dunkelziffer erhöht sich diese Zahl noch. Man mag sagen: 1,6 Millionen ist bei 80 Millionen ein Witz. Das schaffen wir. Aber diese Menschen haben und gründen Familien, wollen vielleicht noch Familienmitglieder nachholen (unabhängig davon, ob das klappt oder nicht). 1,6 Millionen werden es nicht bleiben. Sie werden mehr. Und sie gehen bei aller Wahrscheinlichkeit nicht mehr zurück, sondern bleiben erst einmal hier in Deutschland. Vielleicht sieht die Lage in einem Jahr anders aus (vielleicht aber auch nur, wenn man Krieg in Syrien und im Irak führt). Aber momentan wird die deutsche Regierung – aus guten

Gründen – niemanden in diese Gebiete zurückschicken. Also sollte man jetzt den Modus auf volle Integration umschalten.

Anfang November 2017 gab es auf SPIEGEL ONLINE eine Reportage über einige Flüchtlinge, die bereits gute Stellen gefunden haben – bei Porsche, bei Daimler; ein Arzt war auch dabei. Der Text war optimistisch überschrieben mit »Die schaffen das«.[241] Man hat sich da natürlich die Musterbeispiele rausgesucht. Die schaffen das in der Tat. Vielmehr: Sie haben es zum Teil schon geschafft. Das ist alles gut. Die Allermeisten der 1,6 Millionen Flüchtlinge werden aber Schwierigkeiten haben, dauerhaft eine Arbeit zu haben. Zumindest dann, wenn man sie nicht umfassend fördert und sie nicht gezielt in bestimmten Berufsbilder ausbildet. Der Staat hat hier eine Verantwortung, und zwar eine umfassende.

Integration kann man nicht einfach an die Bundesagentur für Arbeit, lokale Behörden und ein paar freiwillige Helfer abschieben. Ohne einen großen – monetär unterlegten – Plan werden viele Flüchtlinge kaum Arbeit finden. Zugegeben: Ich kenne keine große statistische Gesamtauswertung (Stand März 2018), die klar ermittelt, wie viele Flüchtlinge einen »richtigen« Job haben. Ich vermute: Die meisten sind noch nicht in den Arbeitsmarkt integriert. Laut dem Hauptgeschäftsführer des Städte- und Gemeindebundes, Gerd Landsberg, sind in Deutschland Mitte 2017 fast 600.000 Flüchtlinge in der Grundsicherung Hartz IV gewesen.[242] Das deutet auf die bislang nur sehr unzureichend erfolgte Integration von Flüchtlingen in den Arbeitsmarkt hin. Wie viele von den 1,6 Millionen Flüchtlingen (oder mehr) haben also einen Job? Das wüsste ich gerne. Das Ziel muss die Integration in Arbeit und durch Arbeit sein.

Die dauerhafte Alimentierung der Flüchtlinge durch den Sozialstaat darf nicht das Ziel sein. Und das nicht nur wegen Perspektivlosigkeit, die – wie man aus Frankreich weiß – in Parallelgesellschaften und Kriminalität führen kann. Sondern vor allem aus sozialpolitischer Hinsicht. Teilhabe an Kultur und Arbeitsmarkt ist ein Wert an sich. Arbeit mag für manchen Postmaterialisten eine Zumutung sein und er sich mehr und mehr von der Arbeit lösen wollen, um das Leben zu genießen. Aber dieser Hedonismus ist nicht nur empirisch gerade falsch, weil es eine Arroganz der Gutsituierten gegenüber jenen bedeutet, die immer noch hart für ihr Geld arbeiten müssen, sondern dieser Hedonismus ist grundsätzlich ein Problem. Mit so einem Hedonismus ist keine Gesellschaft zu machen. Dann fliegt alles auseinander, weil sich niemand mehr verantwortlich für das Ganze fühlt. Selbst Marx' *Reich der Freiheit* ist kein Reich für Hedonisten. Wenn der Hedonismus jemals wirklich umfassend gewinnt, dann ist das das Ende des Abendlandes. Insofern: Menschen in Arbeit zu bringen – und nicht in irgendwelche, sondern in gute Arbeit – ist ein Ziel für sich. Vielleicht ist irgendwann alles vollkommen automatisiert und Roboter schaffen dem Menschen eine *neue Freiheit*, aber selbst dann darf Hedonismus nicht den gesellschaftlichen Wertehorizont bestimmen.

Für hier und jetzt gilt:

Es muss jetzt das Ziel sein, Flüchtlinge in Arbeit zu bringen, genauso wie es das Ziel sein muss, Langzeitarbeitslose wieder in Jobs zu bringen. Das alles kann man nicht einfach so laufen lassen und darauf hoffen, dass es die Bundesagentur für Arbeit schon irgendwie – mit den bisherigen Finanzmitteln – hinbekommt. Es braucht hier ein großes Arbeitsförderungsprogramm. Es braucht einen klugen Plan.

Man muss sich in diesem Zusammenhang auch die Frage stellen: Wie will man Menschen mit geringer Qualifizierung in diesen hochkomplexen deutschen Arbeitsmarkt integrieren? Wie? Da sind neue Menschen im Land, die zum Teil noch alphabetisiert werden müssen. Die werden nicht bei Daimler oder VW als Facharbeiter arbeiten. Ein paar werden das schaffen oder haben es schon geschafft. Aber die allermeisten brauchen andere Jobs.

Und warum darf man hier nicht sagen, dass jeder tüchtige und körperlich fitte und gesunde junge Flüchtling nicht einfach in *Infrastrukturprojekten* eingesetzt werden kann? Denn wir haben beispielsweise sehr viele Staus in Deutschland. Das nervt und kostet Wohlstand. Die Autobahnen etwa müssen vergrößert und überholt werden. Brücken und Landstraßen müssen renoviert werden. Dann muss noch die *digitale Infrastruktur*, der Breitband-Internetzugang, überall im Land schnell ausgebaut werden, damit Deutschland digital den Anschluss nicht verpasst. Gigabit-Gesellschaft und Glasfaser-Spitze muss Deutschland werden.

Das ist eine volkswirtschaftlich relevante Dringlichkeit. Und im Fall der Überholung und des Ausbaus der Autobahnen, Brücken und Straßen etwa sorgt es überdies für *mehr Lebensqualität* – Staus nerven nämlich wirklich. Das muss alles nicht Jahre dauern. Wir haben Arbeitskräfte dafür. Sie sitzen aber in den Asylunterkünften oder in bezahlten Wohnungen vom Staat und die deutsche Bürokratie verbietet ihnen, etwas zu tun, oder schickt sie in Kurse, die am Ende zu nichts führen.

Aber die *liberalen Moralisten* würden hier etwa sagen: »Das ist gegen die Würde der Flüchtlinge. Das ist rassistisch und missbraucht diese Menschen als eine Arbeitsware.«

Ja, aber soll es die Lösung sein, die Geringqualifizierten einfach dauerhaft staatlich zu alimentieren und damit sowohl den Sozialstaat zu überfordern als ihn auch aus Sicht vieler Inländer und Steuerzahler zu delegitimieren? Und wird so Integration gelingen? Arbeit ist der Integrationsfaktor Nummer eins. Und die meisten Flüchtlinge können arbeiten. Das mag keine tolle Arbeit sein, aber es ist Arbeit, und so können die Flüchtlinge auch etwas zurückgeben. Die meisten von ihnen würden es vielleicht sogar begrüßen. Das ist auch nicht populistisch. Es ist Arbeit, die getan werden muss. Das darf man noch sagen, wie und durch wen diese Arbeit getan werden kann und soll. Es gibt doch auch heute Menschen (Deutsche oder Europäer), die diese Arbeit tun. Warum sollen Flüchtlinge diese Arbeit nicht tun? Dafür gibt es keine schlagende Begründung. Sie können diese Arbeit machen. Und es ist eine politische Entscheidung, dafür zu sorgen, dass Flüchtlinge genau diese Arbeit tun.

Oder schickt Flüchtlinge in die Straßenreinigung, lasst sie Kabel verlegen, Schulen sanieren, Wohnungen bauen. Aber macht euch klar, dass es dafür Geld vom Staat braucht. So etwas nannte man mal *Keynesianismus. Arbeitsbeschaffungsmaßnahmen* wird vielleicht einer mit negativem Ton dazu sagen. Aber warum eigentlich nicht? Diese Arbeit muss gemacht werden. Jeder Flüchtling, der arbeitet, schafft etwas für dieses Land. Flüchtlinge in Unterkünften unbeschäftigt zu lassen, hilft jedenfalls niemandem. Weder den Flüchtlingen noch Deutschland.

Oder bildet Flüchtlinge zu Altenpflegern aus. Ein Altenpfleger muss keinen Doktortitel haben. Das kann man bewältigen, auch mit geringer Qualifizierungsgrundlage. Altenpfleger müssen vor allem eins haben: Empathie und körperliche Fitness. Mit dem Ökonomen John Maynard Keynes gesprochen: Es ist Zeit, dass der Staat als Nachfragemotor und Arbeitsanbieter wieder stärker in Erscheinung tritt. Egal, ob Autobahnbau, Brückenbau, Breitbandverkabelung, oder in der Altenpflege, der Staat kann hier Arbeit schaffen, einfach so. Aber dafür muss er auch einfach Geld ausgeben – sehr viel Geld. Das alles ist regelbar, alles gestaltbar. Aber man muss es wollen. Vor allem muss man das Geld ausgeben wollen. Stattdessen lässt man die Situation sich unkontrolliert vor sich hin entwickeln. Die Bundesagentur für Arbeit kriegt das schon hin. Das scheint hier generell die realitätsverweigernde Philosophie zu sein.

Flüchtlinge jahrelang orientierungslos und unbeschäftigt zu lassen, ist jedenfalls aus integrationspolitischer Sicht dumm und aus volkswirtschaftlicher Sicht ein Graus. Aus moralischer Sicht mag man vielleicht sagen: »Na ja, das ist gegen die menschliche Selbstbestimmung und gegen die Würde der Flüchtlinge, sie einfach auf die Autobahnbaustellen zu schicken.« Aber Politik ist nicht identisch mit Moral – vor allem nicht mit einer liberalen Identitätspolitik, die sowieso eher eine Moral *der feinen Leute* ist. Aber genau das wollen die liberalen Moralisten, *die neuen feinen Leute,* nicht wahrhaben. Lieber verweigern sie sich der Realität.

8.
Innovation und Gerechtigkeit:
Warum beide ohneeinander nichts sind

Schafft Neues! Disrupt everything! Denkt neu, denkt anders, denkt radikal, denkt revolutionär! Denn Innovationen sind der Treiber der Marktwirtschaft. Und geniale Erfinder und Unternehmer wie Steve Jobs, sind das, was wir brauchen. Werdet wie Steve Jobs und schafft Jobs! Innovationen schaffen Jobs. Gute Jobs. Seht nur auf Google und Facebook. Nicht die Nachfrage, sondern das neue Angebot ist das, was Wachstum treibt. Jedes Angebot schaffe sich schließlich selbst seine Nachfrage, sagte schon der Ökonom Jean-Baptiste Say. Schließlich werde sich langfristig auf den Märkten auch immer ein Gleichgewicht herstellen.

Und gewiss, diese *Angebotspolitik* trifft einen Punkt. Technischer Wandel treibt die Gesellschaft, und technologische Innovationen schaffen neue Nachfrage. Alte Konzerne wie Nokia, die die *Zeichen der Zeit* verschlafen (die Smartphone-Revolution), gehen unter, und neue Konzerne, die das »Neue« auf den Markt bringen (wie Apple) werden zu Großkonzernen. So ist Marktwirtschaft.

Die »schöpferische Zerstörung« (Joseph Schumpeter) gibt es. Sie hat bereits eine *normative Kraft des Faktischen*. Und gewiss sollte man auch in Deutschland dazu ermuntern, neue Produkte zu entwickeln und dafür Patente anzumelden. Man sollte dazu ermuntern, kreativ und innovativ zu sein. Das will ich alles nicht infrage stellen. Ich will auch nicht infrage stellen, dass es Erfinder und Unternehmer gibt, die besonders innovativ sind. Und ja, das sollte man loben. Kreative Unternehmer – Kapitalisten – muss man nicht ständig kritisieren. Man darf sie auch mal loben.

Glaubt man der *endogenen Wachstumstheorie* von Paul Romer, dann ist der technische Fortschritt sogar die zentrale Triebfeder des Wirtschaftswachstums.

Technischer Fortschritt ist dabei das Resultat von gewinnorientierten Investitionen in Forschung und Entwicklung. Mehr Investitionen in Forschung und Entwicklung der Unternehmen stellt diese besser auf; sie werden wettbewerbsfähiger und wachsen in der Tendenz und damit wächst meist auch die Volkswirtschaft. Generell kann man zudem folgern, dass je höher der Anteil der Beschäftigten im Forschungssektor einer Volkswirtschaft ist, desto größer ist das Wachstum – sofern man denn annimmt, dass die Forscher auch innovativ sind. So lohnen sich auch mehr öffentliche Investitionen in Universitäten und regionale Forschungscluster. Diese Ökonomie der Ideen bedeutet nicht nur die Konzentration auf Neuentwicklungen anstatt Weiterentwicklungen, sondern sie impliziert auch eine Verdrängung von alten Produkten durch neue in Form einer »schöpferischen Zerstörung«, wie der Wirtschaftssoziologe Joseph Schumpeter das schon in den 1940er-Jahren konstatierte. Neues Wissen verändert die Welt – fortlaufend. Und es ist immer derjenige, der die schöpferische Zerstörung vollzieht, der die Welt verändert. Insofern bedeutet neues Wissen auch eine Macht – momentan nahezu exemplarisch beobachtbar an den Digitalgiganten des *Silicon Valley*. Bildung, die etwas Neues schafft, ist damit letztlich das, was Veränderungen in freien Marktwirtschaften überhaupt erst ermöglicht und zudem Wohlstandsunterschiede schafft. Jedes Land muss – besonders in einem globalisierten Wettbewerb – demnach ein Interesse an der Vermehrung des Wissens und der Verbesserung seines Bildungssystems haben. Wirtschaftspolitik muss zentral auch als Humanförderungspolitik verstanden werden. Denn die Menschen sind es, die Innovationen schaffen.[243]

Ja, Innovationen treiben Wachstum und Fortschritt. Alles richtig. Man sollte Steueranreize für Forschung und Entwicklung schaffen. Man sollte die staatliche Forschungsförderung ausbauen. Diese Form der Angebotspolitik ist nicht falsch. Aber sie ist eben auch eindimensional.

Ich wehre mich dagegen, einen neuen *Heroismus des Unternehmertums*, vor allem im Zuge der *Digitalisierung*, abzufeiern. Ich wehre mich dagegen, die Nachfrage zu ignorieren. Irgendwer muss die neuen tollen Produkte und Dienstleistungen auch kaufen können. Ein *iPhone*, das keiner kauft, weil keiner es bezahlen kann, bringt nichts. Alle Innovation scheitert dann an so etwas Banalem wie leeren Geldbeuteln.

Aber ist das wirklich banal?

Keineswegs.

Wer nicht mehr auf die Entwicklung der Löhne und der Mietpreise achten kann, weil er nur noch die »schöpferische Zerstörung« im Kopf hat, der wird nicht nur das Wirtschaftswachstum schädigen, sondern durch seine Ignoranz gegenüber der Gerechtigkeitsfrage Abwehrtendenzen gegen eine *wissensbasierte Gesellschaft* schaffen. Das gilt besonders für die *Zerstörungskapitalisten und Weltverbesserer* aus dem *Silicon Valley*. Wenn sie die *soziale Frage* ignorieren, dann bekommen sie bald nicht nur ein Problem mit dem Absatz ihrer Produkte, was ein betriebswirtschaftliches Problem für sie ist, sondern sie produzieren eine Regression, die sich auch gegen sie niederschlägt. Trump symbolisiert den Anfang dieser Regression. Wenn da kein Umdenken stattfindet, werden Trumps Pöbeleien nur eine Fußnote innerhalb dessen sein, was uns noch erwarten kann und mit Trump lediglich begann.

9.
Digitalisierung: Warum das Juhu
der neuen Liberalen nicht zielführend ist

Die *Digitalisierung* kann eine Chance sein. Ich habe zuvor schon öfter dafür plädiert, aus der Digitalisierung und der deutschen Adaption dieses Diskurses über *Industrie 4.0* einen Chancen- und Gestaltungsdiskurs zu machen.[244] Sich hinzustellen und von der Digitalisierung nur die Apokalypse oder ein soziales Armageddon zu erwarten, ist eine recht unproduktive Haltung. Das führt zu nichts – und im Zweifel nur zu Schlechtem.

Klar, es gibt Studien, die große Potenziale in der Digitalisierung für Wachstum und Arbeit sehen. Die *Deutsche Akademie für Technikwissenschaften* ist optimistisch. Die deutschen *Fraunhofer-Institute* auch.

Eine gut drei Jahre alte Studie der *Boston Consulting Group*[245] nennt sogar konkrete Zahlen: Danach könnten in Deutschland in den nächsten zehn Jahren 390.000 neue Arbeitsplätze durch die Industrie 4.0 entstehen. Eine Studie des Hightech-Verbandes *Bitkom* erwartet für die sechs Branchen des Maschinen- und Anlagenbaus, der Elektrotechnik, des Automobilbaus, der chemischen Industrie, der Landwirtschaft und der Informations- und Kommunikationstechnologie bis zum Jahr 2025 ein zusätzliches Wertschöpfungspotenzial von 78 Milliarden Euro und ein jährliches Wachstum von 1,7 Prozent durch Industrie-4.0-Technologien.[246]

Aber es gibt auch ein anderes Bild: Eine Studie von Oxford-Wissenschaftlern kommt zu dem Ergebnis, dass 47 Prozent aller Arbeitsplätze in den USA in den nächsten ein bis zwei Jahrzehnten bedroht sein könnten.[247] Die deutsche Vergleichsstudie zu dieser Studie vom *Zentrum für europäische Wirtschaftsforschung* (ZEW) kommt zu folgendem Ergebnis: Die Zahl der Arbeitsplätze mit Tätigkeitsprofilen, die eine hohe Automatisierungswahrscheinlichkeit in Deutschland aufweisen, liegt bei zwölf Prozent.[248]

Eine Studie des *World Economic Forums* mit dem Titel *The Future of Jobs* von 2016 kommt zu dem Ergebnis: Insgesamt gehen in den nächsten fünf Jahren weltweit etwa sieben Millionen Jobs verloren und es gibt nur etwa zwei Millionen neue.[249]

In einer sehr jungen Studie aus 2018 schreiben Forscher des *Instituts für Arbeitsmarkt- und Berufsforschung:* »Der Anteil der sozialversicherungspflichtig Beschäftigten, die in einem Beruf mit hohem Substituierbarkeitspotenzial arbeiten, ist von 15 Prozent im Jahr 2013 auf 25 Prozent im Jahr 2016 gestiegen.« In Helferberufen liege der Anteil derjenigen mit »hohem Substituierbarkeitspotenzial« – kurz, mit dem Risiko des Jobverlustes – gar bei 58 Prozent. Bei Fachkraftberufen sind es 54 Prozent »Substituierbarkeitspotenzial«. Die Studie zeigt, wie das Zitat bereits verdeutlicht, vor allem im Vergleich zu ihrer Vorgängerstudie ein deutlich gestiegenes Risiko des Substituierbarkeitspotenzials auf. Von den Helferberufen bis zu den Expertenberufen ist der Anteil der Tätigkeiten, die potenziell von Computern erledigt werden könnten, deutlich gestiegen – auch wenn unterschiedlich stark.[250] Digitalisierung ist also eine ernste Sache für Arbeitsplatzsicherheit.

Mittlerweile hat sogar der Lobbyverband der Digitalisierung, Bitkom, der lange eher optimistische Zahlen verbreitete, gewarnt. Auf Basis einer Umfrage weist Bitkom darauf hin, dass 3,4 Millionen Stellen in den kommenden fünf Jahren hierzulande wegfallen könnten. Der Grund: Roboterisierung und mehr Algorithmen. Das heißt: Jeder Zehnte könnte bald arbeitslos sein.[251]

Es ist also keineswegs so, dass man nur noch ins *Beifall-Klatschen* für die Digitalisierung verfallen sollte. Keiner weiß genau zu sagen, was passieren wird. Man wird sicher sagen können, dass es einen generellen *Trend zur Höherqualifizierung* gibt (*Upgrading-These*). Aber es gibt auch die sogenannte *Dualisierungsthese oder Polarisierungsthese*, die besagt, dass vor allem eine Gefahr für routinisierte, standardisierte Arbeitstätigkeiten im mittleren Qualifikations- und Lohnniveau – zum Beispiel für den qualifizierten Facharbeiter – besteht. Kaum betroffen seien Arbeitsplätze, die kognitiv hoch anspruchsvolle und komplexe Tätigkeiten durchführen. Kaum betroffen sind einfachere manuelle Tätigkeiten, die Erfahrungswissen benötigen und zu denen interpersonelle Kommunikation wichtig ist.[252]

Zurzeit scheint die Polarisierungsthese, die vor allem vom *Münchener Kreis* – einer Forschergruppe zur Digitalisierung – und hier insbesondere von *Arnold Picot*[253] vertreten wird, den größten Auftrieb zu haben.

Die OECD will etwa in ihrem »Beschäftigungsausblick 2017« herausgefunden haben, dass es sowohl im niedrig qualifizierten Tätigkeitsbereich als auch im Bereich hochqualifizierter Tätigkeiten mehr Beschäftigung gibt, wobei Jobs mit mittlerer Qualifikation wegfallen:

> »Im OECD-Raum fiel der Anteil der Arbeitsplätze für Arbeitskräfte mit einem mittleren Qualifikationsniveau zwischen 1995 und 2015 um 7,6 Prozentpunkte, während die Anteile an Arbeitsplätzen für hoch- und geringqualifizierte Arbeitskräfte um 5,3 bzw. 2,3 Prozentpunkte stiegen. Rund ein Drittel der gesamten Polarisierung lässt sich auf eine Verlagerung bei der Beschäftigung weg vom verarbeitenden Gewerbe hin zu Dienstleistungen zurückführen. Diese Entwicklung hat zur Folge, dass Fabrikarbeiter, die ihre Stelle verloren haben, oftmals gezwungen sind, eine schlechter bezahlte Stelle im Dienstleistungssektor anzunehmen. Die anderen zwei Drittel jedoch spiegeln die zunehmende Polarisierung innerhalb der Branchen wider.«[254]

Auch der »European Jobs Monitor 2017« zeigt eine starke Polarisierung. Danach gibt es vor allem bei hochbezahlter und sehr gering bezahlter Beschäftigung hohe Zuwächse, wohingegen in der Mitte so gut wie nichts mehr passiert.[255]

Niemand weiß aber genau, was passieren wird. Niemand kann genau vorhersagen, welche Jobs, wann exakt weg rationalisiert und fortan von Algorithmen und Maschinen übernommen werden. Man weiß auch nicht mehr, ob das, was man heute lernt, in 20 oder sogar zehn Jahren noch gebraucht wird. Das macht erst einmal vielen Menschen Angst. Lebenslanges Lernen wird zwar mehr und mehr zu einem Allgemeingut, aber angesichts der Unsicherheit und der Risiken für die Arbeit in der Zukunft, was Digitalisierung auch bedeutet, darf man verunsichert sein. Gewiss sind die Zeiten vorbei, in denen man als einfacher Sachbearbeiter bei einem Großkonzern 60.000 Euro verdienen konnte. Wer heute dieses Geld verdienen will, muss komplexe Arbeit verrichten können. Er muss sehr qualifiziert sein. Insofern stimmt es, dass Bildung und Wissen für die entwickelten Industrienationen immer wichtiger werden. Zeitgleich, und das deutet die Dualisierungsthese an, entsteht eine Armee von Hilfsarbeitern, die mehr oder weniger Routinejobs haben. Ein Zweiklassen-Arbeitsmarkt verstetigt sich mit der Konsequenz eines immer weiter auseinander klaffenden Einkommensgefüges. Die Autoren Maarten Goos und Alan Manning sprechen hier etwa von einer Teilung in »Lousy and Lovely Jobs«.[256]

Das ist soziologisch ebenfalls nachvollzogen. Denn der Soziologe Andreas Reckwitz spricht etwa von einer »Drei-Drittel-Gesellschaft«. Es gäbe eine alte Mittelklasse, eine neue Akademikerklasse und eine neue Unterklasse.[257] Und in Bezug auf die Frage nach Jobs dieser *Klassen* (ja, wir reden wieder von Klassen!) bedeutet das, dass entweder Kinder aus der Unterschicht aufgestiegen sind oder noch aufsteigen werden oder dass sie bereits aus der alten Mittelklasse in die Unterklasse abgestiegen sind oder noch absteigen werden. Jedenfalls ist diese »alte Mittelklasse« diejenige Klasse, die am meisten unter Druck und in der Erosion begriffen ist wegen Roboterisierung, Automatisierung und Digitalisierung. In dieser alten Mittelklasse gibt es die größte Unruhe und den größten Wandel. Alte Sicherheiten verfliegen und die Veränderungsdynamik ist hoch. Man beobachtet vielleicht unter Freunden Abstieg und befürchtet ihn für sich selbst, wodurch etwa der Digitalisierungsforscher Carl Benedikt Frey in der ZEIT bereits die These vertrat – auch in Bezugnahme zu eigener Forschung –, dass der Wahlsieg Donald Trumps auch der Automatisierung in den Fabriken geschuldet sei – und Deutschland davon lieber schnell lernen sollte.[258] Er schrieb dort eindringlich: »Wenn die etablierte Politik die bevorstehende Automatisierungswelle überleben will, wird sie Lösungen für das Problem der Arbeitsplatzvernichtung in Industriebetrieben finden müssen.«[259] Er machte dafür in der ZEIT einige Vorschläge, von denen einer, wie fast konsenshaft, mehr Ausbildung ist. Und darum ist es so traurig, nahezu schizophren, mit ansehen zu müssen, wie wenig sich doch im deutschen Bildungssystem tut. Für die Digitalisierung bräuchte es eine neue Bildungsexpansion. Aber mehr als ein paar Milliarden sind nie drin. Der große Wurf kommt nicht.

Aber auch mehr Ausbildung wird nicht dafür sorgen, dass wir bald fast nur noch eine geschlossene Akademikerklasse haben – die dann sichere Beschäftigung hat. Nein: Trotz – hoffentlich sehr viel größerer Anstrengungen im Bildungssektor – wird es wohl eine *Polarisierung des Arbeitsmarktes* geben. Die Mittelschicht beziehungsweise Mittelklasse, die nicht studiert hat, und früher und heute zum Teil auch noch mit ihrer Arbeit trotzdem ein solides Mittelschichtsleben führen kann (wie Facharbeiter, Industriekaufleute und mittlere Angestellte), die gerät unter Druck. Und was soll aus denen werden, die arm geboren werden und arm bleiben? Wo ist die soziale Durchlässigkeit für sie und worin besteht das sozialdemokratische Sicherheitsversprechen für sie?

Für diese beiden Klassen (die alte Mittelklasse und die neue Unterklasse) muss die Politik »Sicherheit im Wandel« und Lösungen anbieten – allen voran die Mitte-Links-Parteien. Zurzeit strahlen die Mitte-Links-Parteien (im Zuge ihres Neoliberalismus light und ihrer Übernahme eines postmodernen Liberalismus) zu oft und zu einseitig eher in diese neue Akademikerklasse hinein. Es ist aber nicht diese Klasse, welche die SPD in erster Linie braucht. Sie kommt *erstens* schon oft alleine ganz gut zurecht und will *zweitens* eher aus Haltungsfragen ihre Stimme abgeben (und ist da eher bei den Grünen oder einer inhaltlichen entleerten Merkel-CDU aufgehoben, die ihnen die Bewahrung des *Status quo* verspricht und zusätzlich ihnen das Gefühl gibt, moralisch auf der richtigen Seite zu stehen). Kurz: Diese Klasse will eher »progressiven Neoliberalismus«. Sicher kann die SPD auch für diese Klasse etwas tun: nämlich eine gute Kita-Politik. Die Lage deutscher Kinderbetreuung ist nämlich desolat. Progressive Familienpolitik wird auch diese Klasse an die SPD binden können. So etwas hat man sich ja auch mal unter der Politik der »neuen Mitte« vorgestellt. Das bleibt ja sogar richtig.

Aber generell ist diese Klasse mittlerweile eher bei CDU und Grünen zu verorten – und geht da auch so schnell nicht weg. Auch wenn es prekär Beschäftigte und oft nur befristet beschäftigte Akademiker gibt, um die sich die linken Parteien bemühen und dies zurecht. Auch wenn es etliche Lehrer, Professoren, Wissenschaftler und akademische Staatsbeamte gibt, die die SPD wählen, weil sie eine Beamtenpartei ist. Auch wenn die zu Bachelorn und Mastern aufgestiegenen Arbeiterkinder doch nicht alle Verbindungen ihrer Herkunft kappten und sei es nur aus Solidarität die SPD oder die Linkspartei wählen. Auch wenn manche Gut-Situierten und Bessergestellten aus Solidarität die SPD wählen, damit diese den sozialen Zusammenhalt stärkt.

So ist doch eine Tendenz da, dass zumindest unter jenen Akademikern, die sich keine Sorgen um ihre eigene sichere Zukunft machen, wenig Interesse an echter sozialdemokratischer Politik besteht. Steuersenkungen sind für diese Menschen wichtiger als die Absicherung und Unterstützung derer, deren Jobs von der Automatisierung bedroht sind. Man wählt eben egoistisch.

Die neue Unterklasse und die alte Mittelklasse brauchen also eine *sozialdemokratische* (!) SPD. Sie brauchen eine *Partei der doppelten Sicherheit* – soziale Sicherheit und innere Sicherheit. Sie brauchen eine Partei, die »Sicherheit im Wandel« organisieren und »Sicherheit durch Wandel« herstellen kann.[260]

Zudem muss bei allem Verständnis für die höheren Einkommen einer neuen Akademikerklasse das Maß in der Einkommensspreizung gewahrt werden – auch das ist eine Aufgabe für die SPD. Wenn es nicht dazu kommt, wird es zu Neid-Diskussionen kommen, die nur mehr als verständlich sind. Angesichts dessen, dass die einen in ihr »Humankapital« investieren und hoch komplexe Arbeit verrichten und andere eben eher einfache Tätigkeiten verrichten, mag man sagen: Die Einkommensunterschiede sind vollends gerechtfertigt. Die Unterschiede *an sich* will auch niemand negieren. Es kommt aber auf das *Ausmaß des Unterschieds* an. Die *Verhältnismäßigkeit* muss gewahrt bleiben. *Maß und Mitte* braucht es. Kommt es nicht dazu, ist der soziale Zusammenhalt massiv bedroht.

Die Einkommensfrage angesichts einer drohenden Polarisierung des Arbeitsmarktes ist aber noch aus einem anderen Grund sehr zentral: Wenn bisher gut verdienende Gruppen aus dem mittleren Qualifikationsniveau wegbrechen und nur noch Gutqualifizierte sehr gut verdienen sowie der Rest mehr oder weniger Mindestlohn oder nur unwesentlich darüber verdient, dann stellt sich nicht nur die »soziale Frage« aus *gerechtigkeitstheoretischer* Sicht, sondern auch aus *volkswirtschaftlicher* Sicht. Denn wenn die Masse weniger verdient, wird das dem Absatz schaden. Wer soll nämlich all die Produkte kaufen?

Und es stellt sich die Arbeitsmarktfrage: Werden wir überhaupt noch genug Jobs für alle Menschen haben? Was machen wir, wenn eine neue »nutzlose Klasse« entsteht, wie Yuval Noah Harari in seinem Buch »Homo Deus«[261] schreibt. Was machen wir, wenn wir für viele Menschen einfach keine Beschäftigung mehr haben werden?

Aber was kann man den Verunsicherten bieten? Ein lediglich vages und laues Versprechen auf ein *bedingungsloses Grundeinkommen*? Und welcher Art sollte dieses überhaupt sein? Schließlich wird es von Neoliberalen und Sozialisten gefordert. Die Neoliberalen wollen quasi damit den ganzen Wohlfahrtsstaat abschaffen, inklusive der Sozialversicherungssysteme. Das Argument ist dann: Ihr bekommt einen Scheck von 1000 Euro im Monat, aber ihr müsst euch dann privat krankenversichern, und für das Alter rein privat vorsorgen. Im Falle von Arbeitslosigkeit ist es auch euer Problem. Das bedingungslose Grundeinkommen dient dann letztlich als trojanisches Pferd der Neoliberalen, um nachhaltig den Sozialstaat zu zerstören – oder zumindest zu verschlanken. Durch die Hintertür wird dann Sozialabbau betrieben. Dass das in dieser Form auch nicht die Lösung sein kann, sollte offenkundig sein. Denn es würde die *soziale Frage* eher verschärfen und die *Entsolidarisierung der Gesellschaft* weiter vorantreiben (denn die sozialen Versicherungssysteme sind ein Ausdruck von Solidarität, und werden sie abgeschafft, bedeutet das eine Entsolidarisierung).

Vielleicht würde das bedingungslose Grundeinkommen auch von manchen genutzt, um sich auf die faule Haut zu legen und würde so als eine Art Prämie für das Nichtstun fungieren. Sofern es noch viele Menschen gibt, die arbeiten müssen, wäre das wiederum für den sozialen Zusammenhalt sehr kontraproduktiv. Vielleicht kommen wir irgendwann in einem roboterisierten und automatisierten »Reich der Freiheit« an, wo im Prinzip die Menschen komplett von der Arbeit befreit wären – ohne jedoch aufzuhören zu arbeiten und produktiv zu sein.

Dann wäre das bedingungslose Grundeinkommen logisch, notwendig und ein Ausdruck einer vollendeten Freiheit. Aber hier und heute ist das bedingungslose Grundeinkommen nicht die schlagende Antwort auf alle Probleme. Noch ist es nicht die verheißende Vision.

Vielleicht wäre zunächst ein *Bürgergeld*, ein Grundeinkommen für Arbeitslose, ein Anfang. Das wäre unbürokratisch und gäbe Menschen mehr Eigenständigkeit und Kontrolle über ihr Leben zurück.

Jedenfalls erzwingt die Digitalisierung eine neue *Kärrnerarbeit*, einen *neuen Realismus*. Es wird nicht ausreichen, die *disruptiven Kräfte des Digitalkapitalismus* zu loben und Vertrauen in das System einzufordern. »Digital first. Bedenken second«, forderte die FDP im Bundestagswahlkampf auf ihren Plakaten. Hier sollen nur die Chancen der Digitalisierung gesehen werden. Davon abgesehen, dass in so einem Spruch ein harter Anti-Intellektualismus, eine fast anti-aufklärerische Haltung zum Tragen kommt, ist so ein Slogan Ausdruck einer neuen Naivität und jenes *neoliberalen Hegelianismus*, der davon ausgeht, dass alles im Grunde gut ist und alles von unsichtbarer Hand gelenkt, noch viel besser wird. »Trust the digitalization« oder »Disruption macht alles besser« ist Ausdruck einer Realitätsverweigerung.

Der Journalist Christoph Keese schrieb in einem Buch über das Silicon Valley folgenden Satz: »Für das wirklich Neue braucht es den träumerischen Realitätsverweigerer.«[262] Genau das ist aber das Problem. Die Realitätsverweigerung des *Silicon Valley* ist nur ein Ausdruck des *liberalen Moralismus* einer *neuen kosmopolitischen Klasse*, die immer mehr Verwerfungen in unseren Demokratien produziert beziehungsweise passiv dabei zuschaut, wie diese Verwerfungen entstehen. Ihr liberaler Idealismus und ihre Realitätsverweigerung werden auch bei denen, die ihre Arbeit verlieren und berechtigterweise Angst vor der Zukunft haben, nur als Arroganz und Überheblichkeit dieser sozial abgesicherten kosmopolitischen Klasse ankommen. Der *linke Moralkonservatismus*, der nur die herrlichen Kräfte des Digitalkapitalismus beschwört, Toleranz und Weltoffenheit einfordert und eine schöne neue Digital-Welt in Aussicht stellt, in der alles gut ist, wird der Realität nicht gerecht und wird höchstwahrscheinlich die sozialen Verwerfungen im neoliberalen Kapitalismus nur verschlimmern. Realismus ist also gefordert und akribische Arbeit an der Neujustierung der sozialen Sicherungssysteme, an der Frage der *Zukunft der Arbeit*. Es braucht hier ein *Problembewusstsein*. Hinter jedem Job, der in einer Statistik als »sehr wahrscheinlich automatisierbar« ausgezeichnet wird, steckt ein Mensch. So viel Humanität sollten wir beweisen, um an diesen einzelnen Menschen zu denken. Sein Schicksal muss uns interessieren.

Und was soll es uns erst sagen, dass die deutsche Kanzlerin Angela Merkel quasi nebenbei der deutschen Autoindustrie ihr absehbares Ende prophezeit?[263] Was soll diese düstere Prognose bringen, wenn man dann nichts anbietet, um diese Prognose nicht Realität werden zu lassen? Was soll das? Auch hier fehlt *Problembewusstsein*. Da arbeiten doch Menschen. Da hängen Schicksale dran. Gerade die Facharbeiter bei den Autobauern finden doch außerhalb der Autoindustrie nie wieder eine Position, wo sie so viel Geld verdienen wie dort. Das muss man ernst nehmen. Wenn die deutsche Kanzlerin das aber nicht interessiert, ab wann darf man dann von *Arroganz der Macht* sprechen?

Doch Merkels *Auto-Ausfall* ist nur ein Ausdruck einer *neuen Arroganz einer liberalen politischen Elite*, die sich nicht mehr richtig in die Lebenssituationen der Menschen hineinversetzen kann, die bedroht sind, ihren Arbeitsplatz und ihre soziale Sicherheit zu verlieren. Denn die liberale Elite sorgt sich kaum noch vor dem Abstieg. Sie kommt irgendwo unter. Der Facharbeiter bei VW findet aber nicht einfach eine vergleichbare Stelle, wenn die deutsche Autoindustrie kaputt geht.

Es gibt in der deutschen Autoindustrie und vielen ihrer Beschäftigten doch auch eine große Angst vor Jobverlusten, nicht nur wegen neuer Akteure wie Tesla, sondern auch wegen der Elektromobilität. Fakt ist nämlich, dass ein Elektromotor sehr viel weniger Einzelteile hat als ein Verbrennungsmotor, und das wird auch beschäftigungspolitische Konsequenzen haben.[264] Man kann den Übergang jetzt noch so gestalten, dass der Wandel hin zur Elektromobilität in Sicherheit gelingt – und dass auch weiterhin viele Jobs in der deutschen Autoindustrie bestehen bleiben.

Die Sozialpartner und die Politik müssten dazu aber einen gemeinsamen Willen haben. Blickt man auf Merkel, dann werden die möglichen dramatischen beschäftigungspolitischen Konsequenzen wahrscheinlich ausgeblendet. Das macht Angst. Diese Angst ist zu verstehen. Der Kampf um die Elektromobilität wird naiv geführt. Die Grünen haben nur irgendwelche Deadlines für Verbrenner im Kopf und wollen alles schnell regulieren – ohne zu wissen, wie die Zukunft wirklich aussieht und funktionieren wird. Die Beschäftigten haben sie weniger im Blick. Merkel ist schon lange keine Kanzlerin der deutschen Facharbeiter mehr und war es auch noch nie wirklich. Wenn Facharbeiter CDU wählen (und das haben sie zuletzt öfter), dann wählen sie eine Partei, die sich für sie und ihre Industrie wenig interessiert. Denn unter schwarz-grünem Einfluss hält man diese Industrie doch irgendwie für antik – und richtet seinen Blick auf den Start-up-Kreativkapitalismus.

Die Elektromobilität wird jedenfalls die Zukunft sein – auch wenn man das in der Autoindustrie nicht überall gerne hört. Gewiss ist das, aber wie sie kommt und wie der Übergang gut funktioniert, das ist nicht klar. Vor allem ist die deutsche Batteriezellenproduktion für Elektroautos noch kaum richtig angelaufen. Dabei entscheidet hier jede Minute – auch für Jobs in Deutschland. Und was ist, wenn sich das Modell mit den batteriezellengetriebenen Elektroautos als nicht tragbar erweist, weil die Reichweite, die Entsorgung der Batteriezellen, der auch irgendwann ausgehende Rohstoff Lithium, das Stromnetz und die Infrastruktur das alles nicht hergeben wird? Wo ist dann die Alternative? Es gibt die Möglichkeit, Elektromotoren mit Wasserstoff anzutreiben, also eine Art Kombination von Brennstoffzelle und Elektromobilität zu machen.[265] Wurde darüber in der politischen Diskussion geredet? Nein, es geht in der Diskussion um Ideologie. Das lässt die Planer in den Autokonzernen nicht unberührt. Sie werden zu Getriebenen, ebenso wie die politischen Akteure. Dabei bräuchte es sehr viel Realismus in dieser Debatte. Und vor allem bräuchte es ein Bewusstsein, was sich alles durch diese Elektrorevolution verändert.

Das *Problembewusstsein* ist hier also entscheidend. *Realismus* heißt hier: Es ist weder alles gut, noch wird alles automatisch gut. Dieser *neoliberale Hegelianismus* der kosmopolitischen Klasse ist ein gewaltiges Problem. Noch ein größeres Problem ist ihr Glaube an das *Ende der Geschichte*. Das führt nämlich langsam zu einer *Depression der Zivilisation*, zu einem *radikalen Sinnverlust*.

10.
Die Erschöpfung der Freiheit und die Frage nach dem Sinn. Oder: Warum die neuen Liberalen zu einer Depression der Zivilisation beitragen

Der Historiker Yuval Noah Harari schreibt in seiner Großtour durch die Geschichte in seinem Buch »Homo Deus« Folgendes:

»Der moderne Pakt verschafft uns Macht, allerdings unter der Bedingung, dass wir unserem Glauben an einen großen kosmischen Plan, der dem Leben Sinn gibt, abschwören. Schaut man sich die Abmachung jedoch genauer an, stößt man auf eine raffinierte Ausstiegsklausel. Wenn es den Menschen irgendwie gelingt, einen Sinn zu finden, ohne diesen aus einem großen kosmischen Plan herzuleiten, gilt dies nicht als Vertragsbruch. Diese Ausstiegsklausel war die Rettung für die moderne Gesellschaft, denn ohne Sinn lässt sich unmöglich Ordnung aufrechterhalten. Das groß angelegte politische, künstlerische und religiöse Projekt der Moderne bestand darin, einen Sinn des Lebens zu finden, der nicht in irgendeinem umfassenden Plan wurzelt. [...]. Das Gegenmittel zu einem sinn- und gesetzlosen Dasein lieferte der Humanismus, ein revolutionärer neuer Glauben, der die Welt in den letzten Jahrhunderten erobert hat. Die humanistische Religion betet die Menschheit an und erwartet, dass diese die Rolle spielt, die Gott im Christentum und im Islam und die Naturgesetze im Buddhismus und im Taoismus spielten. [...]. Dem Humanismus zufolge müssen die Menschen aus ihren inneren Erlebnissen nicht nur den Sinn für ihr eigenes Leben beziehen, sondern auch den Sinn für das gesamte Universum. Das ist das Hauptgebot, das uns der Humanismus mit auf den Weg gegeben hat: Gib einer sinnlosen Welt einen Sinn. Entsprechend bestand die eigentliche religiöse Revolution der Moderne nicht darin, den Glauben an Gott zu verlieren, sondern den Glauben an die Menschheit zu gewinnen.«[266]

Was Harari hier *Humanismus* nennt, haben andere *Existenzialismus* genannt oder *Liberalismus*. *Albert Camus'* Feier der Absurdität, die selbst Sisyphos noch zu einem glücklichen Menschen erklärt, der die Sinnlosigkeit der Welt in Befreiung und Glück umdeutet, ist der wahrscheinliche Höhepunkt dieses Denkens.[267] Im Grunde hieß das Motto hier: *Akzeptiert die Sinnlosigkeit und feiert das Leben.*

Das funktioniert aber nicht.

Ich glaube, und das, obwohl ich Existenzialist bin, dass der Mensch einen natürlichen Drang nach Sinn hat.

Ich bekenne mich zum *Antiessentialismus*. Das heißt, eigentlich dürfte ich demnach nicht von Natürlichkeit beziehungsweise von natürlichen Eigenschaften oder Bedürfnissen reden. Nun lebt der Existenzialist, als den ich mich begreife, aber nicht ohne Sinn und auch nicht ohne Werte. Er hat zwar mit der absoluten Wahrheit *an sich* gebrochen, er hat mit dem Essentialismus gebrochen. Er schickt sich selbst, er setzt selbst, er gibt sich selbst alles auf. Aber auch er setzt Werte, auch er kann ohne Sinn nicht leben. Er hat einen natürlichen Drang nach Sinn. In diesem Sinne wende ich mich gegen *Albert Camus*, der die Sinnlosigkeit verteidigt und in dieser Verteidigung *die Freiheit* selbst zu verteidigen gedachte, indem er betonte, dass die Akzeptanz dieser Sinnlosigkeit wiederum Glück und Befreiung bedeuten könne, wenn man bereit sei, diese Bedeutung zuzulassen. Nun bedeutet es aber auch, dass wenn man Bedeutung zulässt, wiederum Sinn setzt und sich damit bindet. In der Sinnlosigkeit und Absurdität Sinn zu entdecken und dies für einen selbst so umzudeuten, dass es einem wieder Sinn verschafft, ist eine Bindung, eine Sinnstiftung. Das hatte Camus vergessen. Denn er hatte sich auf die Negation der Absurdität fokussiert, um durch die Negation befreit zu werden, mit der Absurdität zu leben. Aber erst die Position, also die Umdeutung, dass mit der Absurdität zu leben, gar nicht so schlimm ist, dass man vielmehr durch ihre Akzeptanz nun zu einer bewussten und leidenschaftlichen Lebensführung kommen könne, schafft den Sinn, durch den die ursprüngliche Negation *in etwas Neues* münden kann. Nur durch die

Position wird der *Neuentwurf* vollzogen. Mag sein, dass dies in Camus' Denken genauso angelegt war, aber am Ende bleibt bei Camus doch mehr der Eindruck jener Negation des Sinns, in der gleichsam eine Befreiung liegen soll.

Der Mensch kann der Sinn*stiftung* jedenfalls nicht entgehen. Der Grund liegt in dem natürlichen Drang danach, Sinn zu haben. Der Sinn und die Werte werden dadurch nicht natürlich, aber der Drang danach, Sinn zu haben, ist natürlich.

Sinn ist aber, wie Harari richtig bemerkt, verloren gegangen. Und ich glaube, dass das immer mehr zum Problem wird. Ich glaube, der Mensch kommt mit der *Sinnlosigkeit der Welt* nicht so wirklich klar. Nicht mehr zumindest. Der rasante Anstieg der Depressionsraten im Westen hat nicht nur etwas mit dem Neoliberalismus zu tun. Auf der einen Seite stimmt es, dass Depressionen etwas mit unserem Wirtschaftssystem zu tun haben. Der AOK-Fehlzeiten-Report 2017 zeigt das sehr deutlich. Der hat ermittelt: »Fehltage aufgrund psychischer Erkrankungen sind in den letzten zehn Jahren konstant gestiegen, sie nahmen um 79,3 Prozent zu. Psychische Erkrankungen führten außerdem zu langen Ausfallzeiten. Mit 25,7 Tagen je Fall dauerten sie mehr als doppelt so lange wie der Durchschnitt mit 11,7 Tagen je Fall.«[268] Nach einer Studie der Barmer Ersatzkasse hat jeder vierte im Alter zwischen 18 und 25 Jahren psychische Erkrankungen.[269] 25 Prozent der Jungen haben psychische Erkrankungen. Das ist kein Zufall mehr. Das hat System. Das ist Leistungsdruck und Subjektivierungsdruck im Neoliberalismus.

Die *soziologischen* Befunde des Anstiegs der Angst[270] legen nahe, dass gesellschaftliche Veränderungen neue Ängste erzeugt haben, die aus einer Subjektivierung herrühren und somit Angst als *Unzulänglichkeitsangst*, als *Misserfolgs- und Scheiternsangst*, als *Verlustangst* zu denken ist, welche vom Individuum – oft auch ohne Not – selbst produziert wird. Die Erwartungshaltung des Individuums ist in der neoliberalen Erfolgsgesellschaft außer Kontrolle geraten, womit gemeint ist, dass die Erwartungshaltungen extrem übersteigerte Konturen angenommen haben. Man könnte von einer *Psychologie der Machbarkeit und Mög-*

lichkeit an sich sprechen. Das Individuum wurde aus allen Begrenzungen entlassen und die Gesellschaft suggeriert dem Individuum, dass es alles schaffen kann, wenn es denn nur will und wer im Umkehrschluss nicht schafft, was er sich vornimmt, sei selbst schuld. Denn die Möglichkeit ist da. *Entgrenzung* des subjektiv Möglichen und Machbaren und die subjektive Zuschreibung der Verantwortlichkeit zur eigenen Möglichmachung der selbst festgesetzten Ziele innerhalb dieser Entgrenzung ist ein wesentliches Prinzip einer subjektivierten Erfolgsgesellschaft. *Angst* ist soziologisch betrachtet daher die *Kehrseite der Entgrenzung*. Denn es kann nicht nur eine *Tyrannei der Möglichkeiten* für das Subjekt entstehen, weil es sich nicht mehr fähig sieht, unter verschiedenen ihm prinzipiell offenstehenden Möglichkeiten zu wählen, was zugleich ängstigen kann, sondern Angst kann auch deshalb entstehen, weil man *befürchtet*, den eigenen Wünschen und Erwartungen nicht gerecht werden zu können. Das Wort »*Furcht*«, was nun hier auftaucht, lässt uns zugleich auf die Art jener Ängste zurückkommen.

Mit Martin Heidegger gesprochen, handelt es sich hier nämlich eigentlich gar nicht um Ängste, sondern um Befürchtungen. Wir können so von einer *Übersteigerung der Furcht* sprechen, welche die *neoliberale Postmoderne* charakterisiert. Betrachtet man den Satz des Soziologen Heinz Bude »Angst zeigt uns, was mit uns los ist«[271] vor dem Hintergrund der Unterscheidung von Furcht und Angst, so lässt sich über unsere Gesellschaft und über uns Folgendes sagen: Es ist unsere übersteigerte Furcht, die durch die Konventionen und Normen der Gesellschaft sehr stark mitverursacht wird, die uns als Individuen anzeigt, dass nicht nur bei uns selbst etwas in Unordnung geraten ist, sondern dass die Gesellschaft in Unordnung geraten ist.

Unsere Furcht ist es, die uns zeigt, was mit unserer Gesellschaft los ist.

Was zeigt uns nun aber – soziologisch gesehen – unsere Angst?

Und hier sind wir bei einer entscheidenden Frage. Haben wir Angst vor der Sinnlosigkeit? Ich glaube ja.

Unsere Angst zeigt uns, dass das Leben zum Zwang geworden ist, wenn wir uns genötigt sehen, das Leben möglichst lange, möglichst jugendhaft, mit möglichst vielen Erfahrungen, mit möglichst viel Erfolg zu leben. Und gerade eine neue *Allmachtsfantasie* der Spielkinder des Silicon Valley verstärkt die neue Angst nur noch.

Wie das?

Michio Kaku, ein US-amerikanischer theoretischer Physiker und einem breiteren Publikum durch populärwissenschaftliche naturwissenschaftliche Dokumentarserien bekannt, schreibt zu Beginn des Kapitels zur Zukunft der Medizin in seinem Buch »Die Physik der Zukunft«[272] über die Potenziale der Medizin:

> »Gegen Ende des 21. Jahrhunderts werden auch wir [die Menschen, N.H.] in beträchtlichem Umfang über […] sagenhafte Macht über Leben und Tod verfügen. Und diese Macht wird sich nicht nur auf die Heilung der Kranken beschränken, sondern auch dazu eingesetzt werden, den menschlichen Körper zu verbessern und sogar neue Lebensformen zu schaffen. Dies wird nicht durch Gebete und Gesänge geschehen, sondern durch das Wunder der Biotechnologie.«[273]

Daraufhin hält Kaku einen Lobgesang auf die Biotechnologie, was sie heute schon alles kann und in Zukunft noch alles können wird. Er ist sich sicher: Wir werden nicht nur sehr viel länger leben können, sondern auch der Tod ist besiegbar – die Naturwissenschaft kann alles schaffen. Gentherapie, Stammzellentherapie, gezielte neue Impfungen, all das wird unser Leben verlängern und uns jünger halten – schließlich soll das verlängerte Leben ja auch noch ein gutes Leben sein ohne Leid und Schmerz. In Zukunft werden wir, so führt er im nächsten Kapitel über die Nanotechnologie aus,[274] nicht nur in unserer Kleidung, in unserem Badezimmer, in unserem Körper, Sensoren haben, die unsere Gesundheit kontrollieren und frühzeitig Krebszellen entdecken, sondern durch Nanoautos können gleich molekulare Roboter den Krebs und andere Krankheiten bekämpfen, bevor sie überhaupt wachsen können. Kleinste Nanoroboter, so die

Vision, würden also schon bald ständig durch unser Kreislauf-system patrouillieren und Krankheiten bekämpfen bevor sie für uns zur Bedrohung werden. Er hat keinen Zweifel daran, dass die Medizin der Zukunft uns quasi gottähnlich machen wird, indem wir Jugend, Schönheit und ein langes (wenn nicht gar ewiges) Leben erlangen können. Wissenschaft schafft Freiheit – das ist der Tenor. Denn die Freiheit liege in der Kontrolle und Beherrschbarkeit der Dinge. Erst wenn der Mensch zum Herren über das Leben aufgestiegen sei – und zwar durch Wissenschaft –, sei er perfekt geworden. Und das ist ja das Ziel: Perfektion – die *Alles-Kontrolle*. Diese Suche nach dem *archimedischen Punkt* von allem ist der Antrieb der Naturwissenschaft, und Kaku glaubt, der Mensch hat das Potenzial, zum Herren über die Natur zu werden.

Das Silicon Valley hat sich als neues Projekt in den Kopf gesetzt, den Tod zu überwinden. Der Internetmilliardär Peter Thiel ist nur einer dieser Sehnsüchtigen, die die Macht des Menschen nun bis zur Vollendung treiben wollen. Sie sind die »Unsterblichkeitsgläubigen«.[275] Google investiert Milliarden in Start-ups der Life Sciences, und Calico, ein Subunternehmen von Google, hat sich schon zum Motto gemacht, »den Tod zu besiegen«[276]: »Für moderne Menschen ist der Tod vielmehr ein technisches Problem, das wir lösen können und lösen sollten.«[277] Und das Silicon Valley ist der selbst ernannte neue Anführer der Menschheit.

Wahrscheinlich hat Harari Recht, wenn er schreibt:

> »Doch selbst wenn wir zu unseren Lebzeiten keine Unsterblichkeit erlangen, wird der Kampf gegen den Tod vermutlich das Vorzeigeprojekt des kommenden Jahrhunderts werden. Wenn man unseren Glauben an die Heiligkeit des Lebens bedenkt, die Dynamik des Wissenschaftsbetriebs dazunimmt und darüber hinaus die Bedürfnisse der kapitalistischen Ökonomie berücksichtigt, dann scheint ein unerbittlicher Kampf gegen den Tod unausweichlich. Unsere ideologische Verpflichtung auf das menschliche Leben wird es uns niemals erlauben, den Tod des Menschen einfach zu akzeptieren. Solange die Menschen an etwas sterben, so lange werden wir da-

nach streben, dieses Etwas zu überwinden. Der Wissenschaftsbetrieb und die kapitalistische Ökonomie werden überglücklich sein, diesen Kampf voranzutreiben.«[278]

Ich will hier aber trotzdem *Stopp* rufen. Wenn wir den Tod besiegen wollen, dann wollen wir vor allem eins: Endlich das *vermeintliche* Projekt der Moderne zu Ende bringen: Nämlich vollendete Macht gewinnen und dafür jeden Sinn opfern. Ich glaube, der Kampf gegen den Tod ist nur das krasseste Beispiel dafür, wie die neuen Liberalen unsere Zivilisation in eine große Depression treiben. Wer den Sinn opfert, opfert das Wertvollste im menschlichen Leben.

Aber ich glaube auch, dass das nicht der *Sinn der Moderne* war. Der Sinn der Moderne war nie nur Macht. Er war beides: *Macht* und *Sinn,* und das von uns Menschen ausgehend.

Entschuldigung, aber sich völlig dem Glauben an die segensreichen Wirkungen des *disruptiven Digitalkapitalismus* hinzugeben, ist naiv. Entschuldigung aber diese Form von Silicon-Valley-Kapitalismus mit dem Blick des alten Hippies, der im Prinzip nur das Schöne, aber nicht das Hässliche sehen will, diese Form von Naivität macht mir Angst. Insbesondere dieser neue *Biotechnologie-Fetischismus* macht mir Angst. Ich glaube an Technologie und daran, dass sie gut für die Menschheit ist. Ich bin kein Technik-Kritiker, kein Heidegger-Ökologist. Es gibt aber bei allem ein »too much«. Wer das Sterben heilen will, der ist über diese Grenze des »too much« schon weit hinaus. Wie *rosarot* kann der Google-Hippie mit einem Stanford-Biologie-Diplom die Welt bloß sehen, dass er so Ungeheueres wie den Tod zur Krankheit erklären kann? Was ist da bloß mit ihm passiert, dass er sich anmaßt, den Tod zu überwinden? Das ist doch ein *biotechnologischer Wahnsinn,* den Tod überwinden zu wollen.

Ich bin *für Visionen.* Ich halte sie für zentral. Aber die »Unsterblichkeit« als Ziel? Im Ernst? Das macht mir keine Hoffnung, das macht mir Angst! Die Sehnsucht nach Unsterblichkeit wird uns in eine Depression der Zivilisation hineintreiben. Diese

»Wir-besiegen-bald-den-Tod«-Fantasie geht zu weit. Das ist Anmaßung und schafft nicht Hoffnung, sondern Angst.

Ich will keine *Doom-Kultur* predigen. Dieses Kapitel steht nicht unter dem Stern einer fulminanten *Moralkeule* gegen das Silicon Valley. Es steht auch nicht unter dem Stern eines *Zivilisationspessimismus* oder sogar *Zivilisationsfatalismus*. Technikkritik ist zu oft *Doom-Prosa*. Sie wird oft von notorischen Mahnern und Pessimisten geschrieben, die meist nur noch von der Angst vor der Dystopie beherrscht sind.

Ich halte Technik für gut. Neue Technik bringt uns voran. Sie macht Fortschritt, genauso wie Wissen Fortschritt schafft, und ja, Wissen schafft auch Freiheit.

Aber es gibt einen Punkt, wo es »too much« ist. Es gibt einen Punkt, wo der Technikoptimismus zur Gefahr wird, wo er selbst zu einer gesellschaftlichen Krankheit wird, nämlich da, wo man behauptet, selbst das Sterben der Menschen verhindern zu können. Wer den Tod zur Krankheit erklärt, für die nur eine Therapie gefunden werden muss, der sorgt nicht für eine große Freiheit, sondern sorgt für eine *große Ungesundheit*, für eine neue Unfreiheit in der Gesellschaft.

Und überhaupt: Hat jemand mal an die aktuelle Generation gedacht?

Wie fühlt es sich an, wenn man ihr sagt, sie sei die letzte Generation, die noch sterben muss? Wer so redet, der macht den Menschen Angst und schafft bei der letzten totgeweihten Generation nur Frust und das Gefühl von Ungerechtigkeit.

Kurzum:

Die *neuen Liberalen*, vor allem die aus dem Silicon Valley, tun uns mit ihrer *Allmachtsfantasie* keinen Gefallen. Sie treiben uns auf eine *Depression der Zivilisation* zu.

Das ist nicht nur eine *Selbstüberschätzung* und *Anmaßung*, die die *neuen Liberalen* hier an den Tag legen, sondern sie verursachen mit ihrer Unsterblichkeitsvision auch eine *Angstkaskade* in der Gesellschaft – und enttäuschen uns am Ende wohl doch mit ihrem Glauben an die Unsterblichkeit. Ich glaube nicht, dass das gelingen kann. Vielleicht können wir unsere menschliche

Lebenszeit durch Biotechnologie auf 200 Jahre verlängern. Aber Unsterblichkeit, nein.

Meine Sorge und mein Problem mit dieser Unsterblichkeitsvision sind aber vor allem:

Wo der Tod als Krankheit, als überwindbares Problem dargestellt wird, da ist etwas Beängstigendes losgetreten worden. Das sorgt für eine *neue Angst*, die sehr schnell in eine fulminante *Depression der Zivilisation* entgleiten kann. Ich glaube, es ist heute eine Art *Überangst* darüber entstanden, dass man eines Tages sterben muss. Das halten die Menschen weniger aus. Die vielen biologischen und medizinischen Versuche, das Leben zu verlängern, zeigen das auch an. Im Silicon Valley glaubt man bereits daran, dass Sterben der Menschen überwinden zu können. Dort entwickelt sich ein Glauben an eine *technische Allmächtigkeit*, die dem Menschen sogar über den Tod noch die Kontrolle geben soll. Der Tod wird zu einer Krankheit, für die man nur eine Therapie finden muss. Wer aber so denkt und die Überwindung des Todes ankündigt, der sorgt in der Gesellschaft für eine sehr negative Haltung gegenüber dem Tod. Das Leben wird alles. Und es soll unbedingt erhalten bleiben. Macht wird so alles. Sinn geht verloren.

Die liberale Sinnlosigkeitsphilosophie hat eine große *innere Krise* des Menschen ausgelöst. Sie hat den Menschen ohne Orientierung und Halt in einer Welt und in einem Leben voller Fragen zurückgelassen. Die Postmoderne hat den Sinn geopfert und das im Namen von Freiheit.

In dieser Postmoderne ist doch nichts mehr heilig. Alles ist relativ, nichts wirklich von Bedeutung. Ich musste zuletzt oft an Kardinal Ratzinger denken, auch besser bekannt als Papst Benedikt XVI. Er gilt als einer der schärfsten Kritiker des Relativismus. Ich bin Philosoph und kein Theologe. Und ich bin schon länger nicht mehr Teil einer Kirche – was sich für mich immer mehr falsch anfühlt und ich eigentlich zurückwill – und ich habe mit der katholischen Kirche und ihrem doch zum Teil reaktionären Kirchenapparat (inklusive des Vatikans) noch nie sympathisiert. Aber ich glaube mittlerweile, dass Benedikt XVI. einer der letzten Vertreter eines Denkens ist, das verloren gegangen ist, und dass man zum Teil zurückgewinnen muss.

Dieses Denken besteht in einem Glauben an eine Ordnung auf dieser Welt, die nur möglich ist, wenn man gemeinsam danach strebt, diese Ordnung zu schaffen und zu erhalten. Dieses Denken ist das Gegenteil von »anything goes«. In diesem Denken hat das Leben einen Sinn, der mehr ist, als Geld zu machen und in Reichtum zu leben. In diesem Denken hat die Gemeinschaft noch einen Platz und einen Sinn. Dieses Denken strahlt eine große Würde des Menschseins aus. In diesem Denken steckt eine Heiligkeit, die wir wiedergewinnen müssen – aber auf eine eher säkulare Weise. Die Sinnlosigkeit der Postmoderne lässt mich jedenfalls orientierungslos, fragend und auch ein bisschen verloren zurück. Sie gibt mir nichts, was sich für mich nach großer Freiheit anfühlt. Frei nach Albert Camus kann ich nicht einfach das Leben feiern, gerade weil es sinnlos ist. Der Weg des Sisyphos ist mir einfach zu sinnlos. Da steckt für mich keine Freiheit drin.

Der heutige *Sonnenscheinliberalismus* strahlt für mich nichts Erhabenes und nichts Großes aus. Mir erscheint er mittlerweile nur noch als Verirrung der Geschichte, die nach dem Zweiten Weltkrieg nur eine Befreiung des Individuums von allen Totalitarismen suchte. Man kann verstehen, warum der *Befreiungsexistenzialismus* nach dem Zweiten Weltkrieg und der Liberalismus später, so eine große Wirkmächtigkeit hatten. Die zweite Hälfte des 20. Jahrhunderts war das Befreiungsjahrhundert.

Aber ich denke, heute sind wir an einem Punkt, wo wir sagen müssen: Es war zu viel von dieser Befreiung und jetzt brauchen wir eine Rückkehr von Gemeinschaft, Familie und kollektiven Werten. Die Postmoderne ist dialektisch an einen Wendepunkt vorgestoßen, an dem sie, mit Adorno und Horkheimer gesprochen, eine Radikalität erreicht hat, wo ihr Umschlag droht, und zwar in ein neues kollektives, reaktionäres Homogenitätsdenken. Nicht nur um diesem Reaktionären vorzubeugen, empfehle ich dringend dem liberal gewordenen Mainstream, selbst die Postmoderne aus den eigenen Köpfen zu verjagen, sich einem neuen Kollektivismus zu öffnen und selbstreflexiv zu sagen: Zuletzt war einfach zu viel Befreiung und zu viel Individualisierung im Gange. Eine neue Leitkultur – oder sagen wir besser: ein neuer Grundwertekonsens, eine neue republikanische Zivilreligion – ist zu finden. Das muss heute der neue Auftrag sein. Die Sinnlosigkeitsphilosophie der Postmoderne muss jedenfalls überwunden werden.

Die Sinnlosigkeit in der Postmoderne ist nämlich ihr zentrales Merkmal. »Anything goes« heißt eben auch: Gott sei endgültig tot und kann nicht mehr der letzte Halt sein.

Aber es braucht diesen Halt. Ich will Gott zurückhaben. Jedoch ohne damit in eine neue Metaphysik abzugleiten. Ich will *rational* an Gott glauben können. Ich will zu einem selbstbewussten, freien und rationalen Glauben kommen, in dem ich in vollem Selbstbewusstsein sagen kann: *Das Göttliche gibt mir Halt.* Ich will kein parzelliertes Atom in einer Welt ohne Ziel und Orientierung sein. Ich will Teil eines größeren Ganzen sein. Nur wie ich das sein kann, das ist die offene Frage.

Der Säkularismus muss darauf eine rationale Antwort finden. Es ist die Frage zu stellen: Wo kommt der Sinn noch her – ohne in eine esoterische Metaphysik zu versinken? Und worin könnte ein neuer Halt bestehen?

Welche Antwort kann man auf diese Frage geben? Oder besser gefragt: Wie kann man auf diese Frage überhaupt antworten?

Sinn muss wieder gefunden werden. Das wird Aufgabe einer *rationalen Theologie der Freiheit* sein müssen, die in dieser Streitschrift nicht behandelt werden kann.

So viel sei angedeutet:

Meine These ist: Die Menschen halten den Tod Gottes, so wie ihn Friedrich Nietzsche verkündet hat, nicht mehr aus. Sie können sich selbst allein durch sich selbst nicht ausreichend Sinnvertrauen geben. Das *Sinnvertrauen* muss woanders herkommen: Und die Antwort kann meines Erachtens nur mit dem Göttlichen zusammenhängen. Mit Jürgen Habermas gesprochen: *Wir brauchen ein Bewusstsein dafür, was fehlt.*[279] Und das, was fehlt, ist, dass das Göttliche Anteil an unserem Sinnvertrauen haben muss. Ganz ohne das Göttliche sind wir nicht gelassen genug. Echte Gelassenheit finden wir nur im Kontext eines *Uns-Umgreifenden*. Glauben ist gleich Sinnvertrauen und Sinnvertrauen schafft Gelassenheit. Insofern: Ja, der *Sinn* muss vom Individuum ausgehen, aber er muss zum Göttlichen finden. Dieser Sinn ist freiheitsrelevant. Dieser Sinn ist für uns Menschen lebensrelevant. Nur so kommen *Freiheit* und *Leben* in *Einklang*. Der Sinn schafft hier diesen Einklang.

Insofern: *Sinn* ist wichtig. Nur die *Macht* ist nicht die Lösung. Ganz allein ist sie sogar das Problem. Wie dieser Glauben aussehen kann, der uns zu einer neuen Gelassenheit führen kann, kann hier nicht besprochen werden – dazu wird es ein eigenständiges Buch über eine *rationale Theologie der Freiheit* brauchen. Aber danach ist auf jeden Fall zu suchen: nach einem *neuen rationalen Glauben*. Wir müssen zum *Glauben* zurückfinden, um so zum *Sinn* zurückzufinden. Die *Sinnlosigkeitsphilosophie* der *neuen Liberalen* jedenfalls treibt uns auf eine *Depression der Zivilisation* zu.

II.
Celebrate diversity?
Warum das Lob der Differenzen
dem Fortschritt der Freiheit schadet

Vor Kurzem gab es in der ZEIT eine Debatte zwischen den Gender-Theoretikerinnen Judith Butler sowie Sabine Hark und der Feministin Alice Schwarzer.[280] Butler und Hark fanden, dass Schwarzer in ihrer Zeitschrift »Emma« die Gender-Theorie angegriffen habe, und versuchten sich nun ihrerseits zu wehren. Schwarzer konterte wiederum selbst mit einem Text für die ZEIT.

In ihrer Kritik an Butler und Hark beziehungsweise deren, wie ich sagen würde, *Differenzfetischismus*, äußert Schwarzer ihr Unbehagen an dem *Kulturrelativismus* der Gender-Theoretiker. Dem ist vollends zuzustimmen. Die Unterdrückung der Frau in der muslimischen Welt bekommt man mit einem *postmodernen Differenzfetischismus* nämlich nicht in das Bewusstsein, man neigt sogar dazu, diese Unterdrückung dort als selbst gewähltes kulturelles Recht der Frau zu rechtfertigen.

Schwarzer zitiert Butler hier treffend in deren Haltung zur Burka:

> »Sie symbolisiert, dass eine Frau bescheiden ist und ihrer Familie verbunden; aber auch, dass sie nicht von der Massenkultur ausgebeutet wird und stolz auf ihre Familie und Gemeinschaft ist.«

Und weiter im O-Ton:

> »Die Burka zu verlieren bedeutet mithin auch, einen gewissen Verlust dieser Verwandtschaftsbande zu erleiden, den man nicht unterstützen sollte. Der Verlust der Burka kann eine Erfahrung von Entfremdung und Zwangsverwestlichung mit sich bringen.«

Wenn man solches von Butler liest, darf man getrost fragen: In welcher Welt lebt sie eigentlich?

Alice Schwarzer steht hier im Gegensatz dazu mit vollem Bewusstsein in der Realität. Das beweist nicht zuletzt ihr Buch »Der Schock«[281], das sie nach der Kölner Silvesternacht herausgegeben hat. Schwarzer will noch kämpfen. Sie glaubt genauso wie ich: *Die Freiheit liegt noch vor uns.* In ihrem Fall bedeutet das: *Die Freiheit der Frau liegt noch vor uns.*

Und hier wird klar, was der Unterschied zwischen einer *Feministin* und einer *Gender-Ideologin* ist. Schwarzer will für die Frau einen Befreiungskampf führen – ganz real. Butler und Hark haben sich hingegen in einer Theoretisierung von Identitätsrollen im Elfenbeinturm verloren, wonach jeder zu jederzeit stets bestimmen können soll, was er sein will. Das ist zutiefst individualistisch und verliert aus dem Blick, dass in vielen Ländern dieser Welt die Frau systematisch von Kultur und Staat unterdrückt wird – etwa in Saudi Arabien, wo sie noch nicht mal einen Minirock in der Öffentlichkeit tragen darf. Butler und Hark bekommen für diese Unterdrückung der Frau aber kein Bewusstsein. Ihr Differenzfetischismus verhindert es, dass sie an anderen Kulturen Kritik üben. Lieber kritisieren sie den »Westen« für seine imperiale Unterdrückung anderer Kulturen. Butler und Hark wollen einfach nur das Anderssein ausdrücken, sie wollen immer weiter dekonstruieren, immer mehr Unterschiede aufmachen und generell das Anderssein abfeiern. Celebrate Diversity!

Sie haben kein Bewusstsein mehr für das Vereinende. Dabei ist der Mensch nicht zuerst Mann oder Frau, sondern einfach nur Mensch. »Man wird nicht als Frau geboren, man wird es« hat die große Feministin Simone de Beauvoir schon 1949 in ihrem Buch »Das andere Geschlecht« geschrieben.[282] Das heißt eben auch: Zuerst ist der Mensch ein Mensch und somit die Frau auch erst einmal Mensch. Sie wird eben – durch die Kultur – zur Frau. Ihre Sozialisation ist also konstruiert. Das mag Anklänge an das haben, was Butler unter Konstruktion von Geschlecht versteht, aber es bedeutet eben auch etwas sehr fundamental Universales: Die Frau ist ein Mensch und hat daher Menschen- und Freiheitsrechte. Diese Freiheitsrechte hat sie im Westen zum größten Teil nun erreicht – gewiss, man muss über den *Gender Pay Gap*, den *Gender Time Gap*[283] und das *Ehegattensplitting* weiterhin reden. Und die Frau hat diese Rechte erreicht wegen Feministinnen wie Schwarzer – nicht wegen Butler und Co. Schwarzer ist doch eine *Heldin des Freiheitskampfes*. Eine Heldin eines *realen* Freiheitkampfes und damit letztlich eine linke Realistin.

Was sie durchmachen musste, was sie kämpfen musste, was sie an Rechten erstritten hat, das war ein großer Kampf. Aber heute sitzen junge Feministinnen irgendwo in ihren geschützten Räumen, schreiben Papiere, in denen sie darüber klagen, dass – zynisch gesprochen – der Feminismus noch nicht in der Präambel des Grundgesetzes steht, und glauben, weil sie Judith Butler und Michel Foucault gelesen haben, zu wissen, wie die Welt funktioniert. Und sie attackieren Feministinnen wie Schwarzer, weil sie sie für autoritär halten.

Dreckig macht man sich da nicht mehr. Schwarzer aber hat sich immer dreckig gemacht. Und sie tut es heute immer noch. Sie richtet ihren Blick dahin, wo wirklich noch die großen Kämpfe zu führen sind.

Diese Frauenrechte, diese Freiheitsrechte für die Frau, sind zum Beispiel in muslimisch geprägten Ländern gerade noch am meisten zu erkämpfen. Es bringt daher nichts, Schwarzer »Rassismus« oder einen »Feminismus von rechts« vorzuwerfen, wenn sie genau das thematisiert oder sich über die Kölner Silvesternacht aufregt. Denn das Frauenbild der dortigen *Grabscher* – ja, genau das waren sie – ist eben hart autoritär. Und das darf man kritisieren und, ja, man muss es sogar. Das ist Freiheitskampf. Freiheitskampf für die Frau. Schwarzer hatte das – zumindest früher – verstanden.

Es gibt Dinge, die universelle Gültigkeit haben sollen. Das ist zum Beispiel, dass die Frau nicht einfach unterdrückt werden darf vom Mann und zum Tragen eines Kopftuches gezwungen werden darf. Die Frauen wählen das meist nicht freiwillig. Wenn sie könnten, würden sie auch anders handeln: Sie würden Miniröcke tragen, Auto fahren und im Bikini am Strand liegen.

Das ist ihr Recht und sie sollen es machen dürfen, wenn sie es wollen. Das ist ihr *Freiheitsrecht*. Punkt. Dafür sollte man kämpfen, anstatt sich in seinem Universitätsbüro in einem idealistischen und weltfremden Kulturrelativismus zu verlieren.

Zudem sind das Abfeiern der Unterschiede und das ständige Betonen von Unterschieden kontraproduktiv. Wer sich immer nur als Frau denkt, wer also ständig nur um die eigene Identität kreist, der wird dem Mann – also dem anderen – auch immer mehr misstrauen und ihn als »das Andere« wahrnehmen. Wer Differenzen predigt und sie immer wieder betont, der sorgt dafür, dass man diese stärker wahrnimmt und sich auch an diesen Differenzen stärker stören kann. Das hat der Ideenhistoriker Mark Lilla zuletzt brillant mit einem Beispiel beschrieben:

> »Ich bin kein dunkelhäutiger Autofahrer, und ich werde nie wissen, wie er sich am Steuer fühlt. Umso wichtiger wäre es, dass ich mich auf irgendeine Weise mit diesen Menschen identifizieren kann; und die Tatsache, dass wir beide amerikanische Bürger sind, ist das Einzige, was wir mit Sicherheit gemeinsam haben. Je mehr die Differenzen zwischen uns herausgestrichen werden, desto weniger wahrscheinlich ist es, dass ich mich empöre, wenn er misshandelt wird.«[284]

Differenzen abzufeiern und herauszustreichen führt nicht zu mehr Toleranz, nicht zu mehr Gemeinsamkeiten, nicht zu mehr Harmonie. Es führt zu mehr Differenzen, zu weniger Harmonie, zu weniger Toleranz. Toleranz kann sehr wohl eine Form von Egoismus sein. Toleranz will eher das »Eigene« legitimiert sehen, als es willens und fähig ist, das »Andere« anzuerkennen. Ja, Toleranz bedeutet, das »Andere« zu akzeptieren. Aber warum muss man das? Warum muss man Differenzen haben? Warum sind Differenzen gut? Toleranz gibt sich nicht zwangsläufig die Mühe, sich für einen Konsens zu interessieren. Toleranz kann auch zu Desinteresse und Gleichgültigkeit führen, und daraus können wiederum Konflikte entstehen. Toleranz nimmt das Andere hin, belässt es aber beim Anderen. Annäherung und Vereinigung hat Toleranz nicht im Sinn. Toleranz erträgt das Andere. Aber es bleibt das Andere. Schlussendlich kann die Toleranz auch erodieren und dann bleiben nur die Pole bestehen, die aber nun ihre Differenz nicht mehr ertragen. Toleranz *allein* ist einfach das falsche Konzept für die Demokratie. »Kommunikative Wahrheit« und »Konsens« hingegen sind die richtigen Konzepte.[285] Dieses *Lob der Differenzen* muss also aufhören, und wir müssen zum *Universalismus,* zum *Republikanismus* zurückfinden. Paradoxerweise ist es so, dass die *neue Rechte,* die etwa von »Ethnopluralismus« spricht und gerne eine radikale Meinungsfreiheit und einen radikalen Pluralismus in Anspruch nimmt, um in deren Namen provokativ und sogar rassistisch zu sein, in diesem ihrem Differenzfokus ganz ähnlich tickt wie die *postmoderne Linke.* Hier gibt es eine identitäre »Querfront« gegen den Universalismus. Das wollen die postmodernen Linken, die sich für die Guten halten, zwar nicht hören, aber es ist so. Beide, die *neue Rechte* und die *neue postmoderne Linke*, sind Teil desselben Problems. Und dieses Problem ist die *Postmoderne.* In der Andersheit des Anderen liegt keine Befreiung, wenn wir sie nur anerkennen und zum Vorschein bringen. Sondern die gebetsmühlenartige Betonung von Differenzen verstärkt und intensiviert vielmehr die Differenzen. Das Lob der Differenzen spaltet, es vereint nicht. Differenzen muss man überwinden, *nicht nur* ertragen. Differenzen zu loben, ist einfach nur eine zivilisatorische Dummheit. Denn das alles sorgt für eine Entfremdung und Spaltung.

Dass der postmodern linke Anti-Universalismus auch als ein *kosmopolitischer Liberalismus* auftritt, ist auf den zweiten Blick gar nicht mehr so ungewöhnlich, weil dieser kosmopolitische Liberalismus gar nicht mehr universalistisch ist. Er ist viel mehr zu einem Liberalismus der Ausgrenzung geworden, da er eine *neue Einheit* von *ökonomischen Neoliberalismus* und *kulturellem Linksliberalismus* geschaffen hat, der im Namen eines neuen Toleranzethos im Grunde ein *Moral-Liberalismus* höherer Gesellschaftsschichten ist und so zum Teil ökonomische und moralische Ausgrenzung unterer Gesellschaftsschichten betreibt. Dieser Liberalismus ist ein exkludierender. Er hat seinen Universalismus verloren, obgleich er ein Liberalismus des Weltbürgers ist. Aber eben jenes Weltbürgers, der im Sinne des neuen konservativen Einschlags der neuen Progressivität den *Status quo* für die *Ultima Ratio* des Weltgeistes hält und daher unbedingt diesen Status quo verteidigen will. Dieser *kosmopolitische Liberalismus* hat seinen Glauben an den Fortschritt aufgegeben und tut so, als sei der höchste Fortschritt bereits erreicht. Lehnt euch zurück und lasst den Markt arbeiten! Aber rein normativ sei die Menschheit zum höchsten Menschheitswissen nun vorgedrungen. Ende der Geschichte. Ende der Debatte. Lehnt euch zurück! Und feiert das Leben! Schade, dass dieses Leben eben nur die feiern können, denen die Globalisierung bislang große Gewinne gebracht hat. Aber das will der kosmopolitische Liberalist ja nicht sehen. Er will lieber feiern. Der postmodern-kosmopolitische Liberale, der will gar nicht mehr debattieren, er will nur noch sein vermeintliches höchstes Gesellschaftswissen feiern und dafür werben. Sich kritisch prüfen will er nicht mehr. Celebrate diversity! Life is good! Nur noch ein bisschen mehr Toleranz brauchen wir. So denkt der *postmoderne Liberale*. Denn er hält alle großen Debatten für geführt und die Welt sowieso im hayekschen Paradigma für nicht kontrollierbar und nicht steuerbar.[286] Er hat dem *Primat des Marktes* immer schon den Vorzug vor dem *Primat der Politik* gegeben. Man müsse doch auf diese spontane Ordnung setzen. Nur ein bisschen mehr Vertrauen in den Markt bitte.

Politik ist dann eher nur noch für die Verwaltung zuständig und Politiker werden im Sinne eines postmodernen Toleranzethos zudem zu Verwaltern der Moral. Sie sollen für die *Liberalisierung* sprechen und werben. Und sie sollen zu *Bewahrern* des angeblich ja schön gewordenen Lebens werden.

Dabei übersieht der postmoderne Liberale aber nicht nur sozio-ökonomische Probleme, sondern auch die destruktiven Tendenzen seines partikularistischen und relativistischen Denkens: Die Postmoderne macht nämlich die Vielfalt zunichte, die sie eigentlich preisen will.[287] Zumindest ist es genau das, was gerade passiert.

Der Differenzfetischismus sorgt für keine Befriedung, für keine Einheit. Wer Einheit in der Vielfalt will, muss die Einheit betonen und nicht die Vielfalt. Es gilt, nicht »Celebrate diversity« zu sagen, sondern »Celebrate unity«. Man muss über Gemeinsamkeiten reden. Gemeinsamkeiten als Mensch und als Bürger. Wie wollen *wir* zusammenleben? Das ist die politische Grundsatzfrage – weswegen vor allem die SPD nun gefordert ist, diese Frage wieder zu stellen und damit auch *gegen die Postmoderne* zu agieren. Und das *Wir* ist dabei eben das Entscheidende. Genau deshalb ist auch der *Unabhängigkeitsliberalismus der neuen Liberalen* zu kritisieren. Er sieht nur das Subjektive und legitimiert es. Das aber zerstört langsam die Gesellschaft.

12.
Der Unabhängigkeitsliberalismus
und die Liebe:
Wie die Sucht nach Unabhängigkeit
die Gesellschaft zerstört

Laut Statistischem Bundesamt lebte in 2016 in etwa 41 Prozent aller Haushalte nur eine Person.[288] Die Vereinzelung nimmt zu, gerade in Großstädten. Die Vereinzelung wird so zum Standard, zum Lebensbewusstsein, zur gesellschaftlichen Realität, aber auch zu einer neuen Norm. Ein *Unabhängigkeitsliberalismus* ist dabei die *Normativität*, die hinter dieser neuen Norm steht.

Diese *liberalistische Unabhängigkeitsphilosophie* sorgt dafür, sich ständig umzusehen, sich ständig frei zu halten von Bindung. Unabhängigkeit und Freiheit seien das Ziel. Eine Freiheit »von«. Das passt perfekt zum Neoliberalismus. Der predigt doch gerade die Freiheit *von* Hindernissen und Einschränkungen. Dieser Unabhängigkeitsliberalismus gibt dem *Hedonismus* freies Spiel. Festlegungen und Verpflichtungen sind schlecht. Es ist so auch ein *Supermarkt der Liebesbeziehungen* entstanden, der einem erlaubt, immer das zu wählen, worauf man gerade Lust hat. Dating-Apps suggerieren einem, dass die halbe Welt verfügbar ist. Man muss nur zugreifen. Das Angebot ist da. Und die Nachfrage. *Ungebundenheit* ist das Ideal. Ungebundenheit ist das *Freiheitsideal*.[289] *Wahlfreiheit* ist das *Nonplusultra*.

Dabei ist das falsch. Dieses Freiheitsideal sorgt nur für eine immer weitergehende *Verständnislosigkeit* füreinander. Man kann sich nicht mehr auf etwas oder jemanden einlassen. Der *Subjektivismus* gewinnt. Es zählt nur noch die eigene Sicht auf die Dinge. Und beim Individuum schafft diese *Unabhängigkeitssucht* eine neue Unsicherheit und Unzufriedenheit. *Ungebundenheit* ist vielleicht doch nicht mehr das Ideal.

Das Buch »Generation Beziehungsunfähig«[290] von Michael Nast hat es auch deswegen auf die SPIEGEL-Bestsellerliste geschafft, weil es dem Unmut über diesen Unabhängigkeitsliberalismus und dessen Konsequenzen Ausdruck verlieh. Nasts Buch war eher eine *gesellschaftliche Anklage*, verblieb aber zugleich – was symptomatisch für unsere Zeit ist – in einer *Resignation*, die letztlich doch die gegebenen Verhältnisse affirmiert. Der Autor wurde nicht müde zu betonen, dass man gegen diese Beziehungsunfähigkeit eigentlich nichts machen kann – er selbst beklagt, auch er sei beziehungsunfähig. Die Umdeutung, dass dieser Umstand Freiheit sei, ist dann nicht weit weg. Oder anders gesagt: Wenn wir schon nichts am »System« ändern können, dann lasst uns die *neue Liberalität* bei Liebe und Sex auch genießen.

Das entlastet den Einzelnen natürlich. Und er oder sie muss sich nicht an die eigene Nase fassen. Denn wenn die ganze Generation »beziehungsunfähig« ist, für die nach Nast gilt, »Die Dinge haben sich verschoben. Beruflich und privat«[291], dann ist ja entschieden, dass die Dinge so sind, wie sie sind, und alles daher so schlimm ist, wie es schlimm ist. »Generation Beziehungsunfähig« wird zum geflügelten Wort. Das Wort wird gleichsam zum Ausdruck des ganzen Problems. Die Generationisierung bestätigt die ohnehin schon vorhandene eigene Resignations- und Pessimismus-Einstellung: Die anderen sind alle doof und man selbst ist der Einzige, der noch richtig tickt: Halleluja, man selbst ist in Ordnung, der Rest ist halt irgendwie kaputt. Das System ist schuld.[292]

Genau das ist das Problem unserer Tage. Man ist *unzufrieden* damit, wie es läuft, kommt aber über *das Klagen* nicht hinaus. Im Gegenteil, man sagt sich: Jetzt erst recht. Wenn sich sowieso nichts ändern lässt, dann mache ich eben mit.

Dabei erlebt der – konservative – *Wert der Familie* in unserer Gesellschaft eine enorme Renaissance, wie Soziologen es aus ihren Daten lesen.[293] Die Menschen wünschen sich Verbindliches und Familie.

Und es ist auch ein bisschen logisch:

Jener Konservatismus kann als eine Wendung gegen die Unsicherheit der Postmoderne gelesen werden, in der junge

Leute gewissermaßen zum Narzissmus aufgefordert werden, eben sich selbst zu verwirklichen und alles zu erreichen, was sie erreichen wollen, wenn sie denn nur wollen und sie mit jener Ideologie der unbegrenzten Möglichkeiten nicht mehr zurecht kommen. Man kann auch seine Orientierung verlieren, wenn die Möglichkeiten zu viele werden. Man kann die Renaissance des Modells Familie – meist gepaart mit der entsprechenden Verpflichtungserklärung zur Monogamie – als Reaktion gegen den ausufernden Möglichkeitshorizont der eigenen Biografie verstehen, weil man sich dadurch Sicherheit und Geborgenheit verspricht, die man als individueller kapitalistischer Glückskämpfer nicht mehr zu finden glaubt.[294]

Nur leider passen *Wollen* und *Können* nicht zusammen. Denn die *Unabhängigkeitssucht* scheint stärker zu sein. Vielleicht ist die *Verführung* zu groß. Wer schließlich durch die ganze Welt *tindern* kann und stets nur einen Wisch vom Traumpartner entfernt ist, der ist nicht nur theoretisch, sondern ganz praktisch dem Glück ganz nah. Allerdings nur *potenziell*. Vielleicht ist also die Verführung durch die *neuen digitalen Liebesdienste* einfach zu groß. Vielleicht ist der *Perfektionismus* auch das Problem. Dass man denkt: Es kann immer noch etwas Besseres geben.

Ich würde aber sagen: Der *Unabhängigkeitsliberalismus* ist *zu stark.* Er ist fest verwurzelt in den Köpfen.

Dieser *Unabhängigkeitsliberalismus* treibt uns dahin, dass die *TINA-Vision* der Neoliberalen (»there is no alternative«) langsam Wirklichkeit wird. Wer nur noch nach *Ungebundenheit* strebt, der macht die Vision von einer Gesellschaft, die es eigentlich nicht mehr gibt, weil es ja nur Individuen gebe, realer. Margaret Thatchers *Negation der Gesellschaft* (»There is no such thing as society, only individual men and women and their families«) wird so real. Aus Theorie wird Praxis.

Das sollte uns nicht erfreuen, nicht frohlocken lassen, uns nicht als verheißungsvoll gelten. Es sollte uns vielmehr Sorgen machen. Wenn es Gesellschaft nicht gibt, dann braucht man sich nicht mehr zu verständigen, nicht mehr auf einander einzugehen. Man wird einander egal. Man redet so bald nur noch übereinander und nicht mehr miteinander. Gleichgültigkeit und Desinteresse für einander können aber auch umkippen in Hass, Intoleranz und Häme. Das ist zum Teil passiert. Trump zeigt das ähnlich wie die Intoleranten vor der Zahnarztpraxis von Marius Radtke. *Subjektivismus* zerstört die Fundamente von Demokratie und Gesellschaft. Wir brauchen immer ein Ohr für den anderen. Wir brauchen *Verständnis* füreinander. Nur so können Demokratie und *Politik für alle* gelingen. Wir müssen in einen »liebenden Kampf« (Karl Jaspers) miteinander eintreten.[295] Uns müssen *Wahrheit, Einigung* und *Übereinkunft* noch etwas bedeuten. Toleranz zu predigen wird der Gesellschaft nicht helfen. Es zerstört sie sogar im neoliberalen Sinne.

Gesellschaft kann man nicht *an sich* zerstören. Man kann aber sehr wohl das *real Verbindende* und *das Denken im Ganzen und für das Ganze* zerstören. Wenn der Neoliberalismus *gesellschaftliche Hegemonie* ist, dann ist das eben die *dominierende Norm der Gesellschaft.* Der Neoliberalismus zerstört also nicht die *Gesellschaft an sich,* sondern er zerstört die Idee vom *Gemeinwohl* und *vom Ganzen.* Der Neoliberalismus zerstört das *Allgemeine,* weil er nur noch das *Subjektive* zulässt und es predigt. Es ist paradox: Die neoliberale *gesellschaftliche Hegemonie* will eigentlich die *Gesellschaft an sich* negieren, ist aber gerade das *Verbindende* in dieser *neoliberalen Postmoderne.* Aber weil diese Hegemonie das Allgemeine bekämpft, ist sie gerade kein Verbindendes, sondern nur die *Norm der Ungebundenheit.*

Gesellschaft heißt auch, dass man sich zusammenfindet, dass etwas einen verbindet und dass man Werte miteinander teilt. Man mag sagen: Ich verwechsele *Gemeinschaft* und *Gesellschaft. Gemeinschaft* sei eben ein republikanisches Projekt, wo es Werte gibt, die alle teilen. Und *Gesellschaft* sei ohnehin schon immer der *liberale Begriff* für das gewesen, was sich *die Realität* nennt, und in der es keine – von allen geteilten – Werte gibt, sondern diese schon immer *plural* sei. Gemeinschaft sei also selbst etwas Normatives, etwas Ideales, etwas Wünschbares, und Gesellschaft sei eben die Realität und daher auch ein deskriptiver Begriff.

Jedenfalls gilt für diese gesellschaftliche Realität: Dort gibt es eine *Hegemonie* oder die *dominierende Norm* der *Ungebundenheit*. Es herrschen ein *neoliberal-postmoderner Individualismus und Relativismus*. Eine *postmoderne Individualisierungsmaschine* walzt ungebremst durch unsere Kultur und prägt diese. »Sei du selbst« ist ihr Schlachtruf, Selbstverwirklichung ihr Medium. Und Toleranz und Weltoffenheit sind ihre Vokabeln.

Die *Toleranz* ist dabei die Klammer für so eine *neoliberale Postmoderne*, wo der *Subjektivismus* regiert. Auf diese Weise sind allerdings ein *postmoderner Differenz-Fetischismus* und *Toleranz-Fetischismus* entstanden.

Diese tun uns aber nicht gut, weder dem Individuum noch der Gesellschaft. Sie entfernen uns voneinander und sorgen langsam für einen *Kampf der Subjektivismen*. Die Individuen treten in einen hobbesschen *Kampf jeder gegen jeden*. Das ist das Resultat aus einem *Relativismus* und *Subjektivismus*. Dieser *Unabhängigkeitsliberalismus* ist also auch ein großes politisches Problem.

Der *Unabhängigkeitsliberalismus* ist nun aber auch noch aus anderem Grund ein großes politisches Problem. Denn wenn der *Habitus* der *liberalen Elite,* bei der dieser Unabhängigkeitsliberalismus hoch im Kurs steht, von eben jenem Unabhängigkeitsliberalismus stark geprägt ist, dann hat das Einfluss auf ihre Politik. Wenn dieser Unabhängigkeitsliberalismus das *Selbst- und Lebensbewusstsein* der *liberalen Elite* prägt, werden sie »Wahlfreiheit« oft zu einer Kernidee von politischen Angeboten machen.

Wer nicht mehr an die *Gemeinschaft*, wer nicht mehr an *das Ganze*, wer nicht mehr an das *Gemeinwohl* denkt, der wird eben individualisierte Politikangebote machen, bei denen sich jeder das holen kann, was er will. Das muss zwar nicht zwingend schlecht sein. Ein *positives Beispiel* ist die sogenannte *Wahlarbeitszeit*. Damit erhalten Beschäftigte individuelle Flexibilität bei ihrer Arbeitszeit. Es geht darum, innerhalb eines Zeitkorridors die individuelle Arbeitszeit selbst wählen zu können. Es geht also um *Selbstbestimmung*. Wer für Kinderbetreuung oder Altenpflege kurzzeitig weniger arbeiten will, sollte dazu eine Möglichkeit haben. *Zeitsouveränitätsrechte* für den Einzelnen sind schließlich auch *Freiheitsrechte*. Diese Form der Individualisierung hat ihr Gutes. Denn wenn es eine individuelle Gestaltungsoption gibt, dann kann man die Option eben nutzen, wenn es in die eigene Lebensphase passt.[296]

Wahlfreiheit ist aber *nicht* die Antwort auf alles. Politik sollte immer auch versuchen, das *Gemeinwohl* in den Blick zu nehmen – auch wenn das eine abstrakter Begriff und eine diffuse Orientierung sein mag.

Klientelpolitik oder Individualisierung sollten nicht das Handeln der politischen Eliten bestimmen. Es sollte daher von einem *Berliner Liberalismus* Abstand genommen werden, der die *Individualisierung* letztlich zu einem *Regierungsprogramm* macht. Die *liberale Elite* muss erkennen: Der *Unabhängigkeitsliberalismus* zerstört die Gesellschaft, die nach einem Allgemeinen strebt. Aber genau das brauchen wir: Wir müssen nach einem *Allgemeingültigen* streben. Wir müssen nach *Wahrheit* streben. Eine *Gleichgültigkeitsgesellschaft*, in der man nur Toleranz einfordert, man einander aber im Grunde egal ist, kann und wird nicht stabil sein. Das dauerhafte Predigen von Toleranz führt aber eher in diese Gleichgültigkeitsgesellschaft, in der man weniger in der Lage ist für Kompromisse und die Veränderung seiner selbst. In so einer Gesellschaft zieht sich jeder in die eigenen angenehmen Gewissheiten und Schutzräume zurück, und das Gespräch *miteinander* leidet, sodass bald nur noch *übereinander* gesprochen werden kann. Diese *Entfremdung* der Postmoderne muss enden. Es braucht wieder Visionen, die integrieren, die aber zugleich nicht die neuen Konfliktlinien verleugnen. Es braucht jetzt kein im Grunde »neoliberales« *jenseits von rechts und links*, denn genau das war das »postideologische Zeitalter«, welches die Linken der »neuen Mitte« eröffnet haben. Stattdessen braucht es eine *neue Vision* für eine gerechtere Welt, in der klar ist, dass die Reichen nun einen größeren Anteil abgeben müssen, damit diese Welt möglich wird. Umverteilungskampf ist ein Kampf, er impliziert Streit, aber dieser Umverteilungskampf sollte unter eine neue Vision gestellt werden, die integrativen Charakter hat. Integration meint hier auch: Es geht um eine Leitkultur der Solidarität. Ja, *Leitkultur*. Gerechtigkeit gibt es nicht im Plural. »Wahre« Gerechtigkeit gibt es in dieser Welt nicht. Um sie aber zu schaffen und um für den *Konsens* – einer gerechten Grundstruktur – zu streiten, muss die Linke sich mit dem Großkapital wieder mehr anlegen. Es geht um eine Rückkehr des Weltanschauungskampfes. Diese Rückkehr zu fordern und zugleich *mehr Konsens* zu fordern, so wie ich es tue, ist aber kein Widerspruch. Denn es geht um den *Streit um Konsens* und *Wahrheit*, anstatt nur Toleranz zu predigen – und damit quasi Debatten zu beenden. Denn wenn man sich nur toleriert, braucht man auch nicht mehr im Gespräch zu sein. Toleranz kann eben zu Gleichgültigkeit führen. Der Postmodernismus (ein diffuses Differenzdenken, ein wildes *anything goes*) ist zivilisatorisch ein Irrweg. Denn nichts hat in einem wilden »anything goes« noch eine Bedeutung: Es gibt keine großen Ziele mehr, nichts kann einen noch wirklich berühren, was nicht etwas Individuelles und Privates ist. Und eine Gleichgültigkeitsgesellschaft ist zivilisatorisch auch deswegen ein Irrweg, weil, wenn alles in Parzellen zerfällt, die Empathie und das Verständnis füreinander sinken, und die Menschen eher übereinander als miteinander sprechen. So stirbt die ernsthafte Debatte. Diese *postmoderne Gleichgültigkeit* muss man daher nun überwinden.

An dieser Stelle sollte ich meine Idee von *Weltanschauungskampf* noch präzisieren. Es ist nicht so, dass es zuletzt keinen Weltanschauungskampf gab. Vielmehr gab es einen sehr heftigen Weltanschauungskampf, und zwar zwischen Liberalen und Rechtspopulisten. Und dieser Weltanschauungskampf war sogar das Problem, weil er den Kulturkampf zum zentralen Modus des politischen Diskurses gemacht hat. Dadurch hat man sehr zentral nur noch über »Werte« und »Weltbilder« gesprochen. Die Liberalen haben dann gesagt: Diese Rechtspopulisten greifen »unsere« Werte an. Die Werte müssen wir doch verteidigen. Und die Rechtspopulisten haben es sichtlich genossen, politisch »unkorrekt« zu sein, um sich in diesem Sinne in eine zum Teil fanatische Idee des Andersseins zum liberalen »Mainstream« hineinzureden, wodurch sie immer wieder bis in den *Rassismus*

abglitten und selbst diesen Rassismus dann noch positiv um-
deuteten als heroischen Kampf gegen das liberale Kartell der politisch Korrekten.

Diesen Weltanschauungskampf will ich nicht befürworten.
Diesen fordere ich auch nicht. Ich fordere vielmehr von den
Linken einen neuen Realitätssinn, um mit diesem und durch
diesen endlich wieder die »soziale Frage« stärker, härter und
entschlossener zu adressieren. Genau das Reden über Ökonomie
und das Soziale geriet bei der Struktur des Diskurses, der wie
gesagt zuletzt durch den Kulturkampf geprägt war, aus dem
Blick. Wir müssen endlich wieder stärker empirisch fundierte
und ökonomisch motivierte Debatten über die sozio-ökonomische Wirklichkeit führen und nicht nur normativ – fast aus
dem Elfenbeinsturm heraus – sprechen. Reine normative Debatten über die richtige Sichtweise auf die Welt führen nur zu weiteren Konflikten und nicht zu deren Befriedung. *It's the reality,
stupid!* Das sollten wir beherzigen. Lasst uns real werden! Zumindest realer! Ja, Politik wird am Ende *normativ* entschieden.
Am Ende zählt das Normative mehr. Und es ist wichtiger. Aber
wenn es sich abkoppelt von der sozio-ökonomischen Wirklichkeit, dann glaube ich, hat das destruktive Konsequenzen. Ich
fordere *mehr Bodenständigkeit*. Wir müssen, wie Karl Marx es
gegen Hegel schon gesagt hat, uns vom Kopf auf die Füße stellen. Wir leben in einer *hegelianischen Zeit*. Wir denken sehr
stark mit dem Kopf und vom Kopf her, und das bedeutet: Wir
denken eher rein vom Normativen, von unserem jeweils subjektiven »Weltbild«, von unseren jeweils subjektiven »Werten«
her. In dieser postmodern-liberal geprägten Gesellschaft sind
zum Teil die Menschen zu stark in ihrem eigenen Elfenbeinturm
gefangen. Daraus müssen wir heraus. Wir müssen heruntersteigen, den Turm verlassen und nach unten gehen.

Und da »unten« müssen wir dann in einen »liebenden
Kampf« (Karl Jaspers)[297] treten. Und ich würde ergänzen: Wir
müssen in einen liebenden Kampf *um den Konsens* treten.

Konsens bleibt auch bei diesem *neuen Realismus* das Ziel.
Konsens ist das, woraufhin *ich* debattieren *will*, woraufhin *wir*

debattieren *sollten*. Das *Streben nach Konsens* qua *argumentativer Überzeugungsarbeit* ist richtig – auch wenn man nicht so naiv sein sollte, zu glauben, dass es einen Konsens von allen geben kann. Vermachtete und feststehende Interessen und Interessenpolitik sollte man nicht ignorieren. Der »zwanglose Zwang des besseren Arguments« (Jürgen Habermas)[298] ist ein Ideal; es wird wohl nie vollends dazu führen, dass jeder sich umstimmen lässt. Aber die Ausrichtung darauf ist doch richtig. Es geht darum, sich noch verständigen zu können, miteinander um die Wahrheit zu ringen und sich eben auf diese auszurichten. Es geht um eine Vision, die Platz für alle hat – so etwas nannte man mal *Gemeinwohl*. Ich suche nach der *Realisierung* einer *Leitkultur des Humanismus und der Solidarität*.[299] Dazu braucht es heute eine *neue Vision*.

Gerade die *Sozialdemokratie* ist hier vor die *Aufgabe* gestellt, eine *Politik einer neuen Vision* zu unterbreiten, die eine *Politik für alle* machen will. *Visionspolitik* ist immer schon Politik für alle. Zudem ist die SPD bereits eine *Große Koalition*. Wenn sie es schafft, ihren *Binnenpluralismus* auf eine *gemeinsame Vision* hin zuzuspitzen, dann ist das bereits das Produkt einer Großen Koalition.

Bringt die Sozialdemokratie intern einen Konsens zu Stande, dann hat sie bereits einen Konsens stellvertretend für die überwältigende Mehrheit der deutschen Bevölkerung gefunden. Die *Sozialdemokratie* könnte *Deutschlands Einheit* repräsentieren – allerdings nur dann, wenn sie es schafft, intern *einen liebenden Kampf um den Konsens* zu führen und ihn so zu erringen, dass so gut wie alle Parteimitglieder an diesen erstrittenen Konsens glauben, und willens sind, ihn wirklich umzusetzen und dafür den Konflikt zu wagen – auch und gerade mit dem Großkapital.

Das ist also nun die *Aufgabe der Sozialdemokratie* im 21. Jahrhundert. Sie muss eine *neue Visionspolitik* betreiben und um einen *neuen Konsens* ringen, erst intern und dann in Auseinandersetzung mit den anderen Parteien und mit dem Großkapital.

13.
Die Zukunft der Sozialdemokratie
im 21. Jahrhundert

»Die Märkte lieben Angela Merkel«, sagte der Europachef der Investment-Bank Goldman Sachs, Richard Gnodde, der FAS vor der letzten Bundestagswahl.[300] »Die deutsche Kanzlerin hat bewiesen, dass sie eine sehr vertrauenswürdige, sehr stabile, sehr starke Anführerin ist – und das über viele Jahre, durch etliche Krisen. Das alles schätzen die Märkte«, sagte Gnodde noch dazu. Merkel hat also bewiesen, dass sie fest zum *neoliberalen Kapitalismus* steht, und die neoliberalen Kapitalisten belohnen sie nun für ihren Neoliberalismus.

»Gut gemacht Angela, du stellst das System nicht infrage und stabilisiert mit deiner Alternativlosigkeit den *Status quo*. Danke dir. Das finden wir gut, lieber Gruß, dein Richard. PS: Wann bekomme ich mein eigenes Geburtstags-Dinner im Kanzleramt, wie damals Josef Ackermann?«, könnte er schreiben.

Da versteht man sich. Merkel und die neoliberalen Hardcore-Kapitalisten: eine Einheit. Wollen wir das erste Zitat noch mal wiederholen: »Die Märkte lieben Angela Merkel.«

Genau deswegen ist Merkel die falsche Kanzlerin. Genau das ist das Problem: diese Einheit von Turbo-Kapitalisten und den Regierungschefs.

Klar, bei aller Kritik am Neoliberalismus muss die Linke am Ende zur Demokratie stehen und sie verteidigen – da hat Bernd Ulrich recht.[301] Aber die Linke muss sich hart gegen dieses »System« aufbäumen. Denn das ist alles nicht gerecht. Das ist alles nicht das, was uns nach dem Zusammenbruch der Sowjetunion angekündigt wurde. Das ist nicht das »goldene Zeitalter«, nicht das Paradies. Und wir sind auch nicht auf gutem Weg dorthin. Wir sind vielmehr vom Weg abgekommen.

Das muss die Linke nun erkennen. Eigentlich: Das muss die *moderate Linke* nun erkennen. Sonst ist sie verloren. Das kann man exemplarisch anhand der SPD erklären. Die SPD liegt zurzeit im Niemandsland zwischen den Kräften der *liberalen Selbstzufriedenheit* (Merkel-CDU, Die Grünen, zum Teil die FDP) und des *systemkritischen Populismus* (AfD, Linkspartei). Wenn die SPD – und damit die moderate Linke – sich weiter unter der *Hegemonie eines postmodernen Linksliberalismus* für einen Weg entscheidet, der eher in Richtung des *liberalen Moralismus* und *postmodernen Liberalismus* tendiert, dann ist sie mittelfristig eine Partei, die bei zehn bis 15 Prozent landen wird. Sie muss sich vielmehr für einen konstruktiven, verantwortbaren Kurs eines *neuen Realismus* und eines *systemkritischen Populismus* entscheiden. Ihr Wahlprogramm von 2017 könnte dafür ein Anfang sein. Denn das war *links* – auch wenn es noch *zu brav* war. Ja, das Wahlprogramm war noch zu viel *Kosmetik*, zu schwammig und hat wichtige Forderungen nicht enthalten, wie einen Mindestlohn auf 12 Euro[302] oder einen Vorschlag zur Begrenzung ausländischen Kapitals auf dem Wohnungsmarkt.[303] Aber es ging zumindest mal in die richtige Richtung.

Es war auch weit realistischer, als man hätte erwarten können, wenn man die Kommunikation der *liberalen Moralisten* aus der SPD sieht. Ich darf das sagen: Meine sozialdemokratische Filterblase und meine Echokammer bei Facebook und Twitter strömten und strömen mir sehr viel *liberalen Moralismus* zu – ich konnte diesem liberalen Moralismus gar nicht entgehen. Ich bin Teil der Elite. Aber ich bin keine *liberale Elite*. Dagegen wehre ich mich. Ich würde es nie als Auszeichnung verstehen. Ich bin ein *Bürger*. Ich will als Bürger streiten – als einer unter Gleichen. Als »Staatsfreund« (Dolf Sternberger) will ich wirken. Als *engagierter Demokrat*. Das entspringt aus meinem *Habitus* eines »existenziellen Republikaners«.[304] Ich will für eine Welt streiten, die man auch *lieben* kann. Und diese Welt ist noch nicht erreicht. Deswegen wende ich mich gegen den *liberalen Moralismus,* deswegen wende ich mich gegen die *Postmoderne.*[305] Denn der *liberale Moralismus* verteidigt letztlich den *Status quo* und suggeriert, dass diese Welt schon sehr gut ist. Aber das ist sie nicht. Sie muss es erst *noch* werden. Es bleibt die platonische Devise aktuell: *Idealisiere nicht die Welt, sondern mache sie ideal.*

Die Freiheit liegt noch vor uns. Lasst uns auf sie hinarbeiten. Lasst uns das »Reich der Freiheit« schaffen. Denn es ist noch längst nicht erreicht. Und gerade die *moderaten Linken*, in Deutschland die SPD, müssen hier zu Parteien eines *neuen Freiheitskampfes* werden.

Es bleibt richtig, was Willy Brandt in seiner Abschiedsrede als SPD-Vorsitzender seiner Partei 1987 noch über Freiheit ins Stammbuch schrieb:

> »Wenn ich sagen soll, was mir neben Frieden wichtiger sei als alles andere, dann lautet meine Antwort ohne Wenn und Aber: Freiheit. Die Freiheit für viele, nicht nur für die wenigen. Freiheit des Gewissens und der Meinung. Auch Freiheit von Not und von Furcht.«[306]

Und es bleibt auch richtig, was er in einer Rede im Herbst 1991 noch über diesen Freiheitskampf sagte:

> Es werde sich noch »als geschichtlicher Irrtum erweisen, das dem demokratischen Sozialismus zugrundeliegende Ideal – die Zusammenfügung von Freiheit, Gerechtigkeit, Solidarität – als überholt abtun zu wollen.«[307]

Willy Brandt hatte Recht: Der *Freiheitskampf* ist noch nicht gewonnen. Dafür braucht die *moderate Linke*, und dazu gehört die SPD, nun ein *neues Bewusstsein*. Sie sollte sich so eher zu einem *verantwortbaren systemkritischen Populismus* hinbewegen. Zugleich ist sie aber auch vor die Aufgabe gestellt, die *Kulturlinke* für diesen neuen Freiheitskampf zu gewinnen. Sie muss eine *neue Einheit der Linken* formen: *Anti-Diskriminierungspolitik* und die *soziale Frage* sind beide wichtig. Im Sinne Nancy Frasers geht es darum, beides in den Blick zu nehmen und in einem neuen »progressiven Populismus«[308] eine *neue Einheit* aus der Kulturlinken und der sozio-ökonomischen Linken zu schaffen. Genau das ist die Aufgabe: eine *neue Einheit der Linken.*

Für Deutschland heißt das:

Dafür muss sich die SPD überlegen, ob *die Grünen* für diesen neuen Weg überhaupt noch der richtige Partner sind. Auch die Grünen müssen sich überlegen, ob sie für diese Einheit überhaupt noch den Willen haben. *Die Grünen* sind momentan das zentrale Problem innerhalb der deutschen Linken. Die *konservative Wende* innerhalb dieser Partei ist schon länger im Gange. Mit Cem Özdemir und Katrin Göring-Eckardt prägten schon zwei Konservative den Wahlkampf 2017. Die Linke bei den Grünen ist dabei zuletzt stark unter die Räder gekommen. Winfried Kretschmanns Erfolg tut sein Übriges. Kretschmann ist zwar Realist. Er fordert auch dazu auf, mit der *Moralisierung* aufzuhören, genau wie ich das tue.[309] Aber Kretschmann übt nicht Selbstkritik an seiner Partei und dem Moralisieren, um wieder eine Einheit der Linken herzustellen. Ökonomisch gesehen ist er liberal-konservativ. Ein Systemkritiker, wie er es in seiner Jugend war, ist er schon lange nicht mehr. Die *sozio-ökonomische Linke* innerhalb der Grünen ist mit dem Ausscheiden von Jutta Ditfurth und anderen sowieso stark dezimiert worden – gewiss, Ditfurth war zu radikal, zu egozentrisch, zu ideologisch. Der Satz »Wir können nicht Politik gegen die Finanzmärkte machen« kam schließlich im Jahr 2003 auch nicht von Guido Westerwelle, sondern von *Joschka Fischer*.[310] Fischer ist auch so einer aus der *1968er Generation*, die ihren Frieden mit dem System machten und am Ende bei einem *liberalen Moralismus* endeten. So entstand eine *selbstgerechte Generation*. Dieser *liberale Moralismus* ist in Deutschland ja auch – nicht nur – ein Endprodukt der 68er-Generation. *Kulturell links* – eigentlich liberal – sind viele geblieben. *Ökonomisch links* sind sie aber alle nicht geblieben, sondern viele sind hier *liberal* geworden.

Deswegen setze ich auch heute kaum noch Hoffnungen auf die *FDP*. Ich glaube nicht, dass sich *Sozialliberale* in der FDP momentan wieder durchsetzen können, um auf ihre Art die »soziale Frage« neu zu stellen. Eine *Karl-Hermann-Flach-Partei*, eine Partei erneuerter *Freiburger Thesen*, wird die FDP gerade nicht mehr. Ich finde das schade. Als Student war ich bei den *Julis*, der

Jugendorganisation der FDP. Ich hielt lange auch die *Ampel-Koalition* für das Projekt zur *Erneuerung der Freiheit*. Aber wie das mit dieser Bundes-FDP noch gelingen soll, weiß ich mittlerweile nicht mehr.

Die FDP ist, genauso wie die neue liberale Partei in Deutschland, die Grünen, eine Partei eines *liberalen Moralismus* geworden. Sie wurde früher aus allen Schichten gewählt. Das hat ihr immer geholfen. Es hat sie auch in der Gesellschaft verankert und ihr stabile Ergebnisse über fünf Prozent beschert. Aber mit ihrer neuen Ausrichtung als *Partei eines progressiven Neoliberalismus* mit besonderem Fokus auf die Start-ups und die Digitalisierungs-Community, die als diese Digital-Partei *German Mut* fordert, und damit eben die *Disrupter* dieser deutschen Gesellschaft ansprechen will, wird sie erst einmal weiter zittern müssen, ob sie damit dauerhaft solide Ergebnisse wie früher einfährt. So viele Menschen sind das gesamtgesellschaftlich nämlich auch – noch – nicht, und davon wählen trotz aller *digitalen Neuland-Naivität* Merkels viele am Ende vielleicht doch die CDU. Sehr viel weniger Facharbeiter oder kleine Angestellte als früher würden heute noch die FDP wählen. Die junge Marketingspezialistin bei VW oder der junge Ingenieur bei Siemens, die mit einem Gehalt starten, wo sie bereits Spitzensteuersatz zahlen, die kann die FDP erreichen. Aber von dieser Gruppe wählen manche CDU, manche vielleicht sogar SPD, und manche die Grünen. Jedenfalls ist das kein ausreichendes Wählerpotenzial, was die FDP noch hat. Nach dem von der FDP verursachten Platzen der Jamaika-Sondierungen darf sogar davon ausgegangen werden, dass sie ein hippes großstädtisches Digitalmilieu eher mittelfristig verliert. Denn ihr Sondierungssignal war ein nationalliberales. Die FDP will jetzt eine »AfD Light« sein. Eine eben nationalliberale, rechtsliberale FDP. Eine Partei der »vernünftigen« Mitte-Rechts. So verliert sie aber die digitalen Hochflieger an die Grünen. Oder an die Merkel-CDU.

Die FDP erkennt es nicht, dass sie in dieser Gesellschaft keine originären Milieus mehr hat. Ihre »neoliberale« Kernklientel wählt einmal CDU, einmal AfD, einmal die Grünen. Klar, um die sechs bis sieben Prozent wird die FDP wohl auch mittelfristig liegen. Aber für dauerhaft zehn Prozent braucht es schon mehr.

Jedenfalls ist nach den geplatzten Jamaika-Sondierungen klar, dass die FDP in absehbarer Zeit eine Partei sein wird, die für ernst gemeinte linke Koalitionen nicht der richtige Partner ist.

Für die Grünen gilt das zurzeit ebenso. Wirklich linke Politik ist mit ihnen gerade nicht möglich. Sie tendieren zur Union. Zumindest zum liberalen Merkel-Kramp-Karrenbauer-von-der-Leyen-Altmaier-Flügel.

Merkel und Peter Altmaier sind doch schon längst im pastoralen Einklang mit Katrin Göring-Eckardt. Sie wollten und wollen Schwarz-Grün. Merkel hat in der Flüchtlingskrise schließlich inhaltlich und sprachlich alles getan, um sich der neuen liberalen Moralphilosophie der Grünen anzunähern. Gemeinsam hat man hier einen *neuen Liberalismus*, der im Grunde ökonomische Fragen außen vor lässt, und sich ganz auf Moral fokussiert. Wir haben doch geklärt, dass die Welt so gut ist, wie sie ist, und nun müssen wir nur noch mehr Moral in die Welt bringen. Ökonomisch und sozial ist ja alles gut. Das neue liberale kosmopolitische Bürgertum, für das Merkel und Göring-Eckardt als neue Einheitspartei stehen, das freut sich hier. Es findet auch, dass die Welt sehr schön ist und Deutschland nur seinen dunkeldeutschen Einschlag überwinden müsse. Die Messe könnte so mit Schwarz-Grün beginnen.

Das würde in die *Hegemonie der liberalen Selbstzufriedenheit der liberalen Elite* passen und ihr einen klaren und sichtbaren Ausdruck geben. Ich glaube, die Mehrheit des deutschen Volkes ist schon längst aus der *Selbstzufriedenheit* herausgewachsen. Sie will mehr Realitätssinn. Ich meine: Das war das Signal des Herbstes 2017, aber auch schon vorher in anderen Ländern waren Brexit, Trump und Le Pen solch ein Signal. Diese Signale sollte vor allem die SPD hören. Ein Programm der *liberalen Selbstzufriedenheit* darf von ihr nicht mehr kommen.

Wenn bei so einer Lage die SPD dann nicht den Bund mit der Linkspartei sucht, ist ihr nicht mehr zu helfen. Denn dann verliert sie die Vergessenen und Gefrusteten vor allem an die

AfD und wird zerrieben werden zwischen den Polen der *liberalen Selbstzufriedenheit* und des *systemkritischen Populismus*.

Das Projekt für 2021 heißt: *Rot-Rot* oder *Rot-Rot-Grün*. Je früher man das in der SPD begreift, desto mehr hat sie eine Chance für 2021. Ansonsten wird ihr das passieren, was anderen sozialdemokratischen Parteien in Europa auch schon passiert ist: Ihre linkeren Ausgründungen überflügeln sie bei den Wählerstimmen. Und die Rechtspopulisten rücken näher an sie heran. Und als ein staatstragender Juniorpartner der Konservativen regieren sie sich dann immer weiter klein. So wird es kommen für die SPD, wenn sie jetzt nicht *aufwacht*. Noch verheerender könnte es für andere sozialdemokratische Parteien werden. Idealerweise macht die SPD die Linkspartei überflüssig, indem sie nach links rückt. Einer so erstarkten *linken SPD* ist es zuzutrauen, wahrhafte *Macht und Erneuerungsenergie* zu versprühen. Eine erstarkte linke SPD wird auf sicherheits- und außenpolitischem Feld auch nicht den pazifistischen Leichtsinn der Linkspartei vertreten. Genau das ist es, was zentral zwischen ihr und der Linkspartei steht: die Außen- und Sicherheitspolitik. Gewiss, ökonomisch steht auch vieles zwischen ihnen – noch. Aber eine *linke SPD*, die langsam die Linkspartei überflüssig macht, könnte sogar wieder fusionieren mit den letzten Resten einer immer kleiner werdenden Linkspartei und so wieder zur *Volksparteistärke* zurückkommen, die ihr den *Griff nach dem Kanzleramt* ermöglicht. Bis 2021 mag diese Fusion eine Utopie sein. Parteipolitisch mag genau das ja sogar das Horrorszenario vieler aus beiden Parteien sein. Inhaltlich und strategisch für das linke Projekt sollte aber das ihr Anliegen werden, nämlich *regieren* zu wollen – für die Menschen und nicht für die Märkte. Die Linkspartei macht sich überflüssig, wenn sie jetzt keinen *Willen zur Macht* entwickelt.

Als *Trotz-Partei*, die nicht gestalten will, wird sie systemkritische Wähler an die AfD verlieren und insgesamt ihre gesamte Attraktivität einbüßen – und das wird dem ganzen linken Projekt schaden. Denn ihre Attraktivität entspringt doch nur einem glaubhaften Versprechen auf eine andere Welt. »Eine andere Welt ist möglich und machbar«, das sollte die Leitphilosophie eines neuen *rot-roten Bündnisses* werden, das sich mittelfristig wieder zu *einer Partei* vereint. Die *gemeinsame Heimat* ist die Sozialdemokratie. Das *gemeinsame sozialdemokratische Versprechen* muss sein: »Eine andere Welt ist möglich«. Es gilt, die *konkrete Utopie* (Ernst Bloch) zu wagen. Für dieses Projekt braucht es *Realismus. Schluss mit liberalem Moralismus*. Schluss mit dem dominierenden Fokus auf Anti-Diskriminierungspolitik.

Es braucht beispielsweise keine Gleichberechtigung-Pissoirs, die der Berliner Senat errichten lassen will, weil Pissoirs nur für Männer ungerecht seien und aus Gleichstellungsperspektive nicht zu akzeptieren seien,[311] sondern es geht viel dringender um gute Löhne, bezahlbare Mieten, gute Renten, soziale Sicherheit, innere Sicherheit, und um Frieden auf der Welt.

Die drängendste Frage der Zeit ist nicht, dass es ungerecht ist, dass Frauen nicht im Stehen pinkeln können, sondern es sind die schreiende Ungerechtigkeit im neoliberalen Kapitalismus und die Instabilität dieser radikalen Form von Kapitalismus, die vermehrt wirtschaftspolitische und außenpolitische Krisen verursachen.

Aber die postmoderne Linke scheint hier in der »Lifestyle-Falle« (Alexander Marguier) zu sein.[312] Bestes Beispiel hierfür ist ein Vorstoß der Berliner Jusos für feministisch saubere Pornos, die staatlich gefördert werden sollten.[313]

Ein weiteres gutes Beispiel kommt aus Frankfurt. Und dazu gibt es auch eine persönliche Geschichte. Ich war Anfang Januar 2018 mit meiner Freundin in Frankfurt in der Innenstadt. Dort gibt es eine Apotheke, die *Zeil-Apotheke zum Mohren* heißt. Wir sind darauf aufmerksam geworden, weil sie direkt gegenüber von einem McDonalds liegt. Dort hatten wir uns beide einen Kaffee geholt. Als wir die Apotheke und ihren Namen sahen, sagte ich (die Debatte um die Identitätspolitik im Kopf) wirklich scherzhaft zu meiner Freundin: »In zwei Wochen, da demonstrieren hier postmoderne Akademiker vor der Apotheke, weil sie den Namen für rassistisch halten.« Nun gibt es wohl noch mehrere Mohren-Apotheken in Frankfurt und über eine oder mehrere, hat sich wohl in der Tat ein Streit um den Namen entbrannt. Jedenfalls durfte – oder musste ich – nur zwei Wochen später am

24.01.2018 in der Frankfurter Rundschau (FR) lesen, dass über die »Mohren-Apotheke« ein Streit entbrannt ist – die Autorin der FR fand den Streit auch sehr notwendig, was auch sonst.[314] Ich bin gespannt, wann der Streit nach Mainz, Worms, Nürnberg, Kassel, München und Co. kommt – da gibt es nämlich auch Mohren-Apotheken. Vielleicht ist der Streit auch schon längst da. Die Google-Recherche ergab, dass es zumindest auch in Halle schon zu ähnlichen Diskussionen gekommen war. In dem Text der dortigen Lokal-Zeitung (der Mitteldeutschen Zeitung) wurde das Thema bereits unter dem Stichwort der »Politischen Korrektheit« diskutiert.[315] Und in diesem Text durfte ich auch erfahren, dass das ZEIT-MAGAZIN (wahrscheinlich eines der Medien und Treibkräfte der postmodernen Pädagogik) eine Deutschland-Karte aller Mohren-Apotheken erstellt hat.[316]

Ein ähnliches Beispiel ist das Beispiel der Dachdecker-Firma Neger in Mainz. Der Streit geht um das Logo der Firma. Auf dem Logo steht sein Name und eine, na ja, afrikanisch aussehende Figur, mit Hammer oder Axt in der Hand. Der Fachschaftsrat Ethnologie und Afrikastudien der Universität Mainz hat Kritik an dem Logo geübt und bezeichnet es als Rassismus. Der Unternehmer Thomas Neger will auf das Logo nicht verzichten – dass er bei der CDU ist, spielt bei den Kritikern vielleicht auch eine Rolle.

Ich will gar nicht infrage stellen, dass es legitim ist, in einer freien Gesellschaft alte Praktiken und Benennungen zu hinterfragen und darauf hinzuweisen, dass sich die Zeit geändert hat und man daher das Alte doch zurücklassen sollte. Aber warum muss man es gleich ändern? Nur durch den moralischen Druck von Studenten der Ethnologie und Post-Colonial-Studies? Muss die Firma Neger sich dem Druck beugen? Nur weil die Ethnologen sagen, sie seien moralisch auf der richtigen Seite? Müssen die Firma und ihr Chef da so tun, als ob sie moralisch unterlegen sind? Und wird sich Thomas Neger nicht eher so vorkommen, als würde er hier moralisch in die Ecke gedrängt und schlechtgemacht?

Ich will nicht so tun, als sei dieser Diskurs, den der Fachschaftsrat Ethnologie und Afrikastudien der Universität Mainz hier anstößt, absurd. Aber die Vehemenz, der moralische Druck und das Gefühl der moralischen Avantgarde, welches sich in diesen Debatten über das Logo der Firma Neger oder die Mohren-Apotheke ausdrücken, die sind destruktiv, ja, störend und für die Linke als politische Kraft sehr kontraproduktiv. Denn da bleibt nur der Eindruck von Rechthabern und Besserwissern. Bei einem Handwerker kommt so ein Treiben postmoderner Akademiker schlecht an. Kann so ein Ethnologe auch einen Nagel ordentlich in die Wand hauen? Der Vorwurf der Lebenspraxisferne wird den Linken dann da angehängt. Und der Vorwurf, weltfremd zu sein, schadet der Linken. Die Linke braucht vielmehr Realismus, wenn sie die »kleinen Leute« von sich überzeugen will. Akademische Rechthaberei und Nebenkriegsschauplätze sind für die Linke schädlich.

Ein weiteres Beispiel – aus Berlin – ist das postmoderne Aufbäumen des AStAs (des Allgemeinen Studierendenausschusses) der Alice Salomon Hochschule, der ein Gedicht von der Fassade der Hochschule nehmen lassen wollte, das aus Sicht des AStAs sexistisch sei. Nach langem Streit entschied sich die Hochschule dann dazu, das Gedicht zu übermalen.[317] Berliner Absurdität ist das. In Berlin wütet der postmoderne Liberalismus am stärksten. Und dass ausgerechnet durch diese räumliche Nähe zur Macht der Berliner postmoderne Liberalismus auch die Politik für ganz Deutschland mitprägt, ist nicht abwegig. Berlin ist vor allem die Hauptstadt der Postmoderne. Das prägt auch das »politische Berlin«. Berlin ist eine Blase. Von den Geistes- und Sozialwissenschaften an den Unis, über die politische Kommunikationsindustrie bis hinein in die Verwaltung und die Parteiapparate. Die genannten Beispiele zeigen dabei nur die Spitze des Eisberges jenes postmodernen Liberalismus.

Diese Beispiele, dieser Streit und diese angeblichen Probleme sind Kopfkinowelten, theoretischer Klimbim aus Seminarräumen, die mit der Realität einfach nichts mehr zu tun haben – aber in die Realität getragen werden und so Politik transformieren, ja, Politik sogar von der Realität entfernen.

Gesellschaftspolitik ist einfach nicht genug und suggeriert, dass sonst alles eigentlich gut sei, was es aber gerade nicht ist.

Der zentrale Fokus auf sie ist falsch. Es braucht wieder einen Fokus auf den *Materialismus* und auf das *Lösen von Problemen*. Es braucht dafür ein *neues Bewusstsein*: Dies ist noch nicht die beste aller Welten. Es reicht nicht, sich eine Regenbogenfahne zu kaufen und damit feiern zu gehen. Das ist doch keine Politik. Das ist das Abfeiern des *Endes der Geschichte*. Aber genau dieses Ende der Geschichte ist eben noch nicht erreicht. Die *liberale Elite* befindet hier in einer Blase. Sie hat eine *verzerrte Sicht* auf die Welt. Sie sieht die Welt im guten Licht und will sie im guten Licht sehen.

Gerade die Sozialdemokratie sollte aus dieser *elitären Welt* ausbrechen und ihren Blick dahin richten, wo es brodelt, riecht und stinkt. Die Sozialdemokratie sollte aufhören, mit solchen Etiketten wie der »Querfront« über AfD und Linkspartei herablassend zu reden. Denn ihr Platz ist eher da, als auf der Seite des liberalen Moralismus. Datenauswertungen zeigen bereits heute, dass AfD-Wähler und Linkspartei-Wähler am meisten gemeinsam haben. Sie machen sich etwa mehr Sorgen – individuell und gesamtgesellschaftlich.[318] Die Sozialdemokratie sollte die Partei sein, die diese Sorgen ernst nimmt. Wähler der Linkspartei und der AfD sind zu großem Teil ihre früheren Wähler. Die Sozialdemokratie war lange die Partei, die die Sorgen der Menschen ernstnimmt. Im Zuge der »neuen Linken« hat sie aber dem heutigen *liberalen Moralismus* den Weg geebnet. Nun aber kann sie nicht einsehen, dass sie es ist, die von diesem *liberalen Moralismus* am meisten Schaden nehmen wird. Es braucht nicht vier Parteien eines liberalen Moralismus in Deutschland. Unter Merkel gibt es bereits eine *Koalition des liberalen Moralismus* aus CDU, Grünen und FDP – paradoxerweise ohne die CSU, die nur aus Opportunismus und Machtfetisch mitmacht. Für die SPD ist da kein Platz mehr.

Ihr Niedergang wird weitergehen, wenn sie sich daraus nicht befreit. Die Sozialdemokratie muss daher das Projekt der »neuen Linken« beenden. *New Labour* ist tot.[319] Ihr *neoliberales Anbiederungsprojekt* ist tot. Die SPD steht im Niemandsland. Da muss sie heraus. Sie muss wieder eine *linke Volkspartei* mit dem Anspruch auf *Demokratisierung der Wirtschaft* und *sozialer Einhegung des Kapitalismus* werden. Sie muss wieder eine *kapitalismuskritische Partei* werden. Sie muss die Partei der *sozialen Marktwirtschaft* werden. Ihr neues Credo muss lauten: *Für die Menschen, nicht für die Märkte!*[320] Und in diesem Bewusstsein sollte die SPD zu einer Partei der *doppelten Sicherheit* werden: der sozialen Sicherheit und der inneren Sicherheit.[321] Sicherheit ist dann kämpferisch zu erringen – gegen die Kapitalisten – und ist vom Staat zu organisieren. Insofern darf man sagen: Schaffen es die Sozialdemokraten, den *Staat* wieder ins Zentrum ihres Denkens und Handelns zu setzen, dann haben sie die Chance, mit den Möglichkeiten des Staates Politik für die Menschen zu machen. Mit dem Begriff der *doppelten Sicherheit* soll keineswegs einem neuen Konservatismus das Wort geredet werden. Nein. Die SPD ist eine progressive Partei.

Die *Sozialdemokratie* sollte und muss daher vor allem wieder Folgendes begreifen, nachdem sie sich zuletzt einem postmodernen Pragmatismus ergeben hatte: *Die Freiheit liegt noch vor uns.* Und sie muss daher einen *Populismus der Freiheit* betreiben. Verschiebt ein *rot-rotes Bündnis* den gesamten Diskurs zu *mehr Materialismus* und *mehr Realismus,* wird sich so eine Partei wie die FDP dem auch nicht lange verweigern können. Auch sie könnte und sollte nach links rücken, wenn sie merkt: Der Neoliberalismus ist endgültig gescheitert. Das eröffnet sogar wieder den Raum für ein *neues sozial-liberales Projekt.* Aber eben ein sozial-liberales Projekt, das nicht liberaler Moralismus, sondern vielmehr Freiheitskampf für eine bessere Welt ist. Dem *rot-roten Bündnis* ist also die Aufgabe gestellt, deutlich zu machen, dass *der Endsieg der Freiheit* noch nicht errungen, das *Ende der Geschichte* noch nicht da ist. *Die Freiheit liegt noch vor uns.* Dafür sollte die Sozialdemokratie nun einen *Populismus der Freiheit* beginnen. Ein Buch über die *pfälzische Sozialdemokratie* ist auf dem Umschlag mit dem Titel versehen: »Die Sehnsucht nach Freiheit erfüllt die SPD.«[322] Das symbolisiert den Freiheitskampf. Und genau das ist die Aufgabe der SPD. Die SPD muss eine *Partei von Freiheitskämpfern* sein. Es geht darum, eine *neue*

Vision für die Welt zu entwickeln und sich eben nicht durch eine diffuse Vorstellung von einer »Mitte«, von der man gewählt werden kann und muss, am Ende nichts mehr zu trauen. Es gilt, selbst zu bestimmen, wo die Mitte ist. Die Mitte ist nicht festgelegt, nicht determiniert. Sie ist beweglich und veränderbar. Man kann die Mitte verschieben. Und zwar nach links. Aber dafür braucht man *Traute*. Diese Traute muss die Sozialdemokratie wieder gewinnen. Es gilt, wieder etwas zu wagen. Genaugenommen, muss man die Mitte gar nicht mehr wirklich verschieben, sondern nur noch da abholen, wo sie mittlerweile eigentlich ist. Es ist eine Illusion zu glauben, die Mitte sei identisch mit einem neuen liberalen Bürgertum. Das ist nicht die Mitte. Zudem: Die Mitte hat sich seit der »neuen Mitte« zu Anfang der 2000er-Jahre schon verändert. Diese »neue Mitte« gibt es doch eigentlich schon nicht mehr. Es stimmt zwar: Es gibt ein neues, liberales, weitgehend postmaterialistisches Bürgertum – ohne immer schon von ökonomischen und materialistischen Nöten befreit zu sein (Stichwort: der arbeitslose Drehbuchautor und der großstädtische Medientyp, der noch in der WG wohnt, weil er sich mehr nicht leisten kann). Genauso verhält es sich mit der hippen Kellnerin und der hippen Friseurin, die nicht auf ihren Kontostand achten, sondern auf den Ausdruck ihrer Personality: »Was ich habe« ist dann nicht so wichtig wie »wer ich bin« und »wer das mitbekommt«. Obwohl sie nicht wohlhabend sind, denken und leben sie aber wie das neue liberale Bürgertum: Hauptsache, die eigene Identität präsentieren. Ich nenne diese Subjektivitätsform: *Egoviduum*.[323] So werden auch Teile der »kleinen Leute« von einer Identitätspolitik gefangen gehalten. *Personality matters more than money.*

Ich behaupte dennoch: Dieses liberale Bürgertum, das sich in der Illusion einer schönen neuen Welt wohlig eingerichtet hat, dieses kosmopolitische Jet-Set-Bürgertum, das ist nicht die Mitte. Es gibt Menschen in der Mitte, die Abstiegsängste haben, sie vielleicht sogar konkret erfahren haben. Diese Menschen leiden unter steigenden Immobilienpreisen. Ihnen bereitet der Wettbewerbsdruck im Zeitalter der Globalisierung Kopfschmerzen und macht sie zu dauergestressten Getriebenen, die Angst haben, irgendwann nicht mehr »funktionieren« zu können. Diese Menschen machen sich Sorgen wegen Terror und innerer Sicherheit. Sie wollen nicht, dass Einbrecherbanden ihnen die gerade mit Kredit finanzierte Wohnung leerräumen oder dass irgendwelche Irren, deren Aufenthaltsstatus zumindest fragwürdig ist, Terror auf Weihnachtsmärkten machen. Diese Menschen sorgen sich um die Zukunft ihrer Kinder in einem von eben starkem Wettbewerbsdruck geprägten Staatenwettbewerb. Sie stören sich an der sozialen Ungleichheit. Es nervt sie, selbst wenn sie noch einigermaßen ökonomisch gut dastehen, dass sie beim Sparen am Ende verlieren. Es nervt sie, dass sie lange im Stau stehen, manchmal um Kita-Plätze kämpfen müssen und manchmal, leider oft, sind sie mit der Qualität der Kitas und dem Betreuungsschlüssel nicht zufrieden. Es ist doch bei Weitem nicht alles gut. Vieles ist sogar bedenklich, und es ist daher mehr als notwendig, einen *Kurswechsel* einzuschlagen. Die *liberale Verblendung*, dieses Gefühl, dass eigentlich alles gut ist und alles seinen richtigen Weg geht, muss aufhören. Vor allem müssen wir nun endlich wieder *mehr über Ökonomie* reden. Das taten wir zuletzt kaum, weil wir eigentlich nur über Werte und Weltbilder geredet haben. Es ging zuletzt um die richtige Sichtweise auf die Welt – die Liberalen gegen die Rechtspopulisten. Das ist Realitätsverweigerung. Es ist an der Zeit, vor allem wieder über Ökonomie zu reden. Vor allem hier über die *Strukturprobleme des Eurokapitalismus*.

14.
Endlich wieder über Ökonomie reden:
Für ein Ende der Europapolitik als Moralpolitik

Mit der *Kritik* am *postmodernen Linksliberalismus* geht einher, dass es endlich wieder Zeit ist, über *Ökonomie* zu reden. Meine These ist, dass es in der liberalen Elite von Mitte-Rechts bis Mitte-Links und insbesondere innerhalb des linken Denkens zu liberalen Übertreibungen gekommen ist, indem die kulturellen Fragen (»Welche Werte und welches Weltbild habe ich?«) so sehr ökonomische und soziale Fragen verdrängt haben, dass wir kaum noch darüber reden, was wir ökonomisch und sozial verändern müssen, um wieder mehr Stabilität in den *demokratischen Kapitalismus* zu bekommen und ihn zugleich sozial und demokratisch fortzuentwickeln.

Das Problem der Linken ist momentan, dass sie jenseits neoliberaler Wirtschaftstheorie und den *Status quo* bewahrender wirtschaftspolitischer Praxis nichts mehr so richtig in der Hand haben. Dadurch bleibt ihnen dann letztlich nur noch übrig, über »Werte« und »Weltbilder« zu reden, wodurch sie in einen moralistischen linksliberalen Kulturkampf abgleiten. Sie können quasi also nichts anderes mehr. Das Willy-Brandt-Haus, die Parteizentrale der SPD, hat zum Beispiel noch nicht mal mehr eine Wirtschaftsabteilung – ein Chefökonom fehlt auch. Das sagt eigentlich alles. Die moderate Linke ist ökonomisch einfach leer und blind geworden. Sie stellt nicht mehr die Grundsatzfrage: Wollen wir diesen Neoliberalismus eigentlich so? Und was sind die Alternativen?

Es gibt aber etliche Beispiele, die verdeutlichen, warum es gerade so wichtig ist, dass wir in nächster Zeit sehr bald wieder mehr über Ökonomie reden. Und dass vor allem die Linke dies tut. Eigentlich ist es doch gerade offensichtlich, dass die deutschen

Löhne stark steigen müssen, damit die Eurozone nicht auseinanderfliegt. Die Deutschen hätten es in der Hand. Aber sie laufen gerade auf die Wand zu. Sollte jedoch der Euro auseinanderfallen, wären die Deutschen die größten Verlierer. Die D-Mark oder ein Nord-Euro würde zur härtesten Währung der Welt werden, Auslandsvermögen würde vernichtet und die deutsche Exportindustrie fundamental geschwächt werden. Aber was passiert gerade? Deutschland verordnet zusammen mit den EU-Bürokraten allen Ländern zu sparen, und in Deutschland scheint es einen breiten Mitte-Konsens in der politischen Elite für Lohnzurückhaltung und den Erhalt schlechter Arbeitsverhältnisse wie Leiharbeit zu geben (in dem Sinne: bloß die Agenda-2010-Politik vollumfassend schützen).

Dadurch sind aber alle anderen europäischen Länder auch gezwungen, ihre Reallöhne zu drücken – man sieht es exemplarisch an Macron, der nun versucht, eine Art Agenda 2010 in Frankreich durchzudrücken. Die Folge ist: Europa spart sich immer weiter kaputt. Eine Abwärtsspirale droht – und das ausgelöst durch lohnpolitische und fiskalpolitische Dummheit.

Es ist nahezu offensichtlich, dass hier in Deutschland *Realitätsverweigerung* betrieben wird. Man ist stolz auf die Exportüberschüsse. Aber die Ökonomie ist nun mal so wie sie ist. Wenn Deutschland Exportüberschüsse macht, dann bedeutet das, dass andere Länder Schulden machen müssen – Kredite bei uns aufnehmen müssen. Wir machen keine Schulden. Aber fast alle anderen machen Schulden. Das bedeutet aber: Wenn sich die Importländer deutscher Waren immer weiter verschulden, wird deutsches Auslandsvermögen vernichtet, falls Schulden nicht mehr bedient werden können.

Im Falle einer globalen oder zumindest europäischen Rezession wäre Deutschland der größte Verlierer. Denn es ist durch seine Exportüberschüsse ein großer Kreditgeber. Denn durch die Exporte entsteht Geld – betriebswirtschaftlicher Gewinn –, das man anlegen muss, und das tun die Deutschen natürlich tendenziell global. Alle haben dann bei uns Schulden. Im Falle eines neuen Crashs haben alle also bei uns Schulden, die sie wohlmöglich nicht mehr bedienen können, wodurch Deutschland von einer neuen Krise also mit am härtesten getroffen werden würde. Dass zeigte sich ja schon in der Finanzkrise 2007/2008: Ausgerechnet die deutschen Landesbanken, die *IKB* oder die *Hypo Real Estate* hatten sich mit sogenannten Ramschpapieren aus dem US-Immobilienmarkt eingedeckt, schrieben nach dem Zusammenbruch des US-Immobilienmarktes hohe Verluste und mussten vom deutschen Staat gerettet werden – und das, obwohl es keine Blase am deutschen Immobilienmarkt gab. Man hatte also die Krise lediglich importiert, indem man deutsches Kapital in diese Schrottpapiere investiert hatte, weil es investiert werden musste. Zu den Risiken einer globalen Rezession für das extrem exportorientierte Wirtschaftsmodell Deutschland kommt hinzu, dass Auslandsguthaben auch durch Bewertungsverluste verloren gehen können – sich also quasi auflösen können.

Diese Bewertungsverluste sind enorm, wie Erik Klär, Fabian Lindner und Kenan Šehović für die Zeitschrift *Wirtschaftsdienst* zeigten. Sie schrieben bereits 2013:

> »Seit Beginn der Europäischen Währungsunion hat die deutsche Volkswirtschaft im dritten Quartal 2012 ihr Nettoauslandsvermögen auf über 1 Billion Euro ausgeweitet. Dieser Vermögenszuwachs bleibt gleichwohl in der Summe deutlich hinter den kumulierten Leistungsbilanzüberschüssen im selben Zeitraum zurück: Trotz einer Erholung im Jahr 2012 belaufen sich die Buchungsverluste aktuell nach konservativer Schätzung auf rund 270 Mrd. Euro bzw. 10 % des BIP. Hinzu kommt, dass die durchschnittliche Verzinsung deutscher Vermögenswerte im Ausland langfristig nicht über, sondern unter der inländischer Finanzanlagen im Besitz von Ausländern lag. Die Anhäufung finanzieller Forderungen gegenüber dem Rest der Welt im Zuge von Leistungsbilanzüberschüssen stellt somit im Rückblick auf die vergangenen vier Jahrzehnte – vor allem aber auf das letzte – aus gesamtwirtschaftlicher Sicht eine beträchtliche Fehlallokation dar. Insgesamt spricht Vieles dafür, dass Deutschland eine deutliche Reduktion seiner Leistungsbilanzüberschüsse anstreben sollte – dies aus wohlverstandenem Eigeninteresse.«[324]

Mehr Investitionen und die Steigerung des Binnenkonsums durch höhere Löhne wären eine sinnvollere Art und Weise, mit deutschem Überschusskapital umzugehen, anstatt es nur ins Ausland zu schicken. Selbst ein *fiskalischer New Deal* wäre besser oder eine *Europäische Arbeitslosenversicherung* – welche aber dann tatsächlich einen fiskalischen Transfer bedeutet. Hauptsache man geht produktiv mit dem Geld um, statt es unkontrolliert abfließen zu lassen, so dass es am Ende nur zu Bewertungsverlusten kommt – also im Grunde zur Vernichtung des Wertes des Überschusskapitals.

Die Ökonomin Heike Joebges bewertet das Problem der Bewertungsverluste folglich so und hat damit Recht:

>»Vermehrte Investitionen im Inland würden die massiven Bewertungsverluste bei Auslandsanlagen vermeiden und damit eine sinnvollere Vorbereitung auf die demographische Entwicklung darstellen als Kapitalexporte ins Ausland. Da zudem fast alle Industrieländer wie auch große Schwellenländer wie China vor ähnlichen Alterungsprozessen stehen, können Kapitalexporte ohnehin keine Lösung für alle sein.«[325]

Der Exportwirtschaft muss es *erstens* noch gar nicht schaden, wenn Überschusskapital etwa in Deutschland reinvestiert wird. *Zweitens* heißt es zwar, dass der Auslandskapitalfluss auch ein Programm zur Finanzierung deutscher Exportgüter ist (Defizitländer kaufen mit deutschem Geld deutsche Volkswagen). Diese Sichtweise wird zwar auch kritisiert,[326] aber es spricht auch viel für diese Perspektive. Vielleicht kauft man jedoch eher deutsche Technologie und Autos wegen der Qualität? Südkoreanische oder chinesische Maschinen sind schließlich sehr viel billiger. Warum dann die teuren deutschen Maschinen und Autos kaufen? Vielleicht weil sie einfach besser sind und einen höheren Nutzen erzeugen? Wenn man das so sieht, ist es also gar nicht so schädlich, deutsches Kapital nicht massenweise ins Ausland zu schaffen. *Drittens* ist es sogar besser, es genau deswegen in Deutschland zu investieren, weil durch eine bessere Infrastruktur (sagen wir Glasfaselkabel-Internet für alle in hohen Geschwindigkeiten) die deutsche Exportindustrie wiederum sehr profitiert – denn auch sie muss zur *Digitalindustrie* werden. Und *viertens* ziehen mehr öffentliche Investitionen mehr Privatinvestitionen nach sich (zum Beispiel Ausrüstungsinvestitionen). Auch das modernisiert und stärkt die deutsche Industrie. *Fünftens* gibt es nicht unbegründete Hoffnungen auf Re-Industrialisierung durch die *Industrie 4.0.* Aber diese digitale Industriewende und digitale Re-Industrialisierung können nur funktionieren, wenn die *digitale Infrastruktur* herausragend ist und wenn massiv in das deutsche Bildungs- und Forschungssystem investiert wird. Das sind alles Gründe, warum es gelingen muss, deutsches Überschusskapital vermehrt in Deutschland zu investieren. Ein industriefokussierter, sozialdemokratischer Neo-Korporatismus mit dem Ziel stärkerer Investitionen durch die öffentliche und die private Hand wäre also genau das Richtige für die deutsche Wirtschaft zurzeit. Mehr Wirtschaftsliberalismus fördert die deutsche Wirtschaft gerade nicht. Dies könnte nur durch eine Rückkehr des »sozialdemokratisch-korporatistischen Konsenses« (Andreas Reckwitz)[327] gelingen. Die deutsche Wirtschaft braucht gerade mehr Staat und mehr Inlandsfokus. Vielleicht sehen es ihre Lobbyisten noch selbst ein.

Auch die EZB-Politik sollten die deutschen Wirtschaftslobbyisten überdenken. Bedenkt man die Niedrigzinspolitik der EZB, durch die der deutsche Sparer kalt enteignet wird, dann ist das ein schleichender und unsichtbarer Wohlstandsverlust für Deutschland – vor allem für seine Mittelschicht. Ausfuhren allein schaffen noch keinen Wohlstand, kommentiert Werner Vontobel kühl die deutsche Lage.[328] Es ist an der Zeit, die Binnennachfrage zu stärken und mehr in Deutschland zu investieren.

Lohnzurückhaltung ist ein Problem für Deutschland. Ein lange fehlender Mindestlohn und ein immer noch viel zu geringer Mindestlohn sind ein Problem und auch der sehr sparsame Arbeitskampf der Gewerkschaften. Zwar hängt der Rückgang der Macht der Gewerkschaften auch mit ihrem Mitgliederrückgang oder der nur stagnierenden Mitgliederschaft zusammen – einzig die IG Metall war in den letzten Jahren wirklich darin erfolgreich wieder eine starke Mitgliederorganisation zu werden. Grundsätzlich darf man aber annehmen, dass der »kranke Mann«, als der Deutschland bis weit in die 2000er-Jahre hinein galt, offensichtlich ein sehr offenes Klima für neoliberalen Geist und neoliberale Reform geschaffen hat, sodass der lange existierende »sozialdemokratisch-korporatistische Konsens« (Andreas Reckwitz)[329] der alten Bundesrepublik mit ihrem Rheinischen Kapitalismus bei allen zentralen Akteuren aus den Köpfen gewichen ist. Im Zeitalter der Eurozone ist dieser fehlende sozialdemokratisch-korporatistische Konsens aber ein Grundproblem, weil er eigentlich nötig wäre, damit Deutschland begreift, was nötig wäre, um diese Eurozone dauerhaft stabil zu halten. Aber nicht nur, dass dieser Konsens offensichtlich erodiert ist, nein, auch durch seinen Verlust und den Sieg des Neoliberalismus diskutiert man kaum noch über Ökonomie.

Es gibt ökonomische Strukturgegebenheiten, die den Deutschen große Probleme schaffen könnten. Über verschiedene Möglichkeiten ökonomischer Entwicklung muss aber öffentlich diskutiert werden und dazu auch über Alternativen, um einen Crash zu verhindern. Dazu gehört zudem, *Grundprobleme* der Eurozone anzusprechen und die *Alternativen* nicht der *Alternative für Deutschland* zu überlassen. In der Tendenz braucht ein einheitlicher Währungsraum ähnliche wirtschaftliche Entwicklungen. Das ist aber momentan so nicht gegeben. Die Nordländer gewinnen, die Südländer verlieren. Ihre wirtschaftliche Kraft und ihre wirtschaftliche Entwicklung gehen weit auseinander. Früher konnte man bei wirtschaftlichem Tiefgang seine Währung abwerten. Im Eurokapitalismus geht das nicht mehr. Dieses Grundproblem der Divergenz könnte man noch einigermaßen abfedern, wenn man die europäischen Regierungen nicht quasi auch noch kollektiv zu fiskalischer Konsolidierung zwingen würde. Es gibt hier also keine Abwertungsmöglichkeiten mehr. Und scheinbar auch keine fiskalischen Alternativen mehr, wenn eine Quadriga aus IWF, EU-Kommission, EZB sowie den Börsen und großen Teilen der Finanzmarktanalysten sofort Sturm läuft, wenn sich ein Pflänzchen der fiskalpolitischen nationalstaatlichen Umkehr andeutet. Fiskalpolitische Freiheit wird in den freien Demokratien heute hart sanktioniert – so viel zur Freiheit in dieser

Welt. Paradox eigentlich, wo so gewaltige Finanzmarkt-Akteure, wie Versicherungen, eigentlich schon lange eine Umkehr der Politik brauchen, weil sie in der Regel nur in risikoarme Produkte wie Staatsanleihen investieren wollen und eigentlich auch nur konservativ investieren dürfen. Nur gibt es mittlerweile (außer deutschen Staatsanleihen natürlich) nicht mehr sonderlich viele sichere Häfen für das konservativ anzulegende Geld. Trotz aller Interessensunterschiede auch innerhalb der Finanzmärkte (diese sind ja auch plural und nicht grundsätzlich ein einheitlicher Moloch) bleibt es aber momentan bei einer neoliberalen Grundorientierung mit Präferenz für »keine Experimente«. Die Grundtendenz der Finanzmärkte ist also konservativ – und nicht risikofreudig. Zumindest gilt das für die Sicht auf die *Makroökonomie*. Individuell und aus betriebswirtschaftlichem Interesse wird natürlich gerne weiterhin gezockt.

Es gibt aber auch im Euroraum noch weit strukturell gefährlichere Probleme. Viel problematischer ist hier noch, dass wir trotz gemeinsamer Währung immer noch verschiedene nationale Staatsanleihen haben. Die Krisenländer des Südens müssen erheblich höhere Zinsen für ihre Staatsanleihen zahlen, während Deutschland das Geld nahezu hinterhergeworfen wird – was der eigentliche Grund ist, warum das mit der deutschen »schwarzen Null« so gut klappt. Die Folge der hohen Zinsen auf Staatsanleihen der Südländer ist aber, dass sie wiederum hart im Staatshaushalt *kürzen* müssen – um das euphemistische Wort »sparen« zu vermeiden. Dadurch wird ihre Wirtschaft weiter runtergezogen, weil der Wirtschaft dadurch auch Kaufkraft entzogen wird und wichtige Investitionen in den Wirtschaftsstandort ausbleiben. Zwar hat die EZB richtig gehandelt, als sie vor Jahren ankündigte, unbegrenzt Staatsanleihen der Krisenländer zu kaufen. Aber das führt nur zu kurzfristiger Ruhe und sorgt mittelfristig für keine Lösung. Es macht die EZB sogar tendenziell zu einer toxischen Bad Bank. Mario Draghi hatte vielleicht im Juli 2012 einst gehofft, dass nur psychologisch, also durch seine reine Ankündigung der unbegrenzten Abnahme, Angst aus dem Markt genommen wird, wodurch weiter genug Investoren Staatsanleihen von Krisenländern kaufen. Aber mit seiner Verpflichtung hat er etwas losgetreten, was die EZB alleine nicht wieder aufkündigen kann. Sie ist nun verpflichtet, Worten Taten folgen zu lassen. Und das könnte sie mittelfristig – vielleicht ist sie es schon längst – zur größten Bad Bank der Welt machen. Schließlich hat die EZB seit Jahren bereits immer wieder viele Staatsanleihen gekauft.

Die einzige Lösung – soweit ich sie für den Moment sehe – für die Liquiditätskrise in der Eurozone wären »Eurobonds«. Die sind hoch umstritten. Vor allem Deutschland hat bei einer nationalistischen AfD und einem rechtspopulistischen CSU-Clan um Markus Söder & Co. das Problem, dass man wahrscheinlich keine politische (geschweige denn gesellschaftliche) Mehrheit für so eine Maßnahme bekäme – zumindest nicht so schnell, wie es angezeigt wäre. Eurobonds würden nämlich auch eine bessere und intensivere Koordinierung der Haushalts- und Fiskalpolitik nach sich ziehen. Und bei der momentanen Lage und der politischen Konstellation in Europa ist so eine Vertiefung der EU nicht durchzusetzen. Diese Konstellation wird auch nicht durch Appelle und Bekenntnisse zu Europa gelöst. Da können 20.000 Menschen bei *Pulse-of-Europe-Demos* in Berlin mitlaufen und für Europa skandieren, aber diesen strukturellen Konflikt wird man durch »Europa ist unsere Zukunft«-Reden nicht so schnell auflösen – auch Herr Macron wird das nicht können, und das schon gar nicht, wenn er die wahren Strukturprobleme in Europa negiert und zeitgleich Robin Hood für die Reichen in seinem eigenen Land spielt.

Auch wenn Demonstrationen mit hohem Zulauf sicher eine große Wirkung zeigen würden (denn das tun sie immer, weil das ihre demokratische Bedeutung ist), ist der Grundsatzkonflikt in Europa eben nicht der Natur, ob das Projekt Europa am Ende im Grundsatz gut oder schlecht ist, sondern der Grundsatzkonflikt ist ein ökonomischer, der als solcher auch adressiert werden muss. Der scheinbare Konflikt »Nationalismus« der Rechtspopulisten gegen den Kosmopolitismus der »Liberalen« ist am Ende nur ein kulturell sichtbarer Konflikt. Es stimmt, wie im Kapitel über den *Selbstbetrug mit der globalen Gerechtigkeit* geschildert, dass wir einen Grundsatzkonflikt zwischen Kosmopoliten und Kommunitaristen haben. Transnationalisierung hat zu lange in der Tat nur den Bessergestellten geholfen. Dadurch ist ein Gegensatz zwischen Modernisierungsverlierern und Modernisierungsgewinnern entstanden. Das ist in der Tat eine *neue Konfliktlinie* jenseits von rechts und links. Aber in Bezug auf die EU sprechen sich noch nicht einmal alle Rechtspopulisten dafür aus, die Union komplett abzuschaffen. Sie wollen eher ein Europa der Vaterländer – starke Nationalstaaten in einem losen Bund, maximal mit einem Binnenmarkt. Ihnen geht es um lose Verabredungen. Selbst Rechtspopulisten wissen am Ende des Tages, dass sie die Globalisierung nicht zurückdrehen können. Internationale Verabredungen kann auch ein Donald Trump treffen – auch wenn er das weniger will und sie sogar brechen kann (siehe Klimaabkommen). Aus allem heraushalten kann sich eigentlich fast nur Nordkorea. Der Rest der Welt ist heute miteinander verbunden und bleibt es, Tendenz eher steigend. Die Globalisierung führt zu immer neuen Netzwerken, Wertschöpfungsketten und Verbindungen.

Im Hintergrund schwelen im Eurokapitalismus eher die Konflikte über die Zukunft der Institutionenordnung der EU und der Architektur des Euroraums. Die Europäische Union hat *Strukturprobleme*. Diese wegmoralisieren und verleugnen zu wollen, indem man Kritiker nur Nationalisten schimpft, führt hier zu nichts. Das führt eher sogar zum Zerfall der EU – zumindest des Euroraums – aus *ökonomischen* und *strukturellen* Gründen. Nicht die Normativität zerlegt dann die EU, sondern schlicht und einfach die Realität. Die drängendste Frage ist dabei: Wie geht man mit diesen strukturellen Problemen um? Lässt man es laufen, in der Hoffnung, dass die EZB die Dinge schon irgendwie regelt? Oder spricht man über die »Konstruktionsfehler« des Euros? Wenn es doch offensichtlich ist, dass ein weiterer umfassender Souveränitätstransfer der Nationalstaaten zur EU zurzeit vom Wähler nicht begrüßt wird, wie soll man also damit umgehen, dass man weiß, dass dauerhaft ein freier Waren- und Kapitalverkehr nicht mit festen Wechselkursen funktioniert, wenn man nicht zugleich einen politischen Mechanismus zum Überschussrecycling einführt, wie es Yanis Varoufakis treffend analysiert?[330] Kurzum: Eigentlich bräuchte es einen *New Deal für Europa*. Denn Überschussländer wie Deutschland können eigentlich kein Interesse an einem Zusammenbruch des Eurokapitalismus haben.

Um es paradox anmutend zu formulieren: Eigentlich ist gerade nicht die Zeit, von den »Vereinten Staaten von Europa« zu fantasieren und immer mehr Souveränitätstransfer zu predigen, der in einer immer diffuseren Ordnung der Eurozone mit immer mehr Macht der demokratisch kaum legitimierten EZB endet. Aber man muss schon etwas tun für den Eurokapitalismus – auch und gerade, um dem inhärenten Neoliberalismus dieses Eurokapitalismus endlich etwas entgegenzusetzen.

Die Nationen sollten dabei durchaus ihr Eigeninteresse betonen, aber auch einsehen, dass, um dieses Eigeninteresse zu schützen, sehr bald eine Art New Deal für Europa nötig ist. Dieser New Deal muss ja auch nicht zwingend mit einem Souveränitätstransfer an Brüssel einhergehen. Eher sollte es zu einem wohlverstandenen Akt der volkswirtschaftlichen Vernunft kommen, den die Nationen aus wohlverstandenem Eigeninteresse unternehmen – wobei eine weitere Stärkung der EU-Kommission in jeder Hinsicht vermieden werden muss. Kurz: In einer Zeit hoher Unzufriedenheit mit den Ergebnissen einer zuletzt zur Bürokraten-EU avancierten Europäischen Union moralisch nach den »Vereinten Staaten von Europa« zu rufen, wird nur falschen Nationalismus bestärken. Egal ob diese moralischen Rufe nach mehr Europa von Martin Schulz oder aus der CDU kommen, zurzeit sind sie falsch.

Eher muss sich erst einmal nur die Eurozone um ihre eigenen Probleme kümmern, erst einmal Problemlösungskompetenz beweisen. Überhaupt sollte diskutiert werden und eben nicht jedes kritische Wort über die EU als Nationalismus abgetan werden. So erscheint das nämlich vielen Menschen: Die Europapolitik ist zu einer Moralpolitik geworden.

In so einer Diskursordnung wird nicht das diskutiert, was diskutiert werden müsste, mit der Folge einer immer größeren

Gefahr der Implosion des gesamten Eurosystems. Kommt es aber zum großen Knall der Eurozone, werden Europa längere düstere Zeiten bevorstehen. Immer mehr EU-Regeln für die am Euro beteiligten Nationalstaaten – die meist dann in Kürzungspolitik münden – sind nicht die Lösung, sondern das Problem. Eher muss grundsätzlich über die Aufgaben der EZB diskutiert werden und über Mechanismen des Ausgleichs zwischen den Euroländern. Um aus der seit 2008 stattfindenden Eurokrise zu kommen, muss jetzt grundsätzlich gesprochen werden. Aber nicht so, dass am Ende nur mehr Regeln von einer Bürokraten-EU kommen, welche die Nationalstaaten dann zu erfüllen haben, sondern vielmehr sollten erst die Mitglieder der Eurozone die Probleme dieser Eurozone diskutieren. Auch wenn es paradox klingt: Im Rahmen nationalstaatlicher Verhandlungen kann es durchaus zu »mehr Europa« kommen, solange die Nationalstaaten nicht durch die Hintertür nur zu Managern der Aufgabenerfüllung einer Bürokraten-EU werden.

Zurzeit sollte es vor allem gerade nicht zu mehr diffusem Souveränitätstransfer[331] auf EU-Kommission und EZB bei gleichzeitiger Beibehaltung aller Strukturprobleme der Eurozone kommen. Kurzum: Natürlich braucht es Europapolitik, aber bitte keine moralisch eingefärbte Jubelshow, sondern eine kritische und wohlüberlegte EU-Politik, die nicht den Eindruck einer elitären, kosmopolitischen Bevormundungspolitik hat – durch deren Hintertür am Ende nur Sozialabbau und Austeritätspolitik im Namen angeblicher Alternativlosigkeit folgen. EU-Politik nach dem Stil »Macron wartet auf eine Antwort« ist Moralismus pur, wird zu Ausblendungseffekten, zu mehr Regulierungswut der EU und zu bürokratischen Verabredungen ohne Ziel und Orientierung führen und ist aus nationalem Interesse Dummheit.

Ich glaube, dass man die Krise Europas *erstens* mit den bisherigen Institutionen (EZB, EIB, EIF, ESM) in den Griff bekommen müsste und demnach zunächst keine neuen Institutionen schaffen sollte. *Zweitens* sollten die Nationalstaaten der Eurozone zunächst getrennt vom Rest Europas vermehrte Treffen anvisieren, um die Probleme der Eurozone zu besprechen. Der Fokus

sollte also erst einmal kleiner sein, und man sollte auf die aku-
testen Fragen Antworten finden. Ich glaube auch, dass »Eurobonds« somit kein Souveränitätstransfer der Nationalstaaten sind,
sondern dem wohlverstandenen Eigeninteresse der Nationalstaaten dienen. Zu verhindern gilt es grundsätzlich, dass es immer mehr Auflagen der EU gibt, die die Nationalstaaten zu fis-
kalpolitischer Radikalkur zwingen. Ich plädiere daher dafür, Europapolitik materialistisch und ökonomisch zu denken und zu
diskutieren und nicht als Moralpolitik zu betreiben. Moralpolitik
blendet ökonomische Zielkonflikte und ökonomische Strukturprobleme aus und wird im Zweifelsfall nur zur Verschärfung der
Probleme und Zielkonflikte führen.

In dieser Weise kann ich mit dem – vermeintlichen – Paradox leben, »mehr Europa« in manchen Fragen für sinnvoll zu
halten und zugleich einem Moralprojekt und einer Souveränitätstransfer-Euphorie kritisch gegenüberzustehen.[332] Kurzum:
»Mehr Europa« sollte auch der Stabilität der Nationalstaaten
dienen und zugleich das »soziale Europa« in diesen Nationalstaaten fördern, anstatt mit »mehr Europa« durch die Hintertür für
die Neoliberalisierung Europas zu sorgen. Ich wende mich also
gegen das »mehr Europa« der Moralpolitik und der Transfer-Po-
litik mit nationalstaatlicher Neoliberalisierungsfolge. Somit kann
ich »Eurobonds« oder eine ähnliche Regelung, um dem Problem
der unterschiedlichen Belastungen durch nationale Staatsanleihen zu begegnen, als Maßnahme selbstbewusster Nationalstaaten begreifen, die ein Interesse an der Fortdauer der Eurozone
besitzen. Aber einen EU-Finanzminister in der momentanen
Lage der Eurozone zu etablieren, schafft das ungute Gefühl, dass
dieser EU-Finanzminister am Ende nur eine Marionette der EU-
Bürokratie ist und als Zuchtmeister und Dompteur für den wei-
tergehenden neoliberalen Umbau Europas fungiert. Ich will auch
einen weiteren heimlichen Souveränitätstransfer auf die EZB
verhindern, indem Nationalstaaten sich von ihr abhängig machen, weil ihre Regierungen nicht in der Lage sind, zu vernünftigen Lösungen in der Eurokrise zu kommen. So ist man durch
Uneinigkeit nur in der Lage, darauf zu hoffen, dass die EZB alles

tut, um den Euro zu stabilisieren und nimmt in Kauf, dass die EZB eigenmächtig agiert – ohne zu wissen, ob ihr Staatsanleihen-Kauf am Ende nicht in einem großen Knall gerade die Eurozone zerstört. Kurz: Es gibt in Europa viel zu tun, aber der EZB weiterhin einen Blankoscheck auszustellen und ansonsten nur noch mehr Institutionen zu schaffen, die die Nationalstaaten am Ende nur auf Austeritätskurs trimmen, das will ich nicht.

Aber ich wende mich nicht gegen Europa oder gegen »mehr Europa« aus ideologischen Gründen. Ich befürworte keinen Nationalismus und auch keine linken Fantasien, in denen die EU keine Rolle mehr spielt. Ich will die EU stabil halten, aber dafür braucht es auch Kritik und eine neue Politik für die Eurozone. Die Union wird nicht gerettet oder gestärkt, indem man sich eine Europafahne kauft und damit auf eine Demo geht. Dafür ist die Europapolitik einfach zu komplex. Moral rettet auch den Eurokapitalismus nicht.

Daher ist es an der Zeit, wieder mehr über Ökonomie zu reden. Es ist Zeit für eine *neue Europapolitik*. Für eine Europapolitik gegen den latenten Neoliberalismus der EU und für eine Europapolitik eines »wirklichen« sozialen Europas.

Mit den Strukturproblemen der EU – insbesondere der Eurozone – muss man sich also auseinandersetzen. Aber das findet kaum statt zurzeit. Und das deswegen, weil der Kulturkampf alles überlagert. Wir gegen die. Das ist der Klang dieser Tage. Unsere Werte gegen deren. Offenheit gegen Nationalismus. Die liberale Ideologie gegen die Ideologie der Rechtspopulisten. Europafahne gegen die deutsche oder die französische Fahne. Die Europahymne »Ode an die Freude« gegen die deutsche Nationalhymne oder die französische Marseillaise.

Man kann anscheinend momentan nur mit Weltbildern argumentieren – und argumentiert daher eigentlich nicht.

Das führt aber dazu, dass in der Tendenz der Eurokapitalismus immer weiter droht, irgendwann in einem großen Knall zu explodieren. In der momentanen Konstellation der politischen Kräfte laufen wir auf diesen großen Knall in Europa zu. Wir haben jetzt mittlerweile über neun Jahre Börsenhausse. Es wird in den nächsten zwei, drei Jahren sehr wahrscheinlich eine Rezession geben. Darauf muss man vorbereitet sein. Man braucht hierfür ein Bewusstsein.

Die Dramatik der Entwicklung des Schuldenkapitalismus tut sein Übriges. Der Banker und Ökonom Wolfgang Schröter schrieb bereits vor drei Jahren über das »große Schuldendilemma«:

> »Die beiden dominierenden Währungssysteme – der US-Dollar als Leitwährung in einem flexiblen Wechselkurssystem und das Fixkurssystem des Euro – tragen maßgeblich zum Aufbau von Schulden bei. Bereits Ende der 1950er Jahre hatte der amerikanisch-belgische Währungsexperte Robert Triffin festgehalten, dass flexible Wechselkurssysteme ohne einen Anker die Ausweitung von Schulden erheblich befördern.«[333]

Man darf vielleicht – ein bisschen hinterhertrauernd – sagen, dass seit dem Zusammenbruch des Bretton-Woods-Systems, das aus einem keynesianischen New-Deal-Antrieb heraus etabliert wurde, nie wieder Ordnung in den Weltkapitalismus hineingekommen ist und dass wir seitdem den rasanten Anstieg von Ungleichheit, Schulden und Destabilität beobachten können. Es ist bald Zeit für eine Neuordnung des Weltkapitalismus. Es sollte nicht erst auf den großen Crash gewartet werden – der jedenfalls sicher kommt, wenn die Tendenz zu mehr Schulden und mehr Ungleichheit anhält.

Wir erleben gerade eine *fundamentale Realitätsverweigerung* angesichts dieser dramatischen Fragen für die Zukunft Europas und des Weltkapitalismus. Ökonomische Grundsatzfragen werden eigentlich kaum gestellt und debattiert. Stattdessen ist der Kulturkampf zum zentralen Gesprächsthema des politischen Diskurses avanciert. So verlagert sich vieles in Fragen nach »Werten« und »Weltbildern«. So wird nicht nur der Klassenkonflikt dieser Tage sogar zum Teil über das Kulturelle ausgetragen, sondern ganz elementare Zukunftsfragen der EU und des globalen Kapitalismus werden nicht debattiert.

Es geht für die Linke genau deswegen wieder darum, Kritik am *Status quo* zu äußern und auch zum Kritiker der neuen Einheit aus *ökonomischem Neoliberalismus* und *kulturellem – postmodern geprägtem – Linksliberalismus* zu werden. Die *Kritik* an der Ausrichtung auf *postmoderne Kulturpolitik* ist deswegen so unbedingt notwendig, weil es zurzeit so wichtig ist, dass wieder ökonomische und soziale Fragen diskutiert werden. Sie müssen in das Zentrum der Debatte.

Der *demokratische Kapitalismus* hatte noch nie eine derartige Krise wie jetzt. Und nur die Linken können den *demokratischen Kapitalismus* noch retten. Dafür müssen sie nun wieder sehr viel stärker über Ökonomie reden und auch so eine Art »*Keynesianismus für das 21. Jahrhundert*« entwerfen. Es braucht endlich wieder eine alternative Wirtschaftstheorie und Wirtschaftspolitik jenseits von linkem *Neoliberalismus Light*.

15.

**Es gibt keinen Zielkonflikt
zwischen Anerkennung und Umverteilung**

Im Januar 2017 forderten Dirk Jörke und ich in einem Beitrag für die FAZ, dass die Linken sich wieder mehr für die »kleinen Leute« interessieren, sich um sie kümmern und eben für sie auch Politik machen sollten – ohne andere Gruppen dabei zu vergessen. Das Gleiche forderte ich noch mal in einem Beitrag für ZEIT ONLINE und für den *vorwärts*.[334] In diesen Beiträgen übten wir bzeiehungsweise ich Kritik an den *Übertreibungen des neuen Linksliberalismus* – an seiner Neigung zu Moralisierung, seinen Fokus auf Minderheitenrechte und Multikulturalismus. Das wurde uns in einer Debatte in der *taz,* in der fünf Repliken auf den FAZ-Text erschienen,[335] insofern zum Verhängnis, als dass man uns zum Teil implizit vorwarf, liberale Werte anzugreifen. Man warf uns indirekt vor, ein bisschen reaktionär und sogar bisschen rechts zu sein. Der Politikwissenschaftler Frank Nullmeier attestierte mir in Bezug auf einen FAZ-Text, in dem ich für einen »linken Realismus« warb, sogar einen »moderaten Rechtsschwenk«.[336]

Vor allem die Kritik an einer *liberal-postmodernen Identitätspolitik* hatte scheinbar einen wunden Punkt bei vielen Linksliberalen getroffen. Auch in persönlichen Gesprächen wurde mir dies so gesagt. Dabei wollten wir Minderheitenrechte und Anti-Diskriminierungspolitik gar nicht diskreditieren, sondern eigentlich nur sagen, dass man *erstens* diese Antidiskriminierungspolitik zu sehr ins Schaufenster des politischen Angebots der linken Parteien gestellt hat und dass es *zweitens* mit Blick auf den Aufstieg des Rechtspopulismus eher ratsam ist, wieder stärker die *soziale Frage* zu adressieren. Wir plädierten somit vielmehr für eine Einheit von *neuer* und *alter* Linker, so wie wir etwa in der *taz* schrieben:

»Wir wollen die Antidiskriminierungspolitik nicht gegen eine Politik der sozialen Gerechtigkeit ausspielen. Wer die Antidiskriminierungspolitik aber retten will, muss auch wieder die soziale Frage stellen: Das ist unsere These.«[337]

Nun löst dieser Fokus auf die »kleinen Leute« bei einigen eher dediziert liberal Denkenden aber scheinbar so eine Art von Reflex aus. Wenn man »kleine Leute« sagt, kommt bei ihnen an: Die meinen die »deutschen« kleinen Leute. Dann wird angenommen, dass man den *deutschen Arbeiter* jetzt gegen die Menschen mit Migrationshintergrund – vor allem diese aus dem muslimischen Kulturkreis – ausspielen will. Dagegen wird dann eine *Anerkennungspolitik* dieser Menschen gesetzt. Man müsse eben von »rassistischen«, »ethnischen« und »religiösen« Beschreibungen Abstand nehmen.

Wer also »kleine Leute« sagt, bei dem nimmt man an, dass er irgendwie ethnische Politik will, also das, was so manche Rechtspopulisten wollen – Solidarität nur für Inländer und Ausgrenzung der anderen. Wer dann noch von *Leitkultur* spricht, wie ich zuletzt im *Tagesspiegel*[338], und damit eigentlich nur das Ausrichten auf einen *Grundwertekonsens* meint, indem manche Menschen nicht ökonomisch und kulturell ausgeschlossen werden, wie es bei dem neuen Konsens der liberalen Elite aber gerade passiert, dann wird man noch mehr in die »rechte Ecke« geschoben. Dann kommt nur noch an: Da will jemand unsere Werte angreifen. Das löst dann gleich wieder einen Abwehrreflex aus, und man wird quasi automatisch exkommuniziert aus der Kommune der liberalen Denkwelt.

Ich glaube, es gibt hier einfach ein *Kommunikationsproblem.* Gut, es wird auch Leute geben, welche die politische Strategiebedeutung, die in diesem Konflikt zum Vorschein kommt, genau vor Augen haben. Damit ist auch eine Richtungsentscheidung für die Linke verbunden.

Dennoch sollte klar und deutlich gesagt werden: Nur wer »kleine Leute« sagt, muss nicht gegen Ausländer sein. Er muss schon gar nicht Menschen mit Migrationshintergrund heimlich benachteiligen wollen. Vielmehr gilt: Der durchschnittliche Bürger mit Migrationshintergrund gehört in der Regel sogar selbst zu den »kleinen Leuten«. Denn wenn er als Paketdienstfahrer, als Telekom-Shop-Mitarbeiter oder als Kellner, Dönermann, Bauarbeiter, Handwerker, Fabrikarbeiter arbeitet, dann hat er in der Regel ein kleines bis mittleres Einkommen. Und meine Vermutung ist, dass dieser durchschnittliche Bürger mit Migrationshintergrund in der Regel glücklicher sein wird, wenn sein Gehalt steigt und er nicht so viel für die Miete zahlen muss, anstatt, dass einige akademische Linke (eigentlich Liberale) ihm eine rein immaterielle Anerkennung verschaffen wollen, indem sie betonen, dass Vielfalt und Toleranz in der Gesellschaft wichtige Werte sein müssen. Anerkennung ist wichtig. Das stelle ich ausdrücklich nicht infrage. Aber im Geldbeutel des türkischen Arbeiters kommt sie auch nicht an. Und das ist eine Realität. Darüber darf und darüber muss man sprechen dürfen.

Es stimmt zwar, dass die Bezeichnung »kleine Leute« vielleicht selbst als kulturell abwertend, als verletzend, als Kleinmachung empfunden werden kann. Rein begriffstechnisch ist das auch nicht die allerbeste Bezeichnung, weil damit eben auch ausgedrückt werden könnte, dass nach Brexit, Trump und Bundestagswahl jetzt ein paar Besserwisser der akademischen Elite die »kleinen Leute« wiederentdecken und diese dann noch herunterreden. »Kleine Leute« ist in der Tat kein sonderlich emanzipatorischer Begriff. Ich verleugne nicht, dass das falsch verstanden werden kann. Es sollte aber nicht falsch verstanden werden. Es meint: Politik muss endlich wieder die »soziale Frage« stellen.[339] Es braucht eine faire kulturelle und ökonomische Teilhabe aller Schichten. Niemand darf ausgegrenzt werden: Das gilt auch ökonomisch. Darauf weist der Begriff hin.

Es gilt wieder Politik zu machen, die an alle denkt. Das sollte die Aufgabe einer linken Volkspartei sein. Darum ist vor allem die Sozialdemokratie aufgefordert, wieder ein Bewusstsein für die »soziale Frage« zu gewinnen. Es ist Zeit, den Fokus auf den postmodernen Linksliberalismus zu überwinden, um wieder *links* zu werden. *Solidarität* ist dafür der immer noch geltende

Kernbegriff. *Freiheit für alle* gibt es nicht ohne Solidarität. Das sollte vor allem den Profiteuren der Globalisierung verdeutlicht werden. Das ist eine Aufgabe für die SPD. Sie muss im Sinne von Willy Brandt für ein »donnerndes Sowohl-als-auch« kämpfen. Für Anerkennung und Umverteilung. Nur gemeinsam kann die Linke so stark sein. »Überschwängliche Buntheitsrhetorik« (Wolfgang Streeck)[340], Vielfaltseuphorie und Regenbogenpolitik bringen uns an sich einfach nicht weiter. Das ist auch nicht die zentrale Identität von linker Politik. *Anerkennungspolitik* gehört dazu, aber sie ist nicht das Zentrum, vor allem dann nicht, wenn in den westlichen Demokratien an gesellschaftlichen Freiheiten einfach auch schon ein hoher Stand erreicht ist – erkämpft wurde –, was heute der Fall ist. Es geht *sowohl* um Anerkennung *als* auch um Umverteilung. Beides muss eine *Einheit* bilden.[341] Es ist jedenfalls falsch, ständig mit einem überschießenden Moralismus für ein liberales Weltbild zu werben und sonst nichts einzufordern. Nur Haltung reicht nicht. Es braucht auch Handlung.[342] Was wirklich entscheidend ist, ist Politik. Politik heißt auch, immer etwas zu tun. Identitätspolitik hingegen ist im Grunde gar keine Politik. Bei ihr geht es eher darum, alle dazu zu bringen, so zu denken wie man selbst. Alle sollen die gleiche *Haltung* übernehmen, die *gleichen* Werte leben.

Insofern störe ich mich immer mehr an dem Begriff und der Idee der Identitätspolitik als solcher. Zwar kann ich damit leben, zu sagen, dass Identitätspolitik nicht gegen die »soziale Frage« ausgespielt werden soll – sofern das meint, dass man eben eine Anerkennungspolitik nicht gegen Umverteilungspolitik ausspielen sollte. So hatten Jörke und ich auch in der *taz* argumentiert, wo wir auf die fünf Beiträge zu unserem FAZ-Text antworteten.[343] Und das bleibt weiter richtig.

Aber im Grunde, so muss ich leider sagen, habe ich mit dem Konzept der Identitätspolitik als solcher ein Problem. Anschaulich ließe sich dies anhand einiger Bemerkungen machen, die der Politikwissenschaftler Mark Lilla in einem Interview mit der ZEIT äußerte. Da sagte er: »Wenn Sie jung sind, und jemand fragt Sie: ›Willst du, dass ich dir mikroökonomische Theorien erkläre?

Oder willst du lieber, dass wir ein bisschen über *dich* sprechen?«[344] Was Lilla hier sagen will, ist, dass Politik so privatisiert wurde, dass vor allem für viele junge Menschen – vor allem bestimmte Akademiker – Politik immer etwas mit ihnen selbst zu tun hat.

Meine Interpretation daraus ist: Politik kann man so nur noch über Identität verstehen. Seine eigenen Identitäten, die mal so und mal so sind, die stehen dann immer im Zentrum, wenn man über Politik nachdenkt. Das Private ist also politisch: Politik wird immer subjektiv betrachtet und bewertet – auf die jeweils aktuelle Konstruktion der eigenen Identität. Um es sehr zuzuspitzen, könnte man sagen: Identitätspolitik ist eine Form von Narzissmus. Mark Lilla selbst wurde im SPIEGEL so zitiert, dass die Identitätspolitik eine »Politik des Narzissmus« sei.[345] Identitätspolitik ist in meinen Augen letztlich nur eine Form von Weltbildpolitik. Und wenn von links (den Postmodernen) wie von rechts (den Rechtspopulisten) oft im Grunde nur Weltbilder gegeneinander in Stellung gebracht werden, dann verkommt Politik zu einer Form von Weltbilddiskussion. Und dann ist Identitätspolitik am Ende eben keine Politik, weil man weder über die Realität redet noch große Gesetze verabschiedet, sondern nur von seinen normativen Inseln heraus sich gegenseitig vorwirft, unrecht zu haben und ein falsches Weltbild zu besitzen.

Identitätspolitik ist also eine Form von Narzissmus oder zumindest ein Ausdruck einer Hyperindividualisierung, die Narzissmus befördert hat; und daher ist Identitätspolitik letztlich eine Form von Ego-Show, die perfekt zu jener neuen »liberalen Hyperkultur« (Andreas Reckwitz)[346] passt, die ich für unsere *Leitkultur* halte. Es soll auch eine liberale Leitkultur geben – auch wenn sich die postmodernen Liberalen immer einreden, dass es keine Leitkultur gibt, und unter Leitkultur immer nur das verkappte Preußentum und die Illiberalität und den Autoritarismus der Rechtspopulisten verstehen. Leitkultur bedeutet aber nicht zwangsläufig die Wiederkehr Ernst Jüngers oder die Wiederholung der konservativen Revolution der Weimarer Republik. Leitkultur bedeutet auch nicht das deutsche Schweinefleisch zum Weltkulturerbe zu erklären. Die Angst der Linken vor der Leitkultur ist oft einfach durch absurde Denkkategorien verursacht. Leitkultur ist für viele Linke etwas Böses, eine antiliberale Unheiligkeit. Maximal lassen sie als habermasianische Verfassungspatrioten noch das Grundgesetz als Leitkultur gelten. Das Diktum des bekannten Verfassungsrechtlers und Rechtsphilosophen Ernst-Wolfgang Böckenförde ignorieren sie eher. Böckenförde meinte: »*Der freiheitliche, säkularisierte Staat lebt von Voraussetzungen, die er selbst nicht garantieren kann.*«[347] Doch wenn diese Linken und Liberalen sich als Verfassungspatrioten selbst reflektieren, werden sie merken, dass ihr leidenschaftlicher Liberalismus selbst eine Form von Zivilreligion ist, die als jene Voraussetzung interpretiert werden kann, von der der freiheitliche Staat und die freiheitliche Gesellschaft leben. Aber wenn man das so akzeptiert, sollte sofort klar werden, dass dieser Liberalismus schon eine Form von Republikanismus bedeutet, ja eine nichtinstitutionalisierte und personalisierte Verfassung ist. Insofern kann es selbst eine liberale Leitkultur geben, auch wenn diese zugleich keine liberale Leitkultur im eigentlichen Sinne ist, sondern nur eine republikanische Form von Liberalismus. Diese *liberale Zivilreligion* ist anders als eine *republikanische Zivilreligion*. Aber diese liberale Zivilreligion ist trotzdem mehr als Liberalität. Leitkultur ist immer schon etwas nicht liberales, selbst wenn es eine liberale Leitkultur ist. Nichtsdestotrotz kann es auch so eine postmodern-liberale Leitkultur geben.

Der Begriff Leitkultur kann auch einfach nur als anderes Wort für *Zeitgeist* herhalten. Und in diesem Sinne glaube ich, dass es eine liberal-postmoderne Leitkultur gibt, die heute die kulturelle Hegemonie innehat. Ich glaube: Eine liberal-postmoderne Leitkultur prägt und bestimmt den Zeitgeist.

Es gibt also eine Leitkultur heute, eine postmoderne Leitkultur. Und diese *postmoderne Leitkultur* hat auch und gerade das Fühlen des Individuums in den Vordergrund gerückt. Politik muss innerhalb dieses Referenzrahmens also immer auf sich selbst bezogen sein, mit Blick auf die eigene »Selbstverwirklichung« interpretiert und bewertet werden. Die kollektive Interpretation von Politik hingegen ist durch die Identitätspolitik oder zumindest innerhalb einer Identitätspolitik stark verloren gegangen.

Identitätspolitik sei »expressiv« und nicht »persuasiv«, sagte Lilla in der ZEIT.[348] Das kann man so interpretieren wie Lilla, indem man sagt, dass es darum geht, jemandem »eine Stimme zu geben«[349]. Im Grunde, so meine Meinung, ist dieser Jemand aber meistens man selbst – wie Lilla im SPIEGEL ja selbst auch so in diese Richtung gedeutet wurde.[350] Der Identitätspolitiker ist also selbst expressiv. Politik ist für den Identitätspolitiker also ein Ausdruck seines Selbst. Es geht auch und zentral um ihn und oft nur um ihn – gewiss nicht bei jedem. Und genau das halte ich für das Problem. Politik geht nämlich um das Gemeinsame. »Wir müssen zusammenarbeiten«, sagt Lilla.[351] Stimmt. Identitätspolitik ist in etwa das genaue Gegenteil des Universalismus der Moderne und des Aufrufs zur Überzeugungsarbeit, die Jürgen Habermas mal mit dem »zwanglosen Zwang des besseren Arguments«[352] umschrieben hat. Damit meint er eben, dass persuasive Politik nicht nur das ideale demokratische Medium und der Sinn von Demokratie selbst ist, sondern, dass die Überzeugungsarbeit auch gelingen kann – gewiss nur unter Voraussetzungen.

Identitätspolitik ist aber auch aus einem anderen wesentlichen Grund eigentlich noch nicht Politik. Es geht bei Politik vor allem darum, am Ende etwas zu schaffen – etwa Gesetze. Politik ist also nicht einfach *Haltung*. Sie ist vor allem und sehr zentral: *Handlung*. Man mag gewiss sagen, wenn Martin Luther King von seinem »Traum« erzählt, dann sei das doch deswegen schon Politik, weil er möchte, dass eine gewisse Form von Haltung, ja von Leitkultur, entsteht. Seine Vision soll Wirklichkeit werden, in dem Sinne, dass eine Art »Zivilreligion« wirklich wird, in der aufgehoben und präsent ist, was King sich unter Brüderlichkeit, Gerechtigkeit und Freiheit vorstellt. Das sei doch Politik. Man darf sicher davon sprechen, dass King eine Art »Zivilreligion« im Kopf hatte und mit seinen Reden darauf hinwirkte, diese zu schaffen. Aber – und das, denke ich, ist der Unterschied zur Identitätspolitik – King war auch überzeugt davon, dass die Regierung und das Parlament dazu da sind, Gesetze zu schaffen, um sich der Zivilreligion anzunähern. Die auch gesetzlich verankerte Rassendiskriminierung sollte fallen und Afroamerikaner sollten aus der Lohnsklaverei herauskommen – man darf nicht vergessen, dass der »March on Washington«, dort wo King seine »I-Have-A-Dream«-Rede hielt, ein »March for Freedom and Jobs« war. King war nicht nur jemand, der für Bürgerrechte aller eintrat, sondern er war – wahrscheinlich beeinflusst durch die Lektüre von Paul Tillich – eine Art Sozialist. King ging es immer auch um die »soziale Frage« – gerade die soziale Frage für die Afroamerikaner. Und darum sollte und musste »die Politik« auch hier etwas für die Afroamerikaner tun.

»Die Politik« sollte also etwas tun, nämlich das Leben der Afroamerikaner verbessern. Gewiss, King sprach auch die Herzen der »Weißen« an. Er wollte sie zum »Umdenken« bringen. King wollte gewiss eine *neue Haltung* bei den Weißen schaffen. Aber er wollte eben nicht nur dafür sorgen, dass auf eine gewisse Weise gedacht wird, sondern dieses Denken und diese Haltung sollten am Ende auch institutionalisiert werden.

Identitätspolitik (sieht man jetzt mal etwa von der Umsetzung der »Ehe für alle« ab) ist im Großen und Ganzen eine Form von Haltung, ein Weltbild. Man will, dass andere so denken, wie man selbst.

Und darum ist die Identitätspolitik auch ein Symptom und Problem einer postmodernen Kultur, die kritisiert werden muss. Identitätspolitik ist Ausdruck der postmodernen Individualisierungsmaschine, und diese ist grundsätzlich ein Problem. Nichtsdestotrotz gilt: Anerkennungspolitik und Umverteilungspolitik sollten nicht gegeneinander ausgespielt werden.

16

Zwischen Umweltschutz und Jobs
sollte es keinen Zielkonflikt geben

Genau wie Anerkennungspolitik und Umverteilungspolitik gegeneinander ausgespielt werden können, wenn man böswillig ist, so geht das auch mit Umweltschutz und Jobs.

Trump war aus Sicht der Umweltaktivisten in den USA böswillig, als er Arbeiter und Arbeitslose im Rust Belt, einem (ehemaligen) Industriegebiet der USA, gegen Umweltregulierungen aufbrachte. Die Story von Trump war dann: Eure Kohle-Jobs und eure Industriejobs, die sind nicht nur wegen der Globalisierung und der Chinesen jetzt weg, sondern auch wegen Barack Obama und seinen Juppie-Umwelt-Freunden. Dass Barack Obama schuld an ihrem Elend ist, haben zwar einige (ehemalige) Kohlearbeiter auch schon vorher geglaubt, aber Trump hatte nun die Chuzpe, es auch auszusprechen, und hat die Wut auf die Umweltaktivisten somit politisch repräsentiert.

Umgekehrt waren die Umweltaktivisten wieder sehr wütend auf Trump und halten ihn wahrscheinlich nach wie vor für den Antichrist, weil er im Namen der Selbstsucht und des Industriekapitalismus Umweltregulierungen *per se* für Jobkiller hält. Seine Administration ist auch eine Art Klimawandelleugner-Administration, die dem Big Business alles erlaubt, um nur genug Gewinn zu machen.

Beide Seiten spielen also ihre Themen und Interessen gegeneinander aus: *Umweltschutz* gegen *Jobs*.

In Deutschland ist das nicht anders. Nicht nur bei der Frage, wann das Ende des Kohleabbaus kommen soll, sondern generell: Die Grünen können sich für den Industriekapitalismus und eine aktive Industriepolitik nicht richtig erwärmen und die deutschen Arbeiter wiederum nicht richtig für die Grünen. Die Grünen loben den Kreativ- und Digitalkapitalismus. Da sitzt auch eher ihre Wählerklientel. Mit der FDP streiten sie sich dann um die Zalando-Mitarbeiter, Start-up-Menschen und Medien-Leute. Und die sind in der Regel sehr stark für Umweltschutz und auch für Tierschutz, Regulierung in der Agrarwirtschaft und so weiter.

Warum ausgerechnet im deutschen Industriemekka Baden-Württemberg ein grüner Ministerpräsident regiert, bleibt wohl noch auf lange Sicht eines der größten Mysterien der deutschen Politik und ein Ereignis der größten Unwahrscheinlichkeit.

Aber in der Regel darf man sagen: Umweltbewegung und Arbeiterbewegung können nicht so gut miteinander.

Aber warum eigentlich?

Die größten Umweltvergehen werden im Namen eines Kapitalismus betrieben, in dem manche Unternehmen auf Kosten der Umwelt Gewinne anhäufen. Diese Konzerne und ihre Besitzer, wie die Koch-Brüder aus den USA, finanzieren auch Politiker, damit die dann als ihre willfährigen Lakaien für Deregulierung im Umweltschutz sorgen. Bienen sterben durch Umweltgift, Regenwald wird wegen Profitgier gerodet, in der Arktis wird nach Öl gebohrt – und ginge es nur nach Trump, dürften seine Öl-Buddys gleich die ganze Arktis umpflügen. So zerstört der Kapitalismus die Umwelt. Die Soziologin Naomi Klein hat in diesem Zusammenhang etwa immer wieder betont: Kapitalismus vs. Klima.[353]

Die Umweltbewegung sollte also ein Problem mit dem neoliberalen Kapitalismus haben. Die Arbeiterbewegung war sowieso immer kritisch gegenüber einem wilden Kapitalismus und versuchte ihn einzudämmen. *Eindämmung des Kapitalismus* wäre doch das *Band*, das zwischen Umweltbewegung und Arbeiterbewegung bestehen könnte.

Nur ist es leider so, dass viele Umweltaktivisten und ihre politischen Repräsentanten, die grünen Parteien, mittlerweile gar nicht mehr den Eindruck vermitteln, dass sie ein Problem mit dem Kapitalismus haben. Sie suggerieren dem Arbeiter eher, wie in den USA, dass sie ihn in seiner rückständigen Art (was an sich schon eine Beleidigung impliziert) für das Problem halten, und moralisieren heftig gegen seine vermeintliche Umweltignoranz. Umweltaktivisten und viele in den grünen Parteien üben heute eigentlich kaum noch Kapitalismuskritik, sie bedienen eher postmaterialistische Themen, wozu ein oft rein hohles Bekenntnis zur Klimarettungspolitik gehört. Auf Weltklimagipfeln wird dann heuchlerisch heftig über Absätze in Resolutionen gestritten, aber in der Praxis ändert das fast nichts. Die Erderwärmung geht weiter und die Umweltkatastrophen nehmen zu. Aber man feiert sich für Resolutionen. Der gute Wille zählt. Man soll einfach ein Bekenntnis zum Umweltschutz ablegen. Tut man das, gehört man zu den Guten. Haltung ist wichtig. Die Grünen stehen für ein bestimmtes Weltbild und wollen durch dieses und mit diesem Weltbild gewählt werden.

Der US-Arbeiter gehört dann nicht dazu, wenn er wegen des eigenen Jobs sich einen Dreck um das Klima schert. Deswegen gehört er, wie Trump, zu den Schlechten – laut den Umweltbewegten. Das sei eben moralisch und politisch falsch. Man muss doch *für* das Klima und *für* die Umwelt sein – dass ist doch das *gute* Weltbild.

Aber der Arbeiter ist hier nicht das Problem, sondern der Großkapitalist, der Umweltschutz den Profiten opfert; und das Problem ist eine neoliberale Politik, die den Arbeiter mit seinen Zukunftssorgen oder in seiner Arbeitslosigkeit allein lässt. Wenn die Gemeinschaft und damit der Staat dem Kohlearbeiter zum Beispiel keine Perspektiven für *einen gerechten Wandel* zu einer neuen gesicherten ökonomischen Existenz anbietet, und diesen Wandel zusätzlich monetär auch nicht fördert, dann braucht man sich über seine Klima-Ressentiments nicht zu wundern. Der Arbeiter wird im Regen stehen gelassen und sucht sich dann ein Ventil für den Frust. Und Trump hat dem US-Arbeiter sehr viele Feindbilder geliefert, um seinen Frust herauszulassen: die Migranten (vor allem die aus Mexiko), die Chinesen, die Umweltaktivisten, Barack Obama (damit auch ein bisschen die Afroamerikaner), Hillary Clinton (damit auch ein bisschen die Frauen).

Dabei sind die einzigen wirklichen Peiniger des Arbeiters ein wilder neoliberaler Kapitalismus und seine Verfechter, die sich nicht sorgen, was aus dem Arbeiter wird. Jeder sei selbst verantwortlich. Der Staat müsse schlank sein.

Aber ein schlanker Staat kann keine Solidarität organisieren. Und Solidarität wäre das, was der (arbeitslose) Arbeiter mehr als alles andere braucht.

Er braucht eine Perspektive und er braucht einen Job. Sonst versinkt er nur in Frust und greift vielleicht zum Heroin oder anderen Drogen. Gerade der Rust Belt der USA, und nicht nur dieser, erlebt gerade eine grausame Drogenkrise – die nicht nur die Arbeiterschaft betrifft, sondern sich tief bis in eine durchaus noch wohlhabende Mittelschicht hineingefressen hat.[354]

Ein wild gewordener Kapitalismus ist also hier das Problem.

Bei der Frage nach dem Klima ist dieser auch das Problem. Manche Großkapitalisten sagen sich: Lasst uns jetzt noch die großen Gewinne mitnehmen und nach uns die Sintflut: »Was stören mich Naturkatastrophen, die auftreten, wenn ich längst tot bin?« Trump handelt nach diesem Muster. Aber der Punkt ist, dass er dadurch einfach auch sehr viele Arbeiter auf seine Seite zog, die eben einfach nur Arbeit wollen.

Wenn Umweltaktivisten aus schicken Büros ihre Agenda ausformulieren, aber Hunderte Kilometer weit weg Menschen dadurch tatsächlich und ganz real ihre Arbeit wegen Umweltregulierungen verlieren, dann ist das ein Problem. Man braucht als Umweltaktivist also gleichsam das Solidaritätsbewusstsein, um an den *gerechten Wandel* für den Arbeiter zu denken. Das Schicksal des Arbeiters muss den Umweltaktivisten interessieren. Sonst wird er nur Gegenreaktionen ernten. Moral hilft hier nicht weiter, nur echte Perspektiven.

Darum sollten die Umweltaktivisten und vor allem die grünen Parteien nun endlich wieder kapitalismuskritischer werden. Ihre postmaterialistische, identitätspolitische Wende ist ein großes Problem. Sie führt zu Spaltungen. Die *neuen Liberalen* unter den Grünen müssten daher auch eine Wende vollziehen. Sie sollten aufhören, so zu tun, als sei eigentlich als gut und die einzige kleine Korrektur, die man noch machen müsse, sei, das Klima zu retten. Wenn sie glauben, dass das *Ende der Geschichte* erreicht ist, dass alle Schlachten geschlagen und man jetzt nur noch ein bisschen mehr Energiewende und Umweltschutz machen muss und ansonsten einfach eine große linksliberale Party feiern und dieses »System« verteidigen muss, dann erliegen sie einer Illusion. Vor allem werden sie das Klima so nicht annähernd retten. Nur wenn sie wieder kapitalismuskritischer werden, haben sie dafür überhaupt eine Chance.

Ich habe die Grünen mal eine *Wassermelonenpartei* genannt: außen grün, innen rot.[355] Das sind sie gerade nicht mehr. Sie sind eher eine Partei postmaterialistischer Gutsituierter geworden, die das Gefühl haben wollen, auf der richtigen Seite zu stehen. So betreiben die Grünen vor allem *Moralpolitik* – und werden dabei oft von linksliberalen Medien gelobt und bestärkt. Die Grünen wandern immer mehr zu den Konservativen. In Deutschland verbindet sie mit Merkel eine Art *Moralkonservatismus*. Sie sagen: Alles ist eigentlich sehr gut, man muss nur noch mehr Toleranz und Freundlichkeit in die Welt bringen und verhindern, dass diese Rechtspopulisten mit »ihrem« Weltbild das »liberale« Weltbild erfolgreich angreifen. Ein »stickiger Konsensmoralismus« (Robert Pfaller)[356] ist das – der aber paradoxerweise so gar nichts mit Konsens am Hut hat, sondern vielmehr auf einem postmodernen Differenzdenken beruht. Im politischen Berlin ist dieses Denken gerade vorherrschend.

So hat in Deutschland gerade Ralf Fücks, der ehemalige Vorstand der Heinrich-Böll-Stiftung (der Parteistiftung der Grünen), einen neuen Thinktank gegründet. Und zwar das »Zentrum liberale Moderne«. Hierbei soll es darum gehen, die von Karl Popper propagierte »offene Gesellschaft« zu verteidigen. Freiheit – eigentlich Liberalität – ist die Leitvokabel von Ralf Fücks. So ist in etwa auch das Programm. Es geht darum, für ein liberales Weltbild zu werben – leider mit moralistischem Unterton und leichter Pädagogik dabei. Thorsten Jungholt von der Welt umschrieb das Programm und die Mission von Fücks so:

> »Die offene Gesellschaft verteidigen – die liberale Demokratie erneuern. Ausgangspunkt ist die Analyse, dass Teile der Gesellschaft

den liberalen Konsens über die Bedeutung von Werten wie individueller Freiheit, demokratischer Republik, Weltoffenheit und kultureller Vielfalt aufkündigen – in Zeiten fundamentaler Veränderungen, von der Globalisierung über die digitale Revolution bis zu Klimawandel und weltweiter Migration.«[357]

Fücks ist eigentlich ein kluger Mann und ein Realist. Er war einer derjenigen, die in den letzten Jahren am deutlichsten einen »New Green Deal«[358] gefordert haben. Damit hat er angedeutet, dass man die Klimarettung nicht einfach nur herbeiregulieren kann, sondern dass man auch auf die Förderung von Umwelttechnologie setzen muss, um klimaneutralere industrielle Produktion zu ermöglichen und zugleich dann damit volkswirtschaftlichen und betriebswirtschaftlichen Gewinn schaffen kann, wenn Deutschland das Land und der Pionier der Umwelttechnologie wird. Fücks wandte sich so auch gegen naive Hoffnungen auf die »Postwachstumswirtschaft«, so wie sie der Ökonom Niko Paech propagiert.[359]

Fücks ist eigentlich ein kluger Mann. Dass er mit seinem neuen Thinktank aber so derart zum Vorkämpfer für den *postmodernen Liberalismus* wird und im Grunde einem liberalen Moralismus verfällt, versteht man nicht so recht. Fücks, auch wenn er seinen Thinktank »Zentrum der liberalen Moderne« nennt, macht im Grunde nur Lobby und Programm für den *postmodernen Liberalismus*. Hier werden »Werte« diskutiert und für ein Weltbild geworben. Und so recht will es mir auch nicht einleuchten, warum Thinktanks zu Diskussionsveranstaltungen über den Rechtspopulismus einladen, um herauszufinden, wie man die Demokratie und die offene Gesellschaft verteidigen kann. Das Grundproblem ist nämlich Folgendes: Man will eigentlich gar nicht »ergebnisoffen« nach den besten Antworten auf den Rechtspopulismus suchen, sondern sich im Grunde nur seines linksliberalen Weltbildes vergewissern und schauen, wie man die »Kommunikation« ändern muss, um den gleichen Inhalt erfolgreicher zu verkaufen. Warum fällt es Fücks und Co. nicht auf, dass am Ende nur Linksliberalismus herauskommen kann, wenn man 30 Linksliberale dazu einlädt, erfolgreiche Antworten darauf zu finden, wie man den Rechtspopulismus bekämpfen kann? Alle schreiben dann fleißig Kärtchen und pinnen sie an Pappwände. Aber da alle im Grunde gleich denken, vergewissert man sich am Ende nur dessen, was man ohnehin schon wusste. Wenn man etwa die »soziale Frage« also von vorneherein nicht stellen will, wenn man nicht über Ausländerkriminalität, über Clan-Kriminalität, über die Migrationspolitik, über Probleme bei der Integration offen reden will, weil es dem eigenen liberalen Weltbild widerstrebt, dann kommt auch nichts Neues bei einer solchen Veranstaltung heraus. Am Ende ergibt sich nur postdemokratisches Gefasel, das *erstens* keiner außerhalb des Raums noch so richtig versteht und das *zweitens* dem durchschnittlichen Wähler das Gefühl gibt, dass um den heißen Brei herumphilosophiert und am Ende nichts gelöst wurde, sondern nur Kommunikation produziert wurde.

So ist es auch bei den Diskussionen über die Umwelt. Wenn man in Stiftungen und Thinktanks zusammenkommt, um das Thema zu diskutieren, dann sagt eigentlich jeder im Raum, dass Umwelt total wichtig ist und man etwas machen müsse. So werden Appelle, Absichtserklärungen, Bekenntnisse ausgetauscht und finden sich dann kurze Zeit später in *Discussion Papers* wieder. Vor der richtigen Konsequenz drückt man sich dann aber: Nämlich vor mehr Kapitalismuskritik – und diese nicht nur durch Worte, sondern durch Taten. Denn diese Kapitalismuskritik widerspricht dem liberalen, postmaterialistischen Habitus derer, die dort über Umwelt zumeist diskutieren und diese Papiere schreiben. Aber mehr Kapitalismuskritik in Bezug auf einen deregulierten Kapitalismus, in dem gesetzliche Regulierung einzig nach dem Willen von Energie- und Chemieriesen gemacht wird, ist nötig. Eine kluge Regulierung ist hierbei mit dem gerechten Wandel für die Arbeitnehmer zu verbinden.

Kohlebergwerke und Kohlegruben macht man nicht einfach dicht, sondern man entwickelt einen Plan, um die betreffenden Regionen und ihre Menschen in eine gute Zukunft zu führen. Man macht nicht einfach Atomkraftwerke von heute auf morgen dicht, ohne zu bedenken, was das für die großen Energiekonzerne, ihre Mitarbeiter und für den Strommarkt bedeutet. Energiewende, Mobilitätswende und Klimarettung müssen vorsichtig und mit Blick auf die sozialen Kosten vorgenommen werden – und nicht aus der Ideologie liberaler Postmaterialisten heraus, die nämlich selbst im Zweifel ihren Papa anhauen können, wenn sie im politischen Berlin keine ordentlich bezahlte Stelle finden, um danach wieder ihre Klimarettungspapiere zu schreiben und die Klimarettung bei Twitter zu fordern – bis sie dann endlich eine ordentliche Stelle finden oder entnervt aufgeben.

Mehr Kapitalismuskritik ist aber nicht das Einzige, was zu tun ist, um das Klima wirklich zu retten. Es ist auch *mehr Umweltkapitalismus* nötig und zu fördern. So sind auch mehr steuerliche Anreize für Unternehmen zu schaffen, damit diese in Umwelttechnologie investieren. Das muss der Staat aktiv tun. Man darf so von einer neuen Form des *Umweltkorporatismus* sprechen, welcher notwendig ist. Insofern: Umweltpolitik darf nicht als *Moralpolitik* und nicht als *Weltbildpolitik* betrieben werden.

Mehr Kapitalismuskritik zu wagen gilt heute vor allem für die Grünen – vor allem die jungen Grünen. Das Klima braucht *grüne Kapitalismuskritiker* und New-Deal-Politiker.

Es ist insgesamt an der Zeit, wieder die großen Fragen zu stellen. Zeit für *mehr Kapitalismuskritik*. Zeit für einen *Populismus der Liebe und der Freiheit*. Zeit, wieder etwas zu wagen. Und voranzukommen.

17.
Schluss: Für einen Populismus der Liebe und der Freiheit

Von einem »liberalen Snobismus« schrieb der Politikwissenschaftler Helmut Däuble in der *taz* im letzten Jahr mit Blick auf eine »Schuld der liberalen Eliten«[360] für den Aufstieg des Rechtspopulismus. *Liberaler Snobismus* ist eine Ausdrucksform dessen, was ich mit *liberalem Moralismus* beschrieben habe.

Was ist darunter zu verstehen? Ich schrieb in der Einleitung, dass Clintons Verbal-Rundumschlag gegen etliche Teile der Trump-Wähler, die ein »Haufen von Erbärmlichen« seien, das beste Beispiel dafür sei.

Wie kam es dazu? Warum musste Clinton diese Leute abwerten?

Das hat vor allem damit zu tun, wen Clinton repräsentieren wollte – eine postmaterialistische kosmopolitische Klasse. Clinton war die Kandidatin einer – vermeintlich – progressiven Bewegung vorrangig an den Küsten. Clinton war die Kandidatin der *neuen Liberalen*, die ich in diesem Buch kritisiert habe.

Clinton repräsentiert wie keine andere eine postmaterialistische kosmopolitische Klasse, die von der Globalisierung profitiert hat. Alle etablierten Mitte-Links-Parteien, die liberalen Parteien und auch etliche vermeintlich konservative Parteien diesseits und jenseits des Atlantiks versuchten zuletzt, genau diese Menschen zu repräsentieren.

Das war eine *Life-is-good-Politik*, die darin zum Ausdruck kam. Der linksliberale Kulturkampf hinterließ diesen Eindruck: Die Elite findet die Welt schon ganz gut so. Weltanschauungskämpfe wurden abgesagt und die *gesellschaftspolitische Liberalisierung* wurde zur letzten großen Aufgabe progressiver Fortschrittspolitik erklärt. »Progressive« forcierten – parteiübergreifend – so in den letzten Jahren einen neuen postmodernen Kampf für Vielfalt. Damit ließen sich die (linken) Postmodernisten von den Neoliberalen aber auch in die Falle locken. Warum?

Laut den neoliberalen TINA-Ideologen (»there is no alternative«) gibt es so etwas wie Gesellschaft ja auch nicht mehr. Warum also überhaupt ein Gespräch um Konsens suchen? Warum sich überhaupt über etwas verständigen? Wenn alle sich nur mit ihren Ansichten tolerieren, sei doch alles gut. Genau dieser Philosophie haben die Postmodernisten zur Hegemonie verholfen. Man muss sich nicht mehr verstehen, denn Vielfalt und Differenzen seien gut und befreiten die Gesellschaft. Seien die Sprachspiele noch so heterogen, solange man das *Meta-Sprachspiel der Differenz* verinnerliche, sei dann doch Konsens möglich: Konsens über den unüberwindbaren und strukturellen Dissens. Man müsse die Differenzen halt nur aushalten. Toleriert euch und alles wird gut, das ist das Schlachtmotto der Postmoderne.

Fähnchen schwingend, Plakate tragend und Facebook-Posts setzend, marschierte diese postmodern-liberale Avantgarde voran. Sie wähnt sich auf der guten Seite, an der Spitze einer Bewegung.

Aber ob den liberalen Vorläufern noch jemand folgt? Schauen sie noch hinter sich? Wollen sie das noch?

Die Wahlen in vielen westlichen Ländern waren zuletzt eher ein Fingerzeig dahin, dass nicht mehr sonderlich viele hinter dem postmodernen Kulturkampf und der Verwaltungspolitik des Endes der Geschichte stehen. Es gibt dann doch ernsthaftere Probleme. Die Welt ist voller Krisen. Die Menschen spüren das. Sie sehen: Es ist nicht mehr alles in Ordnung. Sie sehen die Existenzkrise der EU, wilde Globalisierung, Angst vor sozialem Abstieg, befristete Verträge, dramatische soziale Ungleichheit bei Chancen, Einkommen und Vermögen, Terror, Kriege, Einbrüche und die weltweite Migrationskrise. Ich habe in diesem Buch über einige dieser Themen gesprochen.

Jedenfalls ist das heute nicht das »goldene Zeitalter«. Das ist nicht das, was uns nach dem Zusammenbruch der Sowjetunion versprochen wurde.

Die *liberale Elite* tut aber so, als lebten wir bereits in jener Ära.

Der ZEIT-Journalist Uwe Jean Heuser lässt sich sogar zu der folgenden Aussage in Bezug auf den Aufstieg des Populismus hinreißen:

>»Niall Ferguson hat recht, die liberale Elite hat sich etwas vorgemacht. Hat linken und rechten Globalisierungskritikern vorgerechnet, dass die Welt im Kampf gegen Hunger und Armut vorangekommen ist, und den Ärmsten auf der Welt geht es ja heute auch besser als vor zwei Jahrzehnten, den Reichsten sowieso. Doch dazwischen stagniert der Wohlstand für viele, oder er schmilzt sogar leicht, und vor allem fehlt die Perspektive, dass dies nur eine Episode ist.«[361]

Kurzum: Die *liberale Elite* will uns weiß machen, dass der Fortschritt doch überall zu sehen ist. Dabei macht sie sich aber etwas vor. Ja, es ging nach 1990 voran. Aber der versprochene Aufbruch hat gestoppt. Vielmehr sind Wohlstand für alle und Frieden sogar wieder weiter weg. Aber das will die *liberale Elite* nicht sehen. Sie verschließt ihre Augen vor der Realität.

Ein *neuer Realismus* ist das, was als Antwort nun gefordert ist. Oder um es mit Sigmar Gabriel zu sagen: Zeit, dahin zu gehen, wo es brodelt, riecht und stinkt. Das war ja eigentlich der richtige Weg, nur hatten die *linken postmodernen Enthusiasten* und die *liberal-konservativen Schönredner* halt zuletzt die Debatte bestimmt. Und Sigmar Gabriel hatte sich leider sozialliberal einlullen lassen, anstatt aus seiner historischen und großen Rede zu Beginn seiner Zeit als Parteivorsitzender der SPD auch ein Programm zu machen. Mit klar *linkem Realismus* hätte Gabriel eine Chance auf die Kanzlerschaft gehabt. Als Liberaler musste er jedoch scheitern.

Ein *naiver Liberalismus* ist heute das Problem. Eine liberale überparteiliche Fraktion wollte und will die Probleme der Welt nicht mehr sehen. Denn die Welt sei ja gut geworden. Aber das war und das ist eine *Illusion*.

Zeit also für eine Veränderung. Zeit für eine *neue Vision*.

Aber liest man davon? Hört man davon? Spürt man einen Aufbruch?

Nein. Man liest stattdessen hauptsächlich: Man müsse die Demokratie gegen die Populisten verteidigen. Aber was ist damit gemeint? Gemeint ist zumeist: Man muss den *Status quo* des *»progressiven Neoliberalismus«* (Nancy Fraser) verteidigen. Da man als Neoliberaler aber ohnehin von einer Art *Hegelianismus* beseelt ist, der davon ausgeht, dass der liberale Fortschritt von nichts aufzuhalten ist, ist das eigentlich keine ernsthafte Verteidigungshaltung, sondern nur ein Versuch, die Kritiker des »Systems« zu desavouieren. Mit Blick auf Polen und Ungarn kann man sicher darlegen, dass eine *Angst um die Demokratie* berechtigt ist. Das will auch niemand ernsthaft bestreiten. Die Linke darf in ihrer Wut und ihrem Fokus auf die Verwerfungen des neoliberalen Kapitalismus auch nicht vergessen, dass sie im Zweifel für die Demokratie zu kämpfen hat. »Im Zweifel für die Freiheit« war Willy Brandts Lebensmotto.[362] Daran sollte sich die Linke halten.

Aber die *Angst der neoliberalen Kapitalisten* drückt sich im *Moralismus* aus. Die moralische Vehemenz, welche die Fackelträger der »Vernunft« aufwenden, um den »Populisten« – auch denen von links – ihre Demokratietauglichkeit abzusprechen, ist schon bemerkenswert. An moralischem Fortschritt ist nichts falsch, eigentlich ist sogar alles an ihm richtig. Wir sollten gute Menschen werden. Das ist der Auftrag des Humanismus. Aber wenn ein Moralismus zur Ausrede wird, sozioökonomischen Fortschritt zu unterlassen oder gar zu verhindern, dann hat dieser Moralismus etwas zutiefst Reaktionäres.

Drückt sich in dieser *Angst um die Demokratie* also vielleicht auch eine Angst vieler Eliten *vor der Demokratie* aus? Ich glaube mittlerweile ja.

Die Mehrheit des Volkes kann schließlich immer noch den Neoliberalismus abwählen. Eigentlich spricht alles für eine *soziale Wende*. Doch sie dringt nicht richtig durch. Die *liberale Angst* überlagert alles. Alles soll so bleiben, wie es ist. Die Welt ist doch gut. Das ist das Grundgefühl der liberalen Elite.

Aber es ist falsch.

Man hat gewiss guten Grund, so gut wie alles kritisch zu hinterfragen, was die Rechtspopulisten in den westlichen Demokratien treiben, aber dass sie ein *Zeichen* für eine *notwendige Kurskorrektur* sind, das sollte allemal deutlich geworden sein. Schluss also mit der *liberalen Selbstgefälligkeit*. Schluss mit der *liberalen Selbstzufriedenheit*. Zumindest für die Linken und Linksliberalen. Es ist an der Zeit, anzuerkennen, dass es eine neue *Konfliktlinie* zwischen Materialisten und Postmaterialisten gibt. Zeit, anzuerkennen, dass das jetzt *noch nicht* das »goldene Zeitalter« ist.

Es ist Zeit für *Selbstkritik*. Die *liberale Elite* muss begreifen: So kann es nicht weitergehen.

Eine sehr gute Selbstkritik hat die ZEIT-Journalistin Elisabeth Raether geschrieben. Sie schrieb mit Blick auf den Aufstieg des Rechtspopulismus:

> »Wir haben die Hinweise gar nicht übersehen, wir haben sie ignoriert. Denn sie führen uns, auch uns Europäern, eine unangenehme Wahrheit über uns selbst vor Augen: Wir sind eine Gesellschaft der Klassen, in der die einen führen und die anderen folgen.«[363]

Vor allem die *linke Elite* muss das nun begreifen. Sie muss anerkennen: New Labour ist tot.[364] Sie hat sich verirrt und verlaufen. Zeit, wieder *Kapitalismuskritik* zu betreiben.

Es geht hier darum, eine Entscheidung zu treffen – vor allem für die Linke:

Will man ökonomische Kämpfe noch führen? Will man ernsthaft Lösungen für die weltweite Migrationsbewegung finden – und damit Fluchtursachen ernsthaft angehen? Will man das Weltarmutsproblem endlich angehen? Will man ernsthaft Steuerflucht, ernsthaft die Gier der Finanzbranche bekämpfen? Meint man das mit dem *sozialen Zusammenhalt* ernst oder ist er nur eine Floskel, um sich selbst zu den Guten zählen zu können? Will man die Digitalisierung mit einer sozialen Agenda versehen? Will man einen Sozialstaat 4.0 schaffen? Will man also noch ernsthaft etwas verändern?

Oder will man nur darüber theoretisierend und unernst reden und sich doch nur weiter durchwursteln? Akzeptiert man also, dass das »Ende der Geschichte« erreicht ist, und man selbst einen neoliberalen, wilden, deregulierten Kapitalismus einfach hinnehmen muss?

War es das mit *Alternativen* zum Neoliberalismus oder kommt da noch was?

Da sollte noch etwas kommen! Es braucht dringend eine mit Pathos vertretende Alternative zum Neoliberalismus. Die Rückkehr von *Eros* in die Politik ist gefordert. Es geht um das, was die Philosophin Hannah Arendt »amor mundi« (die Liebe zur Welt) nannte. Uns muss die Welt etwas bedeuten, es muss uns etwas bedeuten, dass sie liebenswürdig wird. Ich will das »existenziellen Republikanismus«[365] nennen, was uns dazu bewegen kann. Dieser Republikanismus ist die Antwort auf den *postmodernen und postdemokratischen Liberalismus* und den Aufstieg des *Populismus*, der auf diesen Liberalismus reagiert. Dieser Republikanismus ist ein Populismus, aber einer, der auf Liebe beruht und nicht auf Hass. Er versetzt uns in die Lage, uns aufzumachen, die Welt als etwas Liebenswürdiges zu gestalten. Er hat das Potenzial, uns zu vereinen, weil er auf Liebe beruht.

Dieser Republikanismus, dieser *Populismus der Liebe*, dieser »progressive Populismus« (Nancy Fraser) macht klar: Wir müssen den *Rückzug in das Private* aufgeben, Schluss machen mit dem *Neo-Biedermeiertum*, welches zuletzt zugenommen hat.

Man muss sich nur mal ansehen, welche Bücher es so zuletzt in die Bestsellerlisten schafften. Da ist zum Beispiel die Peter-Wohlleben-Reihe (»Das geheime Leben der Bäume«, »Das geheime Netzwerk der Natur«, »Das Seelenleben der Tiere«), Eckart von Hirschhausens »Wunder wirken Wunder« sowie »Heilen mit der Kraft der Natur« von Andreas Michalsen. Wenn das kein Biedermeier ist, dann weiß ich es nicht. Ich meine, wir leben in einer chaotischen Zeit, die Welt ist aus den Fugen geraten, alte Gewissheiten stimmen nicht mehr. Im April und Mai 2018 ist es zwar in rasanter Geschwindigkeit zu einer beachtlichen Entspannungspolitik in Korea gekommen, dennoch tanzten Trump und Kim Jong-un noch 2017 auf dem atomaren Drahtseilakt. Trump, der Präsident, retweetet Videos, wo er Clinton (die *#crookedhillary*) mit einem Golfball abschießt, er verteidigt Neo-Faschisten, begnadigt Rassisten, enthemmt den Finanzkapitalismus durch neue Deregulierungen aufs Neue und stellt transatlantische Gewissheiten auf den Kopf, stellt generell die Außen- und Geopolitik auf den Kopf, Putin führt Cyber-War gegen den Westen. Die soziale Ungleichheit steigt dramatisch, eine Umweltkatastrophe jagt die Nächste. Afrika hungert immer noch zum Teil und schickt seine Verzweifelten nach Europa. Der Nahe Osten ist instabil, Erdogan hat die Türkei zur Diktatur umgebaut und lässt scheinbar willkürlich Deutsche verhaften. Polen und Ungarn machen, was sie wollen, und kriegen auch noch Milliarden von der EU. Wir leben in komplett politischen Zeiten. Und was machen die Deutschen: Sie lesen über das geheime Leben der Bäume. Mein Gott, echt. Was ist da nur passiert?

Das liegt an dieser Entpolitisierung durch den Neoliberalismus. Und ganz konkret in Deutschland liegt es an Merkel. Merkel, das Oberhaupt eines *neuen Sonnenscheinliberalismus*, hat uns narkotisiert. Überall herrschen Duckmäusertum, Technokratismus, lähmende Bräsigkeit. Das sind doch *narkotische Zustände* in diesem Land. Wir sind nahezu benebelt von einer Stabilitätssucht, die Merkel scheinbar befriedigt, und zugleich kocht es unter der Decke. Postdemokratische Ohnmacht angesichts dieser neoliberalen Alternativlosigkeit. Und Merkel ist dafür das Gesicht. Ich meine: Merkel war doch diejenige, die den Begriff »Alternativlosigkeit« eingeführt hat und ihn zu ihrer Attitüde gemacht hat. Sie hat das Land entpolitisiert, sie hat den neoliberalen Plan zur Zerstörung des Primats der Politik idealtypisch umgesetzt. Und nachdem der kalte Neoliberalismus der FDP 2013 abgewählt wurde, hat sie mit ihrem alternativlosen Liberal-Konservatismus mit linksliberalem Einschlag diesem Neoliberalismus hierzulande die Hegemonie gerettet. Merkel hat eine Fundamental-Krise des Politischen geschaffen. Oder anders: Merkel ist eine herausragende Priesterin der neoliberalen Zerstörung, die nun seit Langem vor sich geht. Merkel ist die mit der »marktkonformen Demokratie« und der Alternativlosigkeit. Das darf man nicht vergessen. Heute gilt sie aber als eine Art Sozialdemokratin – was ein Witz!

Merkel muss weg. Vorher werden wir aus diesem *neuen Biedermeier* nicht ausbrechen können. Und die Deutschen merken das. Denn wenn es politische Bücher nach oben schaffen, sind es meist Bücher über die Flüchtlingspolitik. Im Grunde sind es aber eigentlich »Merkel-muss-weg-Bücher«.

Zurzeit leben wir in einer Art *neuem Vormärz.* Wohin diese Bräsigkeit und diese *naive konservative Romantik* das letzte Mal führten, sollte uns bewusst sein: Es war eine Revolution. Die Revolution, die auf den Vormärz des 21. Jahrhunderts folgt, wird aber kein Aufbruch zur Freiheit sein, sondern eine Konterrevolution von ganz rechts. Daher ist es so wichtig, dass wir aus dieser Zeit des Vormärz ausbrechen: raus aus dieser hegelianischen Epoche *naiver liberaler Romantik*, die den *Status quo* in schönsten Farben sieht und abfeiert, raus aus diesem *Biedermeier Zeitgeist*, aus dieser *konservativen Narkose der Weltgesellschaft*, dieser *liberalen Party.* Das war es noch nicht. *Die Freiheit liegt noch vor uns.* Wir müssen uns deshalb wieder mehr engagieren, wir müssen partizipieren, wir müssen akzeptieren, dass noch nicht alles gut ist. Das Ganze muss noch gut werden. Wir brauchen endlich wieder mehr Traute. Wir müssen mal wieder etwas wagen. Und das gilt für das Individuum wie für das große Ganze. Es ist etwas Wahres daran, wenn der Künstler Neo Rauch im Interview mit der ZEIT sagt:

> »Heute dominiert der Typus des gendersensiblen Bücklings, der sich nicht ins Leben hineinwagt, weil dort zu viele Gefahren lauern. Und weil man zu viel falsch machen kann in dem Versuch, sich auszurichten an den Meinungs- und Haltungsvorgaben des inquisitorischen Umfeldes.«[366]

Das ist das große Problem. Wir wagen nichts mehr. Wir sind ängstliche Wesen in einem Korsett linksliberaler Hysterie geworden. Es passiert nichts Erhabenes mehr, weil die postmodernen Dekonstruktivisten es geschafft haben, uns jeglichen Sinn,

Ansporn und jegliche Frechheit kaputt zu analysieren, sodass wir, wie es dasselbe Interview treffend in seinem Teaser formuliert, nur noch »schlecht gelaunten Moralismus« betreiben. Eigentlich soll es ja gut gelaunter Moralismus sein, denn so ist ja die *positive Psychologie* eigentlich. Aber gut gelaunt ist es nur an der Oberfläche, es soll gut gelaunt wirken. Aber herüber kommt schlecht gelaunter Moralismus. Da gibt es keine Aufregung, keinen Eros mehr. Das haben die postmodernen Linken alles gekillt. Sie haben uns die Lust am Leben geraubt, obwohl sie angetreten waren, diese Lust am Leben eigentlich zu steigern. Dekonstruktion bedeutete nämlich letztlich auch, dass alle Visionen und aller Glaube zerlegt, zerredet und schlecht gemacht wurden. Übrig blieb so nur noch ein diffuser postmoderner Liberalismus eines relativistischen »anything goes« – alles geht nun, und nichts kann und darf den Status einer intersubjektiven Wahrheit bekommen. So entstand das – vermeintliche – Paradox, dass jeder Glaube schlechtgemacht wurde und dennoch eine Art liberale Religion, ein Glauben an die *Ultima Ratio* des postmodernen Liberalismus entstand. Aber dadurch, dass alles schlecht gemacht wurde, haben die Postmodernisten nicht die Freiheit vergrößert, wie sie es wollten, sondern letztlich eine neue postmoderne Pädagogik, verbunden mit politischer Korrektheit, installiert. Durch diese Pädagogik wurde der postmoderne Liberalismus zu einem Bevormundungs- und Erziehungsprogramm – was eigentlich gar nicht liberal ist.

Aber das ist der Widerspruch dieses postmodernen Liberalismus, den die Postmodernen nicht sehen und nicht sehen wollen. Übrigens sorgen diejenigen Liberalen, die aus anderen Gründen für Toleranz, Vielfalt und radikalen Pluralismus werben als die postmodernen Liberalen, für den Erhalt der Hegemonie des postmodernen Liberalismus. So beklagte sich der Chefredakteur der *Welt,* Ulf Poschardt, am 23.01.2018 auf Twitter über das »Bürgerkinder-Jakobinertum« des AStAs der *Alice Salomon Hochschule* – das waren die, die ein Gedicht an der Hauswand der Hochschule weghaben wollten, weil es sexistisch sei. Daraufhin hatten Poschardt und ich eine kleine Twitter-Diskussion, in der ich sagte, dass bei dem AStA ein »Gaga-Liberalismus« aktiv sei (das ist meine nicht so nette Umschreibung des postmodernen Liberalismus) und er in jenem »Jakobinertum« so eben gar keinen Liberalismus erblicken könne. Zugleich gab Poschardt kund, das er für Vielfalt und Toleranz sei. Nun ja: Ich wage die These, dass Poschardts Liberalismus (der ihn ja auch dazu treibt – böse gesprochen – angeblich links-grün-versiffte Weihnachtspredigten zu kritisieren, so wie er es Weihnachten 2017 tat) am Ende des Tages nur die Hegemonie des postmodernen Liberalismus stützt. Am Ende ist Poschardt Pluralismus, Meinungsvielfalt und die offene Gesellschaft und auch der Relativismus und das *anything goes* so wichtig, dass er nicht das Bewusstsein hat zu erkennen, was das eigentlich bedeutet und wie schädlich das am Ende ist. Ich mag mich irren, aber Poschardt treibt sicher nicht ein universalistisches Ziel um – ein soziales Ziel ohnehin wohl nicht. Am Ende ist er auch ein hauptberuflicher Verteidiger der offenen Gesellschaft (ein Popperianer) und ist so auch ein Anhänger der »Alles-ist-doch-gut-Philosophie«. Auch er erliegt dem *Sonnenscheinliberalismus* – auch wenn er kein Postmoderner ist oder zumindest nicht so einer wie die »Bürgerkinder-Jakobiner« des AStAs der Alice Salomon Hochschule. Vielleicht ist er ein postmoderner Popperianer. Er mag gegen jede Bevormundung sein. Aber dieser Drang zum Unabhängigkeitsliberalismus, auch das ist ein Merkmal der Hegemonie des postmodernen Liberalismus.

Jedenfalls, so meine These, wurde der postmoderne Liberalismus zum gesellschaftspolitischen Leitstern, zu einer erdrückten Hegemonie, zu einem bedrängenden Zeitgeist, der nicht mehr viel Raum lässt. Ja, der Postmodernismus nervt. Oskar Lafontaine sprach vor ein paar Monaten (am 27.01.2018) auf Facebook davon, dass die Linke endlich aufhören müsse mit dem »postmodernen Geschwätz« und sich auf ihren »Auftrag« konzentrieren müsse. *Geschwätz* ist ein hartes Wort und es tendiert zur Herabwertung. Aber wenn man das Treiben dieser AStA-Linken der *Alice Salomon Hochschule* betrachtet, dann ist »Geschwätz« das richtige Wort. Denn das ist alles total weltfremd. Luxusprobleme sind es auch.

Und wer hätte gedacht, dass sich hier Poschardt und Lafontaine mal auf der gleichen Seite wiederfinden? Vielleicht sind die »alten weißen Männer« doch nicht so dumm, sondern stehen einfach nur mit beiden Beinen auf dem Boden?

Aber jene postmodernen AStA-Linken treten gegenüber diesen »alten weißen Männern« mit einer moralischen Überlegenheit auf, bei der man sich fragt: Woher kommt bloß dieses übertriebene Selbstbewusstsein? Lafontaine war einmal SPD-Vorsitzender und Finanzminister. Warum denkt eine AStA-Linke, sie könnte sich moralisch über Lafontaine stellen? Ich will in keinen Konservatismus der Achtung der Alten abdriften. Allein Erfahrung zu haben, bedeutet noch nicht, richtig zu liegen oder besser zu sein. 1968 war auch eine Revolution gegen die »Alten«. Und das war gut so. Aber man darf schon fragen: Was berechtigt eine 22-jährige Studentin etwa, sich für eine zivilisatorische Avantgarde zu halten, während große Teile einer nicht mehr autoritären, sondern offenen Gesellschaft für ihr Treiben nur Kopfschütteln übrig haben und es für Naivität und nervend halten?

Ich kann mir das nur durch eine Abkopplung von der Realität erklären. Eine weltfremde Linke ist das, betrieben von Kindern des Bürgertums, die neben ihrem Hedonismus, den sie im Berghain und anderen Clubs in Berlin austoben, sich dann doch nebenbei, denn man muss ja auch was tun, wieder zum Brainstorming für das nächste Projekt treffen. Der SPIEGEL-ONLINE-Kolumnist Jan Fleischhauer hat diese liberal-postmoderne Identitätspolitik, auch mit Blick auf die AStA-Linken der Alice Salomon Hochschule, im Januar 2018 treffend so beschrieben:

> »Identitätspolitik ist Politik für Menschen, die man um elf Uhr im Café trifft, wo sie darüber reden, welche Projekte sie als nächste angehen werden. Klar, auch in diesem Milieu gibt es prekäre Beschäftigung. Aber es macht eben einen gewaltigen Unterschied, ob man sich mit zwei Minijobs über Wasser hält oder Papa einem unter die Arme greift, wenn man gerade mal wieder klamm ist. Im Zweifel winkt eine Erbschaft, auf die man ein paar Raten zieht.«[367]

Mit größeren Abstufungen folgen dann jene Postmodernisten, die nicht so wild sind. Sie haben Stellen im politischen Berlin, sind in der Lage sind, Discussion Papers zu schreiben oder sie zumindest zu lesen, denken aber im Grunde in die gleiche Richtung wie die AStA-Linken der Alice Salomon Hochschule – nur kommen sie eben etwas seriöser und nicht so wild daher. Im Journalismus treiben jene Postmodernisten auch ihre Agenda voran, indem sie eine Me-Too-Debatte nach der nächsten führen, obwohl die Mehrheit sie nicht für das wichtigste Thema hält. Bei Jan Fleischhauer in seiner Kolumne über die Identitätspolitik durfte man etwa erfahren:

> »Ein Prozent der Deutschen hat auf dem ersten Höhepunkt der #MeToo-Debatte im November gefunden, dass Sexismus ein wichtiges Thema sei. So konnte man es im Trendbarometer des Meinungsforschungsinstituts Forsa nachlesen, das im Auftrag von RTL und n-tv wöchentlich die Stimmungslage der Bürger erkundet. Sogar die Debatte über Tierschutz rangierte mit zwei Prozent noch weiter vorn.«[368]

Also, wie kommt ZEIT ONLINE dann bloß dazu, einen Text mit zehn Positionen zur Me-Too-Debatte zu veröffentlichen, in dem der Teaser so begann: »Keine Debatte war 2017 so grundsätzlich wie die über Sexismus.«[369] Da drängt sich der Eindruck auf, dass diese Debatte einem gewissen Milieu, aus dem sich viele Journalisten heute oft rekrutieren, sehr wichtig ist und sie die Debatte für sehr wichtig halten. Aber Journalisten sollen keine Pädagogik betreiben, sie sollen »sagen, was ist« (Rudolf Augstein). Auf dem Höhepunkt der Me-Too-Debatte im November 2017 hatte ich den Eindruck, dass etwa jeder vierte Kommentar auf ZEIT ONLINE die Me-Too-Debatte betraf. Wahrscheinlich stimmt das nicht. Aber ich fühlte mich erschlagen von dem Thema. Ich konnte mich kaum des Eindrucks erwehren, dass hier auch im Journalismus linksliberaler Kulturkampf betrieben wird, weil es einfach so erdrückend war. Ich glaube, die Me-Too-Debatte ist sehr wichtig. Was etwa über Harvey Weinstein, Kevin Spacey oder Dieter Wedel herausgefunden wurde, ist erschreckend, ekelt einen an und ist einfach widerwärtig. Da gibt es nichts zu beschönigen und nichts zu relativieren. Das ist Machtmissbrauch und widerwärtiges Verhalten. Gut, dass es einer aufgedeckt hat und dass Menschen letztendlich den Mut hatten, den Mund aufzumachen.

Aber, und das kommt mir subjektiv so vor, die Me-Too-Debatte wird von einem gewissen Milieu mit einer Inbrunst geführt, die ich für unangemessen halte. Die Me-Too-Debatte ist einfach nicht die wichtigste Debatte 2017 gewesen. Es gibt ganz andere Probleme auf dieser Welt – und, ja, auch in Deutschland. Hunger, Krieg, Terror, soziale Ungleichheit, Obdachlosigkeit: Eigentlich müsste die Debatte zur »Rückkehr der sozialen Frage« als die wichtigste Debatte 2017 identifiziert werden. Aber ganz offensichtlich hält man das in den linksliberalen Schreibstuben dieser Republik gerade nicht für die zentrale Debatte, sondern will über Me-Too reden – das kann man ja auch viel besser twittern.

Auch diese Debatte über den »Aufschrei«, den es in der Folge des *stern*-Artikels über Rainer Brüderle gab, ist da so ein Fall. Ich meine: Wir leben nicht mehr in den 60er-Jahren, als eine 68er-Generation wirklich »aufschrie«, weil es dafür sehr gute Gründe gab – nämlich die wirklich vorhandene autoritäre Gesellschaft. Aber wo muss man denn heute »aufschreien«? Man muss debattieren, hinweisen, deutlich machen, aber »aufschreien«? Ist das das richtige Wort? Will man damit andeuten, dass wir in einer komplett autoritären Gesellschaft leben, in der »alte weiße Männer« wirklich alles bestimmen? Das ist weltfremd. Deutschland war noch nie so offen und freiheitlich, ja, anti-autoritär wie in den letzten Jahren. Wenn man in so einer Situation nach immer mehr Liberalisierung ruft, wirkt das dann irgendwann einfach sehr realitätsfern.

Ich will die Me-Too-Debatte und Aufschrei-Hashtags nicht kleinreden.

Ich halte nur die Inbrunst und die Radikalität, mit der sie geführt werden, für realitätsfern und für einen Ausdruck eines Kulturkampfes eines postmaterialistischen Milieus, das offensichtlich Sehnsucht nach neuen Schlachten hat, nachdem man die

»großen Erzählungen« dekonstruiert und schlechtgemacht hat und vor allem die ökonomischen Debatten für geführt und für erledigt erklärt hat. Das wirkt mittlerweile nicht mehr wie ein Freiheitskampf, sondern wie Pädagogik.[370]

Es wirkt so als seien die Postmodernen angetreten, um Friedrich Nietzsches *Rauschtrieb* vollkommen freizulassen, aber – dialektisch oder warum auch immer – haben die Postmodernen (und nicht nur sie) aktiv dazu bei getragen, dass ein harter *Formtrieb* einen *postmodernen Konformismus* geschaffen hat und in dieser Hinsicht eben kein »anything goes«.[371]

Eher sollten alle die neue postmodern-liberale Befreiungsphilosophie übernehmen und ihr Eros für die Postmoderne und den Neoliberalismus öffnen. Doch Eros (dieser Eros ist nicht identisch mit dem Rauschtrieb, sondern weit mehr) lässt sich nicht verwalten. Die Postmodernen aber wollen es. Ja, sie wollen Eros verwalten, beherrschen, kontrollieren. Als ob Eros etwas Schlechtes wäre. Ja, sie wollen Eros zum Formtrieb machen. Das ist die große Nivellierung im »anything goes«. Und obwohl das so ist, sagen sie doch immer: »anything goes«. Ein Widerspruch. Aber, hey: »anything goes«. Das »anything goes« wird von den Postmodernen verwaltet, was in ihrem Sinne als korrekt zu gelten hat. Dabei müsste es ihnen in einem wirklichen – und wirklich ernst gemeinten – »anything goes« auch einfach egal sein. So entstand das Paradox, dass wir in einem relativistischen Zeitalter des »anything goes« leben und der Formtrieb dennoch sehr stark ist. Man verlangt – von der Jugend vor allem – zu funktionieren und gleichsam ihre Persönlichkeit auszudrücken. Expressiv und repressiv sind die dominierenden Anforderungen der neuen kulturellen Hegemonie der neoliberalen Postmoderne. Expressiv und repressiv zugleich. In der Postmoderne geht das. Anything goes.

In der Aufmerksamkeitsökonomie trifft sich beides: das *expressive* und das *repressive* Element des Zeitgeistes.

In der Aufmerksamkeitsökonomie strahlt dann nicht mehr das Authentische, nicht mehr das Natürliche, sondern das austauschbare Gleiche durch.

Jeder, der den Makel des Glatten, Perfekten und durch-orchestrierten Banalen durchbrechen will, wird dann aber abgestraft mit dem Verrat an der schönen neuen ästhetischen Gleichheit.

Das ist doch eine schizophrene Zeit. Ein Beispiel: Es gibt in letzter Zeit sogenannte *Fitness-Models*, die Hunderttausende Follower mit der Illusion eines perfekten Ichs beglücken, indem sie ihre Astralkörper bei Instagram und Co. dokumentieren, und im Grunde so gut wie alles, vom Aufstehen bis zum Ins-Bett-Gehen mit der Online-Welt teilen. Und wenn sie nur genug Follower haben, können sie ihre neue Online-Macht als *Influencer* für sich gut kommerzialisieren. Und wenn dann mal jemand ausbricht, so wie die Fitness Bloggerin Sophie Gray zuletzt, und »ehrliche«, man kann auch sagen »ungeschminkte«, nicht gephotoshopte Bilder online stellt, verliert sie sofort 70.000 Follower.[372] Der Makel wird bestraft. Dieses Ehrlichmachen wird dann aber als Mut verkauft. Ja, Mut – eigentlich ein Witz, wenn man es etwa mal mit dem Mut von Widerstandskämpfern vergleicht. Zur »Selbstliebe« wollte Gray ermuntern. Und nach anfänglicher Bestrafung, siehe da, wird ihr Mut dann gleich mit wieder steigenden Followern goutiert. *Selbstliebe* ist nach Jean-Jacques Rousseau sowieso das Nonplusultra. Der Anerkennungszwang, dieses höfische Gefallen-Müssen der zivilisierten Gesellschaft, ist ja die wahre Kette. Und siehe da, wer sich ungeschminkt, mit Pickeln im Gesicht, irgendwie unperfekt, der Härte der Illusionswelt des Internets stellt, wird so zum neuen Helden gegen die Ketten der Perfektion erklärt und erntet Bewunderung.

Aufmerksamkeit ist zur stärksten Droge unserer Zeit geworden.[373] Das ist nur ein Ausdruck unseres postmodernen Zeitgeistes. Andreas Reckwitz schreibt dazu:

> »Im Modus der Singularisierung wird das Leben nicht einfach gelebt, es wird *kuratiert*. Das spätmoderne Subjekt *performed* sein (dem Anspruch nach) besonderes Selbst vor den Anderen, die zum Publikum werden. Nur wenn es authentisch wirkt, ist es attraktiv. Die allgegenwärtigen sozialen Medien mit ihren Profilen sind eine der zentralen Arenen dieser Arbeit an der Besonderheit. Das Sub-

jekt bewegt sich hier auf einem umfassenden sozialen Attraktivitätsmarkt, auf dem ein Kampf um Sichtbarkeit ausgetragen wird, die nur das ungewöhnlich Erscheinende verspricht. Die Spätmoderne erweist sich so als eine *Kultur des Authentischen*, die zugleich eine *Kultur des Attraktiven* ist.«[374]

Was Reckwitz *Spätmoderne* nennt, würde ich *Postmoderne* nennen. Soziologisch ist hier also dieser Drang nach Besonderheit und Differenz beschrieben, die in der postmodernen Philosophie eines Lyotard[375] auch eine *wahrheitstheoretische Dublette* findet. Das große Ganze, Konsens und Wahrheit werden verabschiedet zugunsten des Besonderen, Differenten, Einzigartigen, für das man nur Feingefühl entwickeln müsse.

Kurzum: Der Strukturwandel der Spätmoderne, der für Andreas Reckwitz »darin besteht, dass die soziale Logik des Allgemeinen ihre Vorherrschaft verliert an die *soziale Logik des Besonderen*«[376], ist philosophisch oder erkenntnistheoretisch abgesichert durch den postmodernen Abgesang auf die Wahrheit, den Konsens und das Allgemeine. Zusammen entsteht das Bild einer »Gesellschaft der Singularitäten« (Andreas Reckwitz), die nicht nur einen ganz realen Strukturwandel bedeuten, sondern vielmehr durch Geisteswissenschaft noch ihre Legitimation erhalten hat.

Man darf die Rolle einzelner Individuen auch nicht völlig überhöhen und so jemanden wie Lyotard zum Majordomus des Zeitgeistes hochjazzen,[377] aber es stimmt, dass diese Gesellschaft der Singularitäten durch die intellektuelle Vorarbeit von Philosophen wie Lyotard oder Butler nicht möglich gewesen wäre. Sie haben die philosophische Zerstörung der »Logik des Allgemeinen der Industriegesellschaft«[378] ermöglicht. Sie haben der Moderne ihr Fundament genommen. So konnte auch eine kosmopolitische Klasse wachsen, die im freudigen »Celebrate Diversity« letztlich in einer mehr oder weniger unbewussten Form genau das tut, was sich Lyotard in philosophischen Worten herbeigewünscht hat. Das *lyotardsche Spiel* wird heute gespielt, und zwar von einer neuen liberalen Elite. Die wenigsten von ihnen wissen, wer Lyotard war, aber sie denken und handeln wie er. Sie sind die Repräsentanten einer diffus real gewordenen Postmoderne. Sie sind die Verfechter der *kulturellen Vielfalt*, die philosophisch durch Lyotard abgesichert ist und soziologisch auf die von Reckwitz beschriebene »soziale Logik des Besonderen« hindeutet.[379] Die *Vielfaltseuphorie* der kosmopolitischen Klasse kommt also nicht von ungefähr und ihre Genealogie kann soziologisch und philosophisch genau beschrieben werden. Das ist alles keine Überraschung, kein Zufall, sondern alles ein Ergebnis eines Wandels der Gesellschaft und der intellektuellen Linken.

Dabei ist der Wandel der Gesellschaft aber eben nicht zutreffend für alle Milieus. Genauer gesagt: Diese *neue Gesellschaft* inkludiert überhaupt nicht alle, sie ist maximal eine Gesellschaft eines Drittels der Gesellschaft – eher noch weniger. Aber dieses Drittel hat die Meinungsmacht zuletzt komplett übernommen, in liberalen Medien, in den linken Parteien, in den liberalen Parteien, sogar in den moderat konservativen Parteien. So machte die neue *postmoderne Klasse* Meinung und schuf eine neue Hegemonie eines »progressiven Neoliberalismus.« Dieses liberale Bürgertum ist im Grunde zufrieden. Zumindest glaubt es das. Oder will es glauben.

Für Deutschland bedeutet das: Zu dem neuen liberalen Bürgertum passt Merkels *postmoderner Pragmatismus*.[380] Nahezu perfekt.

Ich sehe das kritisch, aber das sollte man jetzt einfach mal zur Kenntnis nehmen. Da hat sich etwas verändert. Die kosmopolitische Klasse besitzt die Meinungsvorherrschaft. Ökonomisch kann man Zeitungen wie die ZEIT verstehen, die eher dazu neigen, für dieses neue liberale Bürgertum Meinung zu machen. Auch den medialen Grundtenor kann man so nachvollziehen. Denn die neuen Postmaterialisten haben genug Zeit und genug Geld, um noch Zeitung zu lesen. Und sie brennen vor allem für Identitätsfragen: »Wer bin ich – und wenn ja, wie viele« (Richard David Precht). Dafür muss man viel lesen und darüber viel lesen. Identität ist komplex. In einer orientierungslosen Welt, ohne Halt und Ziel, was die Postmoderne ist, in der jeder letztlich auf sich selbst zurückverwiesen ist, stellen sich die Identitätsfragen auch umso mehr. Man sucht dann Orientierung durch das Lesen. DIE ZEIT gibt dem Ganzen einfach nur einen Markt. Das kann man alles verstehen. Zeitungen sind Marktakteure. Sie müssen auch Geld verdienen. Aber für die Gesellschaft als solche ist das nicht gut, auch nicht für die Demokratie. Es gibt sehr viele Menschen, die fühlen sich von der liberalen Presse nicht mehr abgeholt. So entstehen allerlei alternativ-rechte Medien, die aber im Grunde oft so hochideologisiert sind, dass es bei ihnen gar keinen internen Pluralismus gibt. Vor allem für die *vergessenen Linken*, die nicht mehr verstandenen Linken, gibt es so entweder kaum noch Medien oder sie werden zu rechts-ideologisierten Medien getrieben.

Beides ist nicht gut. Das ruft alles also nicht nur nach einer Wende in den linken Parteien, sondern auch in den linksliberalen Medienhäusern. Dort hat sich einfach ein Denken festgesetzt, das Ausblendungseffekte erzeugt hat, wodurch auch Ausgrenzung stattgefunden hat. Die kosmopolitische Klasse hat die Meinungsvorherrschaft. Das hatte und hat Auswirkungen.

Ich finde das falsch, weil ich glaube, dass wir gerade jetzt sehr viel mehr *Realitätssinn* brauchen. Aber, wenn wir die Realität ernst nehmen wollen, und das sollten wir, dann müssen wir eben auch sehen, dass die kosmopolitische Klasse Meinung in zentraler Weise prägt, wenn nicht sogar stark bestimmt. Klar, es gibt in der deutschen Medienlandschaft Pluralismus, auch bei der ZEIT. Der Vorwurf einer Einheitspresse, gar einer Lügenpresse, ist absurd. Das ist rechtes Verschwörungsdenken. Aber es ist nicht ganz falsch, dass sich eine Annäherung im Denken einer liberalen Elite vollzogen hat. Da hat man eine ähnliche Meinung. Das muss nicht falsch sein. Ich bin ganz und gar bei Jürgen Habermas, wenn es darum geht, das Ziel zu bestimmen. Das Ziel ist der Konsens. Aber Konsens darf nicht ausgrenzen. Genau das passiert aber in dem neuen Konsens über den »progressiven Neoliberalismus« der liberalen Elite. Manche Menschen haben in dem neuen Liberalismus der liberalen Elite einfach keinen Platz mehr. Das muss sich wieder ändern.

In einem Beitrag für den sozialdemokratischen *vorwärts* schrieb ich:

»Aber in Fragen der Identitätspolitik ist es nicht ganz falsch davon zu sprechen, dass es hier bei den Meinungseliten zu einer gewissen Annäherung im Denken gekommen ist. Diese Annäherung hat ihr Gutes. Aber sie hat auch zu Ausblendungs- und Verblendungseffekten geführt. Annäherung an eine gute Sprache ist nämlich noch nicht gleichbedeutend mit der Annäherung an das gute Leben für alle. Allein die richtige Sprache sorgt noch nicht für das Erreichen des ›goldenen Zeitalters‹. Denn wenn dieser Fokus auf die richtige Sprache dazu führt die soziale Frage auszublenden, ist dem sozialen Fortschritt nicht nur nicht geholfen, sondern er wird auch aktiv zurückgehalten. Resultat ist hier eben die Hegemonie des Neoliberalismus, was kein Fortschritt, sondern sogar ein Rückschritt ist. Diese Ausblendung und diese Verblendung hat aber auch ein scheinbares Paradox erzeugt: Auf der einen Seite ist der Medienpluralismus und der Pluralismus im Generellen stärker als je zuvor. Das ist die Realpostmoderne, nämlich ein Zustand, in dem man den Glauben an die Wahrheit aufgegeben hat und sich damit arrangiert hat, dass der Relativismus der Weisheit letzter Schluss ist. Auf der anderen Seite waren sich viele liberale Meinungseliten in Fragen der Vielfaltseuphorie, die mit dem postmodernen, radikalen Pluralismus einherging, dann doch einig. Und viele akademische Linke marschierten hier voran. Sie waren und sind die Marktschreier der Postmoderne. Was hier auf der Strecke beziehungsweise verdrängt blieb, ist die soziale Frage. Trotz des radikalen Pluralismus kam die soziale Frage somit nicht mehr richtig zur Sprache: Sie drang nicht mehr richtig durch.«[381]

Die »soziale Frage« muss zurück auf die Agenda.[382] Die Interessen vieler Menschen, die im scheinbar neuen Konsens des progressiven Neoliberalismus nicht mehr enthalten beziehungsweise aufgehoben waren, müssen nun wieder zur Sprache kommen. Nur so entsteht Konsens – es darf nicht zu Ausgrenzung kommen. Aber genau das war zuletzt der Fall. Die *neoliberale Postmoderne* muss überwunden, sie muss *aufgehoben* werden.

Um das zu erreichen, sollte man zunächst einmal anerkennen, dass die Postmoderne real geworden ist. Sie ist der Zeitgeist. Die Postmoderne ist real – diffus real, aber real.

Entscheidend ist in dieser Postmoderne nun auch, dass die neue Postmoderne zugleich so durchkommerzialisiert ist, dass Authentizität und Abgrenzung gleich wieder kommerzialisiert werden können.

Diese Deformationen der Zivilisation (ich glaube, die Gesellschaft der Singularitäten ist eine Deformation, zumindest in einer radikalen Form) werden dann nur mit einem Bild gesprengt – wie im Fall von der Fitness Bloggerin Sophie Gray. Gray wird durch ihren neuen »Mut« aber gleich wieder ein Rolemodel für eine neue Singularitätsform. Und macht damit wieder neues Geld. Schöne neue Welt.

In nur einem Bild liegt also die Freiheit? Wenn es doch so einfach wäre.

Die Heuchelei wird durchbrochen, und es wird dieser Makeup-geschützten Marketing-Welt im Namen des Natürlichen einmal richtig gezeigt. Andere Abgrenzung entsteht dadurch, dass man die *Landlust* kauft, sich mit der Peter-Wohlleben-Reihe eindeckt und zu Mittelalter-Märkten strömt, sich der Eintönigkeit des Pop entzieht, indem man Schlager wie Helene Fischer, Ethno-Mittelalter-Pop wie Santiano und Free-Style-Techno wild mischt und es dieser verdorbenen Konsumwelt mit anderem *Alternativ-Konsum* mal so richtig zeigt.

Allenfalls hört man sich den Pop von Alicia Keys noch an, weil die ihrerseits auch nur noch ungeschminkt die Bühne betritt. Diese Phase hält dann drei Wochen an, bis man bei der nächsten Staffel von »Der Bachelor« oder »Germany's Next Topmodel« sich über die »Mädels« und deren Einfältigkeit bei veganen Gummibärchen auf der Ikea-Couch daheim so richtig wieder von der RTL-Konsum-Welt für die »unteren Schichten« gefangen nehmen lässt. Aber hey, auch der Bildungsbürger will mal heimlich lästern. Schöne neue Welt.

Alles geht, alles ist kommerzialisiert, selbst der Widerstand, selbst das Dagegensein. Und im Grunde wollen am Ende alle doch so sein wie die Stars und Sternchen, deren Welt so heile, schön, und vor allem wohlhabend ist – oder zumindest erscheint. Schein ist alles geworden. Der Mensch tritt dahinter zurück. Die

Fiktion hat das Kommando übernommen. Dieses Bild der schönen neuen Welt, das überragt alles. Es wird suggeriert, dass es nicht nur jeder haben kann, sondern es sogar für die allermeisten entweder real ist oder es leicht werden kann. Die schöne neue Welt ist nur eine Instyle, eine Glamour entfernt. Ich will das nicht zerreden, aber wer nur noch sowas liest, der sieht die Realität nicht mehr. Das ist dann nur noch die schöne Welt.

Alles ist mit einer neuen liberalen Fiktion überzogen worden. Die Kulturindustrie hat uns habituell und verhaltensökonomisch offensichtlich alle im Griff. Selbst der Ausstieg wird kommerzialisiert: Ich bin dann mal weg – selbstverständlich mit Multifunktionsjacke von Schöffel. Und man kann ja noch einen Film drehen über seinen Ausstieg oder seine Weltreise. Die Bilder bei Instagram würden jedenfalls geklickt werden. Hauptsache man bleibt dabei ein guter Jünger der schönen neuen Welt. Hauptsache Aufmerksamkeit! Hauptsache, man fragt nicht mehr nach den Zuständen in dieser Welt und feiert stattdessen das Leben. Man hat es sich doch verdient! Life is good. Celebrate life! And celebrate the diversity of lifestyles!

Wozu führt das Ganze? Der Einzelne hat nur noch sich im Blick. Der Einzelne will sein schönes Leben – im System, irgendwie, zur Not auf Kosten anderer. Denn es gilt »Ego first«. Dass niemand das »System« hinterfragt, in dem man immer mehr nur »funktionieren« soll, in dem der eine gegen den anderen ausgespielt wird, und der eine ausgebeutet wird, damit es dem anderen gut geht – das ist kaum noch im Bewusstsein in dieser neuen schönen Welt. Und die *liberale Elite* erhält genau mit ihrer postmodern-liberalen Arroganz dieses perverse Spiel der neuen schönen Welt. Allenfalls zu nichtssagenden CSR-Maßnahmen, zu Green-Washing, zu postdemokratischem Blabla, zum Jargon des Ungefähren, zu nichtssagenden Formeln, zu liberalem PR-Sprech oder kurz zu Spin-Doktoren-Beraterstuss scheint man noch fähig, am Handeln ändert das aber wenig. Die ehrliche Gelsenkirchener Schnauze ist doch heute kulturell abgewertet. Der Marketingmensch in seiner Toll-Sprech-Welt hingegen hat die kulturelle High-Position. Das *Denglisch* des urbanen

Überfliegers, der verschwurbelt redet, das gilt als akademische Großtugend. Die Komplexität der Welt soll in der Sprache widergespiegelt werden. Was allerdings herauskommt, ist oft Nonsense-Blabla und eben Jargon des Ungefähren. Vor allem gehen so einfache Gewissheiten verloren, wie: Ausbeutung muss man verhindern. Man kann sich das ja schönreden. Die Welt ist ja so komplex.

Nun ja, solange man nicht selbst zu den Ausgebeuteten gehört, ist ja alles gut. Und selbst wenn man statistisch und lebensreal doch dazugehört, lindert die neue schöne RTL-Welt einem ja das Dasein – und lenkt einen ab. Und so kommt es, dass politisch nichts mehr in Bewegung scheint. Da kämpft keiner mehr. Man muss es ja pünktlich zur neuen Bachelor-Staffel schaffen – herrlich, wie dumm diese Weiber wieder aussehen und reden. Offensichtlich haben die angehenden Z-Promis auf RTL mehr Anziehungskraft als die gute alte Lektüre des »Kommunistischen Manifests«. Die Realität wird ignoriert. Die Fiktion und der Wunsch der schönen neuen Welt entfalten ihre *Diskursmacht*.

Die Zeitungsleute, selbst oft in ihrem linksliberalen Bildungsbürgertum gefangen, schreiben dann fleißig allerlei Kolumnen über dies und das, aber lesen mag man es offensichtlich auch immer weniger. Denn die Jungs und vor allem Mädels schießen sich ja bei Instagram lieber die letzte Pose aus den Rippen, jubeln sonntäglich über das geile Frühstück im Szenelokal und dokumentieren brav ihr Lifestyle-Food für die Online-Lifestyle-Freunde. Jeder ist doch jetzt selbst ein Medienmacher, jeder selbst aktiv. Vor allem ist unsere Welt doch sehr körperlich geworden, das Visuelle scheint ja übermächtig. Wozu dann noch lesen? Aufmerksamkeit bekommt man doch eher im flotten Bikini auf Mykonos. Hey, vielleicht trifft man sogar Toni Garrn da. Die feiert doch da auch ständig mit ihren Chicas. Politik? Bäh, nein. Kant, wer ist das? DGB, was ist das? IG Metall, noch nicht gehört. Jimmy Carter, das ist doch dieser Schauspieler? Krise hier, Krise da. Wen interessiert der ganze Scheiß schon noch? Demo heute? Wogegen? Kirche? Ach, ich gehe lieber schön frühstücken.

Das ist hier ein Teil vor allem der jungen Generation, vorrangig aus Großstädten, die in eine schöne neue Welt hineingeboren wurde und die diese Welt in ihrem Handeln reproduziert und stabilisiert. Letztendlich destabilisiert jene Generation eben diese Welt, weil ihre neue Naivität letztlich realitätsverweigernd ist und damit letztlich gefährlich. Denn Ignoranz für das große Ganze war noch nie gut und wird es auch nie sein. Das hayeksche Paradigma einer spontanen Ordnung ist aus sich selbst brüchig.[383] Kurzum: Diese Tendenz zur Orientierung am Besonderen an sich und für sich selbst, diese Ausblendung des eigenen Lebens als Teil von etwas Größerem, das führt zu Unordnung und Unsicherheit. Und das führt potenziell zu Chaos – zumindest im schlimmsten Fall.

Die *neue Naivität* innerhalb eines Lebens im Bewusstsein einer neuen schönen Welt führt wiederum zu medialer Fokussierung desselben. Das wiederum führt zu Desinteresse an den großen Debatten und Themen, was wiederum den Zeitungen schadet. Ein *Kreislauf der Ausblendung* ist das.

Und, Mensch, wenn alles so entschieden ist, diese *schöne neue Welt* ja da ist, und Politik doch gut verwaltet wird, ja, wer soll da auch noch Zeitung lesen?

Heute machen sich viele Journalisten mit den »guten« Sachen gemein (also was man halt in seiner Berliner Kreuzköllner Blase eben für schön und gut hält), anstatt Hanns-Joachim Friedrichs zu folgen, dem gemäß man sich als Journalist mit keiner Sache gemein machen solle, noch nicht mal mit einer guten. Journalisten waren einmal die *modernen Sokratiker*. Also diese kritischen Geister, diese Nervensägen, diese Blut-Schweiß-und-Tränen-Menschen. Journalisten waren früher in einem guten Sinne »besessen«. Sie waren diese Wahrheitsjäger, diese Urgesteine der Aufklärung, diese Im-Dreck-Bohrer. Es gibt genug Menschen, die mehr Realitätssinn gerne empfinden und lesen würden, aber den bekommen sie nicht.

Wo sind sie also, diese Journalisten der harten Realität? Die Welt ist aus den Fugen. Und was passiert? Das TV-Duell am 3. September 2017 zwischen Merkel und Schulz sagt doch alles. Da ist die gutbürgerliche Peter-Klöppel-Fraktion, die eigentlich die Welt mehr als schön findet und deshalb ins genussvolle Schweigen verfällt. Und da ist der Claus Strunz, der das TV-Duell wahrscheinlich nur dafür genutzt hat, um als Schutzpatron der AfD bald durch irgendein Aufregerbuch über Flüchtlinge die Masse der Unzufriedenen zu bedienen – und um damit ordentlich selbst abzukassieren. Also genussvolles Schweigen auf der einen Seite und Krawall-Ego-Journalismus auf der anderen Seite.

Aber wo sind die, die eigentlich einfach nur kritisch fragen wollen? Ich hätte diese Journalisten gerne zurück.

Dass sie kaum da sind, hat aber eben auch mit unserer *Zeit des Unpolitischen* zu tun. Am Schlimmsten an dieser neuen postmodern-liberalen Arroganz ist also, dass sie unsere Welt letztlich in eine neue *Zeit des Unpolitischen* gestürzt hat. Da rührt sich kaum noch was. Alles wirkt steril, glatt. Selbst das Wilde ist nicht mehr wild.

Ich bin weit davon weg, dem am Ende naiven Essenzialisierungs- und Ontologisierungsversuch des Politischen einer Chantal Mouffe[384] auf den Leim zu gehen, die glaubt, dass das Politische notwendig durch Macht, Konflikt und Antagonismus charakterisiert ist. So eine *politische Strukturontologie* halte ich für falsch. Denn dabei neigt man dazu, Streit um des Streites willens zu fordern, weil man das Wesen – seine Struktur – des Politischen eben durch Konflikt geprägt sieht. Die Kontroverse wird zur Notwendigkeit erklärt. Das Agonale und damit auch ein radikaler Pluralismus wird am Ende verstetigt und festgesetzt. In so einer Denke bleibt auch nur der Kampf – auch wenn er nicht antagonistisch, sondern agonal gezähmt sein solle, wie Chantal Mouffe meint. Am Ende wird man innerhalb so einer Denkweise nur dazu kommen, eine gewisse Lust daran zu entwickeln, wenn die Fetzen fliegen. Man mag sich sogar in eine *Ekstase des Streits* hineinreden, und mag so vielleicht auch schnell die Kollateralschäden aus dem Blick verlieren, die bei einer Verrohung der politischen Kultur entstehen. Wenn man ein Lob der harten Agonie formuliert und damit harte Agonie – ein bisschen undifferenziert – legitimiert, dann hat das möglicherweise Konsequenzen, die man vielleicht gar nicht will. Wer Hass in der politischen Kommunikation nicht will, der braucht immer eine Antwort darauf, wie er eine harte Agonie zähmen und bändigen will, sodass sie nicht aus dem Ruder läuft.

Sowohl die liberalen Moralisten (die Mouffe wohl auch für naiv hält), die nur blind Toleranz und Weltoffenheit fordern, und damit Gegenreaktionen provozieren, als auch diese Mouffeianer, die von einem neuen Konflikt der Linken mit den Rechtspopulisten fantasieren, werden eher den moralischen Verfall unterstützen, als ihn wieder einzufangen.

Denn der eigentliche Konflikt besteht nicht zwischen den Linken und den Rechtspopulisten, sondern zwischen den Linken und den Neoliberalen. Der Gegner der Linken ist eine selbstgerechte, snobistische, globale, neoliberale Elite. Dadurch werden die Rechtspopulisten nicht zu den »Guten«, aber sie sind eben auch nicht der Hauptgegner der Linken.

Man könnte fast sagen: Die Rechtspopulisten sind sich mit einer wieder zu schaffenden Linken im Grunde einig in ihrem Kampf gegen einen zu naiven Liberalismus. Die *Rechtspopulisten* betonen die *kulturelle Dimension* eines grün-moralistischen Linksliberalismus (auch wenn die Rechtspopulisten ihre Kritik nicht nur überbetonen, sondern maßlos, zum Teil menschenverachtend, übertreiben und dabei jegliches Anstandsgefühl verlieren und sogar bereit sind, Fake News und Lügen für ihre Zwecke einzusetzen), und die *Linken* (so sollten sie es zumindest: es ist gerade das Problem, dass sie es zuletzt kaum taten) greifen die *ökonomische Dimension* des harten und kühlen Neoliberalismus an.

Links und rechts, das sind in der Tat keine klaren Kategorien mehr. Erst hat die Sozialdemokratie in ihrem Dritten Weg ein »jenseits von links und rechts« gefordert. Und das ist auch eingetreten. Neoliberalismus und kultureller Linksliberalismus verbanden sich. Mitte-Links und Mitte-Rechts wurden sehr gleich. Nun aber gibt es zum Beispiel Arbeiter, die ökonomisch links sind, aber kulturell dann eben eher rechts – oder zumindest keine Leichtfertigkeit in Migrationsfragen mögen und bei der inneren Sicherheit auch mehr für *Law-and-Order* sind. Früher wählten diese Arbeiter die Linke, heute die Rechtspopulisten. Didier Eribon hat das in seinem Buch »Rückkehr nach Reims« schön beschrieben. Insofern stimmt es einerseits, dass dieses Zeitalter des »jenseits von links und rechts«, des Dritten Weges, dieser *Verbund* aus *ökonomischem Neoliberalismus* und *kulturellem Linksliberalismus*, gerade zu Ende geht, aber es ist nicht so, dass dadurch die Kategorien »links« und »rechts« wieder klarer werden und wir in einen »Lagerwahlkampf« eintreten könnten. Die Konfliktlinien haben sich verschoben.

Eigentlich bin ich dafür, dass »links« und »rechts« gerade jetzt wieder klarere Konturen bekommen. Kurzum: »links« und »rechts« sind keine politischen Richtungen von gestern, sondern eher ein Denken für morgen. Allerdings stimmt es, dass es wiederum so einfach auch nicht ist. In der Migrations- und Integrationspolitik und bei der Inneren Sicherheit vertrete ich zum Beispiel eine »realistische« Position, wodurch manche das sogar »rechts« nennen könnten. In der Steuer- und Sozialpolitik vertrete ich eine ganz klar »linke« Agenda. Bei mir geht es im Großen und Ganzen um eine *Kritik des Liberalismus* – und zwar eines *postmodernen Liberalismus*. Eigentlich ist die These: Mitte-Links und Mitte-Rechts sind im ökonomischen Sinne neoliberal und in einem kulturellen Sinne linksliberal geworden, wodurch die Kategorien verschwommen sind und kaum einer mehr die Welt so richtig verstand – weil links und rechts nicht mehr unterscheidbar waren. Und genau aus diesem Grund halte ich den von Mouffe geforderten Lagerkampf für etwas überholt. Ich teile ihre Kritik an der Post-Politik des Dritten Weges – genauso wie ich die *Kritik an der Postdemokratie* teile. Ich teile auch ihr Verlangen nach einem »linken Populismus«. Ich glaube aber, dass dieses »links« nicht mehr so klar und einfach ist, wie Mouffe sich das, glaube ich, noch denkt.

Vor allem bin ich nicht bei Mouffe, wenn sie den Konflikt essenzialisiert. Konflikt an sich hat keinen Sinn. Ich will jedenfalls nicht von meiner *Konsensorientierung* abrücken.[385] Streiten, um zu streiten, nur um das Gefühl von Vitalität zu erleben, halte ich für schlicht weg dumm. Das halte ich für zivilisatorisch ignorant. Denn es ist doch ein Geschenk, eine Errungenschaft, dass wir es geschafft haben, Konflikte nicht mehr vorwiegend mit Waffen und Hass auszutragen, sondern durch Argumente. Diese *Form des Rationalismus*, bei aller Notwendigkeit, das Emotionale wieder mehr zurückzugewinnen, ist eine Errungenschaft. Dass Hass keine Meinung ist, ist eine zivilisatorische Errungenschaft genauso wie, dass Gewalt kein legitimes Mittel der politischen Auseinandersetzung ist. Das ist doch ein Fortschritt. Ein *rationaler Fortschritt*, den man *bewahren* sollte. Der Mob ist keine politische Gruppe, sondern eine Gewaltgruppe. Zivilisation heißt auch: *friedliche Auseinandersetzung*. Politik im 21. Jahrhundert sollte Emotionen haben, aber gründebasiert bleiben.

Ich glaube aber auch, dass wir generell eine *Rückkehr von Eros* brauchen. Gerade auch eine Rückkehr von Eros in die Politik. Mag sein, dass ich bei dieser Kritik an dem Post-Politischen dann bei Chantal Mouffe bin. Es stimmt, dass der sozialdemokratische Dritte Weg mit seinen Avancen zur »Postideologie« und dem »jenseits von rechts und links« in dieser Form falsch war. Er hat uns in eine Verwaltungspolitik geführt, die mit der Erregungslosigkeit der neuen postmodernen Langeweile zu einer desorientierenden und entmutigenden Schwebe der Belanglosigkeit des Lebens geführt hat, in der alle treibenden Kräfte der Vitalität irgendwie versiegt zu sein scheinen. Nichtsdestotrotz will ich am Konsens als dem Ziel festhalten. Aber ja: Diesen neoliberalen Alternativlosigkeitskonsens postmoderner Bräsigkeit müssen wir zerschlagen.

Der Neoliberalismus hat sonst gewonnen, wenn uns die Welt, das große Ganze, egal wird. Die *Zeit des Unpolitischen* muss also ein Ende haben. Sich zurückzulehnen, Politik als Verwaltung zu begreifen und dieses Management passiv über sich ergehen zu lassen und so zu tun, als sei Politik letztlich entbehrlich, gar unnütz und nervig, das alles muss ein Ende haben.[386] Genau diese *Management-Philosophie*[387] von Politik will uns die *liberale Elite* schon sehr lange einreden. Und sie war sehr erfolgreich. Dieser Liberalismus ist in unseren Köpfen. Lasst die Politi ker mal machen, auch wenn sie doch kaum noch etwas ausrichten können. In der Krise schauen wir dann doch auf die Politiker, die alles retten sollen. Aber wenn es scheinbar läuft, ist der Markt doch allem überlegen. Die Weisheit liegt im Markt selbst. Das haben die neoliberalen Ideologen allen 30 Jahren lang eingeredet. Und sie hatten Erfolg. Aber damit muss jetzt Schluss sein. *Es ist an der Zeit, aufzuwachen,* und Zeit, sich wieder mehr zu *engagieren* und zu *partizipieren.* Auf den einzelnen Bürger kommt es an. Und gemeinsam hat man Macht.

Wir brauchen daher nun eine *neue Bewegung* für eine Welt, die man auch *lieben* kann. Wir brauchen einen *Bund der Gerechten.* Und wenn man sich den langsam entstehenden *weltweiten Widerstand* ansieht, etwa das Aufkommen einer neuen Demonstrationsbewegung von Frauen gegen Trump, Pulse of Europe und die neu entfachte G20-Kritik, dann gibt es doch auch eine reale Chance für diesen Bund der Gerechten. Die verschiedenen sozialen Bewegungen dürfen sich aber nicht gegenseitig behindern und verachten. Denn das ist ja gerade das Problem der Linken: ihre Spaltung in die *Kulturlinke* und die *sozio-ökonomische Linke.* Aus *vielen Bewegungen* muss also *eine Bewegung* werden: *E pluribus unum.* Es geht um die *Einheit* der Linken. Die »soziale Frage« soll nicht gegen die Identitätspolitik ausgespielt werden. Aber es muss klar werden, dass die Hochzeit zwischen einer liberal-postmodernen Identitätspolitik und dem ökonomischen Neoliberalismus dazu geführt hat, dass sich breite vormals linksautoritär geprägte Wähler nach rechts bewegt haben. Die »progressiven Neoliberalen« haben es nicht geschafft, diese Wähler mitzunehmen. Man kann auch von den neuen kulturellen Werten – Gleichstellung, Akzeptanz und Respekt für Minderheiten sowie Kosmopolitismus sind drei wichtige Werte und Orientierungen unter mehreren – Linksautoritäre überzeugen, aber nicht, wenn man sie erst ökonomisch und dann auch noch moralisch nach unten drückt. Das muss doch zu Gegenreaktionen führen – das sollte nüchtern betrachtet doch klar sein. Identitätspolitik muss vielmehr klug mit ökonomisch linker Politik verknüpft werden. Wird es das nicht, wird sie scheitern. Eine

Sozialdemokratie etwa, die denkt, wenn sie Frauen nach vorne stellt, wird schon alles gut werden, ist naiv. Genauso naiv ist es, wenn man der AfD dahingehend auf den Leim geht, jetzt eine hart männliche Antimodernisierungspolitik zu machen, um Linksautoritäre wieder zurückzugewinnen. Beides ist Identitätspolitik. Beides wird gesellschaftliche Gräben vertiefen. Der ins Kulturelle verschobene Klassenkampf (Claus Leggewie)[388] wird nämlich dabei ignoriert. Damit wird der Kulturkampf nur verschärft, weil man es versäumt, den im Hintergrund wütenden ökonomischen Konflikt zu lösen. Der Rechtspopulismus markiert genau das: Er lässt den Klassenkampf als Kulturkampf erscheinen.[389] Damit wird verdeckt, worum es eigentlich im Kern geht. Es geht nicht nur um »Werte«, sondern eben auch um Ökonomie – also eben auch um Verteilungsgerechtigkeit.

Und genau darum muss man jetzt aus der identitätspolitischen Fixierung der gegenwärtigen politischen Lage ausbrechen. Hier ist vor allem die Linke gefordert, von ihrem identitätspolitischen Elfenbeinturm etwas herabzusteigen, sich mit diesen Themen etwas zurückzunehmen – ohne sie komplett hintenanzustellen oder gar zu verabschieden –, um sich mehr dem Ökonomischen zu widmen. Vor allem geht es nun um eine neue Wahl: *Weiter so* oder eine *neue politische Vision. Technokraten-Bürokratismus* oder *leidenschaftliche Träume.* Ende der Geschichte oder ein neuer Anfang. Entweder oder. Es ist Zeit für so eine neue Bewegung.

Denn soll diese *gesellschaftspolitische Liberalisierung* zu einer Welt, in der jeder offen schwul sein und heiraten kann, wen er will, und das ohne Angst, wirklich das letzte Ziel allen menschheitsgeschichtlichen Strebens gewesen sein? Soll es das wirklich schon gewesen sein? Das ist ja alles richtig und wichtig. Die *Ehe für alle* etwa musste kommen, gewiss. Sie ist richtig. Sie ist ein Erfolg des Freiheitskampfes. Für viele Menschen ist sie eine existenzielle Befreiung. Diese Form des Freiheitskampfes war bislang auch hart und ist in vielen Ländern immer noch zu führen – gerade auch mit Blick auf die muslimischen Staaten. Aber war das schon die große Vision? War es nicht mal der

Menschheitstraum, die Welt von Armut, von Ausbeutung, von Gewalt, von Kriminalität und von Terror zu befreien? Hat die Linke nicht einen *geschichtsphilosophischen Auftrag*?

Es gab einmal so eine Art *kollektiven Lebensgrundtrieb* – eine Art *zivilisatorischen Kompass*. Man hatte da *große Ideale* und *große Verwirklichungsenergie*.

Aber was ist daraus geworden?

Viele sagen: Der Welt ging es noch nie so gut. Vielleicht stimmt das. Aber es stimmt auch: Es gibt noch zu viele Menschen, die an Hunger sterben oder aufgrund von fehlender Gesundheitsversorgung. Milliarden Menschen verdienen nicht mehr als zwei Euro am Tag. Sie haben kein sauberes Wasser, kaum Zugang zu Bildung. Millionen von Menschen werden auf diesem Planeten immer noch wie Lohnsklaven behandelt. Laut Oxfam besitzen die acht reichsten Menschen so viel wie die ärmere Hälfte der Weltbevölkerung zusammen.[390] Soll das noch normal sein? War das der Menschheitstraum? Im Ernst? Und was ist mit den Menschen hierzulande, die zur Tafel gehen, die Flaschen in den Mülleimern der Parks sammeln, die nie in Urlaub fahren können, die in Werkverträgen und in Leiharbeit festhängen, die trotz jahrzehntelanger Arbeit doch nur Grundsicherung als Rente bekommen? War das der zivilisatorische Traum?

Das Ende der Geschichte ist alles andere als erreicht. Uns sind gerade die Menschheitsziele ausgegangen. Das war es einfach noch nicht. Es ist an der Zeit für eine *neue Hoffnung*. Und Hoffnung ist Machtbeginn. Mit Hoffnung beginnt die *Wende*. Und die Wende ist das, was wir brauchen.

Dabei fragt sich aber nun zuletzt: Was soll die neue Vision sein? Worin kann das *Reich der Freiheit* denn noch liegen, wenn eigentlich alle – auch die meisten Linken – sagen, dass sich das mit dem Sozialismus und dem Kommunismus erledigt hat? Was hat die Macht, als neues Ziel zu taugen, wenn es nicht mehr so etwas Radikales wie die Abschaffung des Privateigentums ist? Ist es das bedingungslose Grundeinkommen? Eine Robotersteuer? Eine weltweite progressive Kapitalsteuer, so wie sie etwa Thomas Piketty vorgeschlagen hat?[391] Sind es die Finanztransaktionssteuer und das engagierte Austrocknen aller Steueroasen? Oder ist diese Debatte schon zu instrumentell? Reicht es nicht, klarzumachen, dass das Ende der Geschichte nicht erreicht ist und die Menschheit einen neuen Schub braucht? Reicht es nicht, deutlich zu machen, dass endlich die Reichen mehr abgeben müssen, damit wir die finanziellen Mittel haben, um anfangen zu können, die größten Menschheitsprobleme zu beheben und die drängendsten Zukunftsfragen zu lösen?

Und wie realistisch ist es, dass sich die »Weltgemeinschaft« hier überhaupt noch auf ein Ziel und geeignete Instrumente einigen kann, da sich doch eine Re-Nationalisierungswelle und ein härterer Ton weltweit beobachten lassen? Wie soll die »Menschheit« voranschreiten, wenn der US-Präsident bei der NATO alle anwesenden Regierungschefs wie Schulkinder maßregelt, wenn Russland mutmaßlich Demokratien weltweit per Cyber-Attacken angreifen lässt, wenn China im Prinzip nur seinen eigenen Aufstieg im Blick hat, wenn Länder wie die Türkei sogar die eigene Demokratie zerstören, wenn in Deutschland, in Österreich oder Frankreich Wahlen so derart personalisiert werden, dass man eigentlich gar nicht mehr über Inhalte spricht? Wie soll man über Kapitalsteuern Vereinbarungen treffen können, wenn so gut wie nirgends noch Linke regieren? Wenn überall nur noch Liberale und Konservative oder sogar Milliardäre regieren: Wer soll da noch was am *Status quo* des *neoliberalen Kapitalismus* ändern wollen?

Wie soll man in solch einer Lage also über Weltanschauung reden, über Alternativen und über Weltverbesserung? Ist das nicht eher naiv? Müssen wir uns nicht eher für einen neuen »Kampf der Nationen« wappnen, vor allem für einen Kampf um die digitale Vorherrschaft? Ist die Rückkehr zu mehr Nationalstaat unausweichlich angesichts dessen, dass die Weltgemeinschaft versagt und die Globalisierung den Staatenwettbewerb immer weiter forciert? Aber wozu führt so etwas, wenn wir wirklich wieder in einen »Kampf der Nationen« eintreten?

»Zurück zur Nation« ist jedenfalls nicht die Antwort auf die momentane *Weltgesellschaftskrise*. Blinder und moralisierender

Kosmopolitismus aber auch nicht, denn in den letzten dreißig Jahren hat vorrangig das Kapital von der Internationalisierung profitiert. Es muss Richtung *Kosmopolis* gehen, aber wie, das ist hier die Frage. Es ist schwer, eine richtige Antwort auf die *Weltgesellschaftskrise* zu finden. Angesichts der Lage der Welt ist eine *neue Ratlosigkeit* eingekehrt. Viele sagen so: Erst einmal »Weiter so«, erst einmal Durchwurschteln, bis wir wieder eine Idee haben, wie es weitergehen soll. Manche nutzen diese Rhetorik aber auch einfach als Argument, um zu verdecken, dass sie mit dem *Status quo* des *neoliberalen Kapitalismus* eigentlich zufrieden sind.

Dieses »Weiter so« stürzt insbesondere die Linke aber immer weiter in eine Krise. Auf dem G20-Gipfel gewannen schon die Apokalyptiker den Kampf um die Wahrnehmung. Möge die Welt erst brennen, danach kann man sie wieder aufbauen. Stürzt erst das System und baut dann ein neues. Macht kaputt, was euch kaputt macht – erst muss die Welt in Steinen und Scherben liegen. Das ist der Ton der neuen Härte von links. *Es gibt kein richtiges Leben im Falschen*, so mag man dieser Tage an den Philosophen *Theodor Adorno* erinnert werden.[392] Die schöne neue Welt liegt voraus, aber lasst uns erst die hässliche einreißen!

Wenn man an die Obszönität der Gier und der Entkopplung denkt, die eine globale Finanzwirtschaft in den letzten dreißig Jahren zeigte, welche keinen Moment daran dachte, nach der Finanzkrise sich selbst die Schuld für das Desaster zu geben, das sie angerichtet hatte, und die stattdessen darauf drängte, per *Austeritätspolitik* die Staatsschulden zu konsolidieren, die teilweise nur deswegen so hoch waren, weil die nationalen Steuerzahler die Banken in der Krise retten mussten, dann muss man sagen, dass diese neue Härte von links einen Punkt trifft.

Doch es ist falsch, auf die Implosion des Systems zu warten und dialektisch und zynisch jetzt noch die härtesten Kapitalisten in hohe Ämter zu wünschen – wie es etwa der Philosoph Slavoj Žižek mit Trump tat[393] –, damit der Brand des neoliberalen Kapitalismus noch beschleunigt werde und das Haus endlich restlos abbrenne. Žižek will doch eigentlich vor allem den großen

Kampf – den heroischen Kampf der Linken gegen die Finanzoligarchie.[394] Ob er in seiner Dialektik noch Platz hat für den Kampf für die Demokratie, wenn es darauf ankommt, weiß man nicht so genau. Žižek legt oft den Finger in die Wunde. Er hat ein großes Gespür für Selbstbetrug und Widersprüche. Aber würde man Žižek ein demokratisches Regierungsamt geben? Eher nicht.

Mein Eindruck ist: Diese radikal harte Linke um Žižek verwechselt das Gute mit dem Bösen. Die harte Linke will wie der *Joker* sein. Dabei stimmt, was Alfred zu Bruce Wayne – alias Batman – in Christopher Nolans zweitem Batman-Film über diesen Joker sagt: »Einige Menschen wollen die Welt einfach nur brennen sehen.«[395]

Diese »Lust am Untergang«, wie es Thomas Assheuer zuletzt in der ZEIT nannte,[396] hat keinen Effekt. Die Welt hat schon öfter gebrannt und lag in Trümmern. Zuletzt 1945 fundamental. Danach hat man sie aufgebaut. Die Linke war erfolgreich dabei. Das *Zeitalter des Keynesianismus* war erfolgreich. Man schritt voran, auf dem Weg zum »goldenen Zeitalter«. Aber dann kam bekanntermaßen der Neoliberalismus und riss vieles wieder ein. Man mag hier an Friedrich Nietzsches dionysischen Rauschtrieb denken, der das, was der apollinische Formtrieb aufbaut, wieder zerstört. Warum sollte man also davon ausgehen, dass nach dem Zusammenbruch des Systems, man nicht irgendwann wieder an den Punkt kommt, an dem man den Zusammenbruch herbeisehnt? Insofern: Nicht die Revolution, aber doch die *harte Reform* ist heute nötig. Es gilt, das »System« zu reformieren. Und das durchaus radikal. Der entscheidende Fehler der heutigen Zeit liegt im »Weiter so«. Der Fehler liegt in dem *neoliberalen Alternativlosigkeitskonsens*.

Der britisch-indisch Philosoph Pankaj Mishra schreibt dazu in seinem Buch »Das Zeitalter des Zorns« treffend:

> »Heute liegt der in den ersten Jahren nach der Beendigung des Kaltes Krieges herrschende Konsens – wonach eine globale kapitalistische Ökonomie ethnische und religiöse Unterschiede einebnen und weltweit zu Wohlstand und Frieden führen werde – in Trümmern.«[397]

Oder kurz: *Der Neoliberalismus ist gescheitert.* Der *neoliberale Alternativlosigkeitskonsens* ist gescheitert. Man muss sich von der Realität widerlegen lassen können. Brexit, das war eine Zäsur. Trump umso mehr. Marine Le Pen sollte der letzte Warnschuss gewesen sein. Ich will nicht so tun, als hätte ich das schon alles kommen sehen und hätte die Konfliktlinien, die dahinter stehen, schon vor Jahren erkannt. So ist es nicht. Erst war ich Liberaler. Dann *diffuser Linksliberaler* in der Sozialdemokratie.

Ich habe dann aber diese Zäsur begriffen, die der Brexit und Trump bedeuteten. Ich habe mich von der Realität widerlegen lassen. Ich habe mich läutern lassen. Die neuen Liberalen wollen das bis heute nicht. Sie betreiben lieber Realitätsverweigerung. Ich meine: Ich sehe heute klar und deutlich. Ich meine, ich habe etwas verstanden, was die diffusen Linksliberalen zumeist nicht bereit sind zu verstehen. Nämlich, dass da eine Einheit aus Neoliberalismus und Linksliberalismus entstand und dass sich dadurch alle Kategorien verschoben.

Diese Einheit aus Neoliberalismus und Linksliberalismus ist zugleich Ausdruck des Zeitgeistes. Wir leben in einer *neoliberalen Postmoderne*. Und die »liberale Hyperkultur« (Andreas Reckwitz) oder diese neue Einheit aus Neoliberalismus und Linksliberalismus hat vor allem eine große Desorientierung geschaffen.

Viele der professionellen Politikdeuter etwa waren und sind orientierungslos, was zum Beispiel dadurch deutlich wird, dass viele Macron sehr lange für einen linken Superstar hielten oder Obama als linke Ikone bis heute feiern – beide sind natürlich keine Linken, sondern eben Linksliberale. Linksliberalität ist nicht mehr das Gleiche, was Willy Brandt mal darunter verstand. Der *neue Linksliberalismus* ist auf dem sozialen Auge teilweise blind und ihm fehlt Realitätssinn. Zugleich ging mit dem *neuem Liberalismus* auch eine große Form von *Realitätsverweigerung* einher.

Mit diesem Bund aus Neoliberalismus und Linksliberalismus muss jetzt Schluss sein. Vor allem für die *Linken* – und eben auch die *Linksliberalen*. Es bringt nichts auf Macron oder Trudeau zu schauen. Die Macron-Fans in der »Linken« sind keine

Linken, sondern fast reine Liberale. Dieser »progressive Neoliberalismus« (Nancy Fraser) hat aber keine Chance mehr. Gewiss, er ist erst in den letzten Jahren entstanden. Wenn man an Gerhard Schröder denkt, der gerne abfällig von der Familienpolitik als »Gedöns« sprach, oder an die Law-and-Order-Innenpolitik von Otto Schily, dann war das gesellschaftspolitisch auch nicht gerade »progressiv«. In den USA etwa war das schon länger anders. Aber in Deutschland kam es dann nach Schröder zum »progressiven Neoliberalismus«. Nach Schröder war es im Grunde so, dass man den ökonomischen Neoliberalismus beibehalten hat und dann noch zusätzlich einen kulturellen Linksliberalismus draufgesetzt hat.

Woran mag es liegen, dass es erst zur Anbiederung der Linken an den ökonomischen Neoliberalismus kam und man danach eine Einheit aus Linksliberalismus und Neoliberalismus bildete?

Vielleicht war es einfach der Zeitgeist, der diesen Bund aus Neoliberalismus und Linksliberalismus schuf. Vielleicht dachte die Linke einfach, dass die neoliberalen Kapitalisten doch recht hatten. Vielleicht war der progressive Neoliberalismus ein falscher Schluss aus einem »zwanglosen Zwang des besseren Arguments« (Jürgen Habermas). Vielleicht hat sich die Linke von einem postmodernen Linksliberalismus verführen lassen. Vielleicht hat sie das einfach zuletzt für der Wahrheit letzten Schluss gehalten. Also für den zwanglosen Zwang, dem sie sich in der »neuen Mitte« dann gebeugt hat. Vielleicht hat ihr – komplett richtiger – Anspruch auf *gesellschaftliche Freiheiten* ihr das Gespür für *ökonomische Freiheiten* geraubt. Vielleicht hat die Bildungsaufsteiger-Generation, die im neuen Kapitalismus der postfordistischen Arbeitswelt, in einem neuen »*Kulturkapitalismus*«[398], oft ihren Platz gefunden hat, ihren Blick für das Ökonomische verloren, weil es ihr subjektiv ökonomisch gut geht – zumindest noch gut geht oder weil sie zumindest glaubt, ihr ginge es gut. Wahrscheinlich ist das so.

Aber deswegen braucht es eine starke parteipolitische und intellektuelle Linke, welche die Gesellschaft daran erinnert, dass gesellschaftliche Freiheiten nicht alles sind, sondern dass es auch um ökonomischen Freiheitskampf geht. Aber die Linke unter Schröder, Blair und Clinton hatte das vergessen – viele Akademiker an den Lehrstühlen eingeschlossen. Sie hat den ökonomischen Freiheitskampf im Dienst des Kapitals sogar zurückgeworfen.

Ich wollte das lange nicht wahrhaben. Der *Non-Egalitarismus* war durch den »Dritten Weg« links umgedeutet worden. Das erschien progressiv und richtig. Ich schrieb 2013 im politischen Magazin »Cicero« über diesen Non-Egalitarismus der »neuen Mitte«:

»Diese Politik senkte Steuern, kürzte den Sozialstaat und deregulierte den Arbeitsmarkt, was man als neoliberal kritisierte. Aber letztlich war das nicht neoliberal, sondern nur einfach eine Absage an die Idee der Gleichheit. In diesem Sinne kann man Schröder und Blair als sozialliberal verstehen. Deswegen fühlten sich damals auch so viele Sozialdemokraten fremd in ihrer eigenen Partei, weil die meisten Sozialdemokraten glauben, dass Verteilungsgerechtigkeit ein sozialdemokratisches Grundanliegen ist. Nun muss man aber konstatieren, dass zwar eine Erhöhung der Einkommenssteuer oder Einführung einer Vermögenssteuer mit diesem *sozialdemokratischen Non-Egalitaristen*, den man nicht nur in der SPD, sondern eben auch in der FDP, bei den Grünen, den Piraten und sogar der CDU findet, eher schwierig ist, aber auch nicht völlig ausgeschlossen. Moderate Steuererhöhungen für Wohlhabende würden nämlich immer noch bedeuten, dass die Einkommens- und Vermögensverhältnisse signifikant ungleich wären. Aber zumindest könnte man durch Steuererhöhungen für Wohlhabende das Geld für umfangreiche Bildungsinvestitionen bekommen, und das ist für den Sozialliberalen ja gerechtigkeitsrelevant. Ein Mindestlohn ist mit diesem Typen aber definitiv zu machen, weil der Mindestlohn einen Mindeststandard beschreibt, der für ihn gerechtigkeitsrelevant ist. Für eine linke Mehrheit in Deutschland sind das gute Nachrichten. Denn nicht alle Liberalen sind ›rechts‹ oder ›konservativ‹. Linke Politik ist mit Liberalen zu machen.«[399]

Was steht da? Genau. Linke Politik ist mit Liberalen zu machen. Dabei dachte ich damals: Was die SPD unter der neuen Mitte tat, ist links.

Ich habe mich da aber geirrt. Das war nicht links. Das war schon liberal. Sozialliberalismus ist keine linke Politik. Es ist sozialliberale Politik.

Heute muss ich sagen: Ich glaube sogar, diese Politik der neuen Mitte war eben doch in gewissen Zügen neoliberal. Keine marktradikale Lehre. Sicher nicht. Vielleicht gab es für sie auch gute Gründe. Schließlich galt Deutschland zu Anfang der 2000er-Jahre als der »kranke Mann Europas«. Man hatte fünf Millionen Arbeitslose. Gewiss, die Regierung Schröder musste handeln. Aber es ist bezeichnend, dass man dabei so viel sozial falsch gemacht hat. Denn die neue liberale Denkweise hatte einfach das Bewusstsein für die »soziale Frage« geraubt. Da hatten sich die Kategorien verschoben. Der *Egalitarismus* war aus dem Bewusstsein. Der Kampf gegen Ausbeutung war aus dem Bewusstsein. Die Linke, das war jetzt nicht mehr die *Gegenmacht*, sie war jetzt zum *Co-Manager des Kapitals* geworden. Das gilt für die SPD wie auch zum Teil für die Gewerkschaften. Das sind die Vergangenheit und die Gegenwart der moderaten Linken. Aber es darf nicht ihre Zukunft bleiben.

Die Linke muss begreifen: Wir leben in keiner heilen Welt, sondern in einer »kaputten Gegenwart«, wie der Philosoph Dieter Thomä es zuletzt in der ZEIT ausdrückte.[400] Nur ein Beispiel für das Wertesystem im neoliberalen Kapitalismus: Weil zwei Stürmerstars von Paris Saint-Germain sich nicht darauf einigen können, wer von den beiden Egomanen die Elfmeter schießen darf, soll der Clubbesitzer versucht haben, den Konflikt mit dem Angebot einer Million Euro zu lösen.[401] Diese *Turbo-Ökonomisierung*[402] zerfleischt das Gemeinwesen. Die neue Geld-Elite ist so abgehoben und so entfernt von allem, das ist einfach eine kaputte Gesellschaft, wenn ein Verein so etwas zulässt – und die Fans es nicht boykottieren. Eigentlich müssten die Fans es boykottieren, müssten alle Stars entlassen werden und stattdessen die A-Jugend auf den Platz – die pro Mann maximal 20.000 Euro im Monat bekommen. So etwas wäre ein Widerstand. Und genau so einen Widerstand bräuchte es. Etwa gegen diesen Söldnerfußball. Es braucht ein Zeichen, dass man sich nicht alles kaputt machen lassen will. Es geht nicht nur ums Gewinnen um jeden Preis. Sondern es geht um das Spiel und die Freude daran. Wir brauchen weniger PSG, Manchester City und Real Madrid. Wir brauchen mehr Union Berlin und St. Pauli. Wir brauchen einen Widerstand gegen diese »kaputte Gegenwart«. »Jetzt reicht's« hieß der Text von Dieter Thomä in der ZEIT.[403] Das stimmt. Es reicht.

Je früher man also die neoliberale *Haltung* aufgibt, desto eher kann wieder etwas wachsen. Die Welt braucht jedenfalls dringend eine *neue Orientierung,* sie braucht einen *neuen Konsens.* Es ist Zeit, sich darüber Gedanken zu machen. Fangen wir also mit der Arbeit an. Fangen wir hier in Deutschland an. Gewiss, wir Deutschen sind keine Revolutionäre. Überschaubarkeit und Sicherheit sind uns wichtig. Aber wir sind auch das Land der Dichter und Denker. Wenn wir träumen, dann wirklich. Wir können neue Ideen entwickeln und wir können führen. Denn wir sind die zentrale Macht Europas. Es ist Zeit, unsere Macht für eine Erneuerung zu nutzen. Von Deutschland kann etwas Neues ausgehen. »Brüder, zur Sonne, zur Freiheit«, mag man daher gerade rufen.

Lasst uns *Populisten der Liebe* sein! Wenn wir zu solchen *Populisten* werden, die aufgrund ihrer *Liebe zur Welt* die Welt selbst als etwas Liebenswürdiges gestalten wollen, dann werden wir zu *neuen Freiheitskämpfern,* zu *Populisten der Freiheit. Die Freiheit liegt noch vor uns.* Dies macht sich der *Populist der Freiheit* bewusst. Er glaubt nicht, dass der Freiheitskampf zu Ende ist. Er verfällt nicht der *Illusion* des *Endes der Geschichte.* Auch wenn Geschichtsphilosophie heute tabuisiert ist, auch wenn sie unter einer Entartungsvermutung steht und versucht wird, Geschichtsphilosophien als radikal zu brandmarken, so will ich doch betonen: Im »Reich der Freiheit« wird die Wahrheit erst vollends zum Vorschein kommen. Nur dann, wenn man sich dieses »Noch-Nicht« (Ernst Bloch) bewusst macht, ist für heute das Bewusstsein geschaffen, dass die Wahrheit und die Freiheit noch vor uns liegen. Wahrheit heißt immer auch, nach einem Ideal zu streben. Wir brauchen einen *neuen deutschen Idealismus.* Aber auch einen *neuen deutschen Realismus.* Es ist Zeit für eine *neue Hoffnung*. Aber nicht für eine naive, liberale Hoffnung, die im Grunde nur das, was der *Status quo* ist, in noch wärmeren Farben malen will. So eine Schönrednerei, so eine Hoffnung des Schönen auf das noch Schönere, so eine *ästhetizistische Hoffnung*, brauchen wir nicht. Wir brauchen eine realistisch fundierte und konkret utopische Hoffnung. Wir brauchen eine Hoffnung mit *existenzialistischem Ernst*! Hoffnung braucht Ernsthaftigkeit, nicht diese liberale Spielerei im Namen von Vision, Hoffnung und Zuversicht. Seien wir also ernst! Werden wir wieder ernsthaft! Wir Deutschen können dabei vorangehen.

Als Land der Dichter und Denker würden wir damit der Welt und dem Fortschritt einen großen Dienst erweisen. *Die Wahrheit liegt noch vor uns.*

Man kann zwar hier und heute bereits auch zwischen »richtig« und »falsch« unterscheiden – etwa mit Blick auf rassistische Äußerungen wie die von Alexander Gauland über die Integrationsbeauftrage Aydan Özoguz. Man kann auch heute schon sagen, dass ein Sozialstaat besser ist als keiner. Und ein großer Sozialstaat besser als ein kleiner. Aber die Wahrheit steht in gewisser Weise auch noch aus. Sie liegt in der Zukunft. Das Ideal ist eben bei Weitem noch nicht erreicht. Das sollte in dieser Streitschrift deutlich werden: Das war es alles *noch nicht*. Das mag für den einen radikal klingen. Gewiss, kann man mir das vorwerfen. Und sagen, dass ich ein Marxist bin oder die Wiederkehr revolutionären Denkens und Handelns fordere. Aber ich bin kein Marxist, kein Jakobiner, kein Radikaler. Ich fordere kein »Zurück« hinter das Godesberger Programm der SPD oder Ähnliches. Ich will keinen MLPD-Charme vorantragen. Ich will vielmehr ein *neues Godesberg*. Einen neuen Aufbruch. Eine neue Visionspolitik der Linken.

»Das gesellschaftliche Leben ist wesentlich *praktisch*. Alle Mysterien, welche die Theorie zum Mystizismus verleiten, finden ihre rationelle Lösung in der menschlichen Praxis und im Begreifen dieser Praxis.«[404] So viel Karl Marx, wie in dieser 8. Feuerbachthese von Marx, halte ich für richtig. Mir ging es in dieser Schrift um eine »Wiedergewinnung des Wirklichen«

(Matthew Crawford).[405] *Wirklich* deswegen, weil ich glaube, dass die liberale Übertreibung sich als Weltbild so weiterentwickelt hat, dass da zum Teil eine eigene Lebenswelt entstanden ist, in der man die Probleme in dieser Welt nicht mehr richtig wahrnimmt. Das habe ich in diesem Buch »Realitätsverweigerung« genannt. Mir ging es in diesem Buch darum, die echte Realität, die echte Praxis zu begreifen. Ich wollte mich endgültig aus dieser *liberalen Blase* lösen, in der auch ich länger gelebt habe.

Lösungen und Fortschritt gibt es nur in realistischer Wahrnehmung der Welt. Wer ein falsches Bild von der Wirklichkeit hat, kann die Welt nicht verändern. Sie in Ansehung der Praxis durch Praxis zu verändern, ist aber das Ziel von Praxis. Das wollen viele der neuen Liberalen aber eigentlich gar nicht. Sie wollen dieses *System*, diesen *Status quo* im Grunde verteidigen. Es ist nicht nur so, dass man in Deutschland die *German Angst* unterschätzt hat, sondern man hatte ein zu gutes Bild von der Welt. Ich war lange kritisch, ob man die Welt in gutem Licht präsentieren sollte. Aber es gibt auch einige Kennzahlen, die deutlich machen, dass es Deutschland zumindest besser geht als vielen seiner Nachbarn – Konjunktur, Arbeitslosigkeit.

In den Frankfurter Heften schrieb ich Anfang 2016 Folgendes:

> »Wir leben in einer Gesellschaft, in der die Mehrheit mit dem Status Quo zufrieden ist und Sorgen vor Reformen hat, die dieses temporäre Glück zerstören könnten. Wenn Reformen aber ausbleiben, kann es sozial wie wirtschaftlich schnell wieder schlechter aussehen. Deutschland geht es zwar ordentlich, es könnte aber nicht nur noch viel besser sein, sondern die Gefahr des Abstiegs besteht, wenn wir jetzt nichts ändern. In Deutschland ist nicht alles schlecht aber vieles auch noch nicht wirklich gut.«[406]

Wahrscheinlich bin ich damals der »Eigentlich ist doch alles gut«-Rhetorik auf den Leim gegangen. Vieles sprach ja auch dafür, dass es *zumindest für uns Deutsche* gut läuft. Mittlerweile weiß ich, dass das Bild der Deutschen als *Insel der Glückseligen* so nicht stimmt – siehe dazu nur Kapitel 2, 3 und 4. Und die

Ereignisse seit 2015 haben auch eine Dynamik entfaltet, die dafür spricht, dass viele Deutsche in einem dialektischen Prozess sich selbst gewahr geworden sind, dass eben gerade nicht alles gut ist – weder in Deutschland selbst, noch in Europa und der Welt.

Die Mehrheit hat aber für die Jamaika-Koalition gestimmt, könnte man hier einwenden – und damit am Ende für »alles ist doch gut«. Eine Mehrheit wollte in der Bundestagswahl des Herbstes 2017 also diesen Kurs *liberaler Selbstzufriedenheit*? Das sagt uns das Ergebnis?

Diese Mitte, die vermeintlich glückselig ist und nur »weiter so« will, die gibt es so nicht mehr. Die Mehrheit will Veränderung. Noch wartet sie. Auch aus Scheu vor dem ganz Radikalen hat sie noch mehrheitlich die Mitte-Parteien gewählt. Aber diese deutsche Mitte, die ist verunsichert. Sie erwartet von den Mitte-Parteien eine Veränderung. Das hat diese Wahl gezeigt. Die Volksparteien müssen jetzt reagieren, oder es wird sie in vier Jahren so nicht mehr geben – ihren Abstieg konnte man bei dieser Wahl ja schon sehen. Alte Gewissheiten zählen nicht mehr. Parteiensysteme haben keine Garantie aufs Überleben. Frankreich hat das idealtypisch gezeigt. Macron hat das System gesprengt, aber er ist nicht fähig, es wieder zu einen. Wenn er von der Bühne tritt, wird er ein desorientiertes Land zurücklassen, und niemand kann wissen, ob das Extreme dann dieses Land und Europa gleich mit zerstört. Es gibt im 21. Jahrhundert noch Lager. Macron hat aber neue Lager geschaffen: Er, der Vertreter einer kosmopolitischen Klasse, gegen den Rest. Das kann und das wird nicht gut gehen. Vor allem, weil er glaubt, er müsse gar nicht richtig um die Zweifelnden, die Abgehängten, die Kommunitaristen kämpfen. Der *Weltgeist* ist ja auf seiner Seite – ich glaube, das glaubt er. Dieses stolze Frankreich wird von seinem neuen liberalen Sonnenkönig gespalten werden. Außer es kehrt noch die Einsicht in ihn ein, dass er diese falsche Einheit aus *ökonomischem Neoliberalismus* und *kulturellem Linksliberalismus* nicht verteidigen, sondern zerbrechen muss, um voranzukommen. Man muss daran erinnern, dass Macron nicht viel mehr als 20 Prozent im ersten Wahlgang bekommen hat. Und hätte Francois Fillon keinen Skandal gehabt, wäre wahrscheinlich er gewählt worden – auch wenn das Ergebnis zwischen ihm und Marine Le Pen knapper gewesen wäre.[407] Weder in Frankreich, noch in Deutschland ist noch Verlass darauf, dass die Bürger pflichtschuldig Mitte-Parteien wählen, die fast allesamt mittlerweile nur noch ein Programm haben – gewiss mit verschiedenen Ausprägungen und Intensitäten: ökonomisch Neoliberalismus und kulturell Linksliberalismus. Die Funktionärseliten der Mitte-Parteien begreifen Politik als Verwaltungsjob.

Das Grundproblem ist, dass wir als liberale Gesellschaften seit der Finanzkrise 2007 immer noch nicht einen realistischen Blick dafür gewonnen haben, was eigentlich zu tun wäre, um auch in Zukunft unsere Demokratien in sozialer und innerer Sicherheit zusammenzuhalten, die EU zu stabilisieren und zu entwickeln und die globale Weltgemeinschaft wachzurütteln.

Zudem rückt die liberale Elite immer noch nicht von ihrer Illusion ab, dass alles im Grunde gut ist und am Ende der Markt es schon richten wird. Es gibt in der Elite einfach zu wenige, die an der Seite derer stehen, die Ängste haben. Das wird alles nicht ernst genug genommen. Ängste gelten quasi schon als moralische Verfehlung, denn man sollte doch einfach eine *positive Psychologie* haben. Ein besonders bezeichnendes Beispiel der *liberalen Übertreibung* kommt von der ehemaligen *Welt*-Kolumnistin und mittlerweile ZEIT-Journalistin Ronja von Rönne. Während eines Blitzvortrages als Teil des ZEIT-ONLINE-Festivals Z2X, hat sie unter anderem Folgendes gesagt:

> »Es wähle jeder, wie es ihm beliebt. Aber man muss niemanden dafür respektieren, sich von ihrer Angst leiten zu lassen. Weder Introvertierte im Internet noch Menschen, die aus ihrer Angst eine Stimme für eine menschenverachtende Partei machen. Dann sollen sie doch aus der Wahlkabine kommen, mit zwei Kreuzen für die Alternative, und hoffentlich mit einem kleinen Stechen, einem Herz, das eigentlich weiß: Mist, ich habe schon wieder der Angst nachgegeben. Und wenn man sich danach immer noch etwas dreckig fühlt, kann man seine Gefühle ja immer noch mit Hassposts im Internet betäuben. Oder halt einen Artikel schreiben: ›Ich habe

Angst vor Fremden, tu nichts dagegen und stehe dazu.‹ Das gibt zumindest Klicks. Gegen die Angst hilft es wenig.«[408]

Noch krasser hat sie es in einem Tweet bei Twitter am Abend der Bundestagswahl am 24. September ausgedrückt. Dort schrieb sie: »13.5%: Ihr seid ignorante und schlechte, schlechte, schlechte Menschen. Eure Stimmen sind kein Sieg, sondern eine Niederlage für dieses Land.« Sie schrieb nicht, dass die AfD-Funktionäre wie Gauland und Höcke, die offenen Rassismus betreiben, diejenigen sind, die sich hier als radikale Demokratieverächter präsentiert haben, sondern sie nahm alle Wähler der AfD in Sippenhaft. Sie konnte nur »schlechte Menschen« sagen. Und das ist Teil des Problems, weil eben nicht alle AfD-Wähler schlechte Menschen sind. Wenn aber Rönne und Co. in ihrer Unreife und Naivität für große Meinungsseiten so eine Hypermoral noch präsentieren dürfen, dann haben wir ein Repräsentationsproblem. Es mag ja sein, dass Rönne für eine liberale Community, für ihre Berliner Freunde aus ein paar Start-ups und andere Medienleute spricht, die allem, was Rönne – auch für sie – sagt, glühend zustimmen. Aber selbst ein Liberaler aus einem kleinen Dorf in Rheinland-Pfalz würde da eine Hypermoral sehen. Er würde eher sagen: »Jetzt lass die Kirche mal im Dorf.«

Wir erleben hier eine starke Abkopplung einer liberalen Community, die sich selbstreferenziell nicht nur bei Twitter, das gefühlt vor allem Politikschaffende und Medienleute nutzen, in eine liberale Voreingenommenheit und Hysterie hineinredet. Die liberale Community wird immer mehr zu einer Kulturkampf-Community und vergisst, die Kirche im Dorf zu lassen. Da ist ein überschießender Moralismus am Werk, dem wirklich jede Art von Bodenständigkeit fehlt. Rönne fehlt diese Bodenständigkeit. Sie twittert und schreibt aus einem normativen Elfenbeinturm heraus und fühlt sich wohl stets bestätigt durch ihre kleine Berliner Blase, die ihr noch Mut zuspricht – sie mag ja wirklich »ihre« Repräsentantin sein. Aber das ist so abgedreht, dass es schon nicht mehr gut ist für die medialen Debatten. Wenn Rönnes Hypermoral nämlich zur linksliberalen Selbstverständlichkeit wird, dann ist das ein Problem. Damit wird nämlich auch vor-strukturiert, was »linksliberal« sein darf und was nicht. So ent-stehen auch Phänomene, wie Macron einen Linken zu nennen, der ja vieles ist, nur nicht links.

In Macron hat Rönne ihren großen geistigen Bruder und die politische Idealfigur für die Repräsentanz ihrer Ideen. »Die ein-zige Antwort auf die AfD ist Mut, ist Ehrgeiz«, ließ Macron im Herbst 2017 in Bezug zur AfD in einem Interview mit dem SPIE-GEL wissen.[409] Macron ist ein großer Hegel-Kenner. Das passt: Im Sinne des *neoliberalen Hegelianismus*, der einzig und allein Vertrauen in den Fortschritt und den Markt einfordert und Mut bewirbt, in diesem Sinne ist man hier »visionär«. Im Interview wollte Macron auch keinen Zweifel daran lassen, dass er sich als *neuen Visionär* sieht:

> »Aber wir sollten wieder empfänglich dafür sein, große Geschichte schreiben zu wollen. Wenn man so will, war die Postmoderne das Schlimmste, was unseren Demokratien passieren konnte. Diese Idee, man müsse alle großen Erzählungen dekonstruieren, kaputt ma-chen, ist keine gute.«

Wenn Macron das wirklich ernst meint, was er hier in diesem Interview mit dem SPIEGEL gesagt hat, warum ist er dann aber so ein naiver Liberaler, der am Ende nur das bisherige neoliberale System radikal verteidigt und sogar festigt? Ich meine: Macron agiert als Helfer des Großkapitals, aber er merkt es selbst offen-sichtlich nicht, denn er denkt, er würde eine Vision anbieten, die einen Unterschied zum *Status quo* bedeutet. Macron glaubt wirk-lich, ein *neuer Visionär* zu sein, aber er ist eigentlich total kon-servativ: Er verteidigt den »progressiven Neoliberalismus«.

Macron ist kein Avantgardist eines neuen Zeitgeistes, son-dern er ist die Inkarnation des momentanen Zeitgeistes, der durch einen *neoliberalen Hegelianismus* geprägt ist. Klar, Macron ist anders als die Pragmatikerin Merkel. Er will keinen Pragma-tismus. Aber seine neue Vision ist keine neue Vision. Macron bietet gerade nicht die Alternative an, die er verspricht, sondern fordert im Gegenteil die Politik der »Neuen Mitte«, die mittlerweile neoliberal genannt werden muss, noch mal als große Vision zu begreifen. Aber dass diese Zeit vorbei ist, will er nicht einsehen. Schlimmer noch: Seine neue Vision läuft auf *Sonnenschein-liberalismus* hinaus. Vielleicht will er der neue *Sonnenkönig* des *neuen Sonnenscheinliberalismus* werden. Dass dies keine neue Vision ist, will und kann er wohl nicht sehen. Macrons Präsidentschaft wird scheitern. Wenn er wirklich eine neue Vision will, dann sollte er wirklich links werden. Das ist er nicht, sondern er ist ein Liberaler.

Genau das trifft auch auf Rönne zu. Das ZEIT-ONLINE-Festival, bei dem Rönne ihr Mut-Manifest vortrug, hieß bezeichnenderweise »Das Festival der neuen Visionäre«.[410] Löblich, dass ZEIT ONLINE eine Plattform für neue Ideen geben will. Aber das Ganze hat am Ende ja trotzdem den Beigeschmack einer linksliberalen Party – es heißt ja dazu sogar noch *Festival*. Hier wird die schöne neue Welt gefeiert. Und die digitale Welt, die alles noch schöner macht, dazu. Die *positive Psychologie*, die dies alles umgibt, kann man regelrecht spüren. Und Rönne hat sozusagen das Manifest für die Festival-Besucher geliefert.

Hier wird die Angst als Fehler beschrieben. Und, dass es so einfach ist, sie zu überwinden. Man muss nur anders denken – *think different, think positive.* Dass manche AfD-Wähler aber einfach aus Protest gegen die Verhältnisse gewählt haben, in denen sie leben, kommt einer sozial abgesicherten Medienfrau wie ihr aber wohlmöglich einfach nicht mehr in den Sinn. Diese prekäre Welt ist aus ihrem Sinn. AfD-Wähler sind eben sehr zentral wütend und enttäuscht, dass die Mitte-Parteien sich zuletzt einer liberalen Selbstzufriedenheit ergeben haben und viele von ihnen dabei vergessen haben – ökonomisch und kulturell. Wichtig – so kommt es zumindest bei vielen Vergessenen an – sind die Rönnes, die das schöne Großstadtleben in ihren Texten mit Flair und Charme beschreiben. So ist die Rönne-Welt. Man kann den Rönnes und Macrons zwar abnehmen, dass sie keinen langweiligen Pragmatismus wollen. Aber ihre Vision ist einfach eine *liberale Vision*, die wir *erstens* schon zwischen 1990 bis heute hatten und haben und die *zweitens* einfach deswegen nur neuer Wein in alten Schläuchen ist. Visionär ist immer etwas Neues. Aber diese liberale Vision ist nicht neu, sondern alt. Sie wird von Rönne und Macron nur in bunteren Farben gemalt und kommt hipper daher, einfach *noch progressiver*. Macron hat ja recht mit seiner *Kritik an der Postmoderne*, aber wie ich in meinem gleichnamigen Buch zur *Kritik der Postmoderne* argumentiert habe,[411] kann die *neue Vision* nur zugleich in einem *Bruch* mit dem *Status quo* einhergehen – es braucht einen *Bruch* und *Aufbruch* zugleich. Wir brauchen in Hegels Sinne also das Bewusstsein, dass der Aufstieg des Rechtspopulismus die Anti-These gegen den »progressiven Neoliberalismus« ist und dass wir nun eine Synthese brauchen, die zwar nicht den Rechtspopulismus darin aufhebt, aber zumindest das Bewusstsein, dass dieser progressive Neoliberalismus zu ökonomischer und kultureller Ausgrenzung vieler Menschen geführt hat. Und deswegen muss die Linke eine *neue Vision* entwickeln, die dieses Bewusstsein enthält. In meinem Buch »Kritik der Postmoderne« schrieb ich dazu:

> »Ein Linker muss auch mal pragmatisch sein, aber Pragmatismus darf nie seinen *Charakter* bestimmen. Ohne Ziel bleibt die Linke ohne Antrieb. Sie braucht aber einfach einen *eschatologischen Antrieb*. Und auch die Welt braucht diesen. Die Linke ist hierbei die einzige politische Kraft, die diesen Antrieb der Welt schenken kann. Die Linke hat einfach einen Auftrag, der *existenziell* wichtig ist für den Fortschritt der Menschheit. Die Menschheit braucht die Linke. Sie braucht ihren *eschatologischen Antrieb*. Die Menschen brauchen ihn – denn die Menschheit besteht aus Menschen. Ohne diesen Antrieb und ohne Ziel bleiben die Menschen orientierungslos. Nun jedenfalls braucht die Menschheit wieder ein *Ziel* und einen neuen *Kompass*. Es geht um eine neue *Einheit*, eine neue *Bewegung* zu einer – noch – besseren Welt. Und gerade die Linke hat hierfür einen *geschichtsphilosophischen Auftrag*. Gerade sie ist gefordert nicht der *Chimäre* des ›Endes der Geschichte‹ zu erliegen. Gerade sie ist aufgefordert immer wieder das Ziel des ›goldenen Zeitalters‹ zu formulieren und mit Pathos danach zu streben. Und für diese Erneuerung des Ziels ist eine Abkehr vom postmodernen Relativismus absolut notwendig. Es muss Schluss sein mit dem *Differenzfetischismus*, dem naiven *postmodernen Kulturrelativismus*,

der *Vielfaltseuphorie*, dem *naiven Toleranzfetischismus*, einem *ausufernden und überschießenden Moralismus* und einer *Übertreibung der postmodernen Identitätspolitik.*«[412]

In Bitterfeld sieht es zum Beispiel mehrheitlich anders aus. Haben die Leute in Bitterfeld deswegen unrecht? Sind sie nur noch nicht so weit wie Rönne und Co.? Müssen sie noch zur Einsicht in die *Vernunft des postmodernen Liberalismus* kommen? Müssen sie noch überzeugt werden?

Die Realität ist ein komplexes Gebilde. Sie besteht nicht nur zwischen der U8 und der U2 in Berlin. Sie endet auch nicht am Ostkreuz. In Kreuzkölln ist die Welt noch gut – auch wenn die Mieten steigen und es selbst für eine bekannte Journalistin eigentlich auch Anlass zur Kritik an der Mietpreisexplosion gäbe. Aber Kritik kommt da nicht. Es wird stattdessen das Leben gefeiert: Juhu, es ist alles so schön. Und es wird noch schöner. Digitale Welt, wir kommen.

Ich halte das alles für eine Blase. Und zum Problem wird es dann, wenn die Meinungselite aus Journalismus und Politik sich davon nicht unabhängig macht, sondern ihr Lebensgefühl dem ganzen Land überstülpt. Ich verstehe es auch nicht. Journalismus ist heute – zumindest bei den Einsteigern – kein Job mehr, in dem man viel Geld verdient. Die Gehälter sind vergleichsweise niedrig, wenn man sie mit einem Trainee bei der Gewerkschaft IG Metall oder bei VW und Daimler vergleicht. Und trotzdem, obwohl viele Journalisten durchaus prekär leben, vor allem viele der freien Journalisten, machen sie das Prekariat – auch ihr eigenes Prekariat – nicht groß zum Thema. Sie reden lieber über Angst, Mut und Beziehungsstress. Themen der *Generation Y* stehen vor allem weit oben. Ich glaube mittlerweile auch, dass die Generation-Y-Diskussion nur abgelenkt hat. Denn im Grunde ging es da nur um Identitätsfragen und Identitätspolitik: Wer bin ich, was will ich? Die Generation Y war und ist wohl einfach nur postmaterialistische Problemanalyse. Der prekär lebende Journalist sieht da eher die Fragen im Vordergrund: Was will ich noch tun, wer bin ich? Wie finde ich den Sinn des Lebens? Wann treffe ich meinen Traumpartner? Es geht hier nur um Subjektives und Individuelles. Das ist der neue Narzissmus der Identitätspolitik.

Im Sinne des Philosophen Karl Jaspers[413] sollte es aber darum gehen, auf dem Wege zu sein. Auf dem *Weg zur Wahrheit.* In einer kommunikativen Existenz, welche der Mensch für Jaspers ist, und wo der Mensch diese Kommunikation nicht nur anzunehmen hat, sondern nur durch sie und den anderen überhaupt Freiheit erlangen könne, ist nicht nur die Identitätsfindung stets diskursiv vorstrukturiert, sondern die Wahrheit eben auch nur diskursiv ermittelbar und vermittelbar. In der Kommunikation kommt man erst zu sich selbst. Und in der Kommunikation kommt man erst zur Wahrheit. Wer sich somit dem Gespräch verweigert, der kann nicht in das Reich der Freiheit gelangen, was nach Jaspers das Ziel der kommunikativen Existenz ist. Somit gilt es, sich immer in die Öffentlichkeit, immer in das Gespräch *zu wagen.*[414] Erst das bringt uns voran. Wer sich hingegen auf eine festgesetzte Identität setzt und für diese nicht mehr als Toleranz fordert, der braucht auch nicht mehr wirklich zu diskutieren, der muss sich nicht mehr in das Gespräch wagen, nein, er will es sogar oft gar nicht mehr. Und er ist nicht mehr in der Lage, sich selbst zu verändern.[415]

Nach Jaspers verliert dieser Mensch aber etwas Entscheidendes, er verliert in gewisser Weise seine *Humanitas*, denn diese ist in Jaspers' Sinne eigentlich noch nicht gegeben, sondern immer erst noch zu finden. Es geht hier, ähnlich wie bei dem Philosophen Martin Heidegger[416], darum, anzunehmen, dass man in den Entwurf geworfen ist, und nach Jaspers bedeutet das, dass man in einen *kommunikativen Entwurf* geworfen ist und diesen selbstbewusst und entschlossen annehmen und vollziehen soll.[417]

Kurzum: Linksliberaler Kulturkampf, der nur auf Toleranz zielt, macht nicht nur gesellschaftlich etwas kaputt und verdrängt wichtige Fragen, sondern er hindert den Menschen auch daran, in einer kommunikativen Weise selbst voranzukommen.

Doch das ist eine philosophische Frage – die natürlich umstritten ist. Sehr viel relevanter ist für mich, dass wichtige Fragen durch eine *postmodern* geprägte *Debattenkultur* verdrängt werden.

Wo bleiben also die großen Geschichten, die bewegen? Wollen die Mainstream-Medien ihren Lesern die Komplexität der EU, der Finanzkrise, der Außenpolitik und der digitalen Wende nicht mehr antun? Ist man in den deutschen Medienhäusern selbst der Alternativlosigkeit erlegen? Hat man noch genug Journalisten, die die Komplexität dieser Welt bewältigen können? Oder können viele Journalisten auch einfach nur noch über Meditation schreiben?

Ich glaube, dass den etablierten Medien auch wegen Einseitigkeit und banaler Gleichförmigkeit in letzter Zeit viele Leser abhandengekommen sind. Man will nicht immer wieder das Gleiche lesen. Ich glaube, so mancher Leser hat genug von postmodernen Lifestyle-Reportagen und Kommentaren. Das, was eine kleine Gruppe von Journalisten interessiert und wofür sie brennen, muss noch lange nicht vielen anderen gefallen. Anders gesagt: Der Sozialwissenschaften-Absolvent der Humboldt-Universität in Berlin ist in seinem habituellen Kosmos einfach meilenweit weg vom Schweinezüchter in Niedersachsen auf dem platten Land, fast genauso weit weg wie vom jungen Azubi bei VW in Wolfsburg und von der Drogeriemarkt-Kassiererin in Gelsenkirchen. Aber diese Menschen gibt es auch noch. Aber sie lesen wahrscheinlich *Bento* und *ze.tt* gar nicht mehr, weil sie irgendwann gemerkt haben, dass im Grunde eigentlich alles dasselbe ist – wenn sie es überhaupt je gelesen haben.

Am Ende ist mein Eindruck: In vielen Medien wird nicht mehr der ganze Ernst des Lebens, werden nicht mehr die potenziellen Großgefahren für die Zukunft diskutiert, sondern eigentlich nur noch das schöne Leben beschrieben. Am Ende ist es dann vor allem diese Botschaft, die alles überstrahlt und in die Menschen übergeht: *think different und think positive.* Jeder könne schließlich positiv denken – das ist zu einem starken und mächtigen Topos geworden. Auf die Haltung kommt es an.

Diese Philosophie hat in den letzten Jahren aber erst heimlich, und dann sehr stark öffentlich eine harte Dialektik erfahren.

Die Rechtspopulisten bildeten zu dieser positiven Psychologie die Anti-These. Nun ist es Zeit für die *Synthese*. Ich habe dieses Buch auch deswegen geschrieben, um darauf hinzuweisen. Man braucht Realismus, aber auch Idealismus. Die liberale Elite muss hier von ihrem hohen moralischen Ross heruntersteigen. Und es müssen Personen vor allem an die Spitze der Parteien, die in der Lage und zudem willens sind, mit Gebrauch ihres gesunden Menschenverstandes und in Wahrnehmung der Empirie zu urteilen und zu handeln. Beschreibe ich mit diesem Idealbild hier nicht eigentlich Angela Merkel, darf eingewendet werden, schließlich steht sie doch vermeintlich für einen nüchternen Pragmatismus, der sich immer wieder neu wenden kann. Angela Merkel ist aber vielmehr das Oberhaupt eines *neuen Sonnenscheinliberalismus*. Und schaut man auf die Begründer dessen, was Pragmatismus genannt wurde, wie den US-Philosophen John Dewey, so setzten sich diese Pragmatiker für eine radikale Erneuerung der Demokratie ein. Pragmatiker waren früher mal große Idealisten und große Realisten. Sie waren bereit, Fehler einzusehen, und wenn nötig harte Schritte zu gehen, um die Gesellschaft zum Besseren hin zu reformieren. Sie hatten da nie Beißhemmung, um mit sich und der Gesellschaft kritisch ins Gericht zu gehen. Sie waren bereit, sich von der Realität widerlegen zu lassen und neue Politik zu machen, wo die neue Zeit es erforderte. Sie konnten sich noch läutern lassen.

Heute sind Pragmatiker aber entweder Opportunisten oder im Grunde Anhänger der neuen liberalen Religion. Heute sind die Pragmatiker nicht mehr bereit, wirklich neue Politik zu machen. Radikale Reformen darf man von Pragmatikern heute nicht mehr erwarten. Sie sind von ihrem Habitus her oft so sehr in eine liberale Ideologie versunken, dass man anzweifeln darf, ob sie sich von ihren liberalen – den *Status quo* verteidigenden – Grundkoordinaten noch wegbewegen können. Ich zweifele an, dass uns Pragmatiker in der momentanen Lage noch weiter bringen können. Ich glaube vielmehr, dass wir *neue Visionäre* brauchen. ZEIT ONLINE hatte mit seinem Festival der neuen Visionäre vielleicht sogar recht, hat dabei aber wohl überwiegend die falschen Visionäre eingeladen oder angezogen – zumindest gilt das in Bezug auf die Festrednerin Rönne.

Solche Visionäre, die wie Trudeau und Macron gerne das Visionäre für sich in Anspruch nehmen, aber im Grunde nur Missionare der liberalen Religion sind, die brauchen wir nicht. Es braucht Visionäre, die wirklich etwas Neues wollen. Nicht solche, die die schöne neue Welt für diejenigen, die von ihr profitieren, noch schöner machen, sie aber für diejenigen, die davon nicht profitieren, eben nicht besser, sondern vielleicht sogar schlechter machen. Es braucht einen neuen Schlag Visionäre. Vielleicht sind Corbyn und Sanders dafür zu alt, und vielleicht stehen sie für viele deswegen auch für ein »Zurück« und nicht für ein »Vorwärts«. Aber solche Visionäre braucht es, die »progressive Populisten« (Nancy Fraser) sind. Es braucht Visionäre eines »donnernden Sowohl-als-auch« (Willy Brandt). Wir müssen noch vorankommen. Das ist aber noch kein Marxismus, sondern lediglich ambitioniert, auffordernd und vorausblickend.

Ich will einfach nur sagen: Wir müssen uns noch anstrengen, dass diese Welt besser wird. Wir haben bei Weitem noch nicht erreicht, was wir erreichen können. Wir sollten nicht in *liberale Selbstzufriedenheit* abdriften. Das gilt vor allem für Linke. Diese Welt ist nicht gut – noch nicht. Sie ist besser geworden – vor allem moralisch. Aber ökonomisch und sozial gibt es viel zu tun. Auch die Moral leidet, und das gerade wegen steigender sozio-ökonomischer Ungleichheit. Ein *existenzieller Republikaner*[418], der gibt sich nicht zufrieden, wenn noch etwas verbessert werden muss. Er verteidigt nicht die »Vernunft« dieses Systems, wenn es nicht vernünftig und wenn es noch nicht gut ist. Der *existenzielle Republikaner* ist kein Konservativer, er ist ein Progressiver. Er verteidigt nichts, er will nicht zurück, sondern er will vorwärts. *Vorwärts*, das ist die Richtung. Aber um das zu erreichen, muss man heute auch Kritik üben. Auch und gerade an Tendenzen innerhalb der »Linken«: nämlich an den »progressiven Neoliberalen« (Nancy Fraser), die eigentlich Konservative geworden sind. Der »existenzielle Republikaner« ist ein Linker. Aber ein Realist. Zugleich ist er ein Idealist und Optimist. Ja, das geht.

Die Freiheit liegt noch vor uns. Wie wir heute vorankommen, habe ich versucht zu beschreiben: mit Realismus und Idealismus.

Nachwort:

Intention des Buches und die Suche nach einem republikanischen Universalismus

Am Ende eines Buches fragt sich der Autor oft, warum er das Buch eigentlich geschrieben hat, obwohl er begründete Intentionen hatte es überhaupt zu schreiben. Aber was am Ende herauskommt, ist doch mehr als das, mit dem man hineinging. Die Idee stand am Anfang, aber das Buch ist am Ende mehr als die Idee. Da ist etwas geworden. Ein Buch ist ein Prozess und eine Entwicklung. Am Anfang steht die Konstruktion. Eine bewusste Konstruktion. Am Ende steht man dann da und fragt sich, was man da eigentlich geschrieben hat.

Das ganz offensichtliche Ziel dieses Buches waren eine Kritik der Postmoderne, der liberal-postmodernen Identitätspolitik und der realitätsfernen Weltbilddiskussionen zwischen den Liberalen und den Rechten, die meiner Meinung nach die Folge einer Illusion einer liberal, postmodernen Elite sind. In diesem Buch sprach ich mich für eine »Wiedergewinnung des Wirklichen« (Matthew Crawford)[419] aus und plädierte für eine *Realismuswende*.[420] In diesem Buch ging es also sehr zentral um die Zukunft der Linken. Dieses Buch ist ein *Weckruf* und ein *Aufruf* an sie, sich aus ihrer postmodernen Verblendung zu ziehen. Ich plädierte außer für die Wiedergewinnung des Wirklichen zugleich für einen *neuen Idealismus*. Ich begreife den »progressiven Neoliberalismus« (Nancy Fraser), den ich für den Ausdruck des Zeitgeistes halte, als eine Art Konservatismus. Dagegen schrieb ich an und forderte stattdessen, Progressivität so zu formulieren: *Die Freiheit liegt noch vor uns.*

Es ging in diesem Buch sehr viel um reale Politik – gespickt mit vielen Beispielen. Und dieses Buch war eine Art Phänomenologie und war mehr Soziologie als Philosophie. Hier wurde kein normatives Modell entworfen oder Ideengeschichte betrieben. Hier wurde vor allem die Gegenwart analysiert.

Doch dieses Buch, so ist es mir zuletzt bewusst geworden, sucht auch in einem normativen Sinn nach etwas. Und diese Suche begleitet mich seit meinem Buch »Existenzieller Republikanismus«.[421] Was suche ich also in einem normativen Sinn? Nach welcher Art von Denken strebe ich? Welchen normativen Ansatz, welche Philosophie suche ich? Was ist mein Ansatz? Was ist meine Philosophie?

Die Antwort ist: Ich suche nach einem *republikanischen Universalismus*.

Ein Artikel von Sebastian Müller für den Blog *le Bohémien* – dessen Herausgeber er auch ist – brachte mich auf diesen Begriff. Müller schrieb dort in Bezugnahme auf die Debatte um die Identitätspolitik:

»Durch eine unverbesserliche Linke auf der einen und ein politmediales Establishment auf der anderen Seite wird die Öffentlichkeit zu einem ›Safe-Space‹ entfremdet. Damit breitet sich ein Phänomen aus, dass unter dieser Wortschöpfung seinen Anfang an britischen Universitäten genommen hat. Dort fordern Studenten einen Schutz- oder Sicherheitsraum für die eigenen Befindlichkeiten und Weltanschauungen. Man könnte es auch eine bewusst gewählte, analoge ›Filterblase‹ nennen. Was wie eine Realsatire klingt, ist bitterer Ernst: Wie die FAZ berichtete, schlug kurz vor Weihnachten 2015 eine Gruppe von britischen Professoren Alarm und sprach von einer ›zutiefst besorgniserregenden Entwicklung‹. Eine Kultur, die den freien Austausch von Ideen beschränke, fördere die Selbstzensur und mache Menschen Angst, ihre Meinung zu äußern: Die Vorgänge in den britischen Universitäten sind längst zu einem allgemeinen Trend geworden. Ins Bild passt da, dass hierzulande das Bundesinnenministerium nun ernsthaft über die Einrichtung eines ›Abwehrzentrums gegen Desinformation‹– böse Zungen sprechen von einem orwellschen Wahrheitsministerium – nachdenkt. Was der Zensur würdig ist, entscheidet dann eine zuständige Behörde – das Monopol auf ›Fake News‹ verbleibt dann wieder bei den etablierten Leitmedien. Dass dieser Schuss auch nach hinten losgehen kann – diese

Spitze sei kurz erlaubt – bewies Donald Trump während seiner ersten Pressekonferenz als gewählter US-Präsident. Der ›Safe-Space‹ also wird durch bestimmte Leitplanken oder Gesinnungsrichtlinien definiert, die nicht überschritten oder verletzt werden dürfen. Ganz unabhängig davon, wie man persönlich dazu steht, ist das zum einen der Konsens der freien Marktwirtschaft im Paket mit Freihandel und Globalisierung. Zum anderen bedingt dieser Konsens fast zwangsläufig eine nicht zu hinterfragende Sakrosanktsprechung einer pluralistischen, multikulturellen, liberalen Zuwanderungsgesellschaft und des Projekts der Diversity (etwa in Abgrenzung zu einem republikanischen Universalismus, wie ihn unter dem typischen Vorwurf eines reaktionären Rollbacks der amerikanische Publizist Mark Lilla in den Raum stellte). Dass ein solches Gesellschaftsprojekt, wie wir heute sehen, erhebliches Konfliktpotential in sich tragen kann, gilt innerhalb des Safe-Spaces als tabu.«[422]

In Bezug auf den Politikwissenschaftler Mark Lilla sprach er von einem »republikanischen Universalismus«. Und ich frage mich heute, ob es quasi logisch war, dass jemand wie ich, der bereits über einen existenziellen Republikanismus geschrieben hat, am Ende bei Mark Lilla landen musste? Mit meinem Buch »Existenzieller Republikanismus« strebte ich etwas Neues an. Vielleicht war diese Arbeit noch in gewisser Weise dem linksliberalen Denken verbunden, womit ich mit diesem Buch nun einen weiteren Schritt zu etwas Neuem mache, und zwar zu einem »republikanischen Universalismus«. Vielleicht kann man auch von einem »kommunitaristischen Universalismus« sprechen. Und das ist insofern neu, als der Kommunitarismus eher ein partikularistisches Denken impliziert – sogar mehr Ähnlichkeiten mit der Postmoderne hat als viele andere Denkrichtungen. Es waren ja gerade die »Liberalen« wie John Rawls, die in der Liberalismus-Kommunitarismus-Debatte in der politischen Philosophie der 1980er- und 1990er-Jahre die universalistischen Menschenrechte gegen den Partikularismus und den (Multi-)Kulturalismus der Kommunitaristen verteidigten.

Dass ich als Republikaner bei Mark Lilla gelandet bin, ist aber auch nicht selbstverständlich, wie das Beispiel des Politikwissenschaftlers Christian Volk beweist. Volk zitierte ich in der Einleitung als Musterbeispiel für jenen postmaterialistischen Linksliberalismus. Er schrieb bei der *taz* etwa: Der »normative Kern linken Denkens [sei] nicht die soziale Gerechtigkeit, sondern die Idee einer ›freien Gesellschaft‹ (Adorno)«.[423] Christian Volk ist aber zugleich auch einer der bekannteren Republikanismusforscher innerhalb der Gemeinde der politischen Theoretiker in Deutschland. Offensichtlich kann man also für den Republikanismus sein und gleichzeitig einem – postmodernen – Liberalismus anhängen. Das hängt meines Erachtens viel mit der Philosophin Hannah Arendt zusammen, die zu einer Art Gallionsfigur linksliberalen Denkens gemacht wurde – Volk ist nämlich für eine Art Arendt-Republikanismus. Der Politikwissenschaftler Dirk Jörke ging sogar mal so weit, mir zu sagen, Hannah Arendt sei die »Totengräberin der Linken«. Was kann er damit nur gemeint haben?

In ihrem Buch »Über die Revolution«[424] wertet Arendt etwa die Französische Revolution ab, weil sie sich zu sehr auf die »soziale Frage« konzentrierte, und lobt dagegen die Amerikanische Revolution kluger, urteilserfahrender Männer, die einfach nur nach Freiheit suchten. Aber diese Männer, die Verfassungsväter der USA, waren zum Teil sklavenhaltende Aristokraten. Arendt lobte also sklavenhaltende Aristokraten für ihren Willen zur Unabhängigkeit von den Briten. Aber nicht nur das. Man kann auch Arendts Abneigung gegen die Arbeiterbewegung in ihrem Buch »Vita Activa« nachlesen.[425] Ich habe zwar in meinem Buch »Existenzieller Republikanismus« und auch in diesem Buch geschrieben, dass Hannah Arendts Begriff »amor mundi« dafür taugt, eine Gerechtigkeitstheorie ausgehend von Hannah Arendt zu entwickeln und somit ausgehend von Hannah Arendt in einem sozio-ökonomischen Sinne klar links zu denken. Heute wird Arendt aber meist als ein Sprachrohr von Linksliberalen benutzt, gar missbraucht – obwohl sie wohl niemals selbst diesen Terminus benutzt hätte, sondern stets eine aristotelische Republikanerin war.

Im Zuge der als »friedlichen Revolution« in die Geschichte eingegangenen Revolution der DDR-Bürger erlebte etwa die Forschung zu den »Neuen Sozialen Bewegungen« in den 1990er-

Jahren einen großen Auftrieb. Und Arendt war für die Denker der »Neuen Sozialen Bewegungen« eine Hauptfigur. Arendts Denken gewann erst nach 1990 so richtig an Schwung. Gerade wegen dieser Forschung zu den »Neuen Sozialen Bewegungen«. Sie wurde so zu einer Leittheoretikerin der »Neuen Sozialen Bewegungen«, und zu einer Art linksliberalen Ikone. Zu einer Freiheitskämpferin par Excellence. Freiheit war nämlich ihr Thema. Und *Freiheit* war nun mal, nicht nur durch den Neoliberalismus, sondern auch durch den postmodernen Liberalismus, das Thema vieler Theoretiker nach 1990. Ich würde sogar zu der Annahme kommen, dass heute der überwältigende Teil der aktiven Sozialwissenschaftler und viele Studenten der Sozialwissenschaften dediziert linksliberal sind. Mein früheres Selbst will ich da nicht ausnehmen.

1990 begann also dieser neue Freiheitskampf, der mit dem Freiheitskampf für den demokratischen Sozialismus, so wie ihn etwa Willy Brandt führte, nicht mehr viel zu tun hatte.

In der Debatte um die »Arabische Revolution« kam diese neue Idee von Freiheitskampf dann wieder hoch und ins tagesaktuelle Bewusstsein. Diese Debatten über »soziale Bewegungen« und »Freiheit« haben gemeinsam, dass sie sich auf Menschenrechte fokussieren, und auf die *Macht von Widerstand* gegen autoritäre Regime. Widerstand wurde also hier immer erst einmal sozialpolitisch leer betrachtet. Widerstand zielt auf Freiheitsrechte oder Grundrechte. Widerstand gegen den neoliberalen Kapitalismus hingegen kam nicht ins Bewusstsein. Heute gibt es allerlei Neue Soziale Bewegungen, wie die Black-Live-Matter-Bewegung, die Frauenbewegung, die Schwulenbewegung, die Umweltbewegung. Diese Bewegungen eint, dass es ihnen um individuelle Rechte und primär um Anerkennung geht. Und es gibt berechtigten Grund zur Annahme, dass diese »Neuen Sozialen Bewegungen« ihren gemeinsamen Ursprung im Aftermath der 68er-Bewegung haben und sich dann nach 1990, nach dem berüchtigten »Ende der Geschichte«, erst so richtig durchsetzten, weil der demokratische Sozialismus final vom Mainstream verabschiedet wurde.

Und so kann man eigentlich schon von 1968 als Wendepunkt sprechen. Die Arbeiterbewegung verlor seitdem langsam
an Rückhalt, der demokratische Sozialismus verlor langsam an
Rückhalt und der Individualismus und die Identitätspolitik begannen ihren Siegeszug. Die »soziale Frage« und der Universalismus gerieten damit in die Ecke des normativen Denkens. Nach
1968, so kann man sagen, kam es langsam zu einem Abgesang
vom Allgemeinen und von allgemeinen Menschheitszielen sowie von egalitären Motivationen. Die Solidarität erodierte und
das Individuum wurde zum archimedischen Punkt erklärt. Das
Individuum war nun das »ungebundene Selbst«.[426] Das ist die
Atomisierung des Menschen gewesen, die nach 1968 begann.
Darüber konnte auch kein sozialdemokratischer Egalitarismus
eines John Rawls mehr hinwegtäuschen. Klar, Rawls war ein
Sozialdemokrat. Aber das sozialdemokratische Denken war nun
grundsätzlich ein anderes – es war nun *Sozialliberalismus* im
weiten Sinne. Und das hing vor allem mit der neuen Sicht auf
das Individuum zusammen und mit dem langsam beginnenden
Abgesang auf die alten geschichtsphilosophischen Ideale des
Marxismus – die stets universalistische Ziele waren. Das Individuum stand nämlich im Marxismus, im Republikanismus, in der
ursprünglichen Frankfurter Schule, vielleicht auch im amerikanischen Pragmatismus nicht an erster Stelle.

Ich will nun zu keinem neuen Holismus kommen. Ich will
das Gemeinwesen nicht vor das Individuum stellen. In meinem
Buch »Existenzieller Republikanismus« versuchte ich eher für eine Verbindung zwischen dem Individuum als normativem Start-
punkt und dem Republikanismus und für eine Einheit zwischen
Existenzialismus und Republikanismus zu argumentieren.[427] Ich
habe nun aber begriffen, dass mein »Existenzieller Republikanismus« der erste Versuch einer Abwendung vom Liberalismus
und eine Rückkehr zu einem nicht liberalen, obgleich freiheitlichen Republikanismus einerseits, und eine Neuerfindung eines Republikanismus für das 21. Jahrhundert andererseits war.
Wonach ich suchte und weiter suche, ist ein »republikanischer
Universalismus«. Das ist kein Liberalismus. Aber er ist ein frei-

heitlicher Republikanismus und insofern ein drittes *normatives Staatsordnungs-Modell* zwischen *Liberalismus* und *Autoritarismus*. Und wenn man die »deliberative Demokratietheorie« im Sinne von Habermas[428] als das dritte *normative Demokratie-Modell* neben »Liberalismus« und »Republikanismus« wahrnimmt, dann ist der »republikanische Universalismus« oder der »existenzielle Republikanismus« somit das *vierte Demokratie-Modell* und kann vielleicht neue Impulse für die Demokratietheorie im 21. Jahrhundert liefern.

Nun bleibt bei der Kritik des neuen postmodernen Liberalismus, auch um zu einem »republikanischen Universalismus« zu kommen, aber ein Problem: Der Wunsch nach Anerkennung, Teilhabe, Würde und Respekt ist vollkommen legitim. Ich schrieb dazu etwa auch in Kapitel 15, dass sich Umverteilung und Anerkennung nicht ausschließen und man sie gegeneinander nicht in Stellung bringen sollte. Man darf die Anerkennung und die Idee der individuellen Freiheit nämlich auch nicht zerreden. Universalismus und individuelle Freiheit müssen miteinander einhergehen.

Die Fehlentwicklung besteht gerade darin, dass aus der anfänglichen eher universalistisch verstandenen linksliberalen Anerkennungspolitik der »Neuen Sozialen Bewegungen« eine eher sehr inbrünstige postmoderne, partikularistische Identitätspolitik geworden ist. Kurz: Linksliberalismus ist heute kaum noch universalistisch, sondern zu einer Art postmodernem Partikularismus avanciert, sogar zum Klassendünkel, geworden.

Diese postmoderne, partikularistische Identitätspolitik dient heute sogar dazu, Klassenunterschiede zu begründen und zu zementieren, auch und gerade, weil sie in Form eines postmodernen Liberalismus eine Hochzeit mit dem Neoliberalismus eingegangen ist. Oder kurz: Eine neue kosmopolitische Klasse, eine neue Bourgeoisie, hat beide liberalen Spielarten zu einem »progressiven Neoliberalismus« geformt. Und dieser progressive Neoliberalismus ist nicht nur Ausdruck der kulturellen Hegemonie, sondern schafft neue Konfliktlinien, die vor allem die Mitte-Links-Parteien vor große Herausforderungen stellen.

Dieser Herausforderung muss man sich nun stellen. Es gilt, die »links-kommunitaristische Repräsentationslücke« (Andreas Nölke) zu schließen. Dafür ist eine »linkspopuläre« Politik nötig, wie Nölke sagt,[429] oder eben eine Politik eines »linken Realismus«, so wie ich das selbst bezeichne.

Zwar gibt es Unterschiede zwischen »linkspopulärer« Politik und einer Politik eines »linken Realismus«. Aber beide Perspektiven eint der Wunsch nach einem Kurswechsel der Linken, auch und gerade um die »links-kommunitaristische Lücke« zu schließen.

Worin besteht diese »links-kommunitaristische« Fokussierung?

Wenn Kommunitarismus Partikularismus und Nationalismus bedeutet, dann bin ich dagegen. Wenn es aber bedeutet, dass Politik für die kleinen Leute und die Besorgten der Mittelschicht gemacht werden soll, generell eine sozio-ökonomische Politikformulierung einer wertefokussierten Politikformulierung vorgezogen wird und in Fragen der Migration, Integration und Inneren Sicherheit, realistische und eben keine moralistischen Positionen vertreten werden, dann bin ich dafür. Gesucht und gefordert ist eine *Politik der doppelten Sicherheit*.

Links-Kommunitaristen ist Sicherheit in all ihren Facetten sehr wichtig. Mit einer übertriebenen Individualisierung kann man dort auch nichts anfangen. Man lebt sein Leben und versucht es eigenständig zu leben, sieht den Staat aber sehr wohl in der Verantwortung, einem das Leben zu verbessern. Moraldiskurse oder Me-too-Debatten führt man hier eher selten – selbst wenn man davon profitiert. Arbeiten zu gehen, um das Haus, die Wohnung, das Auto, die Ausbildung der Kinder zu finanzieren, sichere Arbeit und eine planbare Zukunft, das ist der Dreh- und Angelpunkt des Links-Kommunitaristen. Freiheit ohne Sicherheit, das ist für den Links-Kommunitaristen nicht denkbar. Flexibilisierung und befristete Verträge sind für ihn oder sie keine »Chance«, sondern eine Belastung. Man will lieber wissen, was man auch morgen zu erwarten hat. Ordentliche Bezahlung für gute Arbeit möchte man auch.

So denkt in der Tendenz nicht nur ein Facharbeiter beim Daimler, sondern auch der Ingenieur beim Daimler. Dieses Denken ist nicht sofort an den Geldbeutel gebunden. Da hält man Sexismus nicht für das größte Problem der Welt und hypt auch nicht die Ehe für alle. Eher macht man sich gemeinsam Sorgen über die Zukunft der deutschen Autoindustrie oder fragt, wie die Integration der Flüchtlinge in Arbeit denn wirklich nachhaltig funktionieren kann. Man will in diesem Milieu Handfestes hören. Konkretes. Postdemokratisches Spin-Doctor-Deutsch versteht man hier nicht. Mit liberalem Klimbim und postmoderner Lifestyle-Politik kann man hier auch nichts anfangen. Es ist nicht so, dass man in diesem Milieu den liberalen Kosmopolitismus politisch hoch bewegter Großstädter bekämpft. Aber er interessiert die Leute einfach weniger.

Dieses Milieu hat sich zuletzt oft nicht mehr wirklich verstanden gefühlt. Dieses Milieu mag nicht die Mehrheit der Bevölkerung sein. Aber dieses Milieu besteht immerhin aus Millionen von Wählern. Und sie hatten zuletzt keinen Platz im politischen Raum, zumindest hier in Deutschland. Martin Höpner vom Kölner *Max-Planck-Institut für Gesellschaftsforschung* sagte zu dieser Causa bei der *F.A.Z.-Woche:* »Viele Arbeiter fühlen sich politisch nicht mehr angemessen vertreten.« Er analysierte, dass der links-kommunitaristische Quadrant im politischen Koordinatensystem zuletzt unbesetzt blieb – zumindest eben in Deutschland.[430]

In eine ähnliche Richtung geht die Analyse von Wolfgang Merkel, der von einer neuen Konfliktlinie zwischen Kosmopolitismus und Kommunitarismus spricht.[431] Hier gibt es also eine Repräsentationslücke.

In anderen Ländern Europas, in Frankreich, Österreich, und Dänemark, sieht es anders aus. Dort haben zuletzt rechtspopulistische Parteien diese Lücke im politischen Raum gefüllt.

Zunächst starteten die rechtspopulistischen Parteien weitgehend als neoliberale Parteien, wie auch die AfD. Im europäischen Ausland konnte man aber in den letzten Jahren beobachten, dass diese Parteien eine sozial-nationale Wende vollzogen und sich zugleich von dem neuen Liberalismus der Hauptstädte abgrenzten. Paradebeispiel ist der Front National. Auch der Front National war einmal eine neoliberale Partei. Zur Präsidentenwahl 2017 war sie aber bereits die neue Arbeiterpartei in Frankreich. Die NZZ bezeichnete den Front National 2015 entsprechend als »linksextrem, antikapitalistisch und marktfeindlich« – und eben nicht als »rechtsextrem«.[432]

Ob die AfD es schafft, die Repräsentationslücke im linkskommunitaristischen Milieu zu schließen, ist ungewiss.

Jedenfalls sollten die Versuche der Höcke-AfD, den Testballon für eine Linkswende beziehungsweise einen national-sozialen Kurs steigen zu lassen, sehr deutlich darauf hinweisen, dass zuletzt niemand wirklich im links-kommunitaristischen Quadranten einheitlich sichtbar war. Denn die AfD war nur kulturell in einer gewissen Weise kommunitaristisch, ökonomisch aber neoliberal. Und die SPD war eben weltanschaulich auf einen liberalen Kosmopolitismus fokussiert und ökonomisch eben seit New Labour auch an einem gewissen Neoliberalismus Light orientiert. Ein neues prekäres Arbeitermilieu des neu entstandenen Niedriglohnsektors, zu dem auch die Dienstleistungsarbeiter gehören, Besorgte und Verunsicherte der »alten Mittelklasse« (Andreas Reckwitz), aber auch eben jener Daimler-Facharbeiter und -Ingenieur wurden somit zuletzt kaum bis gar nicht politisch repräsentiert. Sie wurden von einer tonangebenden kosmopolitischen, akademischen Klasse ökonomisch und moralisch nach unten gedrückt – aber auch nur von einem kleinen Teil dieser Klasse, weil es auch genug prekäre Beschäftigung in manchen Akademikermilieus gibt, die sich aber wiederum, zum Teil aus identitätspolitischer Fixierung, zu nützlichen Idioten des Großkapitals machen lassen. Diese Niederdrückung hatte jedenfalls Folgen bei den Wahlen.

Die AfD hat laut einer Analyse von *Infratest Dimap* bei der Bundestagswahl mit großem Abstand am meisten bei den Arbeitern gepunktet (21 Prozent) und bei den Arbeitslosen (auch 21 Prozent).[433] Bei der Bundestagswahl wählten 15 Prozent aller Gewerkschaftsmitglieder die AfD.[434] Elektoral ist die AfD zu einer Partei der kleinen Leute geworden.

Inhaltlich ist sie es noch nicht. Noch stecken viel großbürgerlicher Konservatismus und viel Neoliberalismus in dieser Partei. Die sogenannte »Alternative Mitte«, eine Vereinigung der Wirtschaftsliberalen und Pragmatikern in der AfD, kämpft hier gegen den Höcke-Flügel. An ihrer Seite stehen die Rechtskonservativen, die im Sinne einer CDU-Politik der 1980er-Jahre denken. Die Alternative Mitte möchte gerne in Harmonie mit der CSU und CDU regieren. Höcke will das nicht. Dieser Grundsatzkonflikt wird die AfD auch in naher Zukunft prägen. Ausgang ungewiss, mit der Tendenz, dass die »Alternative Mitte« gewinnt und sich in Person von Georg Pazderski in Berlin bei der nächsten Wahl in eine gemeinsame Regierung mit der CDU drängt oder dass die AfD als Juniorpartner der CDU in Sachsen eine neue konservative Achse bildet.

Höckes national-sozialer Kurs würde nämlich bedeuten, dass sich die AfD der SPD und der Linkspartei öffnen muss und um sie werben muss, um regierungsfähig zu werden. Und das kann man sich einfach nicht vorstellen. Vor allem würden es SPD und Linke kategorisch ablehnen. Zu Recht. Die AfD wird entweder an der Seite der CDU regieren oder niemals.

Und in so einer Koalition wird ihr es kaum gelingen, ein »soziales Profil« zu prägen. Das Bild eines sozial-demokratischen Juniorpartners wird die AfD in einer Koalition mit der CDU nicht bilden können. Höckes sozial-nationaler Kurs, der diesem Bild einer sozialen Heimatpartei und eines national-sozialen Juniorpartners entspricht, wird sich im deutschen Regierungssystem nicht verwirklichen lassen. Sozialdemokratische Politik wird sich mit der Union in einer Regierung nicht durchsetzen lassen. Vor allem dann nicht, wenn die AfD in ihrer eigenen Partei dediziert Neoliberale hat, die keine sozialdemokratische Politik wollen. Der Höcke-Flügel will ja auch nicht regieren, weil er die AfD als »Bewegung« sieht, die eines Tages die absolute Mehrheit erringen kann. Dass dies niemals passieren wird, sollte Höcke und Co. eigentlich klar sein.

Ja, die AfD könnte elektoral eine Art Front National werden (das Wählerspektrum gibt es bereits her). Aber wie sie es im deutschen Verhältniswahlrecht wirklich inhaltlich werden soll, das ist sehr fraglich. Inhaltlicher Links-Kommunitarismus kann theoretisch von ihr kommen, aber angesichts der Struktur der AfD (viele Neoliberale und CDU-Konservative) ist das doch sehr fraglich. Die AfD ist doch keine linke Partei. Klar, man sagt: Nationalsozialismus, obwohl er als rechts firmierte, war eben auch links. Denn die Nazis betrieben, sozio-ökonomisch gesehen, linke Politik. Aber die AfD ist von Gauland bis Weidel, eine Partei einer konservativen, rechtspopulistischen bis rechtsextremen *Bourgeoisie*. Sie ist auch eine Partei hart rechter Burschenschaftler. Die wollen doch keine linke Politik. Und werden sie niemals verkörpern. Der neue Vorsitzende der Jungen Alternative, der Rheinland-Pfälzer Damian Lohr, sagte etwa jüngst auf dem Bundeskongress der AfD-Jugend, wenn er an die Macht kommen werde, werde Deutschland den »Sozialschmarotzern« das Geld streichen und es für den Bau einer Mauer um die Staatsgrenze verwenden.[435] Gewiss kann sich Lohr damit herausreden, er meine doch die Sozialschmarotzer unter den Migranten und Flüchtlingen und eben nicht die guten Deutschen. Gewiss kann er sich damit herausreden, er wolle für den Arbeiter da sein, aber nicht für die Arbeitslosen. Dem Prinzip nach: nach oben buckeln und nach unten treten – und zur Seite, nämlich auf die Migranten unter den kleinen Leuten.

Aber wer generell so redet, hat keine soziale Empathie. Lohr ist kein Linker. Er und seine Kollegen können vielleicht so tun, als wären sie welche, sie können so tun, als wollten sie sozialnationale Politik. Aber man kann das diesen Burschenschaftlern und konservativen Reaktionären einfach nicht abnehmen.

Nein, Lohr ist vielmehr einer, der ohne Herz den Sozialstaat zusammen streichen würde – wenn er es nur könnte. Jeder, der daran zweifelt, sollte mal die Vorschläge der AfD in den Haushaltsberatungen für den Doppelhaushalt 2017/2018 in Rheinland-Pfalz nach recherchieren. Das war pure soziale Kälte von der AfD. Eine Partei für die kleinen Leute ist sie sicher nicht.

Soziale Sicherheit braucht man von solchen Typen nicht zu erwarten. Mit solchen Typen wie Lohr würde es nicht Sozialstaatsaufbau, sondern Sozialstaatsabbau geben. Da können Herr Höcke und Herr Kubitschek noch so sehr von einer hart rechten sozialen Heimatpartei träumen – den beiden kann man das nämlich wirklich abnehmen, dass sie einen sozial-nationalen Kurs wollen. Ihre eigenen Leute aber stehen ihnen bei dieser Agenda im Weg.

Im momentanen deutschen Parteiensystem kann doch auch eigentlich nur eine rechte Partei neben der Union entstehen und nicht neben der Sozialdemokratie. Wenn die Sozialdemokratie also nicht ihren Kurs eines »progressiven Neoliberalismus« weiter fährt (wozu ich unter anderem dieses Buch schrieb, um die SPD von diesem Kurs abzubringen), dann wird die AfD mittelfristig auf der linken Achse nicht mehr so viel zu holen haben, und dann – und nicht nur dann aus meiner Sicht – werden eben die Neoliberalen und CDU-Rechten der AfD gewinnen. Wenn die Sozialdemokratie (und auch zum Teil die Linkspartei) aber weiterhin so verirrt bleiben, wie sie es sind, ja, dann wird die AfD zwar auch noch nicht direkt zu einer sozialen Heimatpartei, aber sie könnte zumindest im Bereich von 12 bis 20 Prozent verbleiben – und dafür eben auch eigentlich linke Wähler gewinnen. Als Partei rechts der CDU, quasi also neue neoliberal-rechte CSU, eine deutsche Trump-Partei, würde sie wohl nur um die 6 bis 8 Prozent bekommen – dies aber wohl leider mittelfristig und stabil. FDP, CSU und AfD würden sich dann im ähnlichen politischen Raum bewegen, wodurch vor allem die Union weit unter 25 Prozent abrutschen und die AfD sich wahrscheinlich dauerhaft als neue CSU etablieren könnte. Wie gesagt: Als deutscher Front National ist die elektorale Anziehungskraft sogar größer. Aber angesichts dieser – vor allem personellen – Struktur, zumindest im Moment – kann die AfD niemals zu einer authentischen sozialen Heimatpartei werden. Große Teile ihrer Funktionäre werden sich hart gegen eine Linkswende ihrer Partei wehren. Wohlstandsrassismus und Wohlstandschauvinismus wird eher von Gauland, Weidel und Meuthen kommen. Bürgerlich rechte Politik, das ist, was große Teile der Funktionäre der AfD wollen. Sie hassen Karl Marx und die Linke. Wie sollen sie jemals linke

Politik machen? Das Höcke-Lager wird wohl schon bald eine neue Partei gründen, wenn es merkt, dass sein Kampf verloren ist. Und zwar einen deutschen Front National. Sobald die AfD jedenfalls nur in einem einzigen Bundesland mit der CDU regiert, wird deutlich werden, wie sehr viele AfD-Leute keine linke Politik wollen. Sie werden die »soziale Frage« verabschieden und gemeinsam mit der CDU nur über Migration und Integration reden. Die *Bahamas-Koalition* aus FDP, Union und AfD, das könnte die *Koalition des Wohlstandschauvinismus* werden – nach dem Vorbild oder eher Negativbild Österreichs. Und mit Jens Spahn als deutschem Sebastian Kurz. Diese Koalition müsste die Mittelschicht dazu bringen, nach unten zu treten und vor allem nach Ressentiment zu wählen, anstatt sich nach mehr sozialer Sicherheit zu sehnen. Das könnte funktionieren. In den USA hat es funktioniert. Aber in Deutschland funktioniert es nur dann, wenn die Linke dagegen nur Identitätspolitik anzubieten hätte. Alles liegt an der SPD. Sie kann die Moral, aber auch die Sicherheit in diesem Land retten. Mit einer Politik eines *linken Realismus*.

Bin ich zu optimistisch?

Dies klingt doch alles danach, als wolle ich die Gefahr eines deutschen Front National herunterreden. Das will ich nicht. Die Linke muss sich auf jeden Fall sehr schnell und sehr radikal ändern. Und das nicht nur deswegen, weil sie wieder gewählt werden will, sondern einfach aus dem Grund, weil es richtig ist. Ich glaube auch, dass ein Großteil der eigentlich Linken, die für die AfD gestimmt haben, eine Protestwahl machen wollten. Sie wollen eine Politik eines »linken Realismus«. Links in sozioökonomischen Fragen und realistische Politik in Migrations- und Integrationsfragen und bei Innerer Sicherheit. Wenn die SPD ihnen genau das gibt, dann werden sie auch die SPD wählen. Als *Partei der doppelten Sicherheit* kann die SPD wieder zur 35-Prozent-Partei werden. Und den Kanzler stellen.

Was die Gefahr eines neuen Front National für die Linke also betrifft: Es liegt an der deutschen Linken selbst, zu verhindern, dass die AfD zu einem Front National wird.

Die linke Mitte jedenfalls war zuletzt eben sehr schwach im links-kommunitaristischen Milieu. Das gilt es nun für sie zu erkennen.

Außer der Linkspartei gab es dort niemand, der ansatzweise für diese Menschen Politik machen wollte – weder vom Stil noch vom Inhalt her. Aber bei der Linkspartei ist eben auch eigentlich nur Sahra Wagenknecht im links-kommunitaristischen Bereich aktiv, wohingegen der Kipping-Flügel der Linkspartei eher auch liberalen Kosmopolitismus machen will, um städtische, progressive Milieus zu erreichen. Insofern ist auch die Linkspartei keineswegs der natürliche Repräsentant der Linkskommunitaristen, weil die Linkspartei in vielerlei Hinsicht momentan auch dahin drängt, zu den Grünen 2.0 zu werden.

Es scheint so zu sein, dass der Kipping-Flügel der Linken die Großstädter abholen will, denen die Grünen nicht mehr links genug sind. 430.000 Menschen verlor die Linkspartei bei der Bundestagswahl an die AfD.[436] Diesmal holte die Linkspartei mit 7,2 Prozent deutlich mehr Stimmen im Westen und mit 17,3 Prozent im Osten das schlechteste Ergebnis bislang. 43 Fraktionsmitglieder kommen jetzt aus dem Westen. Nur noch 26 aus dem Osten.[437]

Nach der Bundestagswahl entbrannte in der »sozialistischen« Zeitung *Neues Deutschland* ein Grundsatzstreit. Dort warb im Sinne des Kipping-Flügels der Bundessprecher der *Linksjugend ['solid]*, Jakob Migenda, dafür, links zu sein »für ein städtisches progressives Milieu«. Es ginge um die »Verankerung in progressiven und antirassistischen Bewegungen um ein Sprachrohr für ein – zunehmend prekäres! – städtisches progressives akademisches Milieu zu sein, das sich von den Grünen immer weiter entfremdet.«[438] Selbst wenn Migenda sehr offen für Kapitalismuskritik ist, muss er wissen, wie so etwas gewertet wird und wie das bei den kleinen Leuten und Besorgten der Mittelschicht (auch aus ländlichen Räumen) ankommt – nämlich nicht gut.

Wagenknecht und Lafontaine hingegen gerieten zeitweise nach der Bundestagswahl ziemlich in Bedrängnis, sodass selbst kurzzeitig eine gescheiterte Wiederwahl von Wagenknecht als

Co-Fraktionschefin möglich schien. Weder Wagenknecht noch Kipping haben eine eindeutige Mehrheit innerhalb der Linkspartei, sodass die Linkspartei einstweilen, ebenso wie die SPD, in der strategischen Paralyse verharren wird. In der Tendenz dominiert aber die Kipping-Agenda die öffentliche Wahrnehmung. Und die strahlt eben gerade nicht ins links-kommunitaristische Milieu hinein. Außer Sahra Wagenknecht und Oskar Lafontaine scheint also kaum einer das links-kommunitaristische Milieu repräsentieren zu wollen. Und die AfD hat dieses Milieu teilweise nur sprachlich, aber eben auch noch nicht inhaltlich erreicht. Sie ist noch neoliberal und wird es vermutlich auch bleiben.

Diese Offenheit im elektoralen Raum bietet daher immer noch ein Fenster für eine Rückbesinnung der Linken. Noch ist dieser links-kommunitaristische Quadrant für die Linke wiedereroberbar. Auch und gerade für die SPD. Das bedeutet eigentlich eine Chance für die *linke* Volkspartei SPD.

Damit die Volksparteien von Mitte-Links bis Mitte-Rechts aber aus dem Niedergang herauskommen, den sie zuletzt erlebt haben, müssen sie sich radikal ändern.

Sie müssen den *liberalen Schmusekurs* beenden, und die linke »Mitte«-Partei SPD sollte sich dann für einen »linkspopulären« Kurs (Andreas Nölke) oder eben für eine Politik eines *linken Realismus* entscheiden. Und diesen Kurs verstehe ich selbst als *universalistisch*. Dieser Kurs ist kein Partikularismus, keine Klientelpolitik, nicht nationalistisch. Nein: Diese Politik will einfach nur die faire Teilhabe aller an Wohlstand und Wachstum, sowie Realismus in Fragen der Migrations- und Integrationspolitik und der Inneren Sicherheit. Dieser Kurs sucht nach einer *neuen linken Vision*, der sich auch gerne das liberale Bürgertum, ja sogar der linke Teil der postmodernen Bourgeoisie anschließen darf, kann und soll. Darum ist dieser Kurs universalistisch. Er sucht nach einer integrierenden Vision, ohne in einen liberalen Schmusekurs oder einen neoliberalen Alternativlosigkeitskonsens zu verfallen. Dieser Kurs sieht Konflikt vor, auch und gerade gegen das Großkapital und die liberale Elite. Aber dieser Kurs bleibt *universalistisch*.

Ich verstehe diesen Kurs als Ausdruck eines *republikanischen Universalismus*. Wie nur? Man kann zwischen einer *republikanischen Verfassungsform* und einer *republikanischen Lebensform* unterscheiden. Die Verfassungsform meint das Institutionelle – die Verfassung und die realen Institutionen. Die Lebensform meint die Performance, das republikanische politische Handeln selbst und zugleich den republikanischen Habitus der Notwendigkeit des republikanischen Engagements. Es geht dem republikanischen Universalisten um eine Verwirklichung einer *Leitkultur des Humanismus und der Solidarität*, welche durch die realen Institutionen des Staates – wie zum Beispiel durch den Sozialstaat – in die Wirklichkeit gebracht werden. Aus einer Leitkultur der Solidarität soll eben soziale Sicherheit für alle organisiert werden. Und gerade weil es zuletzt zu einer Verbändelung von ökonomischem Neoliberalismus und einem kulturell – postmodern geprägten – Liberalismus kam, muss der republikanische Universalist sich gegen die liberale Elite in Stellung bringen und gegen sie für einen republikanischen Universalismus, für eine Leitkultur der Solidarität *polarisieren*.

Dieser Kurs meint dann vor allem:

> Die »kulturelle Polarisierung muss wieder von einer sozioökonomischen Polarisierung abgelöst werden [...]. Es muss in der Lebenswelt der ärmeren Bürger potentiell einen deutlichen Unterschied machen, wer regiert, durch die Möglichkeit eines grundlegenden wirtschafts- und sozialpolitischen Richtungswechsels.«[439]

Der republikanische Universalismus ist also in jeder Hinsicht ein Gegenprogramm zum Neoliberalismus, aber auch eben zu diesem neuen – postmodern geprägten – Linksliberalismus. Zum Linksliberalismus ist jedoch Folgendes zu sagen – um keinen falschen Eindruck aufkommen zu lassen:

Linksliberalismus ist nicht grundsätzlich falsch. Linksliberalismus soll auch kein Schimpfwort werden. Das will ich nicht. Das Problem beim heutigen Linksliberalismus ist nur, dass er ein partikularistisch verstandener *postmoderner Liberalismus* ist, dass er zu einem »bürgerlichen Liberalismus« (Guillaume Paoli)⁴⁴⁰ degeneriert ist, der als Distinktionskraft wirkt. Er trennt, er vereinigt nicht. Er spaltet, er wertet ab. Ich hingegen suche nach einem universalistisch verstandenen *freiheitlichen Sozialrepublikanismus.* Das ist auch eher jener alte Linksliberalismus eines Willy Brandt. Brandt war Universalist. Er war kein Partikularist. Brandt dachte Freiheit als gemeinschaftliche Aufgabe und Verpflichtung. *Freiheit,* das war mal ein sozialdemokratisches Projekt. Heute ist Freiheitskampf jedoch zum Liberalisierungsprojekt verkommen, wo es darum geht, Freiheiten für den Einzelnen zu erkämpfen und Wahlfreiheit zu ermöglichen, wo der Einzelne dazu konditioniert wird, nach seiner eigenen Selbstverwirklichung und Befreiung zu suchen – das ist die neue Liberalisierungs-Agenda. *Sei du selbst* ist der Schlachtruf. *Sei frei* und damit *individuell, anders, different* ist gemeint. So versinkt die Freiheit in einem rein individualistischen Projekt. Liberalität und Unabhängigkeit ist aber noch nicht Freiheit. Freiheit ist eine größere Sache. Eine Sache von den vielen für die vielen. Freiheit ist ein sozialdemokratisches Projekt. Vielleicht versteht man es bald wieder. Aber man wird es nur verstehen, wenn die Postmoderne aus den Köpfen der Linken weicht. Die Postmodernisierung hat die Linken verdreht – und auch die Liberalen. Sie haben sich durch die Postmodernisierung selbst verloren. Es ist an der Zeit, sich wieder zurückzugewinnen. Zeit, einen *freiheitlichen Sozialrepublikanismus* zurückzugewinnen und damit endlich wieder voranzukommen – als Einheit, als Linke, als Menschheit. Freiheitlicher Sozialrepublikanismus bedeutet, sich als Teil einer größeren Sache zu sehen und dafür zu arbeiten. Bei aller Berechtigung von Individualität und auch zum Teil von Egoismus, es geht am Ende auch darum, sich als Teil einer gemeinsamen Sache zu betrachten und dieser zu dienen. Diese Sache nennt man spätestens seit der Aufklärung das *Gemeinwohl.* Die liberale Elite hat diese Idee vom Gemeinwohl aufgegeben. Es ist Zeit, dieses Gemeinwohl gegen sie wieder zurückzugewinnen. Parteien müssen danach gucken, für wen sie Politik machen wollen. Der SPD sollte es etwa herzlich egal sein, wen der Investmentbanker wählt. Man muss und sollte sein politisches Angebot nicht so schwammig machen, dass man von allen gewählt werden kann. Das ist Unsinn. Man muss schon sagen, für wen man Politik machen will. Die SPD sollte momentan eher ihren Fokus auf die kleinen Leute, einfache Angestellte, Dienstleistungsarbeiter, prekär beschäftigte Arbeiter, die verunsicherte Industriearbeiterschaft, Beschäftigte des Industriesektors im Allgemeinen und auf die nicht-akademisierte Mittelschicht legen, anstatt sich an urbane akademische Kosmopoliten zu schmiegen, die irgendwo Werbung machen und Marketing zelebrieren. Die SPD sollte auch ein Angebot für Beamte machen und zusehen, dass doch auch normale Akademiker sie wählen. Aber wenn die SPD auch offen ist für die Investmentbanker und die Manager-Millionäre, die wohlhabenden Abteilungsleiter der Großkonzerne, dann hat sie nicht verstanden, für wen sie da zu sein hat. Man kann nicht alles integrieren. Man muss es aushalten als Volkspartei, dass man auch nur einen Teil des Volkes repräsentieren kann. Sein Angebot bereits so auszurichten, dass es potenziell allen gefallen kann, funktioniert nicht. Wahlen gewinnt die SPD so nicht mehr in einer ominösen Mitte. Die Mitte wird zur Leerformel und zu einer Chiffre für eine nichtssagende Politik, die niemandem wehtun soll. Die Mitte kann man zudem auch einfach neu definieren und verschieben. Vorlaufende Nebulosität und unkonkretes Auftreten sorgen nur dafür, dass niemand mehr weiß, für was und für wen man da ist. Postdemokratische All-Zuständigkeit sorgt nur für ein großes Nichts, indem nichts mehr klar ist.

Aber die SPD sollte ihre Politik so konzipieren, dass sie ein Angebot hat, das vielleicht einigen (den Reichen) persönlich nicht gefällt, und diesen sogar etwas abzieht, am Ende aber wiederum dem Gemeinwohl dient. Gemeinwohl ist immer eine Kategorie, die Vorrang vor der Klientelpolitik haben sollte. »Was ist das gute Leben?« ist hier die zentrale Frage. Die Frage »Was ist Gerechtigkeit?« ist immanenter Ausdruck dieser Perspektive.

Und deswegen muss eine neue linke SPD-Politik sich auch in aller Entschiedenheit gegen die postmoderne Parzellierung und Individualisierungstendenz erheben. Denn die postmoderne Parzellierung ist nur eine andere Form von Neoliberalismus, sozusagen ihr gesellschaftspolitischer und individueller Ausdruck. Der Kulturphilosoph Robert Pfaller schrieb dazu treffend:

> »Der postmoderne sogenannte Kampf um die Identität muss [...] als eine typische neoliberale Politikstrategie begriffen werden. Er ermuntert die Individuen, sich eine Identität zu suchen und sich auch auf diese allein zu beschränken.«[441]

Diese neue Identitätsorientierung ist dabei nicht ausschließlich für die Protagonisten und Repräsentanten der postmodernen Identitätspolitik. Nein. Das postmodern-neoliberale Programm war ein geistiger Umpolungsprozess für die Bevölkerung im Namen der Freiheit. Liberalisierung war dabei die Kampfvokabel. So sind nicht nur viele Postmodernisten zu Narzissten geworden, sondern haben eben auch viele Wähler zu Narzissten gemacht. Die neoliberal-postmoderne Umerziehung hat ihnen lange eingeredet, dass es nur um sie selbst zu gehen hat. Das Allgemeine und das Gemeinsame gerieten so aus dem Blick. Übrig blieb eine Chaka-du-schaffst-es-Philosophie, die nur forderte, dass man es selbst irgendwie schaffen sollte und dabei doch getrost den Rest vergessen dürfe. *Solidarität* als Gefühl und als Wert erodierte so. Auch die volkswirtschaftliche Betrachtung geriet so unter die Räder. Wo nur noch das Individuum zählte, so zählte in der Wirtschaft nur noch der einzelne Betrieb. *Mikroökonomisierung* war das. Privat, öffentlich, wirtschaftlich. Überall durchdrang diese Ökonomisierung das Leben.

Dagegen muss die SPD eine neue Politik der Allgemeinheit und der gemeinschaftlichen Zielorientierung setzen – im Marxismus nannte man diese Zielorientierung das »Reich der Freiheit«. Es stimmt was der Historiker Andreas Rödder zuletzt im Interview mit dem *Tagesspiegel* sagte – auch wenn Rödder sich selbst als »postmodernen Konservativen« beschreibt:

> »Die Nachgeschichte der Postmoderne hat ja gerade gezeigt, dass es Sehnsucht nach Sinn gibt. Welcher Sinn sich durchsetzt, das muss gut begründet und in einer demokratischen Öffentlichkeit ausge-

handelt werden. Das gilt auch für die großen politischen Ideen: Was Sozialdemokratie, was Christdemokratie, was Liberalismus oder auch was grünes Denken im 21. Jahrhundert eigentlich heißt, muss neu begründet werden. Gabriel hat völlig richtig erkannt, dass davon das Überleben aller politischen Parteien abhängt.«[442]

Die SPD sollte also *neu denken* und so im Rahmen eines *republikanischen Universalismus* agieren und in seinem Bewusstsein Politik machen. *Republikanische Gleichheit* ist ein Ziel. Sie ist nicht als Totalität zu verstehen. *Republikanischer Egalitarismus* – nicht als Leerformel – ist dabei ein Antrieb. Egalitarismus nimmt Relationen in den Blick. Auch wenn Ungleichheit *per se* nicht verurteilt werden sollte – es geht eben nicht um einen DDR-Sozialismus.[443]

Aber *republikanischer Universalismus* bedeutet, dass die *soziale Frage* immer zu gleich die *republikanische Frage* schlechthin ist. Das ist das Erbe der Französischen Revolution. Und vielleicht weiß kein Land es so genau wie Frankreich es tut, dass die *soziale Frage* und die *republikanische Frage* unhintergehbar miteinander verschmolzen sind. Deutschland sollte daraus lernen. Und die Franzosen sollten es ihrem Präsidenten Macron entweder beibringen oder ihn verjagen. Die SPD kann hier ein Vorbild sein, indem sie die *soziale Frage* und zu gleich die *republikanische Frage* stellt. Das Preußentum und die Regelmanie hindern die Deutschen immer noch, wirkliche Republikaner zu sein. Hegels Obrigkeitsstaat, jene Ankunft und Verwirklichung des Weltgeistes im Staat, dieses erwartungsvolle Blicken auf die Elite, die hindern die Deutschen noch daran, sich selbst in die Position zu setzen, der freie Richter und selbstbewusste Gestalter zu sein.

Zum ersten Mal in ihrer Geschichte sind die Deutschen nun wirklich aufgerufen, selbst die Macht zu verlangen und aufzuhören, an den Lippen ihrer Elite zu hängen. Die Deutschen müssen gegen diese liberale Elite aufbegehren. Dafür müssen sie nicht AfD wählen. Nein. Die AfD ist in vielerlei Hinsicht eine politische Kraft des Ressentiments. Die Idee des Volkes bei der AfD ist die Verklärung eines mystischen Kollektivsubjekts. Dieses Kollektivsubjekt gibt es nicht. Und gab es nie. Vor allem wäre ein Kollektivsubjekt nie exklusiv. Es grenzt nicht aus. Noch nicht mal »die Menschheit« oder ein »Weltvolk« gibt es. Es gibt nun mal nur Menschen. Und die haben keine Rasse. Sie haben vielleicht eine Ethnie, hängen einer Religion an oder kommen aus einem bestimmten Land. Und über Menschen hat man keine menschenverachtenden Ressentiments zu haben. Natürlich darf man Haltungen, Überzeugungen, auch Handlungen kritisieren. Ich kritisierte in diesem Buch die liberale Elite scharf. Natürlich darf man Menschen noch kritisieren. Aber am Ende ist auch ein liberaler Elitist ein Mensch. Dafür gibt es aber die Republik, um mit ihm ins Gespräch zu kommen, ihm seine Fehler, seine Ignoranz und seine Verblendung vor Augen zu führen. Das muss er aushalten. Oder sich vielleicht sogar ändern.

Die AfD hingegen glaubt eigentlich nicht daran, dass Menschen sich ändern können. Sie glaubt – zumindest der Höcke-Flügel – im Bewusstsein der konservativen Denker der Weimarer Republik, dass der Mensch nur als Teil der Gruppe einen Wert hat, ja, dass seine Existenz nur als Teil einer Gruppenexistenz begreifbar ist. Der Mensch sei eben ein »Mängelwesen«, wie einer der Chefdenker der Rechten, Arnold Gehlen, einst meinte.[444] Der Mensch sei schutzbedürftig und ohne die Gruppe quasi nichts und nur in der Gruppe wirklich stark und erst wirklich Mensch. Bei den Nazis hieß das: »Du bist nichts, dein Volk ist alles.« Nur in der *Volksgemeinschaft* könne der Mensch zu sich selbst kommen. Nazi-Vergleiche sind immer schwierig – und oft schief. Aber man kann schon sagen, dass der Neoliberalismus der absolute Gegensatz zum Nationalsozialismus ist. Der Neoliberalismus sagt ja quasi: »Du bist alles, dein Volk ist nichts.« Ich will nicht das Volk als Kollektivsubjekt rehabilitieren. Keineswegs. Ich schrieb sogar einst über die *falsche Ontologie des deutschen Volkes*. In einem Beitrag für das Debattenmagazin *The European* schrieb ich:[445]

»Es gibt kein Sein, kein Wesen des deutschen Volkes. So eine Ontologie des deutschen Volkes kann niemals das Wesen des Volkes finden. Eine völkische Identität ist eine absurde und zugleich gefährliche Idee von einem Kollektivsubjekt, was es niemals geben wird. Einen deutschen Volksgeist romantisierend zu beschwören, läuft daher fehl, weil dies auf der Annahme beruht, dass das deutsche Volk einen Wesenskern besitzt. Es gibt aber eben kein Wissen vom deutschen Volk – niemand besitzt so ein Wissen, auch wenn manche esoterische Gruppe dies behaupten mag. Das deutsche Volk ist vielmehr eine Rechtsgemeinschaft und das Volk kann zudem ein Begriff der Sittlichkeit sein. Ein Volk ist nie eine nationale Größe, die eine innere Identität besitzt. Volk ist ein Begriff für eine gemeinschaftliche Selbstbestimmung. Ein Volk ist eine Gemeinschaft, das sowohl die rechtliche Macht zur demokratischen Veränderung besitzt – alle Macht geht dem Grundgesetz nach vom deutschen Volke aus – als auch was die sittliche Größe besitzen kann – nicht muss – um die Gemeinschaft als einen Ort einzurichten, den jedes Mitglied dieser Gemeinschaft als liebenswürdig anerkennen kann. Und in dieser Perspektive ist die Rede vom Volk auch zu erneuern.«

Ich schrieb dort weiter:

»Der zwanghafte und teils verzweifelte Versuch der ontologischen Suche nach Identität – egal ob nur das Individuum nach seiner Identität sucht oder das Individuum einer ominösen Idee der Volksidentität folgt – ist Gift für die Demokratie. Jede ontologisch gedachte Aufforderung zur Suche und Verwirklichung der Identität bestimmt ein Schicksal, welches geradezu in ein Verhängnis hineinläuft. Identifizierung muss immer offen und veränderbar bleiben. Es gibt nicht die ontische Wahrheit des Individuums und nicht die ontische Wahrheit des deutschen Volkes. Es gibt nur die politische Wahrheit, die freie Bürger in freier Beratung zur Wahrheit machen. Auf der Agora, in der Öffentlichkeit, da kann man Wahrheit finden, weil man sich da im Dialog einigen kann. Was die deutsche Demokratie braucht, ist nicht Identität – denn diese wird sie niemals finden –, sondern Identifizierung dessen, was als Wahrheit freier Bürger von allen anerkannt werden kann – und das mit guten Gründen. Was freie Bürger einander schulden und wie ihre Gemeinschaft eingerichtet sein soll, darüber kann und sollte man Wahrheit finden. Und diese Einigung gibt es nur durch Dialog und nicht durch einen existenziellen Kampf um Identität. Was Deutschland daher braucht, ist so etwas wie eine Psychologie der

Wahrheitsfindung. Deutschland braucht eine Psychologie der Identifizierung dessen, was Bürger einer Gemeinschaft einander schulden. Mit Psychologie ist dann nichts anderes gemeint, als die
Selbstvergewisserung und Identifizierung als Mensch, der ein Bürger zu sein hat, dem es um die Wahr-Machung des Konsenses über
das Einander-Geschuldete bestellt ist.«

Es ist aber dennoch sowohl gegen den Neoliberalismus als auch
gegen eine rechte AfD-Philosophie festzuhalten: Der Neoliberalismus läuft fehl, da er über das Individuum nicht hinausgehen
kann. Die AfD-Philosophie, zumindest bei dem harten rechten
Kern der Partei, läuft hingegen deswegen fehl, weil sie das Individuum im Grunde sehr gering schätzt. In dieser Hinsicht ist die
AfD doppelt fehlgeleitet. Manche ihrer Protagonisten wie Alice
Weidel und andere aus der »Alternativen Mitte« wollen ganz
offen einen Hardcore-Neoliberalismus. Weidel mag zuletzt ein
paar soziale Töne gesagt haben, aber sie ist und bleibt eine Neoliberale.

Und in der ganz rechten Ecke um Höcke und den Chef-
Intellektuellen der AfD, Götz Kubitschek, schätzt man das Individuum sehr gering und denkt in der Tradition von Arnold Gehlen, Carl Schmitt, Armin Mohler, Ernst Jünger, Oswald Spengler
oder Edgar Julius Jung. Das ist das irre Paradox der AfD. Dieses
Denken der Konservativen der Weimarer Republik war stets
eine harte, gar radikale Kritik am Liberalismus. Eigentlich waren
und sind nicht die Linken die Gegner, sondern die Liberalen.
Jünger und Co. haben sich gegen die Liberalen ausgesprochen.
Diese Konservativen haben mit dem »ungebundenen Selbst«[446],
mit dieser Bindungslosigkeit und Zugehörigkeitslosigkeit eines
– abstrakten – Liberalismus, ein riesen Problem. Und deswegen
ist es so surreal und Realsatire, dass diese Konservativen einen
Bund mit Nationalliberalen wie Weidel eingehen, die doch im
Grunde nur ein AfD-Groupie von Christian Lindner ist. In dieser AfD passt nichts zusammen. Ihre Flügel widersprechen sich
so radikal, sie schließen sich eigentlich sogar komplett aus – die
AfD-Flügel sind eigentlich Feinde. Diese AfD wird scheitern

müssen. Zumindest in dieser momentanen Konstellation. Höcke und Weidel, das passt nicht zusammen. Höcke und Kubitschek werden bald realisieren, dass für ihre Politikidee sie niemals eine Mehrheit in der AfD finden werden. Alice Weidel, Pazderski und die »Alternative Mitte« werden sehr wahrscheinlich gewinnen und mit ihnen der Neoliberalismus der Partei. Unterstützt werden sie von den – vermeintlich – Konservativen (oft eigentlich Salon-Rassisten) wie Gauland. Der will doch keine sozialdemokratische Politik.

Auch wenn ich eine Gefahr für die Linken sehe, dass die AfD ein *deutscher Front National* werden könnte, so glaube ich doch so recht nicht daran. Wenn die SPD und Sahra Wagenknecht in der Linkspartei in der nächsten Zeit die links-kommunitaristische Lücke schließen, wobei ich sehr hoffe, dass sie es tun und es schaffen, dann wird es für die AfD in diesem Bereich nichts mehr zu holen geben. Dann gewinnen die Neoliberalen in der AfD, und eine Bahamas-Koalition aus FDP, Union und AfD, vielleicht unter Jens Spahn, wird wahrscheinlicher. Der Machtkampf zwischen Annegret Kramp-Karrenbauer und Jens Spahn ist offen. Wahrscheinlich soll Kramp-Karrenbauer das Erbe Merkels als neues Oberhaupt des Sonnenscheinliberalismus antreten. Das spräche für Schwarz-Grün. Aber nichts gilt als ausgemacht.

Jetzt ist es jedenfalls Zeit für die Linke, die links-kommunitaristische Lücke zu schließen und wieder linker zu werden. Deutschland muss nicht den gleichen Fehler wie Frankreich machen. Und dieses Buch diente dazu, der Linken zu verdeutlichen, was sie jetzt tun muss. Ich hoffe auf eine Wirkung. Denn anders als Hannah Arendt meinte, bin ich als der Autor immer an Wirkung interessiert. Ich will auch verändern – und nicht nur verstehen. Und das ist auch gut so.

Ich plädiere für einen *republikanischen Universalismus* – und mit diesem hoffe ich eine Wirkung bei den Linken zu erreichen. Individuum und Gemeinschaft kommen hier zusammen – ohne dass eines von beiden schlecht gemacht wird. Das Individuum fokussiert sich aus eigenem Willen auf das Allgemeine. Auch so kann man den Fokus auf die Gemeinschaft legen.[447]

Republikanischer Universalismus ist ein Streben nach Vereinigung. Und er ist durch eine Art *Eschatologie* geprägt. Diesem Universalismus geht es um Einheit. Damit ist dieser Universalismus auch zugleich gegen Diskriminierung. Es ist ja schon ein Witz, dass man so einem Universalismus, wie ihn Mark Lilla im Blick hat, überhaupt wiederum böse Absichten und eine Herunterspielung von Ausgrenzung unterstellen kann – wie das etwa Patrick Bahners in der FAZ andeutete.[448] Ijoma Mangold von der ZEIT kommentierte dies in meinen eigenen Augen richtig, als er dazu schrieb:

»Für Bahners gibt es offenbar nur einen Weg zum Heil: Wer auf die Widersprüche der Identitätspolitik hinweist, kann damit keine aufklärerischen Absichten verfolgen, wer den Universalismus stark macht, will in Wahrheit Minderheitenrechte kassieren. Lillas Versuch, gegen den identitätspolitischen Partikularismus, mit dem Hillary Clinton in ihrem Wahlkampf offensichtlich erhebliche Bevölkerungsteile verfehlt hat, einen republikanischen Universalismus stark zu machen, muss Bahners ein reaktionäres Rollback unterstellen. Als sei Universalismus nur das Deckwort für Diskriminierung, von der laut zu sprechen man sich nicht traut. Dass sich gerade Vertreter von Minderheiten durch universalistische Rechtsansprüche auf Dauer sicherer geschützt fühlen könnten als durch gruppenspezifische Sonderbehandlung, das darf in diesem Diskurs noch nicht einmal als Möglichkeit gedacht werden.«[449]

Der Universalismus kann eigentlich kein Einfallstor für partikularistische Diskriminierung sein. Denn universalistisches Denken hat mit Idealen zu tun, die eben allgemeingültig sein sollen. Universalisten sind auf der Suche und auf dem Weg. Sie blicken nach vorn. Sie wollen ihre Ideale verwirklichen. Und sie können nur dann Universalisten sein, wenn ihre Ideale solche sind, die sie als allgemein anerkennungsfähig rechtfertigen können. Das ist doch der Vorzug des Universalismus, dass er auf allgemeine Rechtfertigbarkeit zielt. Universalisten sind Rationalisten. Sie müssen immer bei den Argumenten bleiben – ohne Emotionen zu vernachlässigen. Vielleicht ist es gerade das Problem der –

habermasianischen – Rationalisten, dass sie zu rational sind und zuletzt zu wenig Emotionen zugelassen haben und diese Emotionen dadurch aus dem Diskurs verschwanden – mit der Folge, dass die Ränder und Extreme diese Emotionen für sich nutzen, um Politik zu machen und den Rationalisten der Mitte dann nur einfällt, den Emotionalen vorzuwerfen, dass sie emotional sind und mehr schimpfen als argumentieren. Emotionen sind sehr wichtig in der realen Politik. Reale Politik ist nicht das, was im Seminarraum stattfindet. Diese reale Politik ist komplexer und zugleich einfacher als die akademische Diskussion. Wer das nicht begreift, der wird folgerichtig dazu kommen, jeden, der sich aufregt, als Populisten zu identifizieren und ihn dadurch eigentlich schon auszuschließen. Wenn nur die kühle Physikerin Angela Merkel noch als auf der Höhe der Zeit gilt, weil sie keine Emotionen zulässt und angeblich rational alles bis zum Ende denkt, dann hat das Habermas-Modell von Politik nur vermeintlich triumphiert. Denn am Ende hat es dann eigentlich nur zu einem Versagen der – linken – Politik geführt.

Im rationalistischen Merkel-Habermas-Modus geht vieles verloren. Friedrich Nietzsche würde wohl sagen: Es geht der Rauschtrieb verloren und der Formtrieb gewinnt. Habermas hat zwar recht, wenn er betont, dass es am Ende darum gehen muss, dass Argumente Argumente schlagen und eben nicht Fäuste Fäuste und auch nicht Parolen Parolen. Die Lebensleistung von Habermas liegt darin, dass er die deutsche Intelligenz auf den Rationalismus verpflichtet hat. Wir Deutschen, insbesondere die deutsche Intelligenz, sind nicht so emotionsgetrieben wie die Franzosen. Daher können wir generell eher einen kühlen Kopf bewahren, wenn es notwendig ist. Und das liegt sehr zentral an der Leistung eines einzelnen Mannes. Ohne Habermas sähe Deutschland anders aus. Aber, und das muss gesagt werden, wir sollten mehr Emotionen zulassen. Wir sind zu rational. Und weil wir gleichzeitig der postmodernen Agenda nicht entweichen konnten, ist etwas sehr Skurriles passiert: Wir behandeln die postmoderne Agenda nämlich rational. Wir haben daraus ein rationales hegelsches Projekt gemacht – und das stärker als alle anderen Länder. In Deutschland wurde die postmoderne Agenda zur höchsten Vernunft erklärt. Diese vermeintliche *Rationalität der Postmoderne* steht uns aber im Weg, um mit wachem Verstand und kühlem Kopf die Probleme der Realität zu benennen und zu lösen. Über-Rationalisierung und postmoderne Agenda, das geht gleichzeitig. Deutschland beweist es gerade. *Postmoderner Habermasianismus* ist das, was Deutschland gerade prägt. Hegels geschichtliche Vollendung wurde in der Postmoderne erblickt – Habermas macht auch mit, obwohl er eigentlich ein großer Kritiker der Postmoderne ist. Er sieht nicht, dass die Postmoderne das Problem ist. Er sieht nicht einmal, dass wir eine Hegemonie des Postmodernismus haben. Er glaubt: Wir haben eine Hegemonie eines kantischen Rationalismus – und zwar der diskurstheoretischen Variante des kantischen Rationalismus. Das haben wir aber nicht. Rationalisierung haben wir, aber nicht die, die Habermas annimmt. Vielmehr: Es fand zuletzt eine Über-Rationalisierung der Politik statt. Inwiefern?

Politik wurde in ein rationalistisches Korsett zur Bewahrung und Stärkung der postmodernen Agenda gezwungen. Darum hatte Slavoj Žižek auch recht, als er in der NZZ analysierte und forderte – und das gegen Habermas: »Nur ein Sokrates kann uns retten.« Er schrieb dort über Habermas: Habermas sei »der ultimative Philosoph der Normalisierung. Seit Jahr und Tag versucht er verzweifelt, den Zusammenbruch unserer ethisch-politischen Ordnung, verursacht durch den technischen Fortschritt, aufzuhalten.«[450] Was den Fall der liberalen Anmaßung der Überwindung des Todes angeht (so wie das heute im Silicon Valley teilweise vorherrscht, weil man dort extrem hohe Erwartungen in die Biotechnologie hat), da bin ich sogar bei Habermas. Ich würde nicht jede technische Machbarkeit glühend bejubeln. Denn manches hat in der Tat verheerende sozio-moralische und psychologische Folgen.

Wo Žižek aber recht hat: Habermas ist über die Jahre zu einem linksliberalen Konservativen geworden, der im Grunde glaubt, dass die liberale Rationalisierung, die ohne Zweifel stattgefunden hat und die er selbst maßgeblich begleitet und durchgesetzt hat, die Ultima Ratio dessen ist, was die Menschheit erreichen kann. Genau deswegen ist Habermas einer der größten Verteidiger des Status quo. Vom Marxismus und der alten Frankfurter Schule ist bei Habermas kaum noch etwas übrig geblieben.

Aber gerade nicht die Habermas-Normalisierung ist die Antwort auf die Krise unserer Gegenwart, sondern Sokrates. In einem früheren Buch forderte ich bereits einen »politischen Sokratismus«.[451] Dieser *Sokratismus* ist aus meiner Sicht *mit* und *gegen* Habermas. Er sucht einerseits die Überzeugungsarbeit in Habermas Sinne. Aber andererseits sucht dieser Sokratismus den »Widerstand gegen die eigene Zeit«, wie Žižek fordert.[452] Es braucht also Widerstand. Und das geht nur mit Emotionen. Sokrates hatte welche. Sokrates ist nämlich nicht der Idealtypus von Habermas, das wäre eher Kant. Zeit also, emotional aufzubegehren, gerade auch für Menschen der »Mitte«. Gerade auch für die linksliberalen Edelfedern dieser Republik. Auch sie sollten mal in ihren Texten ausrasten und wütend werden. Angesichts dieser heutigen Realität und der neoliberalen Zerstörung, die vor sich geht, ist das nur zeitgemäß. Die Normalität, die in ihren Texten bislang zum Vorschein kommt, ist zwar vor dem Hintergrund des postmodernen Zeitgeistes verständlich, aber doch unzeitgemäß angesichts der Verwerfungen, die dieser Zeitgeist ganz offen sichtbar auslöst. Die linksliberalen Edelfedern hoffen noch auf eine Normalisierung dieser aus den Fugen geratenen Welt. Aber das wird nicht so passieren, wie sie das denken und hoffen. Die liberale Rationalisierung hat einen Bruch erlebt. Sie wird sich nicht einfach wieder herbeischreiben lassen. Je stärker die linksliberalen Edelfedern sich aber die Stabilität ihrer Glaubenssätze zurückwünschen, desto mehr sorgen sie dafür, dass aus der Hegemonie des progressiven Neoliberalismus ein Korsett wird, welches diejenigen, denen es schon länger die Luft zum Atmen nimmt, dazu verleitet, sich mit großer Wucht aus diesem Korsett zu befreien.

Die Emotionen müssen raus. Die ganzen Emotionen, die zuletzt ausgeschlossen wurden, drängen doch auch längst wieder hervor. Leider oftmals in einer Form, wie man es sich nicht wünscht. Aber wer wundert sich? Sie wurden ja ausgesperrt. Etwas, das gerade erst ausgebrochen ist, wird zunächst immer erst mal wilder sein, als es sein müsste.

Aber in den Leitmedien, insbesondere den linksliberalen, gilt das Emotionale (das Emotionale jenseits des liberalen Postmodernismus) noch als Dummheit, als Störung.

Die Merkel-Unterstützung der rationalistischen (und zugleich oft postmodernen) linksliberalen Leitmedien suggeriert zurzeit immer noch, dass diese Form von rationalem Pragmatismus, den Merkel betreibt, das Beste sei, was man eigentlich tun könne und solle. Und so kriegen die – vor allem linksliberalen – Edelfedern dieser Republik kaum noch mit, das sie in ihrer ganzen Merkel-Bewunderung übersehen haben, dass Politik auch Emotionen braucht. Eine dieser linksliberalen Edelfedern, nämlich Bernd Ulrich von der ZEIT, schrieb zuletzt über Merkel und ihr Agieren in den Koalitionsverhandlungen diesen Satz: »Nicht weil Merkel schlecht verhandelt hätte, sondern weil sie vernünftig genug war, der Unvernunft der SPD (und der CSU) nachzugeben.«[453]

Merkel wird hier auf einen hegelschen und kantischen Thron gesetzt. Friedrich der Große als Frau. Die Inkarnation der Vernunft. Wiedergeburt von Immanuel Kant. Offensichtlich ist Ulrich sehr beruhigt, dass er von Merkel regiert wird. Überall *Mad-Men* und *Irrational-Men,* und dann diese kluge Preußin, dann muss man sich doch für die Preußin aussprechen.

Merkel gilt als Stabilitätsanker in einer Welt, in der wilde Männer den Verstand verloren zu haben scheinen. Gut, dass diese rationale Frau, diese Angela Merkel, da sitzt, wo sie sitzt. Diese Schwärmerei für Merkel geht schon eine ganze Weile so. Ulrich ist dabei einer der Hauptschwärmer. Und er leitet das zentrale Meinungsorgan dieser Republik – das Politikressort der ZEIT. Da freut sich Merkel natürlich. Und es verwundert auch nicht, dass Jürgen Habermas weitgehend mit Merkel seinen Frieden gemacht zu haben scheint. Der Linksliberalismus ist teilweise konservativ geworden. Heute wird von Linksliberalen eher Moralphilosophie betrieben. Die jüngste Generation der Frankfurter Schule tut eher das. Habermas ist auch ein linksliberaler Konservativer geworden – wie mit Žižek oben beschrieben. Allerdings hatte Niklas Luhmann an dieser Entwicklung von Habermas zu einem *konservativen Linksliberalismus* auch einen zentralen Anteil.

Habermas hat nämlich die Demokratisierung der Wirtschaft aufgegeben und zwar eigentlich schon Anfang der 1970er-Jahre, als er Niklas Luhmann auf den Leim ging. Seit der Debatte mit Luhmann über die sozialen Systeme Anfang der 1970er-Jahre hält Habermas im Grunde die Demokratisierung der Wirtschaft nicht mehr für möglich, weil die Systeme nach Luhmann ja ihre Eigenlogik haben und im Grunde geschlossen sind und nur »interpenetrieren« und so Politik eben nicht das Wirtschaftssystem ändern kann. Kurz: Habermas hat sich von Luhmann seine konservative Systemtheorie aufquatschen lassen und hat nicht gemerkt, was das für die Veränderung seines Denkens bedeutet hat. So wurde Habermas mehr und mehr zum Moralphilosophen und hörte auf, ein linker Vorkämpfer im Sinne der alten Frankfurter Schule zu sein. Und damit repräsentiert Habermas die neue akademische Linke.

Am Ende muss man nur noch zur richtigen Moral finden. Denn der Rest wird entweder für gut befunden und auf dem richtigen Weg oder gilt als nicht mehr steuerbar. Kluge Governance des Bestehenden und Spiegelstrich-Optimierung ist da das höchste der Gefühle. Im Grunde sei doch alles sehr rational eingerichtet. Das müsse man doch bewahren. Es gelte im System nur noch die richtige Moral zu finden. Grundsatzkritik scheint abgesagt.

Dazu passt eine Umfrage unter amerikanischen Studenten. Die FAZ berichtete dazu kürzlich: »Einer neuen Umfrage des Gallup Instituts und der Knight Foundation zufolge sind Vielfalt und Inklusion 53 Prozent der amerikanischen Studenten wichtiger als Meinungsfreiheit.« Und in der FAZ hieß es weiter: »Statt um den Austausch von Argumenten geht es um Gruppenzugehörigkeit und die bessere Moral.«[454]

Das ist die ganze *postmoderne Misere* kurz erklärt. Habermas müsste eigentlich toben. Die Vielfaltseuphorie und die postmoderne Identitätspolitik sind nämlich das genaue Gegenteil dessen, was er mal den »zwanglosen Zwang des besseren Arguments« genannt hat. Und doch trägt selbst Habermas zu dieser Hegemonie des Postmodernismus bei. Denn er verteidigt unentwegt die liberale Rationalisierung.

Lasst bloß keine Unvernunft zu! Das scheint der Konsens der neuen Liberalen zu sein. Im Sinne von: Lasst keine Leidenschaften mehr zu! Denn alles ist doch so fragil. Wenn da nur diese wilden Männer kommen, dann zerstören sie alles, was der Linksliberalismus erreicht hat. Guckt euch nur Sigmar Gabriel an, wie er an seiner Wildheit zugrunde ging. Das sei doch der Beweis dafür, dass man das Kanzleramt keinem leidenschaftlichen Mann mehr anvertrauen dürfe – außer er erzählt wie Macron das, was man in der eigenen liberalen Blase hören will.

Also lasst dann lieber gleich eine ruhige Konservative den Status quo sichern. Keine Experimente! Lieber die Hegemonie des progressiven Neoliberalismus sichern als linke Experimente mit ungewissem Ausgang befürworten.

So ticken die linksliberalen Edelfedern. Ich würde den Begriff *liberaler Stoizismus* benutzen, um zu beschreiben, wie sie denken. Man müsse nämlich nur zur Gelassenheit finden, um in einer turbulenten Welt nicht den Halt zu verlieren. Die *Philosophie der Stoa* war auch davon geprägt, allem, was kommt, mit Gleichmut und mit Befürwortung zu begegnen. »Fata volentem ducunt nolentem trahunt« (»Den Willigen führt, den Unwilligen treibt das Schicksal«) heißt eine bekannte Sentenz von Seneca, einem der berühmtesten Philosophen der Stoa. Auch Kleanthes von Assos wird die Sentenz zugeschrieben. Diese Sentenz drückt die Aufforderung zu Gleichmut und optimistischer Toleranz aus. Man solle sich doch nicht immer so über die Realität aufregen.

Dabei steckt in dieser Sentenz auch ein Fatalismus. Man nimmt dann einfach alles an, was kommt. Man versucht maximal, das Kommende optimal zu gestalten. Aber selbst etwas verändern kann man dann kaum mehr, weil einem der Wille dazu fehlt. Genau deswegen mag Bernd Ulrich Angela Merkel. Sie sind beide *liberale Stoizisten*. Olaf Scholz ist der dritte *liberale Stoizist* im Bunde. Hier brennt niemand vor Leidenschaft. Nur Ulrich brennt noch ein bisschen – nämlich für das Klima. Aber sie teilen alle drei die Philosophie des *liberalen Stoizismus*.

So prägen sie gemeinsam die *Hegemonie des konservativen Linksliberalismus*. Besonders die linksliberalen Edelfedern, wie Ulrich, haben damit aber ihren progressiven Anspruch geopfert. Ulrich ist eigentlich ein Linker – ein grüner Linker, aber ein Linker. Man versteht es nicht, warum er Merkel verteidigt und die *Hegemonie des konservativen Linksliberalismus* stützt. Wenn aber die Mächtigen in Presse und Regierung *liberale Stoizisten* sind, wie soll dann noch Wandel gelingen? Wer hat dann noch den Willen zur Veränderung? Wer ist das Subjekt der Veränderung? Die Masse der Wähler, die demonstrieren geht, könnte man leicht sagen. Tut sie halt nicht, könnte man hinzufügen. Daraus folgert man: Die Leute sind doch zufrieden.

Aber das ist eine falsche Schlussfolgerung. Denn was passiert, wenn sie in Presse und Parlament kaum einer unterstützt? Ja, was machen sie dann? Genau: Sie werden reaktionär und gehen zu Parteien wie der AfD – aus Trotz und Enttäuschung. Sie können doch die Linkspartei wählen, könnte man auch folgern. Tun die Leute halt nicht. Daraus folgert man: Die Leute sind doch zufrieden. Aber auch das ist eine falsche Schlussfolgerung. Auch die kritischen Menschen wollen ja eine Partei wählen, der sie das Land anvertrauen können. Sie wollen keine Partei wählen, vor der sie Angst haben müssen, dass sie es übertreibt. Sie wollen Menschen wählen, die wissen, was sie tun. Und es gibt genug kluge Menschen, die eine harte Kritik am Neoliberalismus formulieren, aber sie eben auch zu begründen wissen. Wolfgang Streeck ist davon einer, Sahra Wagenknecht ist auch so jemand. Aber in der Linkspartei gibt es eben auch Sektierer, die es übertreiben. Warum wählen die Kritiker, die eigentlich früher mal links gewählt haben, dann solche Parteien wie die AfD, die in ihren Reihen Personen haben, die nicht nur übertreiben, sondern vollkommen spinnen? Meine Vermutung ist: Viele wollen nur Protest wählen. Sie wollen nicht, dass diese AfD regiert. Was sie eigentlich wollen, ist eine SPD, in der die Lafontaine-Linke wieder ihren angemessenen Platz hat. Diese Menschen sehen, dass die SPD momentan von einer sozialliberalen Einheitsfront geführt wird. Das lehnen sie ab. Aber der Schulz-Hype hat mehr als bewiesen, dass die SPD linke Wähler zurückgewinnen kann, wenn sie nur einen Kurs der Kritik am Neoliberalismus durchhalten würde. Aber dies wird bislang nicht aufgenommen. Die SPD-Spitze hört die Signale nicht.

Die linksliberalen Edelfedern der Presse hören es bislang aber auch nicht. Sie treiben die Herrschenden zudem generell heute kaum mehr. Linksliberale Journalisten zu Zeiten Willy Brandts hingegen waren oft progressive Antreiber. Sie wollten den Wandel genauso wie die SPD der 1960er- und 1970er-Jahre. Diesen Aufbruch damals hat man doch zusammen betrieben. Es gab auf der einen Seite Journalisten wie Hanns-Joachim Friedrichs. Sie waren die *Realisten* und bohrenden Nervensägen. Und dann gab es auf der anderen Seite die *Idealisten* – die Linksliberalen und demokratischen Sozialisten. Das war eine gute Mischung. Heute scheinen mir zu viele Journalisten einfach konservative Linksliberale zu sein, die im Grunde nichts weiter tun als den Status quo zu idealisieren und ihre Abneigung gegen alles zu kultivieren, was nicht ihrer Idee des Linksliberalismus zu entsprechen scheint. Nicht erst seit es Twitter gibt, wollen viele Journalisten immer nur Meinung machen. Die nüchternen Berichte werden so weniger und die Kommentare wichtiger. Und viele Journalisten sehen es ganz offensichtlich als ihre Aufgabe an, einen *postmodernen Liberalismus* gegen jede Kritik zu verteidigen. So machten sie bei dem postmodernen Kulturkampf, der zuletzt vor sich ging, eben auch mit – und tun es noch.

Die linksliberalen Edelfedern haben zwar zum Teil verstanden, dass der Linksliberalismus sich an den Neoliberalismus verkauft hat, so wie Bernd Ulrich das in seinem Buch »Guten Morgen Abendland« geschrieben hat.[455] Aber am Ende ist ihnen die Sicherung des Status quo scheinbar wichtiger, als Experimente der Veränderung zu unterstützen. Eigentlich schon traurig, dass in einem wirklich linken Programm lediglich eher »Experimente« gesehen werden und nicht die berechtigte Ambition, etwas für die Menschen zu bewegen. Aber so ist das heute. *Konservativer Linksliberalismus* ist in der Hegemonie und zerlegt alles, was nach wirklichem Aufbruch aussieht. Das ist die *konservative Wende in der Politik*.[456] Die Devise scheint zu sein: Keine Experimente!

Den *konservativen Linksliberalen* scheint dabei auch egal zu sein, ob der Status quo leidenschaftlich (Macron) oder leidenschaftslos (Merkel) gesichert wird. Hauptsache: Alles bleibt so wie es ist. Es ist doch alles so gut.

So verstehen die linksliberalen Edelfedern und die linksliberalen Parteifunktionäre nicht, dass man sich in der Realität über die Realität aufregen darf. Lasst die Leute doch schimpfen. Das Grundproblem ist doch auch jenes, dass die linken Ungleichheitskritiker und linken Ökonomen scheinbar argumentieren können, was sie wollen. Es kommt in den Köpfen der politischen Elite nicht an. Die Zahlen lügen nicht. Aber es wird einfach nichts gegen die steigende Ungleichheit getan. Da ist es doch durchaus nachvollziehbar, dass den linken Intellektuellen der Kamm schwillt. Sie sind auf Fakten konzentriert und erleben, dass ihre Fakten und Studien einfach ignoriert oder ausgeblendet werden. Das regt sie auf und es darf sie aufregen.

So geschieht es, dass beispielsweise die Politikwissenschaftlerin Chantal Mouffe mehr zu schimpfen scheint als zu argumentieren. Trotzdem hat sie auch Argumente. Sie hat aber halt auch Emotionen. So etwas darf man auch als Intellektueller noch haben. Eigentlich: Emotionen sollte man als Intellektueller sehr stark haben. Oder schaut euch alte Videos von Martin Luther King oder Rudi Dutschke an. Wenn es das neue Leidenschaftsverbot damals schon gegeben hätte, wäre viel von der gesellschaftlichen Freiheit nicht erreicht worden, die es heute gibt.

Es ist falsch, jedes Argument vollkommen zu dekonstruieren und zu zerlegen. Soll sich das Argument doch beweisen. Aber dafür muss man es durchhalten und selbst an es glauben. Und man sollte leidenschaftlich für seine Argumente streiten. *It's the passion, stupid!* Es bewegt nur das, was einen auch selbst bewegt. Was bewegt etwa Merkel denn schon in ihrem postdemokratischen Jargon des Ungefähren? Die Frau hat noch nie für etwas gebrannt. Sie ist doch eine postmoderne Konservative. Für sie ist im Grunde vieles relativ. Sie ist doch die Meisterin der Dekonstruktion und Relativierung.

Man sollte sich als Politiker aber nicht ständig in einer Schleife der Dekonstruktion befinden. Genau in eine solche Schleife haben sich die Politiker der Mitte aber zuletzt hineinbegeben. Sie ließen es zu, dass alles zerredet wurde – von postmodernen Journalisten, Wissenschaftlern und sonstigen zur politischen Kommentierung Berufenden. Sie riefen so nur noch nach Toleranz, Weltoffenheit, Liberalisierung und nach Akzeptanz der Differenzen, weil ihnen nichts Besseres als das mehr einfiel, und sie zudem der Illusion erlagen, dies sei genau die letzte Mission, die noch zu erfüllen sei. Was ein Irrtum. Der postmoderne Irrtum.

Diesen postmodernen Irrtum gilt es nun zu überwinden. Mit dieser Überwindung kann aber gerade auch der Rationalismus gerettet werden. Postmodernisten und neue Rechte, für die zählt doch der Rationalismus kaum mehr. Das Einzige, was für sie noch wirklich zählt, sind ihre Emotionen. Und es ist daher so paradox, dass es gerade unter der kulturellen Hegemonie der Postmodernen zu einem neuen Leidenschaftsverbot gekommen ist. Das Einzige, wofür man noch Leidenschaft haben sollte, ist die postmoderne Agenda selbst. Diese soll man glühend befürworten, und alle sollen sie übernehmen. Die Postmodernen argumentieren doch selbst wenig. Sie werden eigentlich maßgeblich durch ihre Leidenschaft getrieben. Nüchternheit, Realismus und gesunder Menschenverstand sind jedenfalls nicht Eigenschaften eines heutigen Postmodernisten.

Der postmoderne Weg ist aber der falsche Weg. Es bleibt eine alte – aus meiner Sicht platonische – Devise aktuell: *Idealisiere die Welt nicht, sondern mache sie ideal.* Wahrheit ist doch das Ziel. Und ein idealer Staat ist das Ziel.

Um eine allgemeine Wahrheit und den idealen Staat und den Weg dorthin, scheren Postmoderne und neue Rechte sich aber nicht. Postmoderne denken radikal subjektivistisch und individuell, bis zum Narzissmus – wozu meines Erachtens auch solche *rechten Postmodernen* wie Donald Trump gehören. Und die neue Rechte, die denkt in Tradition der konservativen Denker der Weimarer Republik eben sehr gruppenbezogen und betreibt damit auch in einer gewissen Weise *Gruppen-Identitätspolitik*. Für Postmoderne und neue Rechte gilt aber generell: Für sie ist alles legitim, was sie wollen.

Das ist aber grundfalsch. Es geht darum, auf dem Weg zur Wahrheit zu sein. Nur so hat man überhaupt etwas im Blick. Es sollte um Wahrheitssuche gehen.

So eine auf das Allgemeine fokussierte Wahrheitssuche wünsche ich mir, und ich glaube, dass ein *republikanischer Universalismus* dabei helfen kann, eine *gemeinsame Wahrheit* zu finden. Und die SPD ist dabei gut beraten, nicht auf einen diffusen Liberalismus zu setzen, sondern vielmehr ein republikanisches Denken zum Ausgangspunkt all ihrer Überlegungen zu machen.

Im Bewusstsein des »progressiven Neoliberalismus«, also dieser Einheit aus postmodernem Liberalismus und ökonomischem Neoliberalismus Light, wird sie hingegen erodieren und insgesamt der zivilisatorischen Entwicklung, der Emanzipation und dem sozialen Fortschritt schaden. Man sollte es der AfD nicht einfach machen, den gesellschaftlichen Unmut zu bündeln, der nicht nur, aber auch deswegen weiter wachsen könnte, wenn die Sozialdemokratie weiter ihrem diffusen progressiven Neoliberalismus verhaftet bleibt.

Ein Sozialdemokrat sollte also ein Republikaner sein. Es muss dieses Denken überwunden werden, das sagt, dass *nichtliberales* Denken *falsches* Denken ist. Der Liberalismus, vor allem nicht in dieser Form eines progressiven Neoliberalismus, ist nicht das Ende allen Denkens. Heute wird oft das Liberale gegen den Rest in Stellung gebracht. Liberale gegen Rechtspopulisten etwa – das war ja auch der Modus Vivendi des politischen Diskurses zuletzt. Oder liberales Denken gegen vermeintlich linkspopulistisches Denken. Immer wurde suggeriert: Wer nicht liberal denkt, denkt falsch. Aber das ist falsch. Das ist der binäre Code der Gegenwart. Liberalismus ist gut und der Rest schlecht und widerlegt. Und dann wird der Bürger aufgefordert sich zu bekennen: Wo stehst du? Bei uns Liberalen, auf der guten Seite, oder bei den anderen, auf der bösen Seite?

Der Schriftsteller Guillaume Paoli hat Ähnliches kommentiert und er analysiert richtig:

> »Wir werden alle aufgefordert, uns mittels binärer Kategorien zu positionieren, die wir selber niemals gewählt hätten. Sind Sie für Globalisierung oder Identität? Für Freiheit oder Gleichheit? Für Vergangenheit oder Gegenwart? Ankreuzen kann man nur ›Ja‹, ›Nein‹ oder ›Weiß nicht‹.«[457]

So ist es. Das ist das Entweder-Oder-Denken, zu dem der Diskurs einen heute zwingt. Aber das ist keine offene, keine freie Gesellschaft mehr, die so viel Zwang erzeugt. Die postmoderne Kultur ist eine repressive und suppressive Kultur, die oft mit binären Codes hantiert. Freiheit sieht anders aus.

Man muss angesichts dieser binären Struktur unweigerlich an den ersten Satz des »Kommunistischen Manifestes« von Marx und Engels denken. Dort heißt es:

> »Ein Gespenst geht um in Europa – das Gespenst des Kommunismus. Alle Mächte des alten Europa haben sich zu einer heiligen Hetzjagd gegen dies Gespenst verbündet«.[458]

Die Angst vor nicht-liberalen Gespenstern geht um. Wer etwas jenseits des in der liberalen Elite konsensualen »progressiven Neoliberalismus« zu sagen hat, wird exkommuniziert und als Populist diskreditiert. Bei der AfD hat das oft berechtigte Gründe. Man denke nur an Weidels Verunglimpfung und Beschimpfung von Deniz Yücel. Nicht-liberales Denken ist in der Tat oft nicht nur bedenklich, sondern falsch. Die AfD hat – zum Teil – Muster des Denkens, die verfassungsfeindlich sind und die eben einfach nicht mehr *freiheitlich-demokratisch* sind.

Aber es gibt eben jenseits des neuen Liberalismus der kosmopolitischen Klasse doch noch demokratisches Denken. Republikanisches Denken, Neokonservatismus oder demokratischer

Sozialismus sind allesamt legitimes, demokratisches Denken. Aber das wird auch zu oft einfach abgewertet und schlecht gemacht. Besonders linkes Denken jenseits von Sozialliberalismus wird heute oft abgewertet und als rückständig, verirrt und antimodern charakterisiert. Zu oft bleibt der Eindruck, als wahr darf nur gelten, was eine liberale postmoderne Kommune als wahr erachtet. Aber das wird nicht als »wahr« definiert, sondern hier werden das »anything goes« und die postmoderne Toleranz paradoxerweise als Wahrheit in der Zeit nach der Wahrheit verkauft. Im Grunde will man für die Absage an alle Wahrheit werben, fordert für die neue postmoderne Moral aber den Status einer letzten Begründung ein. Diese Moral hätte man doch noch zu übernehmen. Dann wird alles gut. Und dann soll man doch ansonsten das Leben genießen.

Mein Buch und meine Kritik am progressiven Neoliberalismus dienten also dem Zweck einer Erneuerung unserer Kultur, aber auch der Erneuerung der SPD als linker Volkspartei. Parteien und ihre Protagonisten prägen schließlich die Kultur stark mit – sie sind immer Ausdruck des Zeitgeists. Genau wie Journalisten ihre Feder oft danach führen, was in der Zeit liegt oder danach, was sie aufgrund bestimmter Moden und Phasen in ihrem Studium gelernt haben. Zuletzt wollten viele eben ihr postmodernes sozialwissenschaftliches Repertoire unter die Leute bringen – oder merkten nicht, dass sie genau das taten. Wer heute nämlich »etwas mit Medien« studiert, in der Regel Sozialwissenschaften, Kommunikationswissenschaften oder gleich Journalistik, der lernt viel postmoderne Agenda kennen. Die Unis sind voll davon. Man kann dem nicht entgehen.

Mit diesem Buch wollte ich etwas gegen diese diffuse postmoderne Agenda schreiben, weil ich sie für einen törichten Fehler halte.

Viele Menschen wollen nicht einfach ein Weltbild präsentiert bekommen und auch nicht erläutert kriegen, welche Maßnahmen diesem Weltbild entsprechen. Sie wollen, dass die Probleme gelöst werden. Sie wollen gehört, verstanden und ernst genommen werden. Und eben nicht postmodern-liberal umerzogen werden. Viele Menschen wollen kein Weltbild wählen, sondern eben Vorschläge zu Sachfragen hören. Sie wollen auch, dass keine Sachfragen aufgrund eines Weltbildes ignoriert oder nur gestreift werden. Diese Menschen haben Politik verdient. Politik heißt, Lösungen anzubieten. Politik heißt, auf die Realität zu reagieren. Politik heißt, zu handeln – und eben nicht nur eine Haltung zu haben. Politik braucht immer Macher, nicht lediglich begabte Rhetoriker. Es geht darum, zu gestalten, und darum, zu wissen, für wen man gestalten will und was diese Menschen wollen.

Am Ende hatte das Buch aber sicherlich auch parteistrategischen Wert. So viel Strategie muss man sich selbst offenbaren und eingestehen.

Durchaus mit Chantal Mouffe will ich nun sagen: Ich bin das Analysieren etwas satt. Lasst uns für eine bessere Welt kämpfen.

Die Linke sollte jetzt aufhören, um den heißen Brei herum zu reden. Sie muss sich einfach mal eingestehen: Dieser Finanzkapitalismus ist außer Kontrolle geraten. Es ist an der Zeit, das Finanzkapital hart anzugehen und einem sozialdemokratisch-korporatistischen Industriekapitalismus zur Wiederkehr zu verhelfen. Schluss mit den sozialliberalen Ausreden. Die Linke muss den Neoliberalismus angreifen. Es ist so einfach. Gar nicht kompliziert. Die Rettung der Linken ist offensichtlich. Man muss sie nur noch wollen. *Realismus* nenne ich das, wenn die Linke, inklusive der neuen Linksliberalen, endlich begreift, dass der Neoliberalismus das zentrale Problem ist. Offensichtlich hat die SPD bislang nichts begriffen. Olaf Scholz hatte zuletzt sogar die Chuzpe, Jörg Kukies, vor seinem Wechsel Co-Deutschlandchef bei der Investmentbank Goldman Sachs, als neuen Staatssekretär ins Finanzministerium zu holen.[459] Sollen bald alle wesentlichen Schaltstellen der Macht in Europa, ebenso wie in den USA, einfach durch Banker und neoliberale Consultants besetzt werden? Die SPD ist so jedenfalls immer noch auf Abwegen.

Die SPD wird als Volkspartei wegsterben, wenn sie jetzt nicht begreift, dass sie sich mit dem Dritten Weg – zumindest größtenteils – geirrt hat, und jetzt nicht das Finanzkapital angreift. Wenn sie im diffusen Linksliberalismus hängen bleibt, wird sie bald eine Partei sein, die zwischen zehn und 15 Prozent bekommt. Sie wird in der Bedeutungslosigkeit verschwinden – wie schon viele sozialdemokratische Parteien vor ihr. Pragmatismus, Postideologie, smarte Governance des Bestehenden, all das kann und darf nicht mehr die Linie der Linken sein. Die Zeit der Verwaltungspolitik ist vorbei. Die Zeit für Visionen ist gekommen. Das Ende des Endes der Geschichte ist da und wirkt als Zäsur. Es ist Zeit, es zu begreifen. Wenn die SPD das nicht begreift, wird sie unter gehen – zumindest als Volkspartei. Als Verwaltungspartei des Bestehenden wird die SPD weiter erodieren. Wer den Status quo gemanagt haben will, der wird sich für die CDU entscheiden. Wenn die SPD versucht sich als besserer Manager des Landes zu inszenieren, wird sie bald hinter Linkspartei und AfD landen. Die SPD will zwar eine staatstragende Partei sein. Das ist gut. Aber wenn sie so weitermacht, wird sie bald so klein sein, dass sie das überhaupt nicht mehr sein kann. Die Grünen stehen als – linksliberaler – staatstragender Juniorpartner ohnehin schon bereit. Zudem kommt: Durch die Verweigerung der SPD, den Neoliberalismus hart zu kritisieren, verliert sie ohnehin langsam ihre Berechtigung als progressive Kraft. Man sieht in ihr doch längst eine Verwaltungspartei. Und wenn sie Management-Partei bleibt, wird sie als Volkspartei wegsterben. So hart ist es. Aber es muss gesagt werden – auch damit alle wissen, was wirklich droht. Deswegen sollte die SPD nun um ihrer selbst willen auch wieder angreifen. Und zwar den Neoliberalismus. Nur so kann ihre »Erneuerung« gelingen.

Mir ging es also auch darum, für die Mitte-Links-Parteien eine neue Philosophie und ein neues Programm zu entwickeln. Es handelt sich hier um den besagten »republikanischen Universalismus«. Und ein »linker Realismus«[460] ist für mich der realpolitische Ausdruck dieser Philosophie. Somit bleibt mit dem Politikwissenschaftler Mark Lilla am Ende nur der Linken zu sagen: *Get real!*[461]

Wider die liberal-postmoderne Illusion
Oder: Die Überwindung des Nihilismus

Das war es noch nicht.
Für ein Ende des Endes der Geschichte.
Für ein Ende des postmodernen Relativismus.
Für eine neue Ernsthaftigkeit.
Für einen Neuanfang eines republikanischen Positivismus.
Für einen Aufbruch zu einer republikanischen Zivilreligion.
Das Beste liegt noch vor uns.
Glaubt.
Liebt.
Hofft.
Seht nach vorn.
Strebt nach vorn.
Vorwärts.
Die Freiheit liegt voraus.
Es liegt an uns.
Sonst keinem.
Das ist Verantwortung.
Tragen wir sie.
Aus Liebe zur Welt.

Endnoten

1 Peter Sloterdijk: Kritik der zynischen Vernunft, 2016, Frankfurt am Main, S. 8.

2 Jürgen Habermas: Die Krise des Wohlfahrtsstaates und die Erschöpfung utopischer Energien, in: Jürgen Habermas: Die Neue Unübersichtlichkeit, 1985, Frankfurt am Main, S. 143.

3 Pankaj Mishra: Das Zeitalter des Zorns. Eine Geschichte der Gegenwart, 2017, Frankfurt am Main, S. 18.

4 Pankaj Mishra: Das Zeitalter des Zorns. Eine Geschichte der Gegenwart, 2017, Frankfurt am Main, S. 360, Hervorhebung im Original.

5 Bernd Ulrich: Guten Morgen, Abendland. Der Westen am Beginn einer neuen Epoche, 2017, Köln, S. 267.

6 Bernd Stegemann: Das Gespenst des Populismus. Ein Essay zur politischen Dramaturgie, 2017, Berlin, S. 9.

7 Interview von Christian Baron mit Thomas Ostermeier für »Neues Deutschland«: Die soziale Frage muss wieder in den Vordergrund rücken, Neues Deutschland online, vom 30.12.2017, online verfügbar unter URL: https://www.neues-deutschland.de/artikel/1074718.theater-und-die-soziale-frage-muss-wieder-in-den-vordergrund-ruecken.html (letzter Zugriff: 26.2.2018).

8 Wolfgang Merkel: Kosmopolitismus versus Kommunitarismus – ein neuer Konflikt, in: Michael Bröning/Christoph P. Mohr (Hrsg.): Flucht, Migration und die Linke in Europa, 2017, Bonn, S. 306.

9 Robert Pfaller: Erwachsenensprache. Über ihr Verschwinden aus Politik und Kultur, 2018, Frankfurt am Main, S. 20 f.

10 Robert Pfaller: Erwachsenensprache. Über ihr Verschwinden aus Politik und Kultur, 2018, Frankfurt am Main, S. 171 f.

11 Guillaume Paoli: Die lange Nacht der Metamorphose. Über die Gentrifizierung der Kultur, 2017, Berlin. S. 195.

12 Vgl. dazu das Interview von Thomas Assheuer mit Jürgen Habermas für die »Zeit«: Die Spieler treten ab, Die Zeit, 29/2016, online verfügbar unter URL: http://www.zeit.de/2016/29/eu-krise-brexit-juergen-habermas-kerneuropa-kritik (letzter Zugriff: 27.2.2018).

13 Julian Nida-Rümelin: Über Grenzen denken. Eine Ethik der Migration, 2017, Hamburg, S. 195.

14 Bernd Stegemann: Das Gespenst des Populismus. Ein Essay zur politischen Dramaturgie, 2017, Berlin, S. 166.

15 Robert Pfaller: Erwachsenensprache. Über ihr Verschwinden aus Politik und Kultur, 2018, Frankfurt am Main, S. 42.

16 Wolfgang Streeck: Die Wiederkehr der Verdrängten als Anfang vom Ende des neoliberalen Kapitalismus, in: Geiselberger, Heinrich (Hrsg.): Die große

Regression. Eine internationale Debatte über die geistige Situation der Zeit, 2017, Berlin, S. 264.

17 Oliver Nachtwey: Für die vielen, nicht die wenigen, Die Zeit, Nr. 6/2018, online verfügbar unter URL: http://www.zeit.de/2018/06/die-linken-spd-linke-gruene-krise (letzter Zugriff: 16.2.2018).

18 Sebastian Friedrich: Eine neue linke Erzählung, Der Freitag, 51/2017, online verfügbar unter URL: https://www.freitag.de/autoren/der-freitag/eine-neue-linke-erzaehlung (letzter Zugriff: 26.2.2018).

19 Slavoj Žižek: Die Linke pflegt ihre Fetische statt die Mächtigen zu kritisieren, Neue Zürcher Zeitung, vom 5.2.2018, online verfügbar unter URL: https://www.nzz.ch/feuilleton/oeffnet-die-augen-genossen-ld.1353690 (letzter Zugriff: 26.2.2018).

20 Romain Leick im Interview mit Rainer Forst: Gerechtigkeit ist radikal, Der Spiegel, 34/2013, online verfügbar unter URL: http://www.spiegel.de/spiegel/print/d-107728935.html (letzter Zugriff: 26.2.2018).

21 Robert Pfaller: Erwachsenensprache. Über ihr Verschwinden aus Politik und Kultur, 2018, Frankfurt am Main, S. 64, Hervorhebung im Original.

22 Boris Palmer: Wir können nicht allen helfen. Ein Grüner über Integration und die Grenzen der Belastbarkeit, 2017, München, S. 18.

23 Andreas Nölke: Linkspopulär. Vorwärts handeln, statt rückwärts denken, 2017, München, S. 75.

24 Volker Gerhardt: In Vergessenheit geraten. Über die Unverzichtbarkeit der Wahrheit, in: Forschung & Lehre, 9/17, S. 756.

25 Max Weber: Politik als Beruf, 1992, Stuttgart, S. 62.

26 Jürgen Habermas: Konservative Politik, Arbeit, Sozialismus und Utopie heute, in: Jürgen Habermas: Die Neue Unübersichtlichkeit, 1985, Frankfurt am Main, S. 76.

27 Karl Jaspers: Die Kraft der Hoffnung, in: Karl Jaspers: Das Wagnis der Freiheit. Gesammelte Aufsätze zur Philosophie, München, 1996, S. 221.

28 Francis Fukuyama: The End of history and the last man, 1992, London.

29 Dieser Absatz stammt aus einem Essay (»Ein Lob der Demonstration«) von mir für Tagesspiegel Causa vom 27. Juni 2017, verfügbar online unter URL: https://causa.tagesspiegel.de/politik/was-muss-linke-politik-heute-leisten/wir-muessen-demonstrieren-ueberallnbsp.html (letzter Zugriff: 7.7.2017).

30 Pankaj Mishra: Das Zeitalter des Zorns. Eine Geschichte der Gegenwart, 2017, Frankfurt am Main, S. 49.

31 Pankaj Mishra: Das Zeitalter des Zorns. Eine Geschichte der Gegenwart, 2017, Frankfurt am Main, S. 54.

32 Vgl. Nancy Fraser: Vom Regen des progressiven Neoliberalismus in die Traufe des reaktionären Populismus, in: Geiselberger, Heinrich (Hrsg.): Die große Regression. Eine internationale Debatte über die geistige Situation der Zeit, 2017, Berlin, S. 77-91.

33 Dieser Absatz stammt ebenfalls aus meinem Essay (»Ein Lob der Demonstration«) für Tagesspiegel Causa vom 27. Juni 2017, verfügbar online unter URL: https://causa.tagesspiegel.de/politik/was-muss-linke-politik-heute-leisten/wir-muessen-demonstrieren-ueberallnbsp.html (letzter Zugriff: 7.7.2017).

34 Vgl. Nancy Fraser: Vom Regen des progressiven Neoliberalismus in die Traufe des reaktionären Populismus, in: Geiselberger, Heinrich (Hrsg.): Die große Regression. Eine internationale Debatte über die geistige Situation der Zeit, 2017, Berlin, S. 77-91.

35 Vgl. dazu Nils Heisterhagen: Warum die linken Parteien die soziale Frage wieder stellen müssen, in: vorwärts, am 31. März 2017, verfügbar online unter URL: https://www.vorwaerts.de/artikel/linken-parteien-soziale-frage-stellen (letzter Zugriff: 7.7.2017).

36 Sigmar Gabriel: Sehnsucht nach Heimat, Der Spiegel, 51/2017, online verfügbar unter URL: https://magazin.spiegel.de/SP/2017/51/154831667/index.html?utm_source=spon&utm_campaign=vorab (letzter Zugriff: 19.12.2017).

37 Bernd Ulrich: Ist dieser Mann an allem schuld? Oder doch Sigmar Gabriel? Die Zeit, 53/2017, online verfügbar unter URL: http://www.zeit.de/2017/53/spd-sigmar-gabriel-hipster-gerechtigkeit (letzter Zugriff: 1.3.2018).

38 Siehe dazu: Jürgen Habermas: Europas zögerliche Liebhaber, Die Zeit, 10/2018.

39 Vgl. Nils Heisterhagen: Existenzieller Republikanismus. Ein Plädoyer für Freiheit«, 2017, Bielefeld.

40 Dafür habe ich in meinem Buch »Existenzieller Republikanismus. Ein Plädoyer für Freiheit« plädiert, das im Transcript Verlag im Juli 2017 erschienen ist.

41 Josef Joffe: Im Wunderland der Korrektheit, Die Zeit, 6/2017, S. 17, verfügbar online unter URL: http://www.zeit.de/2017/06/political-correctness-moral-gesellschaft-gleichstellung-korrektheit (letzter Zugriff: 7.7.2017).

42 Vgl. dazu Josef Joffe: Exorzismus, Die Zeit, 13/2017, S. 10, verfügbar online unter URL: http://www.zeit.de/2017/13/political-correctness-college-middlebury-charles-murray-zeitgeist (letzter Zugriff: 7.7.2017).

43 Vgl. dazu: Verena Hasel: Kampf gegen rechts: Die Intoleranz der Toleranten, Tagesspiegel, vom 4. Juli 2017, verfügbar online unter URL: http://www.tagesspiegel.de/themen/reportage/protest-der-afd-gegner-kampf-gegen-rechts-die-intoleranz-der-toleranten/19909658.html (letzter Zugriff: 7.7.2017).

44 Siehe zu den folgenden Absätzen über den postmodernen Pluralismus und Relativismus auch meinen Text »Schluss mit der Vielfaltseuphorie« bei Tagesspiegel Causa zu diesem Sachverhalt. Online verfügbar unter URL: https://causa.tagesspiegel.de/gesellschaft/wie-nuetzlich-ist-eine-leitkultur-debatte/schluss-mit-der-vielfaltseuphorie.html (letzter Zugriff: 18.9.2017).

45 Vgl. dazu: Jean-Francois Lyotard: Das postmoderne Wissen. Ein Bericht, 1994, Wien. Und Jean-Francois Lyotard: Der Widerstreit, 1987, München.

46 Dieser Absatz findet sich fast so in meinem im Juli 2017 erschienenen Buch bei Springer VS »Kritik der Postmoderne. Warum der Relativismus nicht das letzte Wort hat«.

47 Vgl. Max Horkheimer/Theodor W. Adorno: Dialektik der Aufklärung. Philosophische Fragmente, 2013, Frankfurt am Main.

48 Dieser Absatz findet sich so in meinem im Juli 2017 erschienenen Buch bei Springer VS »Kritik der Postmoderne. Warum der Relativismus nicht das letzte Wort hat«.

49   Vgl. auch: Nils Heisterhagen: Schluss mit der Vielfaltseuphorie, in Tagesspiegel
     Causa, vom 18.9.2017, online verfügbar unter URL:
     https://causa.tagesspiegel.de/gesellschaft/wie-nuetzlich-ist-eine-leitkultur-
     debatte/schluss-mit-der-vielfaltseuphorie.html (letzter Zugriff: 28.10.2017).
     In Print im Tagesspiegel am Sonntag wurde der Text in einer gekürzten Fas-
     sung am 15.10.2017 veröffentlicht unter dem Titel: Wir müssen liebend
     kämpfen.

50   David Detmer: Challenging postmodernism: philosophy and the politics of
     truth, 2003, Toronto, zitiert nach Guillaume Paoli: Die lange Nacht der
     Metamorphose. Über die Gentrifizierung der Kultur, 2017, Berlin. S. 64.

51   Jürgen Habermas: Die neue Unübersichtlichkeit, 1985, Frankfurt am Main.

52   Robert Pfaller: Erwachsenensprache. Über ihr Verschwinden aus Politik und
     Kultur, 2018, Frankfurt am Main, S. 191.

53   Nachzuschlagen unter URL: http://hu.blogsport.de/muenkler-watch/
     (letzter Zugriff: 7.7.2017).

54   Vgl. dazu: Nils Markwardt: Münkler und die Detektive, vom 16. Mai 2015,
     verfügbar online unter URL: http://www.zeit.de/kultur/2015-05/herfried-
     muenkler-rassismus-debatte (letzter Zugriff: 7.7.2017).

55   Münkler, Herfried/Münkler, Marina: Die neuen Deutschen. Ein Land vor
     seiner Zukunft, 2016, Berlin.

56   Vgl. dazu das Interview von Robert Pausch mit Wolfgang Merkel auf Zeit
     Online, vom 22. Juni 2016, unter URL: http://www.zeit.de/campus/2016-
     06/politisches-engagement-junge-linke-studenten-parteizugehoerigkeit
     (letzter Zugriff: 7.7.2017).

57   Vgl. Nils Heisterhagen und Dirk Jörke: Was die Linken jetzt tun müssen,
     Frankfurter Allgemeine Zeitung, vom 26. Januar 2017, S. 9.

58   Vgl. die Debatte:
     1. Christian Volk: Diagnose mit zwei zentralen Fehlern, vom 25. Februar
     2017, online verfügbar unter URL: http://www.taz.de/!5383964/,
     2. Winfried Thaa: In die Identitätsfalle getappt, vom 7. März 2017, online
     verfügbar unter URL: https://www.taz.de/!5386234/,
     3. Aram Ziai und Franziska Müller: Die linke Gretchenfrage, vom 15. März
     2017, online verfügbar unter URL: https://www.taz.de/!5388259/,
     4. Ingolfur Blühdorn und Felix Butzlaff: Wo Linke nicht irren dürfen, vom
     10. April 2017, online verfügbar unter URL: http://www.taz.de/Debatte-
     Rechtspopulismus/!5396079/,
     5. Heike Mauer: In die Gedöns-Falle getappt, vom 20. April 2017, online
     verfügbar unter URL: http://www.taz.de/Debatte-Rechtspopulismus-in-
     Europa/!5393821/,
     siehe auch die Replik von Dirk Jörke und mir auf die fünf Repliken: Neuan-
     fang im Denken und Handeln, vom 24. April 2017, online verfügbar unter
     URL: http://www.taz.de/!5398684/ (letzter Zugriff: 7.7.2017).

59   Didier Eribon: Rückkehr nach Reims, 2016, Berlin, S. 124.

60   Diesen Absatz habe ich aus meinem Artikel für den sozialdemokratischen
     vorwärts zum Thema der linken Parteien und der sozialen Frage übernom-
     men. Vgl. unter URL: https://www.vorwaerts.de/artikel/linken-parteien-
     soziale-frage-stellen (letzter Zugriff: 7.7.2017).

61 Siehe dazu folgende Meldung auf Zeit Online: http://www.zeit.de/politik/ausland/2016-09/us-wahl-hillary-clinton-beschimpft-trump-waehler (letzter Zugriff: 7.7.2017).

62 Siehe dazu: Wolfgang Streeck: Die Wiederkehr der Verdrängten als Anfang vom Ende des neoliberalen Kapitalismus, in: Geiselberger, Heinrich (Hrsg.): Die große Regression. Eine internationale Debatte über die geistige Situation der Zeit, 2017, Berlin, S. 260.

63 Jürgen Kaube: Wen soll Jörg Sartor wählen? Frankfurter Allgemeine Zeitung, vom 1.3.2018, online verfügbar unter URL: http://www.faz.net/aktuell/feuilleton/debatten/essener-tafel-zur-verlogenen-kritik-an-joerg-sartor-15472214.html (letzter Zugriff: 1.3.2018).

64 Reiner Burger: An den Grenzen der Integrationsfähigkeit, Frankfurter Allgemeine Zeitung, vom 1.3.2018, online verfügbar unter URL: http://www. faz.net/aktuell/politik/inland/der-essener-norden-ist-an-der-grenze-der-integrationsfaehigkeit-15472384.html (letzter Zugriff: 1.3.2018).

65 Matthew B. Crawford: Die Wiedergewinnung des Wirklichen. Eine Philosophie des Ichs im Zeitalter der Zerstreuung, 2016, Berlin.

66 Vgl. Ernst Bloch: Das Prinzip Hoffnung. Kapitel 1-32, 1985, Frankfurt am Main. Und: Ernst Bloch: Das Prinzip Hoffnung. Kapitel 33-42, 1985, Frankfurt am Main. Und: Ernst Bloch: Das Prinzip Hoffnung. Kapitel 43-55, 1985, Frankfurt am Main.

67 Siehe dazu einen Text von mir in der FAZ: Linker Realismus oder Wo es brodelt, riecht und stinkt, Frankfurter Allgemeine Zeitung, vom 20.11.2017.

68 Siehe dazu einen Text von mir in der FAZ: Linker Realismus oder Wo es brodelt, riecht und stinkt, Frankfurter Allgemeine Zeitung, vom 20.11.2017.

69 Vergleiche den Text von Christian Volk »Diagnose mit zwei zentralen Fehlern« in der TAZ, online verfügbar unter URL: https://www.taz.de/!5383964/ vom 25. Februar 2017 (letzter Zugriff: 7.7.2017).

70 Vgl. das Interview mit Elizabeth Currid-Halkett in »Die Zeit«, Nr. 24, 8. Juni 2017, S. 23.

71 Vgl. dazu: Roland Lindner: Wie sexistisch ist das Silicon Valley, FAZ Online, vom 13. August 2017, verfügbar online unter URL: http://www.faz.net/aktuell/wirtschaft/unternehmen/debatte-bei-google-wie-sexistisch-ist-das-silicon-valley-15148660.html (letzter Zugriff: 4.9.2017).

72 Sven Astheimer und Roland Lindner: Hauptsache Vielfalt, FAZ, vom 2. September 2017, verfügbar online unter URL: http://plus. faz.net/beruf-und-chance/2017-09-02/hauptsache-vielfalt/49713.html (letzter Zugriff: 4.9.2017).

73 Vgl. dazu den Account von James Damore unter URL: https://twitter.com/Fired4Truth (letzter Zugriff: 4.9.2017).

74 Siehe dazu zwei Texte bei FAZ und Süddeutsche über Marc Jongen: Der Parteiphilosoph der AfD, vom 15. Januar 2016, verfügbar online unter URL: http://www.faz.net/aktuell/politik/inland/marc-jongen-ist-afd-politiker-politiker-und-philosoph-14005731.html und »Der Wutdenker der AfD«, vom 22. Februar 2016, verfügbar online unter URL: http://www.sueddeutsche.de/politik/philosoph-marc-jongen-der-wutdenker-der-afd-1.2865813 (letzter Zugriff: 7.7.2017).

75   Vgl. die Bild-Meldung: Neue Umfrage-Klatsche für Macron, Bild Online, vom 18.2.2018, online verfügbar unter URL: https://www.bild.de/politik/ausland/headlines/macron-umfrage-klatsche-54848540.bild.html (letzter Zugriff: 22.2.2018).

76   Vgl. Annika Joeres: Nur die Reichen jubeln noch, Zeit Online, vom 25. Juli 2017, verfügbar online unter URL: http://www.zeit.de/politik/ausland/2017-07/emmanuel-macron-frankreich-praesident-umfrage-unbeliebtheit (letzter Zugriff: 1.8.2017).

77   Vgl. dazu den Text von Christian Schubert: Macron kränkt Arbeitslose – schon wieder, FAZ, 5.10.2017, online verfügbar unter URL: http://www.faz.net/aktuell/wirtschaft/arm-und-reich/emmanuel-macron-kraenkt-erneut-arbeitslose-15232547.html (letzter Zugriff: 14.11.2017).

78   Vgl. dazu die folgende Meldung von Spiegel Online: http://www.spiegel.de/politik/ausland/frankreich-emmanuel-macron-bewegung-verliert-mitglieder-a-1177926.html (letzter Zugriff: 14.11.2017).

79   Pierre Bourdieu/Loic J. D. Wacquant: Reflexive Anthropologie, 1996, Frankfurt am Main.

80   Dieser Absatz findet sich fast so in meinem im Juli 2017 erschienenen Buch bei Springer VS »Kritik der Postmoderne. Warum der Relativismus nicht das letzte Wort hat«.

81   Das ist der Titel des Philosophie-Bestsellers von Richard David Precht: Wer bin ich – und wenn ja, wie viele?, 2007, München.

82   Interview von Christine Heuer mit Bernhard Heinzlmaier: »Noch nie so angepasst«, Deutschlandfunk, vom 29.1.2018, online verfügbar unter URL: http://www.deutschlandfunk.de/jugendforscher-zur-haltung-junger-politiker-noch-nie-so.694.de.html?dram%3Aarticle_id=409463 (letzter Zugriff: 29.1.2018).

83   Vgl. Ulrich Bröckling: Das unternehmerische Selbst. Soziologie einer Subjektivierungsform, 2007, Frankfurt am Main, S. 285. Siehe dazu auch: Nils Heisterhagen: Über Ökonomisierung. Zur Notwendigkeit einer neuen Freiheitsidee, in: Wolfgang Schroeder/Claudia Bogedan: Gute Arbeit und soziale Gerechtigkeit im 21. Jahrhundert, 2015, Baden-Baden, S. 23-49.

84   Marc Saxer: Stabilität oder Stillstand? Was Alt und Jung von der Politik fordern, Tagesspiegel Causa, vom 27.11.2017, online verfügbar unter URL: https://causa.tagesspiegel.de/kolumnen/causa-autoren-1/stabilitaet-oder-stillstand-was-alt-und-jung-von-der-politik-fordern.html (letzter Zugriff: 30.1.2018).

85   Nikolas Busse: Das Schicksal der SPD, Frankfurter Allgemeine Zeitung, vom 29.1.2018.

86   Siehe dazu auch: Nils Heisterhagen/Dirk Jörke: Wiedergewinnung des Wirklichen, Der Freitag, vom 27.1.2018, online verfügbar unter URL: https://www.freitag.de/autoren/der-freitag/wiedergewinnung-des-wirklichen-1 (letzter Zugriff: 29.1.2018).

87   Armin Schäfer: Kultur statt Ökonomie, Frankfurter Allgemeine Zeitung, vom 16. Oktober 2017.

88   Vgl. dazu Nils Heisterhagen: Warum die linken Parteien die soziale Frage wieder stellen müssen, in: Vorwärts, am 31. März 2017, verfügbar online

unter URL: https://www.vorwaerts.de/artikel/linken-parteien-soziale-frage-stellen (letzter Zugriff: 7.7.2017).

89   Vgl. Hannah Arendt: Vita activa. Oder vom tätigen Leben, 2008, München.

90   Siehe dazu auch: Nils Heisterhagen: Existenzieller Republikanismus. Ein Plädoyer für Freiheit, 2017, Bielefeld.

91   Vgl. dazu Nikos Tzermias: Anleitung zum Desaster, Neue Zürcher Zeitung, vom 13. Dezember 2015, verfügbar online unter URL: https://www.nzz.ch/wirtschaft/wirtschaftspolitik/anleitung-zum-desaster-1.18661710 (letzter Zugriff: 7.7.2017).

92   Vgl. dazu Patrick Stotz und Christian Teevs: Warum Van der Bellen so klar siegte, vom 5. Dezember 2016, verfügbar online unter URL: http://www.spiegel.de/politik/ausland/oesterreich-warum-alexander-van-der-bellen-die-wahl-so-klar-gewann-a-1124426.html (letzter Zugriff: 7.7.2017).

93   Vgl. dazu online unter folgenden URLs::
http://www.dgb.de/einblick/++co++6e229004-ef4f-11e5-acf0-52540023ef1a,
http://www.dgb.de/themen/++co++915fbed4-7fd2-11e6-84b0-525400e5a74a,
http://www.dgb.de/themen/++co++569e6b0c-3a11-11e7-bd7b-525400e5a74a,
http://www.dgb.de/themen/++co++f9060468-12b6-11e7-b03e-525400e5a74a,
http://www.dgb.de/themen/++co++6d6bf30c-74d9-11e6-b548-525400e5a74a,
http://www.dgb.de/themen/++co++fce62240-33de-11e7-86d6-525400e5a74a,
http://www.dgb.de/themen/++co++034f1e54-b3da-11e7-930a-525400e5a74a (letzter Zugriff: 7.7.2017).

94   Siehe dazu online unter der folgenden URL:
http://www.dgb.de/themen/++co++1aca2e9e-a209-11e7-99c0-525400e5a74a (letzter Zugriff: 9.10.2017).

95   Vgl. Infratest Dimap: Bundestagswahl. Ergebnisse und Schnellanalysen auf Basis der Kurzfassung des Infratest-dimap-Berichts für die SPD, vom 24.9.2017.

96   Vgl. dazu: Günter Platzdasch: Rechte Leute von links, Frankfurter Allgemeine Zeitung, vom 9. Juli 2017, http://www.faz.net/aktuell/feuilleton/geisteswissenschaften/tagung-in-jena-ueber-die-soziologie-der-unzufriedenheit-15078777.html (letzter Zugriff: 7.7.2017).

97   Vgl. dazu folgende Meldung auf Zeit Online: http://www.zeit.de/politik/deutschland/2017-03/afd-sachsen-frauke-petry-spitzenkandidatin-jens-maier (letzter Zugriff: 7.7.2017).

98   Vgl. Caterina Lobenstein: Hier herrscht Klassenkampf, verfügbar auf Zeit Online unter URL: http://www.zeit.de/2017/02/afd-bitterfeld-fluechtlinge-kapitalismus-arbeiterstadt (letzter Zugriff: 7.7.2017).

99   Vgl. dazu: Karl Brenke und Alexander S. Kritikos: Wählerstruktur im Wandel, in: DIW Wochenbericht, 29/2017, S. 595-606, online verfügbar unter URL: https://www.diw.de/documents/publikationen/73/diw_01.c.562050.de/17-29.pdf.

Siehe auch: Stefan Sauer: Arbeiter stimmen kaum für die SPD, Frankfurter Rundschau online, vom 19.7.2017, online verfügbar unter URL: http://www.fr.de/politik/bundestagswahl/waehlerverhalten-arbeiter-stimmen-kaum-fuer-die-spd-a-1316647 (letzter Zugriff: 20.7.2017).

100 Richard Hilmer, Bettina Kohlrausch, Rita Müller-Hilmer und Jérémie Gagné: Einstellung und soziale Lebenslage. Eine Spurensuche nach Gründen für rechtspopulistische Orientierung, auch unter Gewerkschaftsmitgliedern, Working Paper der Forschungsförderung der Hans-Böckler-Stiftung, Nummer 044, 2017, siehe dazu auch: http://www.zeit.de/gesellschaft/zeitgeschehen/2017-08/rechtspopulismus-arbeitsplatz-hans-boeckler-stiftung-afd *und:* http://www.spiegel.de/wirtschaft/soziales/afd-waehler-sind-nicht-aermer-fuehlen-sich-aber-ohnmaechtig-a-1162105.html (letzter Zugriff: 21.8.2017).

101 Vgl. dazu unter folgendem Link: http://www.handelsblatt.com/unternehmen/industrie/kuka-uebernahme-midea-gehoeren-fast-95-prozent-am-roboterbauer/13983092.html (letzter Zugriff: 21.8.2017).

102 Vgl. dazu Interview von Martin Machowecz und Holger Lengfeld, verfügbar Zeit Online unter URL: http://www.zeit.de/2017/26/afd-waehler-studie-interview (letzter Zugriff: 7.7.2017).

103 Vgl. dazu die Meldung des Politikmagazins »Report Mainz«, online verfügbar unter URL: https://www.swr.de/report/infratest-dimap-umfrage-mehrheit-der-afd-anhaenger-sieht-sich-als-gesellschaftliche-gewinner/-/id=233454/did=18581990/nid=233454/1xtya28/index.html (letzter Zugriff: 7.7.2017).

104 Idealtypisch hat diese neue »progressive« Strategie der Bundessprecher der linksjugend solid, Jakob Migenda, für die Zeitung »Neues Deutschland« aufgeschrieben. Siehe dazu unter dem folgenden Link: https://www.neues-deutschland.de/artikel/1065462.links-fuer-ein-staedtisches-progressives-milieu.html (letzter Zugriff: 28.10.2017).

105 Siehe dazu auch den Text »Getrennte Lebenswelten« für »Neues Deutschland« von Christian Baron, der nicht nur den Grundsatzkonflikt in der Linkspartei, sondern eigentlich in der kompletten Linken als solche offenbart. Online verfügbar unter URL: https://www.neues-deutschland.de/artikel/1067607.debatte-in-der-linken-getrennte-lebenswelten.html?pk_campaign=SocialMedia (letzter Zugriff: 28.10.2017).

106 vgl. dazu folgende Meldung auf Zeit Online, online verfügbar unter URL: http://www.zeit.de/wirtschaft/2017-05/arbeitsmarkt-arbeitslose-deutschland-arbeitslosenquote-gesunken (letzter Zugriff: 7.7.2017).

107 Vgl. dazu die folgende Meldung von Spiegel Online: http://www.spiegel.de/wirtschaft/soziales/minijobber-arm-trotz-arbeit-3-2-millionen-menschen-haben-mehrere-jobs-a-1172698.html (letzter Zugriff: 16.10.2017).

108 Vgl. dazu die folgende Meldung von Spiegel Online: http://www.spiegel.de/wirtschaft/soziales/arbeitslose-zahl-sinkt-im-oktober-auf-unter-2-4-millionen-a-1176109.html (letzter Zugriff: 2.11.2017).

109 Vgl. dazu die folgende Meldung von Spiegel Online: http://www.spiegel.de/wirtschaft/soziales/arbeitslose-zahl-sinkt-im-oktober-auf-unter-2-4-millionen-a-1176109.html (letzter Zugriff: 2.11.2017).

110 Vgl. dazu die folgende Meldung von Spiegel Online:
http://www.spiegel.de/wirtschaft/soziales/minijobber-arm-trotz-arbeit-
3-2-millionen-menschen-haben-mehrere-jobs-a-1172698.html (letzter
Zugriff: 16.10.2017).

111 Vgl. dazu folgende Meldung auf Tagesspiegel Online, online verfügbar unter
URL: http://www.tagesspiegel.de/politik/steuer-plus-merkel-will-
entlastungen-trotz-top-steuer-prognose-nicht-ausweiten/19792452.html
(letzter Zugriff: 7.7.2017).

112 Vgl. dazu die folgende Meldung von Spiegel Online:
http://www.spiegel.de/wirtschaft/unternehmen/dihk-rechnet-2018-
mit-600-000-neuen-jobs-a-1175721.html (letzter Zugriff: 2.11.2017).

113 vgl. dazu folgende Meldung auf Zeit Online, online verfügbar unter URL:
http://www.zeit.de/wirtschaft/2016-09/arbeitsmarkt-leiharbeit-
zuwachs-deutschland (letzter Zugriff: 7.7. 2017).

114 Vgl. dazu die folgende Meldung von Spiegel Online:
http://www.spiegel.de/ wirtschaft/soziales/nuernberg-erstmals-mehr-
als-eine-million-leiharbeiter-a-1132589.html und folgende Meldung von
SZ-Online: http://www.sueddeutsche.de/news/karriere/arbeitsmarkt-
zahl-der-leiharbeiter-steigt-auf-rekordhoch-dpa.urn-newsml-dpa-com-
20090101-170201-99-114506 (letzter Zugriff: 8.11.2017).

115 Vgl. dazu »Neuer Höchststand« in: Böckler Impuls, 9/2017, S. 3.

116 Vgl. dazu die Meldung von Zeit Online: Mitarbeiter wer-den immer öfter
befristet eingestellt, online verfügbar unter URL: http://www.zeit.de/
wirtschaft/2017-09/arbeitsvertraege-befristet-neue-mitarbeiter-
unternehmen (letzter Zugriff: 6.9.2017).

117 Vgl. dazu »Wie verbreitet ist Armut in Deutschland«, in: Böckler Impuls,
6/2017, S. 5.

118 Vgl. dazu den Familienreport 2017, verfügbar online unter URL:
https://www.bmfsfj.de/blob/119524/f51728a14e3c91c3d8ea657bb01
bbab0/familienreport-2017-data.pdf,
siehe dazu auch: http://www.zeit.de/gesellschaft/familie/2017-09/
familienreport-armutsrisiko-kinder-deutschland
und: http://www.sueddeutsche.de/politik/familienreport-das-armutsrisiko-
von-kindern-steigt-1.3667175 (letzter Zugriff: 16.9.2017).

119 Vgl. dazu die Studie der Bertelsmann-Stiftung. Verfügbar online unter URL:
https://www.bertelsmann-stiftung.de/de/themen/aktuelle-meldungen/
2017/oktober/kinderarmut-ist-in-deutschland-oft-ein-dauerzustand/,
siehe dazu auch die Meldung von Zeit Online:
http://www.zeit.de/wirtschaft/2017-10/ungleichheit-kinderarmut-
deutschland-armutsfalle (letzter Zugriff: 24.10.2017).

120 Vgl. dazu die Meldung von Zeit Online: http://www.zeit.de/news/2017-
11/13/soziales-zahl-dauerhafter-hartz-iv-kinder-laut-bild-gestiegen-
13012002
und von Faz.net: http://www.faz.net/agenturmeldungen/dpa/zahl-
dauerhafter-hartz-iv-kinder-laut-bild-gestiegen-15289798.html (letzter
Zugriff: 15.11.2017).

121 Siehe dazu das Interview von Marcus Gatzke mit Georg Cremer für Zeit Online: Die Abstiegspanik macht unsere Gesellschaft unsolidarischer, Zeit On-

line, vom 15.2.2018, online verfügbar unter URL: http://www.zeit.de/
wirtschaft/2018-02/georg-cremer-grosse-koalition-koalitionsvertrag
(letzter Zugriff: 1.3.2018).

122   Vgl. dazu folgende Meldung auf Spiegel Online, online verfügbar unter URL:
      http://www.spiegel.de/wirtschaft/soziales/hartz-iv-bezieher-sind-immer-
      laenger-arbeitslos-a-1157099.html (letzter Zugriff: 7.7.2017).

123   Vgl. dazu die Meldung von Spiegel Online: http://www.spiegel.de/wirtschaft/
      soziales/minijobber-arm-trotz-arbeit-3-2-millionen-menschen-haben-
      mehrere-jobs-a-1172698.html (letzter Zugriff: 16.10.2017).

124   Vgl. dazu diese zwei Meldungen von Spiegel Online: http://www.spiegel.de/
      wirtschaft/soziales/minijob-studie-viele-bekommen-keinen-mindestlohn-
      und-urlaub-a-1140145.html, und:
      http://www.spiegel.de/wirtschaft/soziales/minijobber-arm-trotz-arbeit-
      3-2-millionen-menschen-haben-mehrere-jobs-a-1172698.html (letzter
      Zugriff: 16.10.2017).

125   Vgl. ebenda.

126   Vgl. Toralf Pusch: Bilanz des Mindestlohns: Deutliche Lohnerhöhungen,
      verringerte Armut, aber auch viele Umgehungen, Policy Brief WSI, Nr.19,
      1/2018, siehe auch dazu: Thomas Öchsner: 2,7 Millionen bekommen we-
      niger als den Mindestlohn, Süddeutsche Zeitung online, vom 28.1.2018,
      online verfügbar unter URL:
      http://www.sueddeutsche.de/wirtschaft/mindestlohn-studie-millionen-
      bekommen-zu-wenig-1.3843810 (letzter Zugriff: 29.1.2018).

127   Alexander Hagelüken: Das gespaltene Land. Wie Ungleichheit unsere
      Gesellschaft zerstört – und was die Politik ändern muss, 2017, München.

128   Vgl. dazu Dorothee Spannagel et al.: Aktivierungspolitik und Erwerbsarmut,
      WSI Report Nr. 36, Juli 2017, online verfügbar unter URL:
      https://www.boeckler.de/pdf/p_wsi_report_36_2017.pdf (letzter Zugriff:
      7.7.2017).

129   Vgl dazu die folgende Pressemitteilung des Deutschen Instituts für Wirt-
      schaftsforschung: https://www.diw.de/de/diw_01.c.508553.de/themen_
      nachrichten/nach_deutlichem_anstieg_bis_2005_einkommensungleichheit_
      seitdem_nahezu_unveraendert.html)letzter Zugriff: 7.7.2017).

130   Vgl. dazu Wolfgang Schroeder: Soziale Gerechtigkeit beginnt in den Betrieben,
      Friedrich-Ebert-Stiftung, vom 2. November 2016, verfügbar online unter
      URL: https://www.fes. de/de/mehrgleichheit/gleichheit16-blog/beitrag-
      lesen/soziale-gerechtigkeit-beginnt-in-den-betrieben/ (letzter Zugriff:
      7.7.2017).

131   Vgl. dazu: Werner Vontobel: Der falsche Indikator, Brand Eins, 3/2013,
      online verfügbar unter URL: https://www.brandeins.de/archiv/2013/
      grenzen/der-falsche-indikator/ (letzter Zugriff: 2.2.2018).

132   Vgl. dazu: Werner Vontobel: Der falsche Indikator, Brand Eins, 3/2013,
      online verfügbar unter URL: https://www.brandeins. de/archiv/2013/
      grenzen/der-falsche-indikator/ (letzter Zugriff: 2.2.2018).

133   Vgl. dazu folgende Meldung von SZ-Online, online verfügbar unter URL:
      http://www.sueddeutsche.de/politik/niedriglohn-jeder-fuenfte-verdient-
      weniger-als-zehn-euro-pro-stunde-1.3289868 (letzter Zugriff: 7.7.2017).

134 Vgl. zur Studie der Hans-Böckler-Stiftung online unter der folgenden URL: https://www.boeckler.de/cps/rde/xchg/hbs/hs.xsl/106575_ 110740.htm (letzter Zugriff: 13.09.2017).

135 Vgl. dazu die Meldung der BAG Wohnungshilfe e.V., online verfügbar unter URL: http://www.bagw.de/de/neues~147.html, und vgl. Lukas Koschnitzke: 860.000 Menschen in Deutschland haben keine Wohnung, Zeit Online, 14.11.2017, online verfügbar unter URL: http://www.zeit.de/gesellschaft/ zeitgeschehen/2017-11/wohnungslosigkeit-obdachlose-fluechtlinge-armut (letzter Zugriff: 14.11.2017).

136 Andreas Nölke: Linkspopulär. Vorwärts handeln, statt rückwärts denken, 2017, München, S. 20.

137 Vgl. Andreas Nölke: Linkspopulär. Vorwärts handeln, statt rückwärts denken, 2017, München, S. 20 f.

138 Vgl. dazu unter dem folgenden Link der Tagesschau: https://www.tagesschau.de/inland/altersarmut-101.html, siehe auch dazu meinen Text über den Neoliberalismus und Altersarmut beim Online-Magazin Carta: http://www.carta.info/81583/altersarmut-die-rente-und-der-neoliberalismus/ (letzter Zugriff: 15.11.2017).

139 Siehe dazu zur Studie der Bertelsmann-Stiftung online unter der folgenden URL: https://www.bertelsmann-stiftung.de/fileadmin/files/BSt/ Publikationen/GrauePublikationen/Entwicklung_der_Altersarmut_bis_ 2036.pdf, vgl. dazu Jens Eberl für die Tagesschau, online verfügbar unter URL: http://www.tagesschau.de/inland/altersarmut-115.html (letzter Zugriff: 15.11.2017).

140 Vgl. dazu den Rentenreport der ARD online unter URL: http://www.tagesschau.de/inland/ard-rentenreport-101.html (letzter Zugriff: 15.11.2017).

141 Vgl. dazu: https://www.boeckler.de/cps/rde/xchg/hbs/hs.xsl/63056_ 67576.htm (letzter Zugriff: 7.7.2017).

142 Vgl. dazu die folgende Pressemitteilung von der Hans-Böckler-Stiftung, online verfügbar unter URL: http://www.spiegel.de/wirtschaft/unternehmen/ unternehmen/deutsche-bank-zahlt-mitarbeitern-hohe-gehaelter-trotz-rekordverlust-a-1081827.html (letzter Zugriff: 7.7.2017).

143 Stefan Kaiser: Warum die Deutsche Bank die Boni vervierfacht, Spiegel Online, vom 16.3.2018, online verfügbar unter URL: http://www.spiegel.de/ wirtschaft/unternehmen/deutsche-bank-vervierfacht-die-boni-a-11983 18.html (letzter Zugriff: 16.3.2018).

144 Vgl. dazu die Kurzfassung der Studie von Stefan Bach, Martin Beznoska und Viktor Steiner für den DIW-Wochenbericht: Wer trägt die Steuerlast in Deutschland? Steuerbelastung nur schwach progressiv, DIW-Wochenbericht, Nr.51/52, 2016, online verfügbar unter URL: https://www.diw.de/ documents/publikationen/73/diw_01.c.549401.de/ 16-51-1.pdf, siehe auch die komplette Studie, online verfügbar unter URL: https://www.diw.de/documents/publikationen/73/diw_01.c.542120.de/ diwkompakt_2016-114.pdf (letzter Zugriff: 1.11.2017).

145 Vgl. dazu: Nils Heisterhagen: Die Reichensteuer ist der eigentliche Spitzen-steuersatz, Carta, vom 5.1.2016, online verfügbar unter URL:

http://www.carta.info/79571/die-reichensteuer-ist-der-eigentliche-spitzensteuersatz/ (letzter Zugriff: 1.11.2017).

146   Vgl. dazu den Hintergrund von Zeit Online zum Steuerkonzept der SPD, online verfügbar unter URL: http://www.zeit.de/news/2017-06/19/ steuern-das-steuerkonzept-der-spd-19202006 (letzter Zugriff: 1.11.2017).

147   Stefan Bach, Martin Beznoska, Viktor Steiner: Wer trägt die Steuerlast in Deutschland? Verteilungswirkungen des deutschen Steuer- und Transfersystems, 2016, Berlin, online verfügbar unter URL: https://www.diw.de/ documents/publikationen/73/diw_01.c.542120.de/diwkompakt_2016-114.pdf (letzter Zugriff: 1.11.2017).

148   Mein Kommentar zu den Panama-Papers ist beim Debattenmagazin The European zu lesen. Vgl. Nils Heisterhagen: Postdemokratie und die Panama-Papers, online verfügbar unter URL: http://www.theeuropean.de/nils-heisterhagen--2/10857-postdemokratie-und-die-panama-papers (letzter Zugriff: 7.11.2017).

149   Vgl. Jakob Augstein: Zur Hölle mit den Reichen, Spiegel Online, 6.11.2017, online verfügbar unter URL: http://www.spiegel.de/politik/deutschland/paradise-papers-zur-hoelle-mit-den-reichen-kolumne-a-1176640.html (letzter Zugriff: 7.11.2017).

150   Vgl. ebenda.

151   Oliver Nachtwey: Die Abstiegsgesellschaft. Über das Aufbegehren in der regressiven Moderne, 2016, Berlin.

152   Vgl. die Studie »Generation Mitte«; verfügbar online unter URL: http://www.gdv.de/2016/09/generation-mitte-2016-die-studienergebnisse-im-ueberblick/ (letzter Zugriff: 7.7.2017).

153   Vgl. dazu »Volkes Stimme. Gesellschaft im Wandel« von Institut für Demoskopie Allensbach, in FAZ, Nr. 27, vom 9. Juli 2017, S. 19.

154   Vgl. Oxfam: An Economy for the 99%, verfügbar online unter URL: https://www.oxfam.de/system/files/sperrfrist_20170116-0101_economy-99-percent_report.pdf)letzter Zugriff: 7.7.2017).

155   Siehe dazu Böckler Impuls, 7/2017, S. 7. und OECD: In It Together – Why Less Inequality Benefits All, 2015.

156   Vgl. Markus M. Grabka und Christian Westermeier: »Anhaltend hohe Vermögensungleichheit in Deutschland«, in: DIW Wochenbericht, 9/2014, S. 151-164.

157   Siehe dazu die folgende Meldung von Spiegel Online: http://www.spiegel.de/wirtschaft/service/schuldneratlas-jeder-zehnte-erwachsene-gilt-als-ueberschuldet-a-1177268.html (letzter Zugriff: 10.11.2017).

158   Vgl. dazu: Colin Crouch: Das befremdliche Überleben des Neoliberalismus. Postdemokratie II, 2011, Berlin.

159   Wolfgang Streeck: Gekaufte Zeit. Die vertagte Krise des demokratischen Kapitalismus, 2016, Berlin, S. 110.

160   Vgl. ebenda: S. 8.

161   Vgl. dazu auch meinen Text: Krasse Lohnunterschiede müssen abgeschafft werden, Wirtschaftswoche, 9.September 2014, online verfügbar unter URL: http://www.wiwo.de/politik/deutschland/nachfrage-ankurbeln-krasse-lohnunterschiede-muessen-abgeschafft-werden/10675410.html (letzter Zugriff: 10.11.2017).

162 Wolfgang Streeck: Gekaufte Zeit. Die vertagte Krise des demokratischen
Kapitalismus, 2016, Berlin, S. 120.
163 Colin Crouch: Postdemokratie, 2008, Bonn.
164 Vgl. dazu: Wolfgang Streeck: Merkel. Ein Rückblick, Frankfurter Allgemeine
Zeitung, vom 16.11.2017.
165 Vgl. OECD: In It Together. Why less Ineuquality benefits all, 2015.
166 Vgl. Böckler Impuls, 7/2017, S. 7. Die Berechnung bezieht sich auf das Jahr
2010.
167 Siehe dazu: Stefan Bach/ Andreas Thiemann/Aline Zucco: Looking for the
Missing Rich: Tracing the Top Tail of the Wealth Distribution, Discussion
Paper DIW, 2018, Berlin, siehe auch: Florian Diekmann: 45 Deutsche besitzen so viel wie die Hälfte der Bevölkerung, Spiegel Online, vom 23.1.2018,
online verfügbar unter URL: http://www.spiegel.de/wirtschaft/soziales/
vermoegen-45-superreiche-besitzen-so-viel-wie-die-halbe-deutsche-
bevoelkerung-a-1189111.html (letzter Zugriff: 23.1.2018).
168 Vgl. Böckler Impuls, 7/2017, S. 7. Die Berechnung bezieht sich auf das Jahr
2014.
169 Vgl. Böckler Impuls, 5/2017, S. 6.
170 Vgl. Nils Heisterhagen: Der Kapitalismus muss sozial werden, in: Frankfurter
Rundschau, vom 1.3.2017, online verfügbar unter URL: http://www.fr.de/
politik/meinung/gastbeitraege/soziale-marktwirtschaft-der-kapitalismus-
muss-sozial-werden-a-1039802 (letzter Zugriff: 16.10.2017).
171 Ann-Katrin Müller und Alexander Neubacher. Die Chancenlüge, in »Der
Spiegel«, 20/2015, verfügbar online unter URL: http://www.spiegel.de/
spiegel/print/d-134878987.html (letzter Zugriff: 7.7.2017).
172 Vgl. dazu unter dem folgenden Text: Hat Georg Picht recht behalten?, verfügbar auf Zeit Online: http://www.zeit.de/2014/06/bildungskatastrophe-
these-georg-picht (letzter Zugriff: 7.7.2017).
173 Diesen Absatz habe ich aus meinem Text »Wissen ist Freiheit« für das Debattenmagazin »The European« vom 25. April 2015, übernommen. Vgl. den
Text online unter URL: http://www.theeuropean.de/nils-heisterhagen--
2/10034-zur-notwendigkeit-einer-neuen-bildungsexpansion (letzter
Zugriff: 7.7.2017).
174 Vgl. dazu OECD: Bildung auf einen Blick 2017. Ländernotiz Deutschland,
online verfügbar unter URL: http://www.oecd.org/berlin/publikationen/
bildung-auf-einen-blick.htm (letzter Zugriff: 24.10.2017).
175 Vgl. dazu OECD: Bildung auf einen Blick 2014. Ländernotiz Deutschland,
online verfügbar unter URL: http://www.oecd.org/berlin/publikationen/
bildung-auf-einen-blick-2014-deutschland.pdf (letzter Zugriff: 7.7.2017).
176 Vgl. Schnitzlein, Daniel D.: Wenig Chancengleichheit in Deutschland: Familienhintergrund prägt eigenen ökonomischen Erfolg, in: DIW Wochenbericht, 4/2013, S. 3-9, online verfügbar unter URL: http://www.diw.de/
documents/publikationen/73/diw_01.c.414563.de/13-4.pdf (letzter Zugriff: 7.7.2017).
177 Vgl. dazu die Studie von Klaus Klemm, online einsehbar unter URL:
http://www.dgb.de/themen/++co++b61391ac-964e-11e4-ad67-
52540023ef1a (letzter Zugriff: 7.7.2017).

178 Vgl. die Pressemitteilung für Deutschland für die OECD Studie »Bildung auf einen Blick 2017«, online verfügbar unter URL: http://www.oecd.org/berlin/presse/attraktivitaet-der-hochschulausbildung-weiter-ungebrochen-wirtschaftlicher-vorteil-variiert-aber-nach-studienrichtung-12092017.htm (letzter Zugriff: 24.10.2017).

179 Diesen Absatz habe ich weitestgehend aus meinem Text »Wir brauchen einen Befähigungsstaat« für das Debattenmagazin The European vom 31. März 2016 übernommen. Der Text ist online verfügbar unter URL: http://www.theeuropean.de/nils-heisterhagen--2/10839-neue-idee-vom-staat (letzter Zugriff: 7.7.2017).

180 Vgl. dazu: Böckler Impuls, 3/2017, S. 1.

181 Vgl. dazu meinen Text »Deutschland ist eine Feudalgesellschaft« (zusammen mit Fedor Ruhose) für Tagesspiegel Causa vom 25. August 2016, online verfügbar unter URL: https://causa.tagesspiegel.de/gesellschaft/gibt-es-eine-krise-der-freiheit/deutschland-ist-eine-feudalgesellschaft.html (letzter Zugriff: 7.7.2017).

182 Vgl. dazu meinen Text: »Wir brauchen einen Befähigungsstaat« für das Debattenmagazin The European vom 31. März 2016. Der Text ist online verfügbar unter URL: http://www.theeuropean.de/nils-heisterhagen--2/10839-neue-idee-vom-staat (letzter Zugriff: 7.7.2017).

183 Vgl. dazu diese Meldung von Spiegel Online: http://www.spiegel.de/lebenundlernen/schule/deutschland-bildungsniveau-an-grundschulen-bundesweit-gesunken-a-1172601.html (letzter Zugriff: 16.10.2017).

184 Siehe zu Amartya Sen:
1. Amartya Sen: Inequality Reexamined, 1992, Oxford.
2. Amartya Sen: Ökonomie für den Menschen. Wege zu Gerechtigkeit und Solidarität in der Marktwirtschaft, 2000, München.

185 Vgl. Marion Schmidt: Out of Gröpelingen, Die Zeit, Nr. 39/2014, verfügbar online unter URL: http://www.zeit.de/2014/39/harvard-studium-migrationshintergrund (letzter Zugriff: 7.7.2017).

186 Vgl. dazu Böckler Impuls, 4/2017, S. 3.

187 Vgl. dazu: Institut der deutschen Wirtschaft Köln: MINT-Frühjahrsreport 2017, online verfügbar unter URL: https://www.iwkoeln.de/studien/gutachten/beitrag/christina-anger-oliver-koppel-axel-pluennecke-mint-fruehjahrsreport-2017-339805 (letzter Zugriff: 7.7.2017).

188 Vgl. dazu: Institut der deutschen Wirtschaft Köln: MINT-Frühjahrsreport 2016, online verfügbar unter URL: https://www.iwkoeln.de/studien/gutachten/beitrag/christina-anger-oliver-koppel-axel-pluennecke-mint-fruehjahrsreport-2016-285906 (letzter Zugriff: 7.7.2017).

189 Vgl. dazu die folgende Meldung von Zeit Online: http://www.zeit.de/wirtschaft/unternehmen/2017-08/arbeitsmarkt-offene-stellen-hoechststand (letzter Zugriff:. 8.8.2017).

190 Vgl. dazu die Meldung von Zeit Online: Zahl der offenen Stellen auf Höchststand, online verfügbar unter URL: http://www.zeit.de/wirtschaft/unternehmen/2018-03/arbeitsmarkt-offene-stellen-baubranche-verarbeitendes-gewerbe (letzter Zugriff: 19.3.2018).

191 Vgl. dazu die folgenden online verfügbaren Berichte: http://www.zeit.de/
     wirtschaft/2017-06/oecd-einkommensgefaelle-ungleichheit-gesellschaft-
     spaltung und http://www.sueddeutsche.de/wirtschaft/oecd-zu-sozialer-
     ungleichheit-je-ungleicher-desto-aermer-1.2488493 (letzter Zugriff:
     7.7.2017).

192 Vgl. dazu die Meldung von SZ-Online, online verfügbar unter URL:
     http://www.sueddeutsche.de/wirtschaft/lohnquote-arbeiter-bekommen-
     immer-weniger-von-der-wirtschaftsleistung-1.3459282 (letzter Zugriff:
     7.7.2017).

193 Vgl. dazu die Meldung von Zeit Online, online verfügbar unter URL:
     http://www.zeit.de/wirtschaft/2017-05/internationaler-
     waehrungsfonds-deutschland-vermoegensabgabe-ungleichheit (letzter
     Zugriff: 7.7.2017).

194 Vgl. OECD: In It Together – Why Less Inequality Benefits All, 2015, und
     Böckler Impuls, 8/2017, S. 3.

195 Siehe dazu: Hanne Albig et al.: Wie steigende Einkommensungleichheit das
     Wirtschaftswachstum in Deutschland beeinflusst, in: DIW Wochenbericht,
     10/2017, S. 159-168.

196 Vgl. OECD: In It Together – Why Less Inequality Benefits All, und
     http://www.sueddeutsche.de/wirtschaft/oecd-zu-sozialer-ungleichheit-
     je-ungleicher-desto-aermer-1.2488493 (letzter Zugriff: 7.7.2017).

197 Diesen Absatz habe ich weitestgehend aus meinem Text »Wachstum durch
     Umverteilung« beim Magazin Carta vom 27. Mai 2015 übernommen, ver-
     fügbar online unter URL: http://www.carta.info/78621/wachstum-
     durch-umverteilung/ (letzter Zugriff: 7.7.2017).

198 Vgl. dazu Nils Heisterhagen/Dirk Jörke: Die SPD muss nach links – und sich
     wieder was trauen, Tagesspiegel Online, vom 21.11.2017, online verfügbar
     unter URL: http://www.tagesspiegel.de/politik/gegen-eine-grosse-
     koalition-die-spd-muss-nach-links-und-sich-wieder-was-trauen/
     20609360.html (letzter Zugriff: 22.11.2017).

199 Vgl. dazu: Harald Schumann: Wer rettet die Globalisierung?, Tagesspiegel
     Online vom 20. April 2008, online verfügbar unter URL:
     http://www.tagesspiegel.de/kultur/soziale-ungerechtigkeit-wer-rettet-
     die-globalisierung/1215670.html (letzter Zugriff: 7.7.2017).

200 Vgl. dazu: Harald Schumann: Wer rettet die Globalisierung?, Tagesspiegel
     Online vom 20. April 2008, online verfügbar unter URL:
     http://www.tagesspiegel.de/kultur/soziale-ungerechtigkeit-wer-rettet-
     die-globalisierung/1215670.html (letzter Zugriff: 7.7.2017).

201 Siehe dazu das Titelthema »Der Zeit« am 8. Juni 2017, Ausgabe 24, »Der
     Präsident der Reichen«.

202 Vgl. dazu online unter den folgenden URLs:
     http://www.spiegel.de/wirtschaft/soziales/us-steuerkonzept-sieht-
     deutlich-geringere-firmensteuern-vor-a-1176228.html, und
     http://www.faz.net/aktuell/wirtschaft/republikaner-legen-entwurf-fuer-
     grosse-steuerreform-vor-15274480.html (letzter Zugriff: 6.11.2017).

203 Robert Pfaller: Erwachsenensprache. Über ihr Verschwinden aus Politik und
     Kultur, 2018, Frankfurt am Main, S. 68.

204 Guillaume Paoli: Die lange Nacht der Metamorphose. Über die Gentrifizierung der Kultur, 2017, Berlin. S. 47, Hervorhe-bung im Original.

205 Vgl. dazu Kai Diekmann, Jörg Quoos, Frank Zauritz im Interview mit Gerhard Schröder: Warum braucht man zum Regieren BILD, BamS und Glotze, Herr Schröder? Bild, online verfügbar unter URL: http://www.bild.de/news/topics/60-jahre-bild/interview-mit-gerhard-schroeder-24636504.bild.html (letzter Zugriff: 14.2.2018).

206 Siehe dazu Nils Heisterhagen: Existenzieller Republikanismus. Ein Plädoyer für Freiheit, 2017, Bielefeld.

207 Vgl. zu dieser Formulierung den Teaser des Gesprächs von Martin Machowecz mit Neo Rauch: Meister der hocherotischen Zone, Die Zeit, Nr. 38/2017.

208 Vgl. dazu auch meinen Text (zusammen mit Alexander Schweitzer): Moralpredigten werden das Problem nicht lösen, Tagesspiegel Causa vom 10. Oktober 2016, online verfügbar unter URL: https://causa.tagesspiegel.de/politik/afd-waehler-herausforderung-fuer-die-politik/moralpredigten-werden-das-problem-nicht-loesennbsp.html (letzter Zugriff: 7.7.2017).

209 Caspar Hirschi: Die Hasser und die Heuchler, Neue Zürcher Zeitung, vom 19. Juni 2017, verfügbar online unter URL: https://www.nzz.ch/feuilleton/populismus-die-hasser-und-die-heuchler-ld.1300867 (letzter Zugriff: 7.7.2017).

210 Caspar Hirschi: Die Hasser und die Heuchler, Neue Zürcher Zeitung, vom 19. Juni 2017, verfügbar online unter URL: https://www.nzz.ch/feuilleton/populismus-die-hasser-und-die-heuchler-ld.1300867 (letzter Zugriff: 7.7.2017).

211 Luboš Blaha: John Lennon ist tot, in: Internationale Politik und Gesellschaft, vom 3. Juli 2017, online verfügbar unter URL: http://www.ipg-journal.de/schwerpunkt-des-monats/migration-und-die-linke-in-europa/artikel/detail/john-lennon-ist-tot-2142/ (letzter Zugriff: 7.7.2017).

212 Luboš Blaha: John Lennon ist tot, in: Internationale Politik und Gesellschaft, vom 3. Juli 2017, online verfügbar unter URL: http://www.ipg-journal.de/schwerpunkt-des-monats/migration-und-die-linke-in-europa/artikel/detail/john-lennon-ist-tot-2142/ (letzter Zugriff: 7.7.2017).

213 Luboš Blaha: John Lennon ist tot, in: Internationale Politik und Gesellschaft, vom 3. Juli 2017, online verfügbar unter URL: http://www.ipg-journal.de/schwerpunkt-des-monats/migration-und-die-linke-in-europa/artikel/detail/john-lennon-ist-tot-2142/ (letzter Zugriff: 7.7.2017).

214 Vgl. Wolfgang Merkel: Bruchlinien Kosmopolitismus, Kommunitarismus und die Demokratie, in: WZB-Mitteilungen, Heft 154, 2016, S. 11-14.

215 Luboš Blaha: John Lennon ist tot, in: Internationale Politik und Gesellschaft, vom 3. Juli 2017, online verfügbar unter URL: http://www.ipg-journal.de/schwerpunkt-des-monats/migration-und-die-linke-in-europa/artikel/detail/john-lennon-ist-tot-2142/(letzter Zugriff: 7.7.2017).

216 Siehe dazu: Wolfgang Streeck: Die Wiederkehr der Verdrängten als Anfang vom Ende des neoliberalen Kapitalismus, in: Geiselberger, Heinrich (Hrsg.): Die große Regression. Eine internationale Debatte über die geistige Situation der Zeit, 2017, Berlin, S. 266.

217 Vgl. dazu Nils Heisterhagen/Dirk Jörke: Die SPD muss nach links – und sich wieder was trauen, Tagesspiegel Online, vom 21.11.2017, online verfügbar unter URL: http://www.tagesspiegel.de/politik/gegen-eine-grosse-koalition-die-spd-muss-nach-links-und-sich-wieder-was-trauen/20609360.html (letzter Zugriff: 22.11.2017).

218 Siehe dazu auch die Forderung von Olaf Scholz von Anfang November 2017, wo er einen Mindestlohn von 12 Euro gefordert hat. Es war und ist gerade das Problem, dass zu wenige in der Sozialdemokratie zu derart »linken« Forderungen bereit zu sein schienen und scheinen. Olaf Scholz ist selbst lange bekannt gewesen für einen Art Mitte-Sozialliberalismus. Insofern überrascht sein Vorstoß hier schon. Solche Forderungen müssen aber nicht nur ernst gemeint sein, sondern sie sollten vielmehr eingebettet sein in einen neuen linken Realismus. Der Mindestlohn muss steigen. Das darf aber nicht nur die einzige Maßnahme bleiben, sondern es braucht einen grundsätzlichen Kurswechsel weg von dieser liberalen Selbstzufriedenheit, gerade auch der Mittelinks-Parteien, zu einem neuen linken Realismus mit existenzialistischem Ernst. Pragmatismus reicht nicht. Ist vielmehr das Problem. Es braucht vielmehr einen neuen linken Realismus, der zugleich mit einem neuen linken Idealismus verknüpft ist und dieser Idealismus eine Anti-Postdemokratie-Politik und eine Anti-Postmoderne-Politik ist. Vgl. zu Scholz die folgende Meldung von Spiegel Online: http://www.spiegel.de/politik/deutschland/olaf-scholz-spd-vize-will-mindestlohn-auf-12-euro-anheben-a-1176319.html (letzter Zugriff: 6.11.2017).

219 Vgl. dazu Nils Heisterhagen/Dirk Jörke: Die SPD muss nach links – und sich wieder was trauen, Tagesspiegel Online, vom 21.11.2017, online verfügbar unter URL: http://www.tagesspiegel.de/politik/gegen-eine-grosse-koalition-die-spd-muss-nach-links-und-sich-wieder-was-trauen/20609360.html (letzter Zugriff: 22.11.2017).

220 Nils Heisterhagen: Existenzieller Republikanismus. Ein Plädoyer für Freiheit, 2017, Bielefeld.

221 Bernd Ulrich: Das soll links sein?, in: Die Zeit, Nr.18, S. 1.

222 Vgl. Wolfgang Merkel: Bruchlinien Kosmopolitismus, Kommunitarismus und die Demokratie, in: WZB-Mitteilungen, Heft 154, 2016, S. 11-14.

223 Vgl. dazu: Behörden entdecken Sozialbetrug, WAZ, vom 8. Juli 2017, verfügbar online unter URL: https://www.waz.de/staedte/gelsenkirchen/behoerden-entdecken-sozialbetrug-id211171801.html (letzter Zugriff: 7.7.2017).

224 Nikos Kimerlis: Das sind Gelsenkirchens schlimmste Ecken, Der Westen, vom 16. Februar 2016, verfügbar online unter URL: https://www.derwesten.de/staedte/gelsenkirchen/das-sind-gelsenkirchens-schlimmste-ecken-id11566149.html (letzter Zugriff: 7.7.2017).

225 Vgl. dazu: Herbert Brücker: Der Sozialbetrug ist ein Mythos, Zeit Online, vom 29. August 2014, verfügbar online unter URL: http://www.zeit.de/wirtschaft/2014-08/migration-armutszuwanderung-bulgarien-rumaenien (letzter Zugriff: 7.7.2017).

226 Vgl. dazu online unter: https://www.offenedaten-koeln.de/dataset/5e9810de-68a6-4dd6-a25c-d4b213ca095c/resource/cdf98b07-f615-45b5-97cb-d7961f1eac6a#{} (letzter Zugriff: 7.7.2017).

227 Wolfgang Streeck: Auf der Suche nach der Zusatzbevölkerung, Die Zeit, 39/2017, online verfügbar unter URL: http://www.zeit.de/2017/39/ einwanderung-immigration-bevoelkerung-nutzen (letzter Zugriff: 26.9.2017).

228 Martin Klingst/ Sascha Venohr: Wie kriminell sind Flüchtlinge?, Zeit Online, vom 19. April 2017, online verfügbar unter URL: http://www.zeit.de/ 2017/17/kriminalitaet-fluechtlinge-zunahme-gewalttaten-statistik (letzter Zugriff: 7.7.2017).

229 Vgl. ebenda.

230 Jannes Jacobsen/Philipp Eisnecker/Jürgen Schupp: Rund ein Drittel der Menschen in Deutschland spendete 2016 für Geflüchtete, zehn Prozent halfen vor Ort – immer mehr äußern aber auch Sorgen, in: DIW Wochenbericht, 17/2017, S. 347-358.

231 Vgl. das Interview von Sven Astheimer mit Ruud Koopmans »Die meisten Menschen wollen unbequeme Fakten nicht hören« für die FAZ vom 29. April 2016, online verfügbar unter URL: http://m.faz.net/aktuell/wirtschaft/ migrationsforscher-koopmans-haelt-multikulti-fuer-fatal-14202950.amp. html (letzter Zugriff: 7.7.2017).

232 Gerald Wagner: Eisberg in der Wohlfühlzone, FAZ Online, vom 27. Juli 2016, verfügbar online unter URL: http://m.faz.net/aktuell/feuilleton/ debatten/berliner-studenten-werfen-ruud-koopmans-nationalismus-vor-14357049.amp.html (letzter Zugriff: 7.7.2017).

233 Vgl. dazu das Interview zwischen Houssam Hamade und Nancy Fraser für die TAZ, vom 2. Mai 2017, online verfügbar unter URL: http://www.taz.de/!5402332/ (letzter Zugriff: 7.7.2017).

234 Andreas Cassee: Globale Bewegungsfreiheit. Ein philosophisches Plädoyer für offene Grenzen, 2016, Berlin, S. 18.

235 Andreas Cassee: Globale Bewegungsfreiheit. Ein philosophisches Plädoyer für offene Grenzen, 2016, Berlin, S. 18.

236 Vgl. dazu Andrea Bachstein: 60 Millionen Flüchtlinge – und es werden noch mehr, Süddeutsche Zeitung, vom 3. Januar 2016, verfügbar online unter URL: http://www.sueddeutsche.de/politik/fluechtlinge-millionen-und-mehr-1.2800802 (letzter Zugriff: 7. Juli 2017). Und: Andrea Bachstein: UNHCR-Bericht: 65 Millionen Menschen auf der Flucht, Süddeutsche Zeitung, 20. Juni 2016, verfügbar online unter URL: http://www.sueddeutsche.de/politik/vereinte-nationen-unhcr-bericht-millionen-menschen-auf-der-flucht-1.3040976 (letzter Zugriff: 7.7.2017).

237 Gunnar Heinsohn: Warum Syrer Deutschland nie mehr Deutschland verlassen werden, Die Welt, vom 16. Oktober 2016, online verfügbar unter URL: https://amp.welt.de/amp/debatte/kommentare/article158803570/ Warum-Syrer-nie-mehr-Deutschland-verlassen-werden.html (letzter Zugriff: 7.7.2017).

238 Siehe dazu Nils Heisterhagen: Existenzieller Republikanismus. Ein Plädoyer für Freiheit, 2017, Bielefeld.

239 Nils Heisterhagen: German Dream – die Flüchtlinge und wir, The European, vom 31.1.2016, online verfügbar unter URL: http://www.theeuropean.de/nils-heisterhagen--2/10701-loesungen-der-fluechtlingskrise (letzter Zugriff: 22.9.2017).

240 Vgl. dazu die Meldung von Spiegel Online: http://www.spiegel.de/politik/
      deutschland/statistisches-bundesamt-1-6-millionen-menschen-suchen-
      schutz-in-deutschland-a-1176137.html (letzter Zugriff: 2.11.2017).
241 Vgl. dazu den Text von Bartek Langer: Die schaffen das, Spiegel Online,
      1.11.2017, online verfügbar unter URL: http://www.spiegel.de/wirtschaft/
      soziales/fluechtlinge-auf-dem-arbeitsmarkt-die-schaffen-das-a-1122717.
      html (letzter Zugriff: 2.11.2017).
242 Vgl. dazu die folgende Meldung von Zeit Online: http://www.zeit.de/
      politik/deutschland/2017-12/integration-fluechtlinge-arbeitsmarkt-
      kommunen (letzter Zugriff: 7.1.2018).
243 Diesen Absatz habe ich weitestgehend aus meinem Text »Wissen ist Frei-
      heit« beim Debattenmagazin TheEuropean übernommen. Der Text ist onli-
      ne verfügbar unter URL: http://www.theeuropean.de/nils-heisterhagen--
      2/10034-zur-notwendigkeit-einer-neuen-bildungsexpansion (letzter
      Zugriff: 7.7.2017).
244 Vgl. dazu meine Texte beim Handelsblatt »Industrie 4.0 ist Deutschlands
      Chance für die Zukunft, Handelsblatt«, (zusammen mit Dominic Schwickert),
      vom 10. Oktober 2014, verfügbar unter URL: http://www.handelsblatt.com/
      technik/das-technologie-update/energie/gastbeitrag-industrie-4-0-ist-
      deutschlands-chance-fuer-die-zukunft/10822390-all.html, und meinen
      Text beim Debattenmagazin The European »Die politische Dimension von
      Industrie 4.0« vom 2. Mai 2015, verfügbar unter URL:
      http://www.theeuropean.de/nils-heisterhagen--2/10035-die-politische-
      dimension-von-industrie-40 (letzter Zugriff: 7.7.2017).
245 Siehe dazu: Boston Consulting Group, Industry 4.0: The Future of Produc-
      tivity and Growth in Manufacturing Industries, 2015, online verfügbar un-
      ter URL: https://www.bcgperspectives. com/content/articles/engineered_
      products_project_business_industry_40_future_productivity_growth_
      manufacturing_industries/, siehe auch dazu auch unter den folgenden
      Links: http://www.wiwo.de/erfolg/management/boston-consulting-
      group-390-000-neue-jobs-durch-industrie-4-0/11145102.html, und:
      https://www.bvmw.de/nc/homeseiten/news/artikel/studie-deutscher-
      arbeitsmarkt-profitiert-von-positiven-effekten-durch-industrie-40.html
      (letzter Zugriff: 7.7.2017).
246 Vgl. Bitkom: Industrie 4.0 – Volkswirtschaftliches Potenzial für Deutsch-
      land, 2014, online verfügbar unter URL: letzter Zugriff: 7.7.2017.
      https://www.bitkom.org/Bitkom/Publikationen/Industrie-40-
      Volkswirtschaftliches-Potenzial-fuer-Deutschland.html (letzter Zugriff:
      7.7.2017).
247 Carl Benedikt Frey/Michael A. Osborne: The Future of Employment: How
      Susceptible are Jobs to Computerization?, 2013, Oxford, verfügbar online
      unter URL: https://www.oxfordmartin.ox.ac.uk/downloads/academic/
      The_Future_of_Employment.pdf (letzter Zugriff: 7.7.2017).
248 Vgl. Kurzexpertise Nr. 57: Übertragung der Studie Frey/Osborne (2013) auf
      Deutschland, 2015, Mannheim.
249 Vgl. World Economic Forum: The Future of Jobs. Employment, Skills and
      Workforce Strategy for the Fourth Industrial Revolution, 2016.

250   Katharina Dengler/Britta Matthes: Weniger Berufsbilder halten mit der
      Digitalisierung Schritt, IAB Kurzbericht, 4/2018, online verfügbar unter
      URL: http://www.iab.de/194/section.aspx/Publikation/k180213301
      (letzter Zugriff: 16.2.2018).
251   Vgl. dazu: Julia Löhr: Digitalisierung zerstört 3,4 Millionen Stellen, FAZ.net,
      online verfügbar unter URL: http://www.faz.net/aktuell/wirtschaft/
      diginomics/digitalisierung-wird-jeden-zehnten-die-arbeit-kosten-
      15428341.html (letzter Zugriff: 16.2.2018).
252   Vgl. dazu auch: Hartmut Hirsch-Kreinsen: Einleitung: Digitalisierung indus-
      trieller Arbeit, in: Hartmut Hirsch-Kreinsen/Peter Ittermann/Jonathan
      Niehaus (Hrsg.): Digitalisierung industrieller Arbeit. Die Vision Industrie
      4.0 und ihre sozialen Herausforderungen, 2015, Baden-Baden, S. 9-30.
253   Vgl. Arnold Picot/ Rahild Neuburger: Arbeit in der digitalen Welt Zusammen-
      fassung der Ergebnisse der AG 1-Projektgruppe anlässlich der IT-Gipfelpro-
      zesse 2013 und 2014, 2014, online verfügbar unter URL:
      https://www.muenchner-kreis.de/veroeffentlichungen.html (letzter
      Zugriff: 7.7.2017).
254   Vgl. OECD Employment Outlook 2017, online verfügbar unter URL:
      http://www.oecd.org/berlin/publikationen/employment-outlook-
      2017.htm (letzter Zugriff: 7.7.2017).
255   Occupational change and wage inequality: European Jobs Monitor 2017,
      2017, Luxemburg, online verfügbar unter URL:
      https://www.eurofound.europa.eu/sites/default/files/ef_publication/
      field_ef_document/ef1710en.pdf (letzter Zugriff: 2.2.2018).
256   Maarten Goos/Alan Manning: Lousy and Lovely Jobs: The Rising Polariza-
      tion of work in Britain, in: The Review of Economics and Statistics, 89 (1),
      2007, S. 118-133, online verfügbar unter URL:
      https://www.dropbox.com/s/wsbfmkxh42glc8m/restat07.pdf?dl=0
      (letzter Zugriff: 25.1.2018).
257   Andreas Reckwitz: Die Gesellschaft der Singularitäten, 2017, Berlin, S. 282.
258   Carl Benedikt Frey: Und Tschüss, Mitarbeiter, Die Zeit, Nr.5/2018, S. 21f.
259   Carl Benedikt Frey: Und Tschüss, Mitarbeiter, Die Zeit, Nr.5/2018, S. 21f.
260   Siehe dazu auch: Nils Heisterhagen: Sicherheit durch Wandel, Frankfurter
      Hefte, 1/2, 2016, S. 66-69.
261   Vgl. Yuval Noah Harari: Homo Deus. Eine Geschichte von Morgen, 2017,
      München, S. 430-442.
262   Vgl. Christoph Keese: Silicon Valley: Was aus dem mächtigsten Tal der Welt
      auf uns zukommt, 2014, München, S. 102.
263   Vgl. hierzu: Peter Müller/ Christian Reiermann: Merkel sieht schwarz für
      deutsche Autoindustrie, Spiegel Online vom 7. Juli 2017, online verfügbar
      unter URL: http://www.spiegel.de/wirtschaft/angela-merkel-sieht-
      schwarz-fuer-deutsche-autoindustrie-a-1156453.html (letzter Zugriff:
      7.7.2017).
264   Siehe den Text von Michael Kröger für Spiegel Online: Die Angst vor dem
      Jobkahlschlag,
      http://www.spiegel.de/wirtschaft/unternehmen/autoindustrie-die-
      grosse-angst-vor-dem-grossen-jobkahlschlag-a-1172464.html (letzter
      Zugriff: 19.10.2017).

265 Siehe dazu den Text von Ralph Diermann für die Süddeutsche Zeitung: Dem Wasserstoffantrieb gehört die Zukunft, online verfügbar unter URL: http://www.sueddeutsche.de/auto/elektromobilitaet-dem-wasserstoffantrieb-gehoert-die-zukunft-1.2998696 (letzter Zugriff: 19.10.2017).

266 Yuval Noah Harari: Homo Deus. Eine Geschichte von Morgen, 2017, München, S. 301ff.

267 Siehe zu Albert Camus: Albert Camus: Der Mythos des Sisyphos, 2017, Reinbek bei Hamburg. Und: Albert Camus: Der Fremde, 2010, Reinbek bei Hamburg. Und: Albert Camus: Die Pest, 2009, Reinbek bei Hamburg.

268 Siehe zum Fehlzeiten-Report 2017 die Pressemeldung des Wissenschaftlichen Instituts der AOK. Online verfügbar unter URL: https://www.wido.de/aktuelles/aktuell/meldungakt/artikel/lebenskrisen-beeintraechtigen-die-berufstaetigkeit-erheblich.html (letzter Zugriff: 14.9.2017).

269 Siehe dazu die Meldung im Wirtschaftsteil der Frankfurter Allgemeinen Zeitung am 23. Februar 2018.

270 Vgl. Heinz Bude: Gesellschaft der Angst, 2015, Bonn. Und: Alain Ehrenberg: Das erschöpfte Selbst. Depression und Gesellschaft in der Gegenwart, 2004, Frankfurt am Main.

271 Heinz Bude: Gesellschaft der Angst, 2015, Bonn, S. 10.

272 Michio Kaku: Die Physik der Zukunft. Unser Leben in 100 Jahren, 2013, Reinbek bei Hamburg.

273 Michio Kaku: Die Physik der Zukunft. Unser Leben in 100 Jahren, 2013, Reinbek bei Hamburg, S. 188.

274 Vgl. Michio Kaku: Die Physik der Zukunft. Unser Leben in 100 Jahren, 2013, Reinbek bei Hamburg, S. 277-288.

275 Yuval Noah Harari: Homo Deus. Eine Geschichte von Morgen, 2017, München, S. 39.

276 Yuval Noah Harari: Homo Deus. Eine Geschichte von Morgen, 2017, München, S. 39.

277 Yuval Noah Harari: Homo Deus. Eine Geschichte von Morgen, 2017, München, S. 36.

278 Yuval Noah Harari: Homo Deus. Eine Geschichte von Morgen, 2017, München, S. 44

279 Jürgen Habermas: Ein Bewußtsein von dem, was fehlt, in: Michael Reder/ Josef Schmidt (Hrsg.): Ein Bewußtsein von dem, was fehlt. Eine Diskussion mit Jürgen Habermas, 2008, Frankfurt am Main.

280 Vgl. dazu: Judith Butler/Sabine Hark: Die Verleumdung, Die Zeit, Nr. 32/ 2017, online verfügbar unter URL: http://www.zeit.de/2017/32/gender-studies-feminismus-emma-beissreflex, und Alice Schwarzer: Der Rufmord, Die Zeit 33/2017, online verfügbar unter URL: http://www.zeit.de/ 2017/33/gender-studies-judith-butler-emma-rassismus (letzter Zugriff: 22.8.2017).

281 Alice Schwarzer (Hrsg.): Der Schock. Die Silvesternacht von Köln, 2016, Köln.

282 Simone de Beauvoir: Das andere Geschlecht. Sitte und Sexus der Frau, 2017, Hamburg.

283 Vgl. dazu: Nils Heisterhagen: Wie wir unsere Zeit wiederfinden, Wirtschaftswoche, vom 23. August 2017, online verfügbar unter URL: http://www.wiwo.de/erfolg/beruf/arbeitszeitmodelle-wie-wir-unsere-zeit-wiederfinden/10616716.html (letzter Zugriff: 22.8.2017).

284 Vgl. dazu: Mark Lilla: Die Linke hat sich selbst zerstört, NZZ, vom 17. August 2017, online verfügbar unter URL: https://www.nzz.ch/feuilleton/identitaetspolitik-die-linke-hat-sich-selbst-zerstoert-ld.1311079 (letzter Zugriff: 22.8.2017).

285 Siehe zu diesem und dem folgenden Absatz auch meinen Text »Schluss mit der Vielfaltseuphorie« bei Tagesspiegel Causa. Online verfügbar unter URL: https://causa.tagesspiegel.de/gesellschaft/wie-nuetzlich-ist-eine-leitkultur-debatte/schluss-mit-der-vielfaltseuphorie.html (letzter Zugriff: 18.9.2017).

286 Vgl. zu Hayek:
1. Friedrich August von Hayek: Der Weg zur Knechtschaft, 1953, Erlenbach-Zürich.
2. Friedrich August von Hayek: Die Verfassung der Freiheit, 2005, Tübingen.
3. Christoph Zeitler: Spontane Ordnung, Freiheit und Recht. Zur politischen Philosophie von Friedrich A. von Hayek, 1995, Frankfurt am Main.

287 Siehe dazu: Nils Heisterhagen: Kritik der Postmoderne. Warum der Relativismus nicht das letzte Wort hat, 2017, Wiesbaden und Nils Heisterhagen: Existenzieller Republikanismus. Ein Plädoyer für Freiheit, 2017, Bielefeld.

288 Vgl. dazu die Meldung von Zeit Online: http://www.zeit.de/news/2017-08/01/gesellschaft-europa-gefaelle-je-noerdlicher-desto-mehr-single-haushalte-01145202 (letzter Zugriff: 3.8.2017).

289 Siehe dazu auch meinen Text beim politischen Magazin »Cicero«: »Durch den Markt erodiert das Familienmodell«, Cicero, vom 13. Dezember 2013, online verfügbar unter URL: http://cicero.de/wirtschaft/liebe-familien-der-kapitalismus-erschwert-die-familiengruendung/56611(letzter Zugriff: 3.8.2017).

290 Michael Nast: Generation Beziehungsunfähig, 2016, Hamburg.

291 Vgl. ebenda.

292 Diesen Absatz habe ich weitestgehend aus meiner Rezension von Michael Nasts Buch beim Debattenmagazin »The European« übernommen. Vergleiche dazu online unter folgender URL: http://www.theeuropean.de/nils-heisterhagen--2/10862-ueber-die-liebe (letzter Zugriff: 3.8.2017).

293 Siehe dazu die Aussage von Heike Trappe in meinen Text beim politischen Magazin »Cicero«: »Durch den Markt erodiert das Familienmodell«, Cicero, vom 13. Dezember 2013, online verfügbar unter URL: http://cicero.de/wirtschaft/liebe-familien-der-kapitalismus-erschwert-die-familiengruendung/56611(letzter Zugriff: 3.8.2017).

294 Diesen Absatz habe ich weitestgehend aus meinem Text beim politischen Magazin »Cicero« übernommen: »Durch den Markt erodiert das Familienmodell«, Cicero, vom 13. Dezember 2013, online verfügbar unter URL: http://cicero.de/wirtschaft/liebe-familien-der-kapitalismus-erschwert-die-familiengruendung/56611 (letzter Zugriff: 3.8.2017).

295 Vgl. Karl Jaspers: Philosophie II. Existenzerhellung, 1973, Berlin/Heidelberg/New York, S. 65.

296 Siehe dazu auch meinen Text »Eine Wahlarbeitszeit erhöht die Freiheit« im Debattenmagazin »TheEuropean«, vom 18. Juni 2016, online verfügbar unter URL: http://www.theeuropean.de/nils-heisterhagen--2/11058-arbeitszeitpolitik (letzter Zugriff: 3.8.2017).

297 Vgl. Karl Jaspers: Philosophie II. Existenzerhellung, 1973, Berlin/Heidelberg/New York, S. 65.

298 Vgl. Jürgen Habermas: Theorie des kommunikativen Handelns. Band 1 Handlungsrationalität und gesellschaftliche Rationalisierung, 2014, Frankfurt am Main, S. 52 f..

299 Siehe dazu auch: Nils Heisterhagen: Existenzieller Republikanismus. Ein Plädoyer für Freiheit, 2017, Bielefeld.

300 Vgl. den Bericht auf FAZ-Online, vom 17. Juni 2017: http://www.faz.net/aktuell/finanzen/f-a-s-exklusiv-goldman-sachs-will-zahl-der-banker-in-frankfurt-verdoppeln-15065071.html (letzter Zugriff: 7.7.2017).

301 Bernd Ulrich: Das soll links sein?, in: Die Zeit, Nr.18, S. 1.

302 Vgl. dazu Nils Heisterhagen/Dirk Jörke: Die SPD muss nach links – und sich wieder was trauen, Tagesspiegel Online, vom 21.11.2017, online verfügbar unter URL: http://www.tagesspiegel.de/politik/gegen-eine-grosse-koalition-die-spd-muss-nach-links-und-sich-wieder-was-trauen/20609360.html (letzter Zugriff: 22.11.2017).

303 Vgl. dazu ebenso Nils Heisterhagen/Dirk Jörke: Die SPD muss nach links – und sich wieder was trauen, Tagesspiegel Online, vom 21.11.2017, online verfügbar unter URL: http://www.tagesspiegel.de/politik/gegen-eine-grosse-koalition-die-spd-muss-nach-links-und-sich-wieder-was-trauen/20609360.html (letzter Zugriff: 22.11.2017).

304 Siehe dazu: Nils Heisterhagen: Existenzieller Republikanismus. Ein Plädoyer für Freiheit, 2017, Bielefeld.

305 Nils Heisterhagen: Kritik der Postmoderne. Warum der Relativismus nicht das letzte Wort hat, 2017, Wiesbaden.

306 Willy Brandt: Die Abschiedsrede, 1987, Berlin.

307 Willy Brandt: Im Zweifel für die Freiheit. Reden zur sozialdemokratischen und deutschen Geschichte, hrsg. und eingeleitet von Klaus Schönhoven, 2012, Bonn, S. 576.

308 Vgl. dazu das Interview zwischen Houssam Hamade und Nancy Fraser für die TAZ, vom 2. Mai 2017, online verfügbar unter URL: http://www.taz.de/!5402332/ (letzter Zugriff: 7.7.2017).

309 Vgl. dazu: Winfried Kretschmann: Schluss mit dem Moralisieren, Die Zeit, 42/2016, verfügbar online unter URL: http://www.zeit.de/2016/42/die-gruenen-kritik-winfried-kretschmann-afd-aufstieg (letzter Zugriff: 7.7.2017).

310 Vgl. dazu: Steven Geyer: »Die Krise ist keine Naturgewalt«, Frankfurter Rundschau Online, vom 12. April 2010, verfügbar online unter URL: http://www.fr.de/wirtschaft/bankentribunal-die-krise-ist-keine-naturgewalt-a-1041459 (letzter Zugriff: 7.7.2017).

311 Vgl. dazu unter den beiden Links: http://www.berliner-kurier.de/berlin/kiez---stadt/gleichberechtigungs-pissoirs-geplant-senat-will-frauen-im-klo-stehen-lassen-28114052, und http://www.bz-berlin.de/berlin/kolumne/senat-fordert-urinal-ein-fuer-frauen-weil-das-pissoir-ungerecht-ist,

siehe dazu auch das Konzept selbst unter: https://www.berlin.de/senuvk/
verkehr/toilettenkonzept/download/toilettenkonzept.pdf
(letzter Zugriff: 4.8.2017).

312 Vgl. dazu das Postscriptum der Dezember-Ausgabe 2017 des »Cicero« von
Alexander Marguier, das mit »SPD« überschrieben war und wo Marguier forderte, dass die SPD die postmodernen Spielereien jetzt endlich mal lassen
sollte.

313 Vgl. dazu die Meldung der Berliner Morgenpost, online verfügbar unter
URL: https://www.morgenpost.de/vermischtes/article212489851/
Jusos-wollen-gute-Pornos-auf-ARD-und-ZDF-einfuehren.html (letzter
Zugriff: 23.11.2017).

314 Marie-Sophie Adeoso: Streit um »Mohren«-Apotheke muss sein, Frankfurter Rundschau online, vom 24.1.2018, online verfügbar unter URL:
http://www.fr.de/frankfurt/rassismus-streit-um-mohren-apotheke-
muss-sein-a-1433135 (letzter Zugriff: 24.1.2018).

315 Peter Godazgar: Politische Korrektheit: Dürfen Mohren-Apotheken Mohren-Apotheken heißen?, Mitteldeutsche Zeitung, vom 6.6.2016, online
verfügbar unter URL: https://www.mz-web.de/halle-saale/politische-
korrektheit-duerfen-mohren-apotheken-mohren-apotheken-heissen—
24178258 (letzter Zugriff: 24.1.2018).

316 Friederike Milbradt: Deutschlandkarte: Mohren-Apotheke, Zeit Magazin,
Nr. 21/2016, online verfügbar unter URL: http://www.zeit.de/zeit-
magazin/2016/21/mohren-apotheke-deutschlandkarte (letzter Zugriff:
24.1.2018).

317 Siehe dazu die Meldung von Spiegel Online zur Causa, online verfügbar
unter URL: http://www.spiegel.de/lebenundlernen/uni/berlin-alice-
salomon-hochschule-laesst-gomringer-gedicht-entfernen-a-1189437.
html (letzter Zugriff: 23.1.2018).

318 Vgl. dazu Paul Bartmuß et al.: Was Anhänger von AfD und Linke eint, Zeit
Online, vom 30. Juli 2017, online verfügbar unter URL:
http://www.zeit.de/politik/deutschland/2017-07/afd-linke-rechts-
links-waehler-gemeinsamkeiten#recherche-leben-in-deutschland-3-tab
(letzter Zugriff: 1.8.2017).

319 Vgl. dazu Nils Heisterhagen/Dirk Jörke: Die SPD muss nach links – und sich
wieder was trauen, Tagesspiegel Online, vom 21.11.2017, online verfügbar
unter URL: http://www.tagesspiegel.de/politik/gegen-eine-grosse-
koalition-die-spd-muss-nach-links-und-sich-wieder-was-trauen/
20609360.html (letzter Zugriff: 22.11.2017).

320 Siehe dazu einen Text von mir in der FAZ: Linker Realismus oder Wo es brodelt, riecht und stinkt, Frankfurter Allgemeine Zeitung, vom 20.11.2017.

321 Siehe dazu einen Text von mir in der FAZ: Linker Realismus oder Wo es brodelt, riecht und stinkt, Frankfurter Allgemeine Zeitung, vom 20.11.2017.

322 Manfred Geis/Gerhard Nestler: Die pfälzische Sozialdemokratie. Beiträge zu
ihrer Geschichte von den Anfängen bis 1948/49, 1999, Edenkoben.

323 Vgl. dazu meinen Text »Aufmerksamkeit ist die stärkste Droge unserer Zeit«,
beim Online-Magazin Carta, vom 10.11.2015, online verfügbar unter URL:
http://www.carta.info/79352/aufmerksamkeit-ist-die-staerkste-droge-
unserer-zeit/ (letzter Zugriff: 27.10.2017).

324 Erik Klär, Fabian Lindner, Kenan Šehovic: Investition in die Zukunft? Zur Entwicklung des deutschen Auslandsvermö-gens, Wirtschaftsdienst, 3/2013, S. 196, online verfügbar unter URL: https://archiv.wirtschaftsdienst.eu/jahr/2013/3/investition-in-die-zukunft-zur-entwicklung-des-deutschen-auslandsvermoegens/ (letzter Zugriff: 14.2.2018).

325 Heike Joebges: Zur Problematik der deutschen Leistungsbilanzüberschüsse, Wiso direkt der Friedrich-Ebert-Stiftung, 2014, Bonn, S. 4.

326 Was bedeutet diese These und stimmt sie überhaupt? Fließt also überhaupt deutsches Kapital ab? Man könnte sagen, dass diese These, die in diesem Satz erscheint, im Sinne der – neoklassischen – Loanable-Funds-Theorie ist. Der Ökonom Fabian Lindner vom IMK erläutert diese wie folgt: »Danach sei ein Leistungsbilanzüberschuss ein ›Nettokapitalexport‹, mit dem ein Land, das mehr spart als investiert, sein knappes Kapital über den internationalen Kapitalmarkt anderen verleihe. Umgekehrt könnten Länder nur dann ein Leistungsbilanzdefizit realisieren, wenn sie vorher ›Kapital importiert‹ hätten.« Er nennt etwa den ehemaligen Vorsitzenden der US-Zentralbank, Ben Bernanke, als Vertreter dieser Theorie. In diesem Zusammenhang kritisiert er auch Bernankes These der globalen Ersparnisschwemme, wonach die USA durch geringe Ersparnisbildung auf ausländische Ersparnis angewiesen sind und diese Ersparnisschwemme als Mitauslöser der US-Immobilienkrise angesehen werden müsse. Das kritisiert er, weil ein Kreditangebot niemals durch Ersparnis limitiert sei, sondern die Ersparnis oft durch den Kredit. Krediterzeugung sei eine reine Finanztransaktion, der keine Ersparnis vorausgehe. Womit sich mir die Frage stellt, welche Position ich hier eigentlich habe? Bei Hans-Werner Sinn klingt es ähnlich wie bei mir. Der schrieb 2010 über die »Euro-Krise«, dass Deutschland seine Ersparnisse exportierte und sie dann als Kredite für die inländische Wirtschaft fehlten. Er kritisierte also den Abfluss des deutschen Sparkapitals ins Ausland. Wenn man das weiterführt, kann man Sinn die Ansicht unterstellen (was Fabian Lindner tut), dass Sinn glaubt, dass Defizitländer im Euroraum durch die deutsche Überschüsse Kredite erhalten. Diese Ansicht kritisiert Lindner wiederum. So dürfe man »Nettokapitalexport« nicht denken. Genaugenommen fließe Kapital nämlich nicht ab. Deutschland verkauft seine Waren und kriegt dafür mehr Geld. Egal ob Sinn oder Lindner nun Recht haben, was ich mit dem Satz deutlich machen wollte, war zu sagen, dass »Überschusskapital« (tun wir für den Moment so, als gäbe es das) in Deutschland reinvestiert werden sollte und die Löhne steigen sollten, um die Binnennachfrage zu stärken. Sicher man müsste sich zunächst darüber verständigen, ob es überhaupt Überschusskapital gibt – rein definitorisch. Der Satz war also weniger analytisch, sondern mehr normativ gemeint. Er verlangt eine Umkehr der Wirtschaftspolitik. Wie diese Reinvestition des Überschusskapitals in Deutschland gelingen kann, dazu haben Sinn und Lindner wahrscheinlich unterschiedliche Meinungen. Und die Frage steht im Raum, was die »Politik« überhaupt tun kann, um Überschusskapital im Land zu halten. Hat sie darauf überhaupt Einfluss? Und wenn ja, wie? Es wäre gut, wenn diese Frage breit öffentlich diskutiert werden würde. Die eigentliche Frage bei der Frage nach mehr Investitionen ist die Nachfrage-Seite. Das Ifo-Institut sagt regelmäßig, dass es keine Kre-

ditklemme gibt. Die deutschen Unternehmen kriegen also genug Kredite. Aber sie wollen eher nicht investieren. Die Frage ist also: Warum wollen sie nicht? Hans-Werner Sinn müsste sich also nicht darüber beschweren, dass Sparkapital ins Ausland abfließt, und deswegen hierzulande nicht investiert wird. Sinn müsste nur mal bei seinen eigenen Leuten beim Ifo-Institut nachfragen. Insofern wäre Fabian Lindner und Gustav Horn zuzustimmen: »Weder kann Ersparnis irgendwie durch Nettokapitalexport abfließen, noch sind Kredite auf die laufende Ersparnis limitiert. Die Ausländer nehmen uns nicht die Kredite weg – sie kaufen vielmehr deutsche Waren und schaffen dadurch Einkommen und Beschäftigung im Inland.« Der Punkt, den Sinn dennoch zu haben scheint, ist die Frage, was denn eigentlich mit dem ganzen Geld passiert, welches die deutsche Exportindustrie »verdient«? Warum landet das nicht in Re-Investitionen in Deutschland? Geht da doch Geld ins Ausland? Aber wie? Und warum? Das ist eine gute Frage. Denn der Status quo erscheint mir doch sehr ineffizient für Deutschland zu sein. Generell wäre es gut, wenn in der Öffentlichkeit wieder mehr ökonomisch debattiert wird. Auch und gerade über solche komplexen Fragen. Man muss es der deut-schen Öffentlichkeit zumuten dürfen, komplexe Sachverhalte in öffentlichen Arenen zu diskutieren. Wenn man das hingegen nicht tut, bleibt nur noch eine Weltbildpolitik übrig, in der man lediglich normativ über Werte und Weltbilder spricht (Bist du bei uns oder bei denen?). Es ist aber wichtig, dass man über die Realität spricht, über die globale Ökonomie, und was hier wirklich der Wirklichkeit entspricht – und was man verändern und wie man das tun soll. Zu den Quellenverweisen: Fabian Lindner: Was sind Nettokapitalexporte? Sechs Bedeutungen von Kapital und eine große Verwirrung, in: Reimund Mink und Klaus Voy: Die gesamtwirtschaftliche Finanzierungsrechnung. Revision und Anwendung in ökonomischen Analysen, 2017, Marburg, S. 195-223. Siehe auch: Fabian Lindner: Haben die knappen Weltersparnisse die US-Immobilienblase finanziert? Bemerkungen zur »Global Saving Glut«-These aus saldenmechanischer Sicht, in: Wirtschaft und Gesellschaft, 1/2014, Wien, S. 33-61. Gustav Horn und Fabian Lindner: Die Mär vom deutschen Kapitalabfluss/Rettung Griechenlands, Föhrenbergkreis Finanzwirtschaft, 2011, online verfügbar unter URL: https://fbkfinanzwirtschaft.wordpress. com/ 2011/05/24/die-mar-vom-deutschen-kapitalabfluss/ (letzter Zugriff: 16.2.2018). Hans-Werner Sinn: Euro-Krise, ifo-Schnelldienst, 10/2010, München.

327   Andreas Reckwitz: Die Gesellschaft der Singularitäten, 2017, Berlin, S. 374.
328   Vgl. dazu: Werner Vontobel: Der falsche Indikator, Brand Eins, 3/2013, online verfügbar unter URL: https://www.brandeins.de/archiv/2013/ grenzen/der-falsche-indikator/ (letzter Zugriff: 2.2.2018).
329   Andreas Reckwitz: Die Gesellschaft der Singularitäten, 2017, Berlin, S. 374.
330   Vgl. Yanis Varoufakis: Das Euro-Paradox, 2016, München, S. 179 ff.
331   Siehe zur Kritik an einer Souveränitätstransfer-Euphorie meinen gemeinsam mit Dirk Jörke verfassten Text »Wiedergewinnung des Wirklichen«, für den »Freitag«, vom 27.1.2018, online verfügbar unter URL: https://www.freitag.de/autoren/der-freitag/wiedergewinnung-des-wirklichen-1 (letzter Zugriff: 29.1.2018).

332   Siehe zur Kritik an einer Souveränitätstransfer-Euphorie meinen gemeinsam
      mit Dirk Jörke verfassten Text »Wiedergewinnung des Wirklichen«, für den
      »Freitag«, vom 27.1.2018, online verfügbar unter URL:
      https://www.freitag.de/autoren/der-freitag/wiedergewinnung-des-
      wirklichen-1 (letzter Zugriff: 29.1.2018).
333   Wolfgang Schröter: Das große Schuldendilemma, Zeit Online, vom 3. März
      2015, online verfügbar unter URL: http://www.zeit.de/wirtschaft/2015-
      03/finanzkrise-schulden-wolfgang-schroeter-schulden-bumerang/
      komplettansicht (letzter Zugriff: 22.1.2018).
334   Vgl. zum FAZ-Beitrag die FAZ vom 26. Januar 2017 (online verfügbar unter
      dieser URL: http://plus. faz.net/feuilleton/2017-01-26/was-die-linken-
      jetzt-tun-muessen/313561.html. Für den Text bei Zeit Online vgl. unter
      folgender URL: http://www.zeit.de/politik/deutschland/2017-02/ sozi-
      aldemokratie-martin-schulz-spd-kanzlerkandidat, und für den Text beim
      »Vorwärts« unter dem folgenden Link: https://www.vorwaerts.de/artikel/
      linken-parteien-soziale-frage-stellen (letzter Zugriff: 10.10.2017).
335   Vgl. hierzu die Antwort von Dirk Jörke und mir auf die fünf Repliken bei der
      TAZ. Einsehbar online unter folgender URL:
      http://www.taz.de/!5398684/ (letzter Zugriff: 10.10.2017).
336   Frank Nullmeier: Once upon a time in the west, Soziopolis, vom 18.12.2017,
      online verfügbar unter URL: https://soziopolis.de/lesen/buecher/artikel/
      once-upon-a-time-in-the-west/#_ftnref9 (letzter Zugriff: 21.2.2018). Sie-
      he auch den FAZ-Text von mir: Linker Realismus oder Wo es brodelt, riecht
      und stinkt, Frankfurter Allgemeine Zeitung, vom 20.11.2017.
337   Vgl. ebenda.
338   Siehe dazu meinen Text »Schluss mit der Vielfaltseuphorie« für Tagesspiegel
      Causa. Online verfügbar unter URL: https://causa.tagesspiegel.de/
      gesellschaft/wie-nuetzlich-ist-eine-leitkultur-debatte/schluss-mit-der-
      vielfaltseuphorie.html (letzter Zugriff: 10.10.2017).
339   In die gleiche Kerbe wie die Texte bei FAZ und TAZ schlug auch ein Text für
      den Tagesspiegel: Nils Heisterhagen/Dirk Jörke: Die SPD muss nach links –
      und sich wieder was trauen, Tagesspiegel Online, vom 21.11.2017, online
      verfügbar unter URL: http://www.tagesspiegel.de/politik/gegen-eine-
      grosse-koalition-die-spd-muss-nach-links-und-sich-wieder-was-trauen/
      20609360.html (letzter Zugriff: 22.11.2017).
340   Siehe dazu den Artikel von Wolfgang Streeck in der »Zeit«: Auf der Suche
      nach der Zusatzbevölkerung, Die Zeit, 39/2017, online verfügbar unter
      URL: http://www.zeit.de/2017/39/einwanderung-immigration-
      bevoelkerung-nutzen (letzter Zugriff: 11.10.2017).
341   In die gleiche Kerbe schlug auch ein Text für den Tagesspiegel: Nils Heister-
      hagen/Dirk Jörke: Die SPD muss nach links – und sich wieder was trauen,
      Tagesspiegel Online, vom 21.11.2017, online verfügbar unter URL:
      http://www.tagesspiegel.de/politik/gegen-eine-grosse-koalition-die-spd-
      muss-nach-links-und-sich-wieder-was-trauen/20609360.html (letzter
      Zugriff: 22.11.2017).
342   Siehe dazu auch meinen Text zusammen mit Alexander Schweitzer bei
      Tagesspiegel Causa: Moralpredigten werden das Problem nicht lösen, vom
      10. Oktober 2016, online verfügbar unter URL:

https://causa.tagesspiegel.de/politik/afd-waehler-herausforderung-fuer-die-politik/moralpredigten-werden-das-problem-nicht-loesennbsp.html (letzter Zugriff: 11.10.2017).

343 Vgl. hierzu die Antwort von Dirk Jörke und mir auf die fünf Repliken auf unseren FAZ-Text bei der TAZ. Einsehbar online unter folgender URL: http://www.taz.de/!5398684/ (letzter Zugriff: 11.1.2018).

344 Lars Weisbrod im Interview mit Mark Lilla: »Die wollen deine Seele«, Die Zeit, Nr.3/2018.

345 Vgl. Philipp Oehmke: Politik des Narzissmus, Der Spiegel, 3/2018.

346 Andreas Reckwitz: Die Gesellschaft der Singularitäten, 2017, Berlin, S. 24.

347 Ernst-Wolfgang Böckenförde: Recht, Staat, Freiheit. Studien zur Rechtsphilosophie, Staatstheorie und Verfassungsgeschichte, 1991, Frankfurt am Main, S. 112.

348 Lars Weisbrod im Interview mit Mark Lilla: »Die wollen deine Seele«, Die Zeit, Nr. 3/2018.

349 Lars Weisbrod im Interview mit Mark Lilla: »Die wollen deine Seele«, Die Zeit, Nr. 3/2018.

350 Vgl. Philipp Oehmke: Politik des Narzissmus, Der Spiegel, 3/2018.

351 Lars Weisbrod im Interview mit Mark Lilla: »Die wollen deine Seele«, Die Zeit, Nr. 3/2018.

352 Vgl. Jürgen Habermas: Theorie des kommunikativen Handelns. Band 1. Handlungsrationalität und gesellschaftliche Rationalisierung, 2014, Frankfurt am Main, S. 52 f..

353 Vgl. Naomi Klein: Die Entscheidung. Kapitalismus vs. Klima, 2016, Frankfurt am Main.

354 Vgl. dazu: Frauke Steffens: Legt sich Trump mit der Pharmabranche an?, Frankfurter Allgemeine Zeitung, vom 28.10.2017, online verfügbar unter URL: http://www.faz.net/aktuell/politik/trumps-praesidentschaft/wie-weit-geht-donald-trumps-kampf-gegen-die-drogenkrise-in-amerika-15267548.html, vgl. auch: Hubert Wetzel: Drogen sind die neue Pest der USA, Süddeutsche Zeitung, vom 4. August 2017, online verfügbar unter URL: http://www.sueddeutsche.de/politik/usa-drogen-sind-die-neue-pest-der-usa-1.3614996 (letzter Zugriff: 30.10.2017).

355 Vgl. dazu: Nils Heisterhagen: Die Wassermelonen-Partei, in: The European, vom 2.7.2015, online verfügbar unter URL: http://www.theeuropean.de/nils-heisterhagen--2/10345-die-gruenen-und-ihr-wahrer-kern (letzter Zugriff: 30.10.2017).

356 Robert Pfaller: Erwachsenensprache. Über ihr Verschwinden aus Politik und Kultur, 2018, Frankfurt am Main, S. 67.

357 Thorsten Jungholt: Zwei Grüne haben eine Leitidee für Jamaika, Die Welt online, vom 16.11.2017, online verfügbar unter URL: https://www.welt.de/politik/deutschland/article170681687/Zwei-Gruene-haben-eine-Leitidee-fuer-Jamaika.html (letzter Zugriff: 26.1.2018).

358 Siehe dazu Ralf Fücks: Grüner New Deal, Frankfurter Allgemeine Zeitung, vom 27.4.2016, online verfügbar unter URL: http://www.faz.net/aktuell/politik/zerfaellt-europa/zerfaellt-europa-7-gruener-new-deal-14183782.html (letzter Zugriff: 26.1.2018). Siehe auch: Ralf Fücks: Intelligent wachsen. Die grüne Revolution – Zwölf Thesen, Heinrich-Böll-Stiftung, vom 13.

März 2013, online verfügbar unter URL: https://www.boell.de/de/node/
277145 (letzter Zugriff: 26.1.2018).

359 Siehe zur Postwachstumsdebatte einen älteren Text von mir bei der »Wirtschaftswoche«: Wachstums-Debatte braucht neue Richtung, Wirtschaftswoche, vom 12. August 2014, online verfügbar unter URL:
http://www.wiwo.de/politik/konjunktur/kapitalismus-in-der-kritik-
wachstums-debatte-braucht-neue-richtung/10317670.html, und siehe zu
Niko Paech einen Text aus der »Zeit« von Georg Etscheit: Aufklärung 2.0,
Die Zeit, 49/2012, online verfügbar unter URL: http://www.zeit.de/
2012/49/Wachstumskritiker-Oekonom-Niko-Paech (letzter Zugriff:
26.1.2018).

360 Vgl. dazu den Beitrag »Die Schuld der liberalen Eliten« von Helmut Däuble
bei der TAZ vom 14. Februar 2017, verfügbar online unter URL:
http://www.taz.de/!5384227/ (letzter Zugriff: 7.7.2017).

361 Uwe Jean Heuser: Die Verlockung, Die Zeit, 27/2016, online verfügbar
unter URL: http://www.zeit.de/2016/27/populismus-kapitalismus-
niall-ferguson (letzter Zugriff: 2.8.2017).

362 Willy Brandt: Im Zweifel für die Freiheit. Reden zur sozialdemokratischen
und deutschen Geschichte, hrsg. und eingeleitet von Klaus Schönhoven,
2012, Bonn.

363 Elisabeth Raether: Was macht die Autoritären so stark? Unsere Arroganz,
Die Zeit, 33/2016, online verfügbar unter URL: http://www.zeit.de/
2016/33/demokratie-klassenduenkel-rassismus-populismus (letzter
Zugriff: 1.8. 2017).

364 Vgl. dazu Nils Heisterhagen/Dirk Jörke: Die SPD muss nach links – und sich
wieder was trauen, Tagesspiegel Online, vom 21.11.2017, online verfügbar
unter URL: http://www.tagesspiegel.de/politik/gegen-eine-grosse-
koalition-die-spd-muss-nach-links-und-sich-wieder-was-trauen/
20609360.html (letzter Zugriff: 22.11.2017).

365 Siehe dazu Nils Heisterhagen: Existenzieller Republikanismus. Ein Plädoyer
für Freiheit, 2017, Bielefeld.

366 Vgl. das Gespräch von Martin Machowecz mit Neo Rauch: Meister der hocherotischen Zone, Die Zeit, Nr. 38/2017.

367 Jan Fleischhauer: Warum die Linke den Kampf gegen rechts verliert, Spiegel
Online, vom 25.1.2018, online verfügbar unter URL:
http://www.spiegel.de/politik/deutschland/warum-die-linke-den-
kampf-gegen-rechts-verliert-kolumne-a-1189790.html (letzter Zugriff:
29.1.2018).

368 Jan Fleischhauer: Warum die Linke den Kampf gegen rechts verliert, Spiegel
Online, vom 25.1.2018, online verfügbar unter URL:
http://www.spiegel.de/politik/deutschland/warum-die-linke-den-
kampf-gegen-rechts-verliert-kolumne-a-1189790.html (letzter Zugriff:
29.1.2018).

369 Reden über #MeToo, Zeit Online, vom 23.12.2017, online verfügbar unter
URL: http://www.zeit.de/kultur/2017-12/sexismusdebatte-metoo-
feminismus/komplettansicht (letzter Zugriff: 29.1.2018).

370 In meinem 2017 im Transcript-Verlag (Bielefeld) erschienenen Buch »Existenzieller Republikanismus. Ein Plädoyer für Freiheit« forderte ich selbst

mehr Pädagogik und Paternalismus. Wie kommt dieser rousseauische Move nun zu Stande, sich über die »postmoderne Pädagogik« einer liberal-postmodernen Identitätspolitik zu beschweren, und dann selber mehr Pädagogik zu fordern? Müsste ich nicht eher liberal, ja libertär argumentieren, etwa so wie Ulf Poschardt, wenn mich die »postmoderne Pädagogik« nervt? Nun, der Grund, warum ich selbst Pädagogik für wichtig halte, ist ein platonischer Grund und steht im völligen Gegensatz zu der Liberalisierungs-Pädagogik der Postmoderne. Ich glaube, dass Platon darin Recht hatte, dass wenn man einen »idealen Staat« schaffen will, die Erziehungsinstitutionen dafür eine wichtige und tragende Rolle spielen. Ich glaube, dass diese Erziehungsinstitutionen die Menschen zu verantwortungsvollen, sich ihren Pflichten als Staatsbürger bewussten, sich als ihren Rechten, aber auch ihren Pflichten bewussten Menschen, erzogen werden sollen. Sie sollen sich um ihr Gemeinwesen kümmern und sorgen. Das ist republikanische Erziehung. Eine liberal-postmoderne Erziehung hingegen, ruft nur zu Unabhängigkeit, Befreiung, und Selbstverwirklichung auf. »Sei du selbst« und »Mach dein Ding«, aber um das Gemeinwesen brauchst du dich nicht sorgen und kümmern. Schaue nur auf dich selbst und dein Glück. Diese individualistische und selbstzentrierte Erziehung halte ich für falsch. Ich will nicht, dass junge Menschen zu Egoisten erzogen werden. Ich halte das für zersetzend für das Gemeinwesen. Republikanische Erziehung hingegen, die versucht den jungen Menschen deutlich zu machen, dass sie Verantwortung für die Welt und ihr Gemeinwesen haben, diese Erziehung halte ich für richtig. »Amor Mundi« muss der Leitgedanke der politischen und ethischen Erziehung in den Schulen sein und eben gerade nicht Befreiung und Selbstverwirklichung. Ich will, dass Citoyens erzogen werden und eben keine »idiotes« (also nur auf sich selbst bezogene, egoistische Privatbürger).

371 Vgl. Friedrich Nietzsche: Die Geburt der Tragödie aus dem Geiste der Musik oder Griechentum und Pessimismus, in: ders: Gesammelte Werke, 2005, Bindlach, S. 7-112.

372 Vgl. dazu unter der folgenden URL: http://www.focus.de/panorama/welt/selbstliebe-ueber-sixpacks-fitness-bloggerin-entsagt-dem-fitnesswahn_id_7600875.html (letzter Zugriff. 20.9.2017).

373 Vgl. dazu meinen Text »Aufmerksamkeit ist die stärkste Droge unserer Zeit«, beim Online-Magazin Carta, vom 10.11.2015, online verfügbar unter URL: http://www.carta.info/79352/aufmerksamkeit-ist-die-staerkste-droge-unserer-zeit/ (letzter Zugriff: 27.10.2017).

374 Andreas Reckwitz: Die Gesellschaft der Singularitäten, 2017, Berlin, S. 9.f, Hervorhebung im Original.

375 Vgl. dazu: Jean-Francois Lyotard: Das postmoderne Wissen. Ein Bericht, 1994, Wien. Und Jean-Francois Lyotard: Der Widerstreit, 1987, München.

376 Andreas Reckwitz: Die Gesellschaft der Singularitäten, 2017, Berlin, S. 11, Hervorhebung im Original.

377 Hier danke ich dem Zeit-Journalisten Thomas Assheuer für die Kritik an der Überhöhung von Lyotard.

378 Andreas Reckwitz: Die Gesellschaft der Singularitäten, 2017, Berlin, S. 10.

379 Ebenda.

380 Siehe zu meiner Kritik an der Postmoderne und dem Pragmatismus Angela Merkels: Nils Heisterhagen: Kritik der Postmoderne. Warum der Relativismus nicht das letzte Wort hat, 2017, Wiesbaden.

381 Nils Heisterhagen: Warum die linken Parteien die soziale Frage wieder stellen müssen, Vorwärts, vom 31. März 2017, online verfügbar unter URL: https://www.vorwaerts.de/artikel/linken-parteien-soziale-frage-stellen (letzter Zugriff: 27.10.2017).

382 Vgl. auch einen gemeinsamen Text mit Dirk Jörke für den Tagesspiegel: Nils Heisterhagen/Dirk Jörke: Die SPD muss nach links – und sich wieder was trauen, Tagesspiegel Online, vom 21.11.2017, online verfügbar unter URL: http://www.tagesspiegel.de/politik/gegen-eine-grosse-koalition-die-spd-muss-nach-links-und-sich-wieder-was-trauen/20609360.html (letzter Zugriff: 22.11.2017).

383 Vgl. zu Hayek:
1. Friedrich August von Hayek: Der Weg zur Knechtschaft, 1953, Erlenbach-Zürich.
2. Friedrich August von Hayek: Die Verfassung der Freiheit, 2005, Tübingen.
3. Christoph Zeitler: Spontane Ordnung, Freiheit und Recht. Zur politischen Philosophie von Friedrich A. von Hayek, 1995, Frankfurt am Main.

384 Vgl. Chantal Mouffe: Über das Politische. Wider die kosmopolitische Illusion, 2007, Frankfurt am Main.

385 Siehe dazu die folgenden Texte von mir: Heidegger und die Linken (Link: http://www.theeuropean.de/nils-heisterhagen--2/10872-der-philosoph-martin-heidegger-und-seine-exegeten). Wir müssen im Gespräch bleiben (Link: http://www.theeuropean.de/nils-heisterhagen--2/10755-politische-debattenkultur-braucht-erneuerung), Ein neuer politischer Manichäismus greift um sich (Link: http://www.theeuropean.de/nils-heisterhagen--2/10840-ueber-wut-und-wut-philosophie), Der Streit um den Konsens (http://www.carta.info/77277/der-streit-um-den-konsens/), Mehr Konsens wagen (zusammen mit Fedor Ruhose, Link: http://www.zeit.de/politik/deutschland/2016-06/demokratie-konsens-streit-dialog-populismus), Zeit der Uneinigkeit (Link: http://de.theeuropean.eu/nils-heisterhagen/8415-streit-und-einigkeit-in-der-sozialdemokratie) (letzter Zugriff: 20.9.2017).

386 Im Sommer 2017 hat auch der Rechtswissenschaftler Christoph Möllers über die unpolitischen Deutschen beziehungsweise die neue bürgerliche unpolitische Moral eine Debatte angestoßen, an der sich auch Gustav Seibt von der SZ und Jürgen Kaube von der FAZ beteiligt haben. Siehe dazu unter den folgenden Links: http://www.zeit.de/kultur/2017-06/demokratie-parteien-politik-rechtsextremismus, http://www.sueddeutsche.de/kultur/politische-kultur-buerger-geht-in-die-parteien-1.3587804 http://m.faz.net/aktuell/feuilleton/debatten/unpolitische-deutsche-lieber-ehrenamt-als-partizipation-15111891.html (letzter Zugriff: 1.8.2017).

387 Vgl. dazu Nils Heisterhagen/Dirk Jörke: Die SPD muss nach links – und sich wieder was trauen, Tagesspiegel Online, vom 21.11.2017, online verfügbar unter URL: http://www.tagesspiegel.de/politik/gegen-eine-grosse-

koalition-die-spd-muss-nach-links-und-sich-wieder-was-trauen/
20609360.html (letzter Zugriff: 22.11.2017).

388 Vgl. Claus Leggewie im Interview mit dem Deutschlandfunk. Online verfügbar unter URL: http://www.deutschlandfunk.de/claus-leggewie-es-gibt-
eine-panik-im-mittelstand-davor.694.de.html?dram:article_id=375211
und siehe Claus Leggewie: Zeit für etwas anderes, Frankfurter Rundschau,
vom 11.11.2016, online verfügbar unter URL:
http://www.fr.de/politik/us-wahl-zeit-fuer-etwas-anderes-a-300533
(letzter Zugriff: 25.9.2017).

389 Siehe dazu Claus Leggewie: Zeit für etwas anderes, Frankfurter Rundschau,
vom 11.11.2016, online verfügbar unter URL: http://www.fr.de/politik/
us-wahl-zeit-fuer-etwas-anderes-a-300533 (letzter Zugriff: 25.9.2017).

390 Vgl. Oxfam: An Economy for the 99%, verfügbar online unter URL:
https://www.oxfam.de/system/files/sperrfrist_20170116-0101_
economy-99-percent_report.pdf (letzter Zugriff: 7.7.2017).

391 Vgl. Thomas Piketty: Das Kapital im 21. Jahrhundert, 2016, München.

392 Vgl. Theodor W. Adorno: Minima Moralia, 2016, Frankfurt am Main.

393 Vgl. dazu dieses Interview bei Youtube: https://www.youtube.com/
watch?v=b71CNNKdVRw (letzter Zugriff: 2.11.2017).

394 Zu Slavoj Žižek muss ich noch einen Kommentar schreiben: Obwohl ich
Slavoj Žižek hier kritisiere, muss ich allerdings zugeben, dass Žižek und ich
doch einige Positionen teilen und somit übereinstimmen. Da ist zum Beispiel seine Kritik an Hillary Clinton. Im oben genannten Interview sagte er
über Clinton: »She built an impossible all–inclusive coalition.« Das stimmt.
Und Žižek kritisiert das. Zu Recht. Wall-Street Banker, Tech–Kapitalisten
aus dem Silicon Valley und sozial Progressive im Sinne eines kulturellen
Linksliberalismus, haben hier einen Bund geschlossen. Man feiert liberale
Werte, tanzt auf Queer-Partys, und hat gleichzeitig so richtig kein Problem
mit den sozialen Verwerfungen des Kapitalismus. Kinderarbeit? Chinesische
Arbeiter, die sich zu Tode stürzen, weil sie es nicht mehr aushalten, das
IPhone in Akkordarbeit zusammenzubauen, einstürzende Textilfabriken in
Bangladesch. Natürlich alles moralisch falsch, aus Sicht des Progressiven,
aber wirklich etwas daran ändern wollen viele Progressive dann doch nicht.
Über moralische Empörung geht es dann nicht hinaus. Und Žižek legt hier
den Finger in die Wunde. Er bricht etwas auf. Und provoziert dadurch.
Hauptsächlich natürlich die postmodernen Liberalen, die vielleicht innerlich
wissen, dass hier mit einer Doppelmoral unterwegs sind. Paul Donnerbauer
hat für das Magazin »Vice« die Position Žižeks schön beschrieben: »Dennoch
geht für Žižek – unter der Überzeugung, dass auch Trump die USA nicht in
einen faschistischen Staat umwandeln wird – die tatsächliche Gefahr eben
nicht von dem exzentrischen Politiker aus, sondern von dem, was er den
›demokratischen Wohlfühl-Konsens‹ von Hillary Clinton nennt, mit dem
auch Obamas ›Yes We Can‹ eine neue Bedeutung zukommt. Für Žižek ist
›Yes We Can‹ heute vor allem eines: Die Erfüllung all unserer kulturellen
Forderungen – zum Beispiel nach Gleichberechtigung von Schwulen und
Lesben –, ohne die globale Marktwirtschaft zu gefährden.« In diesem Sinne
war und ist Trump für Žižek wohl eine Art Systemcrasher, der den Horizont
für eine Veränderung möglich macht. Der Dialektiker und Hegelianer Žižek

begreift Trump somit als Aufbruchsfigur. Nicht Trump selbst als positive Figur, sondern als eine Art Zeichen an die Linke sich jetzt neu zu sortieren. Laut Paul Donnerbauer würde Žižek also in Trump eine Veränderung sehen, »mit katastrophalen Folgen, wenn man sich zum ›demokratischen Wohlfühlkonsens‹ zählt.« Und diesen Aufbruch des demokratischen Wohlfühlkonsenses will Žižek ja. Auch darum geht es mir. In der Neuen Zürcher Zeitung hat Žižek die Linke zu »mehr Selbstkritik« aufgefordert. Das ist richtig. Genauer schrieb er dort: »Die Reaktion der Linken auf Trumps Wahl sollte sich deshalb nicht auf selbstgefällige moralische Entrüstung beschränken, sondern in harter Selbstkritik bestehen: Trumps Sieg gibt der Linken die einzigartige Chance, sich selbst zu erneuern.« Darin ist Žižek vollumfassend zuzustimmen. Nur neigt Žižek selbst zu einer Übertreibung seines linken Hegelianismus. Er ist in einer Weise gegen das Kapital eingestellt, dass er nur noch den heroischen Kampf gegen die Finanzelite will. Man muss auch noch was wollen. Ich bin bei ihm, wenn der Neoliberalismus kritisiert werden muss und ja, ich meine, das wie Žižek, ziemlich ernst. Den existenzialistischen Ernst teilen wir. Aber Žižek ist mir immer noch zu radikal, und mir auch nicht ganz geheuer. Er ist mir also zu ernst. Zu sehr in einem Kampf. Das Kapital ist nicht grundböse. Wer so tut, als seien Warren Buffet oder Bill Gates eine Variante des Anti–Christen, der hat sie auch nicht mehr alle. Aber dieses Gefühl vermittelt mir Žižek. Insofern würde ich Žižek zu deutlich mehr Maß raten. Dann würden wir durchaus sehr eng übereinstimmen. Der Text von Paul Donnerbauer über Žižek und Trump bei dem Magazin »Vice« ist online unter folgender URL einzusehen: https://www.vice.com/de_ch/article/8g799g/warum-zizek-recht-hat-trump-aber-trotzdem-kein-revolutionaer-ist. Der Text von Žižek für die Neue Zürcher Zeitung ist online unter der folgenden URL einzusehen: https://www.nzz.ch/feuilleton/zukunft-nach-trump-mehr-selbstkritik-bitte-ld.143572 (letzter Zugriff: 2.11.2017).

395 Slavoj Žižek vermittelt manchmal das Gefühl, als wolle er ein Chaos, weil durch das Chaos dialektisch auch ein Neuanfang möglich ist. Folgt man aber einem Interview von ihm mit der deutschen »Welt«, dann ist Žižek nicht für Chaos, sondern insbesondere in der Flüchtlingsfrage sogar für mehr Ordnung. Dort sagte er Anfang 2016: »Europa kann und muss mehr tun. Es kann aber nicht einfach seine Grenzen öffnen, wie dies manche Linke aus einem Schuldgefühl heraus fordern. Empathie reicht nicht. Wir müssen dafür sorgen, dass die Flüchtlingsströme in geordneten Bahnen verlaufen. Etwa mit der Einrichtung von Aufnahmezentren in den Anrainerstaaten von Syrien, aber auch in Libyen. Dabei soll Europa auch mit dem Militär helfen, wie es etwa bei Naturkatastrophen geschieht. In den Aufnahmezentren soll dann entschieden werden, welche Flüchtlinge wohin weiterreisen können. Das Schlimmste sind die chaotischen Zustände, wie wir sie in der zweiten Hälfte des letzten Jahres gesehen haben. Die allermeisten Flüchtlinge sind keine Bedrohung für Europa, aber das Flüchtlingschaos ist es. « Das Interview ist bei der »Welt« verfügbar unter URL: https://www.welt.de/kultur/article151496775/Maenner-hatten-Spass-Erniedrigung-zu-inszenieren.html, siehe dazu auch den Text von Paul Donnerbauer für das Magazin »Vice«:

https://www.vice.com/de_ch/article/8g799g/warum-zizek-recht-hat-trump-aber-trotzdem-kein-revolutionaer-ist (letzter Zugriff: 2.11.2017).

396 Vgl. dazu den Beitrag »Die linke Lust am Untergang« von Thomas Assheuer in: »Die Zeit«, Nr. 28, vom 6. Juli 2017, S. 37 (letzter Zugriff: 7.7.2017).

397 Pankaj Mishra: Das Zeitalter des Zorns. Eine Geschichte der Gegenwart, 2017, Frankfurt am Main, S. 49.

398 Ebenda: S. 15.

399 Nils Heisterhagen: Keine Freiheit ohne soziale Sicherheit, Cicero, vom 27. November 2013, online verfügbar unter URL: http://cicero.de/liberalismusschwerpunkt-die-linken-sind-die-eigentlichen-freiheitskaempfer/ 56500 (letzter Zugriff: 25.9.2017).

400 Dieter Thomä: Jetzt reicht's, Die Zeit, Nr.33/2017, online verfügbar unter URL: http://www.zeit.de/2017/33/widerstand-politik-protest-dieter-thomae (letzter Zugriff; 25.9.2017).

401 Vgl. dazu die Meldung von Spiegel Online unter der folgenden URL: http://www.spiegel.de/sport/fussball/paris-saint-germain-edinson-cavani-lehnt-millionenpraemie-fuer-elfmeterverzicht-ab-a-1169700.html (letzter Zugriff. 25.9.2017).

402 Siehe dazu auch einen Aufsatz von mir über Ökonomisierung: Über Ökonomisierung – Zur Notwendigkeit einer neuen Freiheitsidee, in: Schroeder, Wolfgang/Bogedan, Claudia (Hrsg.): Gute Arbeit und soziale Gerechtigkeit im 21. Jahrhundert, 2015, Baden-Baden, S. 23-49.

403 Dieter Thomä: Jetzt reicht's, Die Zeit, Nr.33/2017, online verfügbar unter URL: http://www.zeit.de/2017/33/widerstand-politik-protest-dieter-thomae (letzter Zugriff; 25.9.2017).

404 Friedrich Engels: Redigierte Thesen von Karl Marx über Feuerbach, in: Karl Marx/Friedrich Engels: Studienausgabe. Band I Philosophie, herausgegeben von Iring Fetscher, 1990, Frankfurt am Main, S. 143.

405 Vgl. Matthew B. Crawford: Die Wiedergewinnung des Wirklichen. Eine Philosophie des Ichs im Zeitalter der Zerstreuung, 2016, Berlin. Siehe dazu auch meinen gemeinsam mit Dirk Jörke verfassten Text »Wiedergewinnung des Wirklichen«, für den »Freitag«, vom 27.1.2018, online verfügbar unter URL: https://www.freitag.de/autoren/der-freitag/wiedergewinnung-des-wirklichen-1 (letzter Zugriff: 291.2018).

406 Nils Heisterhagen: Sicherheit durch Wandel, Frankfurter Hefte, 1/2, 2016, S. 66-69.

407 Vgl. dazu: Nils Heisterhagen/Dirk Jörke: Was die Linken jetzt tun müssen, Frankfurter Allgemeine Zeitung, vom 26. Januar 2017, online verfügbar unter URL: http://plus. faz.net/feuilleton/2017-01-26/was-die-linken-jetzt-tun-muessen/313561.html (letzter Zugriff: 24.10.2017).

408 Vgl. Ronja von Rönne: Meine Güte, dann wählt halt AfD, Zeit Online, vom 5. September 2017, online verfügbar unter URL: http://www.zeit.de/campus/2017-09/rechtspopulismus-afd-angst-besorgte-buerger-z2x/seite-2 (letzter Zugriff: 11.10.2017).

409 Vgl. Interview mit Emmanuel Macron: »Wir brauchen politisches Heldentum«, in Der Spiegel, 42/2017.

410 Vgl. dazu online unter URL: https://z2x.zeit.de/z2x17/(letzter Zugriff: 11.10.2017).

411   Vgl. Nils Heisterhagen: Kritik der Postmoderne. Warum der Relativismus
       nicht das letzte Wort hat, 2017, Wiesbaden.
412   Vgl. ebenda, S. 244f.
413   Siehe zu Karl Jaspers unter anderem:
       1. Karl Jaspers: Philosophie II. Existenzerhellung, 1973, Berlin/Heidelberg/
       New York.
       2. Karl Jaspers: Kleine Schule des philosophischen Denkens, 1974, München.
       3. Karl Jaspers: Einführung in die Philosophie. Zwölf Radiovorträge, 2010,
       München.
414   Vgl. dazu auch meinen Text: Wir müssen im Gespräch bleiben, beim Debat-
       tenmagazin The European, vom 25.2.2016, online verfügbar unter URL:
       http://www.theeuropean.de/nils-heisterhagen--2/10755-politische-
       debattenkultur-braucht-erneuerung (letzter Zugriff: 6.11.2017).
415   Siehe dazu meinen Text »Schluss mit der Vielfaltseuphorie« für Tagesspiegel
       Causa. Online verfügbar unter URL: https://causa.tagesspiegel.de/ gesell-
       schaft/wie-nuetzlich-ist-eine-leitkultur-debatte/schluss-mit-der-
       vielfaltseuphorie.html (letzter Zugriff: 10.10.2017).
416   Vgl. dazu: Martin Heidegger: Sein und Zeit, 2006, Tübingen.
417   Vgl. auch: Nils Heisterhagen: Existenzieller Republikanismus. Ein Plädoyer
       für Freiheit, 2017, Bielefeld.
418   Vgl. Nils Heisterhagen: Existenzieller Republikanismus. Ein Plädoyer für
       Freiheit, 2017, Bielefeld.
419   Matthew B. Crawford: Die Wiedergewinnung des Wirklichen. Eine Philo-
       sophie des Ichs im Zeitalter der Zerstreuung, 2016, Berlin.
420   Siehe dazu auch meinen gemeinsam mit Dirk Jörke verfassten Text »Wie-
       dergewinnung des Wirklichen«, für den »Freitag«, vom 27.1.2018, online
       verfügbar unter URL: https://www.freitag.de/autoren/der-
       freitag/wiedergewinnung-des-wirklichen-1 (letzter Zugriff: 29.1.2018).
       Siehe auch einen Text von mir in der FAZ: Linker Realismus oder Wo es
       brodelt, riecht und stinkt, Frankfurter Allgemeine Zeitung, vom
       20.11.2017.
421   Vgl. Nils Heisterhagen: Existenzieller Republikanismus. Ein Plädoyer für
       Freiheit, 2017, Bielefeld.
422   Sebastian Müller: Plötzlich »Rechtspopulistin«, le Bohémien, vom
       28.1.2018, online verfügbar unter URL: https://le-bohemien.net/2017/
       01/28/sahra-wagenknecht-ploetzlich-rechtspopulistin/ (letzter Zugriff:
       30.1.2018), Hervorhebung im Original.
423   Vergleiche den Text von Christian Volk »Diagnose mit zwei zentralen
       Fehlern« in der TAZ, vom 25. Februar 2017, online verfügbar unter URL:
       https://www.taz.de/!5383964/ (letzter Zugriff: 30.1.2018).
424   Hannah Arendt: Über die Revolution, 2016, München/Berlin.
425   Hannah Arendt: Vita activa. Oder vom tätigen Leben, 2008, München.
426   Die Bezeichnung »ungebundenes Selbst« ist eine Bezeichnung von dem Phi-
       losophen Michael J. Sandel insbesondere über die Philosophie von John Rawls.
       Damit sollte die atomisierte Auffassung des Menschen bei John Rawls kriti-
       siert werden. Insofern deutet der Begriff »ungebundenes Selbst« eine Libera-
       lismuskritik an. Siehe zu John Rawls Philosophie am besten: John Rawls:
       Gerechtigkeit als Fairneß. Ein Neuentwurf, 2003, Frankfurt am Main. Siehe

zu Michael J. Sandel: Liberalism and the Limits of Justice, 2010, Cambridge. Siehe auch: Michael J. Sandel: The Procedural Republic and the Unencumbered Self, in: Political Theory, Vol. 12, No. 1, 1984, S. 81-96.

427 Vgl. Nils Heisterhagen: Existenzieller Republikanismus. Ein Plädoyer für Freiheit, 2017, Bielefeld.

428 Jürgen Habermas: Drei normative Modelle der Demokratie, in: Jürgen Habermas. Philosophische Texte (Band 4), 2009, Frankfurt am Main, S. 70-86.

429 Andreas Nölke: Linkspopulär. Vorwärts handeln, statt rückwärts denken, 2017, München.

430 Siehe dazu: Johannes Pennekamp: Hey Kumpel, Frankfurter Allgemeine Woche, 49/2017.

431 Vgl. Wolfgang Merkel: Bruchlinien Kosmopolitismus, Kommunitarismus und die Demokratie, in: WZB-Mitteilungen, Heft 154, 2016, S. 11-14.

432 Vgl. dazu Nikos Tzermias: Anleitung zum Desaster, Neue Zürcher Zeitung, vom 13. Dezember 2015, verfügbar online unter URL: https://www.nzz.ch/wirtschaft/wirtschaftspolitik/anleitung-zum-desaster-1.18661710 (letzter Zugriff: 7.7.2017).

433 Vgl. Infratest Dimap: Bundestagswahl. Ergebnisse und Schnellanalysen auf Basis der Kurzfassung des Infratest-dimap-Berichts für die SPD, vom 24.9.2017.

434 Siehe dazu online unter der folgenden URL: http://www.dgb.de/themen/++co++1aca2e9e-a209-11e7-99c0-525400e5a74a (letzter Zugriff: 9.10.2017).

435 Vgl. Klaus Nissen: Protest in Büdingen bei Bundeskongress der AfD-Jugend, Frankfurter Neue Presse, vom 19.2.2018, online verfügbar unter URL: http://www.fnp.de/rhein-main/Protest-in-Buedingen-bei-Bundeskongress-der-AfD-Jugend;art801,2912075 (letzter Zugriff: 21.2.2018).

436 Vgl. Sören Götz: Gewonnen und doch verloren, Zeit Online, vom 25.9.2017, online verfügbar unter URL: http://www.zeit.de/politik/deutschland/2017-09/die-linke-bundestagswahl-sahra-wagenknecht-dietmar-bartsch (letzter Zugriff: 2.2.2018).

437 Vgl. Kevin Hagen: Das Ende der Ost-Partei, Spiegel Online, 27.9.2017, online verfügbar unter URL: http://www.spiegel.de/politik/deutschland/die-linke-nach-der-bundestagswahl-2017-das-ende-der-ost-partei-a-1170037.html (letzter Zugriff: 2.2.2018).

438 Jakob Migenda: Links für ein städtisches progressives Milieu, Neues Deutschland, vom 1.10.2017, online verfügbar unter URL: https://www.neues-deutschland.de/artikel/1065462.links-fuer-ein-staedtisches-progressives-milieu.html (letzter Zugriff: 2.2.2018).

439 Andreas Nölke: Linkspopulär. Vorwärts handeln, statt rückwärts denken, 2017, München, S. 72.

440 Guillaume Paoli: Die lange Nacht der Metamorphose. Über die Gentrifizierung der Kultur, 2017, Berlin. S. 35.

441 Robert Pfaller: Erwachsenensprache. Über ihr Verschwinden aus Politik und Kultur, 2018, Frankfurt am Main, S. 165f.

442 Vgl. dazu Hans Monath im Interview mit Andreas Rödder: Als Historiker kann ich nur sagen, es kommt nichts zurück, Tagesspiegel Online, vom

29.12.2017, online verfügbar unter URL: http://www.tagesspiegel.de/
politik/professor-fuer-neueste-geschichte-als-historiker-kann-ich-nur-
sagen-es-kommt-nichts-zurueck/20799492.html (letzter Zugriff:
15.2.2018).

443 Vgl. zur Diskussion zwischen Egalitarismus und Non-Egalitarismus auch
Nils Heisterhagen: Existenzieller Republikanismus. Ein Plädoyer für Freiheit, 2017, Bielefeld.

444 Arnold Gehlen: Der Mensch. Seine Natur und seine Stellung in der Welt,
2016, Frankfurt am Main.

445 Nils Heisterhagen: Die falsche Ontologie des deutschen Volkes, The European, vom 21.3.2016, online verfügbar unter URL:
http://www.theeuropean.de/nils-heisterhagen--2/10812-die-falsche-
ontologie-des-deutschen-volkes?head_id=nils-heisterhagen--2 (letzter
Zugriff: 15.2.2018).

446 Die Bezeichnung »ungebundenes Selbst« ist eine Bezeichnung von dem Philosophen Michael J. Sandel insbesondere über die Philosophie von John Rawls.
Damit sollte die atomisierte Auffassung des Menschen bei John Rawls kritisiert werden. Insofern deutet der Begriff »ungebundenes Selbst« eine Libera-
lismuskritik an. Siehe zu John Rawls Philosophie am besten: John Rawls:
Gerechtigkeit als Fairneß. Ein Neuentwurf, 2003, Frankfurt am Main. Siehe
zu Michael J. Sandel: Liberalism and the Limits of Justice, 2010, Cambridge.
Siehe auch: Michael J. Sandel: The Procedural Republic and the Unencumbered Self, in: Political Theory, Vol. 12, No. 1, 1984, S. 81–96.

447 Vgl. dazu auch Nils Heisterhagen: Existenzieller Republikanismus. Ein
Plädoyer für Freiheit, 2017, Bielefeld.

448 Patrick Bahners: Sind die Liberalen schuld? Frankfurter Allgemeine Zeitung,
vom 28.11.2016, online verfügbar unter URL: http://www.faz.net/
aktuell/feuilleton/debatten/us-debatte-zu-donald-trump-sind-die-
liberalen-schuld-14546730.html?printPagedArticle=true#pageIndex_0
(letzter Zugriff: 14.3.2018).

449 Ijoma Mangold: Die liberale Gesellschaft und die irre Suche nach ihren
Feinden, Die Zeit, 50/2016, online verfügbar unter URL:
http://www.zeit.de/2016/50/identitaetspolitik-debatte-rassismus-
rechtsextremismus-linke-rechte-liberalismus/komplettansicht
(letzter Zugriff: 14.3.2018).

450 Slavoj Žižek: Nur ein Sokrates kann uns retten, Neue Zürcher Zeitung, vom
6.10.2017, online verfügbar unter URL: https://www.nzz.ch/feuilleton/
nur-ein-sokrates-kann-uns-retten-ld.1320354 (letzter Zugriff: 15.3.2018).

451 Nils Heisterhagen: Existenzieller Republikanismus. Ein Plädoyer für Freiheit, 2017, Bielefeld.

452 Slavoj Žižek: Nur ein Sokrates kann uns retten, Neue Zürcher Zeitung, vom
6.10.2017, online verfügbar unter URL: https://www.nzz.ch/feuilleton/
nur-ein-sokrates-kann-uns-retten-ld.1320354 (letzter Zugriff: 15.3.2018).

453 Bernd Ulrich: Dann stürzt sie doch!, Die Zeit, 9/2018, online verfügbar
unter URL: http://www.zeit.de/2018/09/angela-merkel-kanzlerin-cdu-
spd-macht-kritik-verteidigung (letzter Zugriff: 15.3.2018).

454 Thomas Thiel: Vielfalt statt Freiheit, Frankfurter Allgemeine Zeitung, vom
19.3.2018, online verfügbar unter URL: http://www.faz.net/aktuell/

feuilleton/meinungsfreiheit-an-us-hochschulen-oft-eingeschraenkt-15500305.html (letzter Zugriff: 19.3.2018).

455 Bernd Ulrich: Guten Morgen, Abendland. Der Westen am Beginn einer neuen Epoche, 2017, Köln, S. 267.

456 Vgl. Nils Heisterhagen: Die konservative Wende in der Politik, Cicero, vom 14.11.2013, online verfügbar unter URL: https://www.cicero.de/innenpolitik/postdemokratie-die-spd-und-die-konservative-wende-der-politik/56399, und vgl. Nils Heisterhagen: Ist Sicherheit die neue Freiheit?, vom 22.6. 2014, online verfügbar unter URL: http://www.zeit.de/politik/deutschland/2014-06/soziale-ungleichheit-sicherheit-freiheit (letzter Zugriff: 15.3.2018).

457 Guillaume Paoli: Die lange Nacht der Metamorphose. Über die Gentrifizierung der Kultur, 2017, Berlin. S. 196f..

458 Karl Marx/Friedrich Engels: Manifest der Kommunistischen Partei, 2017, Stuttgart, S. 35.

459 Siehe dazu die Meldung von Spiegel Online: Scholz holt Goldman-Sachs-Banker als Staatssekretär, vom 19.3.2018, online verfügbar unter URL: http://www.spiegel.de/wirtschaft/soziales/olaf-scholz-holt-goldman-sachs-banker-joerg-kukies-als-staatssekretaer-a-1198802.html (letzter Zugriff: 19.3.2018).

460 Siehe dazu einen Text von mir in der FAZ: Linker Realismus oder Wo es brodelt, riecht und stinkt, Frankfurter Allgemeine Zeitung, vom 20.11.2017.

461 Vgl. Philipp Oehmke: Politik des Narzissmus, Der Spiegel, 3/2018.

Über den Autor

Nils Heisterhagen, geb. 1988, Dr. phil., ist Grundsatzreferent der SPD-Landtagsfraktion in Rheinland-Pfalz. Zuvor war er Grundsatzreferent und Redenschreiber der letzten beiden IG Metall-Vorsitzenden.